김태영 논문선집 1

조선 전기 과전법 연구

김태영 논문선집 1

조선 전기 과전법 연구

김태영 지음

경희대학교 출판문화원

목 차

제2장 세종 시대 부세제도 개편

책을 펴내며

작년 1월 11일 우석(于石) 김태영 선생께서 85세를 일기로 돌아가셨을 때, 그 황망한 이별에 모두들 가슴 한 켠 응어리가 남아있는 느낌을 지울 수 없었다. 갑작스러운 부음도 그렇고 제대로 격식도 차리지 못한 채 영결해야 하는 당시의 상황도 못내 편치 않았던 탓이다.

그리하여 선생을 존경하고 따랐던 후학과 제자들은 그 가르침을 되새기고 기리는 사업을 추진하기로 이심전심 뜻을 모으게 되었다. 우선 선생께서 여러 지면에 발표하였으나 미처 책으로 엮지 못한 글들을 모아 논문선집을 발간하기로 하고, 선생께서 30여 년간 재직하셨던 경희대학교 사학과와 상임자문위원으로 지도하셨던 경희총민주동문회, 그리고 창립 때부터 고문을 맡아 인연을 이어온 민족문제연구소가 공동으로 사업을 추진하게 되었다.

두루 알고 있듯이 선생께서는 방대한 저작과 논문을 집필하고 민주화운동과 역사문화운동에 관여하는 등 학술연구와 현실참여 양 측면에서 커다란 족적을 남기셨다. 선생의 학문세계에 관해서는 두말할 필요 없으리라 본다. 그 폭과 깊이를 가늠하기 어렵지만, 그중에서도 조선 시대의 토지제도를 비롯한 사회경제사와 성리학과 실학 등 사상사에서 선구적인 업적을 쌓으셨다. 돌아가시기 직전까지도 치열하게 연찬에 몰두하셨으며, 시퍼렇게 살아 꿈틀거리는 논문을 발표해 진정한 학자의 면모를 후진들에게 몸소 깨우쳐 주셨다.

선생께서는 수많은 논저들을 남기셨지만, 특히 연력(研歷) 초두의 『조선전기 토지제도사연구』는 해방 이후 명저 100권의 하나로 꼽힐 정도로 주목을 받았다. 사회경제사 연구에 일가를 이룬 뒤 천착한 분야는 사상사였다. 『실학의 국가개혁론』이나 『조선 성리학의 역사상』이 두드러진 사례들로, 선생의 학문적 관심이 국가와 사회의 제도에서 그 운영원리와 체제개혁을 뒷받침하는 사상으로 옮아갔음을 알 수 있다.

『김태영 논문선집』은 모두 4권으로, 대체적인 흐름은 선생께서 착목하고 중점을 두어 연구하셨던 학문적 관심사의 변천과 궤를 같이한다고 할 수 있다. 편제는 제1권 『조선 전기 과전법 연구』, 제2권 『조선 전기 사회와 사상』, 제3권 『실학, 그 역사상의 재인식』, 제4권 『다산 정약용의 국가개혁론』으로 구성하였다.

이 논문선집을 내는 까닭은 고 김태영 선생의 학문적 업적을 빠트림 없이 수습해 온전하게 알리고자 하는 데 있다. 이 선집이 평생 연구에 매진해 한국사 이해의 폭과 깊이를 확장하고자 했던 선생의 학문적 깊이와 문제의식을 확인하는 데 보탬이 되길 기대한다. 그리하여 선생께서 혼신의 열의를 다해 추구한 그 궁극의 목표가 '법고창신(法古創新)'으로서 국가와 사회의 개혁에 있었음을 함께 깨닫게 된다면 후학과 제자들로서는 더할 나위 없는 보람이 아닐까 한다. '제대로 된 나라', '제대로 된 사회'. 고금(古今)을 막론하고 궁리하였던, 그러나 쉬이 해결하지 못했던 이 지난한 문제가 다시 초미의 현실적 과제로 다가온 이 시대, 다소 난해하긴 하나 많은 이들이 이 글들을 열독하고 지혜의 단서를 얻었으면 하는 바람이 있다. 다만 편집위원회가 나름의 주의를 기울였으나, 혹 체제나 내용 정리에서 선생께서 당초 구상하셨던 바가 명쾌히 드러나지 못할까 걱정이 앞서기도 한다.

논문선집을 기획하고 출간하기까지 많은 분들의 도움이 있었다. 역사학계의 동료와 후학, 경희대학교의 동문과 교수 여러분의 정성 어린 지원에 감사드린다. 여러 가지 편의를 흔쾌히 제공해준 경희대학교 출판문화원의 관계자 여러분, 제자로서 교열 등 실무를 꼼꼼하게 챙긴 민족문제연구소 박광종·임무성 연구원에게도 고마운 마음을 전하고 싶다. 유족들은 원고 수집 등 번다한 일들을 처리해주시고 성원을 보내오셨다. 감사와 함께 다시 위로의 말씀을 드린다.

2023년 4월

김태영 논문선집 편집위원회

구만옥, 김민철, 박도식, 조세열, 조인성

제1부

토지제도

제1장

과전법체제의 확립

1. 고려 말 사전개혁의 방향

고려 후기에는 개인 수조지(收租地)로서의 사전(私田)이 전국적으로 팽창하였다. 그 같은 사전을 일정 지역에 집중시켜 경영하는 유형으로서의 농장(農莊)도 널리 존속하였다.[1] 그런데 이들 사전이나 농장은 국가의 제도적 운용에 필수 불가결한 지반으로 편성된 각종 명목의 토지를 겸병(兼幷), 탈점(奪占)하여 국가체제를 유지하기가 매우 어려웠다.

A. 우왕 14년(1388) 7월 대사헌(大司憲) 조준(趙浚) 등이 상서(上書)하여 말하였다. "…근년에 이르러 겸병(兼幷)이 우심해져 간흉한 무리가 주군(州郡)을 포괄하고 산천(山川)으로 경계를 표시하며 그 모두를 가리켜 조업전(祖業田)이라 칭하면서 서로 밀치고 빼앗으니, 1묘(畝)의 전주(田主)가 5~6을 넘고 1년의 전조(田租)를 8~9차례나 거두어간다. 위로는 어분전(御分田)으로부터 종실(宗室)·공신전(功臣田)과 조정의 문무 양반전(兩班田), 그리고 외역전(外役田)이라든가 진(津)·역(驛)·원(院)·관전(館田)에까지 이르고, 무릇 다른 사람이 대대로 심어놓은 뽕나무와 지어놓은 집까지 모두 빼앗아 가진다."[2]

---

1 고려 후기 사전(私田)과 농장(農莊)의 문제에 대해서는 여러 학설이 분분하므로, 여기서는 그 소개의 번쇄함을 피한다. 고려 후기의 당해 항목을 참조할 일이다.

2 『高麗史』 권78, 食貨志1 田制 祿科田.

이 시기에는 국가 각 기관의 분속(分屬) 수조지라든가 왕실·공신·양반전으로부터 군인전(軍人田), 나아가 향리(鄕吏)나 진(津)·역리(驛吏)의 외역전(外役田) 등 국가 말단 행정·교통기관에 복무하는 자들의 직역전(職役田)에 이르기까지 모두 권세가가 겸병하여 자기의 사전으로 차지하였다. 이 시기 그 같은 사전이 전국의 전지(田地) 가운데 어느 정도의 비중을 점하게 되었는지는 정확히 알 수 없지만, "종묘(宗廟)·학교(學校)·창고(倉庫)·사사(寺社)·녹전(祿轉)·군수전(軍須田) 및 국인(國人) 세업(世業)의 전민(田民)을 호강(豪强)한 자들이 거의 모두 탈점(奪占)"한 상태라고 하였으니,[3] 아마도 전국적 현상으로 광범하게 확대되었던 것으로 짐작된다. 그 같은 겸병과 탈점을 통하여 전국적으로 확대된 사전은 어떠한 사회경제적 특성을 지니는 토지였는가.

고려 후기의 사전은 "조업전(祖業田)"이라고도 불리면서 국가의 정당한 제도적 수속을 거치지 않고 그 자손에게 사사로이 상전(相傳)되는 토지였다. 위에 인용한 사료에서도 권세가는 그가 겸병한 대규모 사전에 대해서 "그 모두를 가리켜 조업전이라 칭하면서 서로 밀치고 빼앗으니, 1묘(畝)의 전주(田主)가 5~6을 넘고 1년의 전조(田租)를 8~9차례나 거두어간다"고 하였다. 조준(趙浚)과 함께 사전개혁을 발의한 조인옥(趙仁沃)·이행(李行)의 상소에서도 각기 "그 선세(先世)로부터 사수(私授)한 전지를 조업(祖業)이라 일컬으면서 수식(收食)하는 것이 천 결, 백 결에 이른다", "그 조·부(祖父)의 문권(文券)을 가지고서 국전(國田)을 백 결, 천 결씩 좌식(坐食)하는 자가 있다"[4]고 하였다는 사실을 주의할 필요가 있다. 이들은 모두 사전에

---

3 『고려사』 권132, 辛旽列傳.

4 〈주 2〉와 같은 곳.

서의 수조권을 실현할 수 있는 근거가 그것이 조업전이라는 사실을 주장함으로써 확보될 수 있었다는 사실을 명백히 말하고 있다.

그런데 이 시기의 조업전은 세업전(世業田)이라고도 불리고 있었는데 조상 전래의 소유지를 가리키는 말이었다.[5] 조상 전래의 수조지로서의 사전이 어떠한 연유로 조업전이라고도 불렸는지는 아직 분명히 밝혀져 있지 않다.[6] 그러나 그것은 국가와 민생에 다음과 같은 폐해를 드러냈다.

우선 사전은 국가의 제도에 따라 정당한 절차를 거쳐 분급(分給)되거나 환수(還收)되는 것이 아니라 개인의 사사로운 수수(授受) 행위를 통하여 자손으로 상전되고 있었다. 그러므로 사전의 확대는 필연적으로 국가 운용의 물질적 지반을 잠식해 들어가는 결과를 초래했다. 사전 개혁론자들은 사전의 확대로 인한 국가사회의 폐단을 다음과 같이 말하였다.

> 사전(私田)은 사문(私門)에는 이롭지만 국가에는 무익하고 … 사문(私門)에 이로운 것이므로 겸병이 일어나며 국가의 용도가 그 때문에 부족해진다.[7]
>
> 자성(粢盛)과 공상(供上)이 때로는 이어지지 않으며, 사대부로서 왕사(王事)에 복무하는 자들이 자생(資生) 양렴(養廉)할 길이 없고, 주(州)·현(縣)·진(津)·역(驛)의 국역(國役)에 이바지하는 자가 그 전(田)·택(宅)을 잃고 … 국용(國用)·군수(軍須)·녹봉(祿俸)이 나올 곳이라고는 전혀 없이 되었으며, 국고(國庫)에

---

5 姜晋哲, 1980, 『고려토지제도사연구』, 고려대출판부, 186쪽;金泰永, 1983, 『조선전기 토지제도사 연구』, 지식산업사, 35쪽;李景植, 1986, 『조선전기 토지제도 연구』, 일조각, 8~10쪽 참조.

6 혹 이를 이 시기 수조권이 강화되어 '가산화(家産化)'함에 따라 "본래 소유지를 가리키는 어의(語義)인 조업전(祖業田)으로 지칭되는 데까지 이르게 되는 것"이라고 이해하는 경우도 있다;李景植, 위의 책, 15쪽.

7 『고려사』 권78, 식화지1 전제 녹과전(祿科田) 창왕 원년 8월 대사헌 조준(趙浚) 등 상소.

는 순월(旬月)을 지탱할 만한 축적이 없고 군사(軍士)는 수개월의 식량도 없으며 … 군사로서 적과 싸우러 가는 자는 그 부모 처자가 기한(飢寒) 유이(流移)하고 있다.[8]

그뿐 아니라 사전의 확대는 그 겸병·탈점에 따른 토지소송의 번잡함으로 인하여 국가 통치행정의 정상적 운행이 마비되는 한편, 국가체제 유지의 바탕인 농민경영의 재생산 과정 자체를 파탄으로 몰아갔다.

안으로는 판도사(版圖司)·전법사(典法司)와 밖으로는 수령(守令)·안렴사(按廉使)가 그 본직(本職)을 폐한 채 날마다 전송(田訟)을 처리하는데 추위나 더위를 무릅쓰고 땀을 씻고 붓을 녹여가며 문권(文券)을 조사하고 증거를 검토하며 전호(佃戶)에게 물어보고 고로(古老)에게 물어본다. 무릇 관련된 사람들이 감옥(監獄)과 관정(官庭)에 가득 차서 농사를 폐하고 판결을 기다리는데, 여러 달의 문건(文件)이 산언덕처럼 쌓여있고 한 이랑의 쟁송(爭訟)이 수십 년을 끌어가니 침식(寢食)을 잊고 처리하여도 부족한 것은 사전(私田)이 쟁단(爭端)으로 되어 소송(訴訟)이 번잡해진 까닭이다.[9]

농민이 사전(私田)의 조(租)를 바칠 적에는 남에게 빌려도 다 충당할 수가 없고 그 빌린 것은 처자(妻子)를 팔아도 갚을 수가 없으며 부모가 기한(飢寒)에 떨어도 봉양할 수가 없다. 억울해 울부짖는 소리가 위로 하늘에 사무쳐서 화기(和氣)를 감상(感傷)케 하여 수재(水災)·한재(旱災)를 불러일으키니, 호구(戶口)가 이로 말미암아 텅 비고 왜구(倭寇)가 이 때문에 깊이 쳐들

8 위의 녹과전조 우왕 14년 7월 전법판서 조인옥 등 상소.

9 〈주 2〉와 같은 곳; 대사헌 조준 등 상서.

어오는데 시체(屍體)가 천 리에 널려있어도 막아낼 자가 없다.[10]

즉 사전 전주들의 횡렴(橫斂)으로 인하여 이 시기 농민의 재생산 활동이 무방비 상태로 유린당하였다. 그것은 필연적으로 사회 지반의 공동화(空洞化)를 가져와 외적의 침략 앞에서도 속수무책일 수밖에 없는 현실을 초래하였다.

사전의 횡포는 국가체제 존립의 두 가지 지반인 토지와 농민의 제도적 운용을 그 바탕에서부터 무너뜨려 가고 있었으므로 결코 그대로 두어서는 안 되는 것이었다. 그래서 고려 후기에는 토지와 농민에 대한 국가적인 정리작업을 기회 있을 때마다 시도하였다. 이른바 전(田)·민(民)에 관한 여러 차례의 변정(辨整), 추쇄(推刷), 추고(推考), 정치(整治) 등의 사업(事業)이 그것이었다. 『고려사』「백관지」의 기사만 보더라도 우선 인물추고도감(人物推考都監), 화자거집전민추고도감(火者據執田民推考都監) 등이 여러 차례 설치되었다. 정치도감(整治都監)은 충목왕 3년(1347)에 설치되어 충정왕 원년(1349)까지 활동하였다. 전민변정도감(田民辨整都監)의 경우는 원종 10년(1269), 충렬왕 14년(1288)과 27년(1301), 공민왕 원년(1352), 우왕 7년(1381)과 14년(1388) 등 여러 차례에 걸쳐 설치되었다.[11]

그러한 사업이 자주 반복되었다는 사실은 무엇을 뜻하는가. 그것은 실상 그 사업이 결코 일관성을 띠고 추진되지는 못하였으며, 동시에 변정(辨正) 자체가 결코 온전히 실현될 수 없었다는 사실을 반증한다.

그런데 그 같은 사전의 확대와 변정의 역사에도 드디어 일대 전기가

10 위와 같은 곳.

11 『고려사』 권77, 百官志 2 諸司都監各色條.

닥쳐왔다. 우왕 14년(1388)의 위화도회군(威化島回軍)으로 이제 개혁파 사류(士類)가 결정적으로 정권을 장악하였던 것이다.

이해 5월에 위화도에서 회군한 이성계(李成桂) 중심의 개혁파 사류는 6월에 우왕을 축출하고 나이 어린 창왕을 옹립하는 한편, 신망이 두터운 최영(崔瑩)을 비롯한 여러 구신(舊臣)을 제거하여 정권(政權)과 군권(軍權)을 장악한 다음 곧바로 현안의 사전개혁에 착수하였다. 그들이 정권을 운용하는 데 필수불가결한 국용 재정(國用財政)의 조달, 새로 군권을 장악한 그들 휘하 군사의 생계 문제를 포함한 군수(軍須)의 확보, 그리고 새로운 정권에 복무할 관리들의 생활 보장 등을 해결하기 위해서도 사전의 개혁은 가장 우선적으로 착수하지 않으면 안 되는 일이었다. 그래서 개혁파 사류가 창왕의 이름으로 처음 발표한 사전개혁에 관한 교서(敎書)는 다음과 같다.

> B. 우왕 14년 6월 창왕이 교서(敎書)로 말하였다. "① 근래에 호강(豪强)이 겸병(兼幷)하여 전법(田法)이 크게 무너졌으니 그 폐단을 구제할 방법을 도평의사사(都評議使司)와 사헌부(司憲府) 및 판도사(版圖司) 등이 논의하여 보고하라. ② 요물고(料物庫) 소속 360장(庄)·처(處)의 전지로서 선대(先代)에 사원(寺院)에다 시납(施納)한 것은 모두 환수하라. ③ 동북면(東北面)·서북면(西北面)에는 원래 사전(私田)이 없는 것이니, 만약 사전이라 칭하면서 넘치게 거집(據執)하는 자가 있거든 도순문사(都巡問使)가 통렬히 금단(禁斷)하여 다스릴 것이며 그 갖고 있는 문계(文契)는 몰관(沒官)하라."[12]

12 『고려사』 권78, 식화지 1 전제 녹과전. 설명의 편의를 위해 문단의 내용을 필자 나름대로 분할 고찰한다.

①은 사전개혁에 관한 구체적 방법을 제시하라는 것인데, 이는 곧이어 이해 7월부터 시작되는 대대적인 사전개혁의 발의로 드러나며 계속하여 사전개혁 운동으로 전개되었다. ②는 '공상(供上)'용으로 설정된 왕실 직속의 수조지로서 선대 여러 왕의 시납에 따라 사원의 사전으로 변질해있는 것을 환수한다는 내용이었다. 사전개혁의 본질은 곧 공전(公田)의 확보 이외의 것이 아닌데, 그것을 왕실 공전의 추쇄에서부터 우선적으로 착수하는 것은 지극히 명분 있는 당연한 일이었다. 그것은 '조종의 분전제도'라고 하는 구질서의 회복을 내세움으로써 현실의 사전을 개혁함에 따라 야기될지도 모르는 혼란과 불안감을 명분상으로 진정시키는 효과까지 기대할 수 있는 일이기도 하였다.

③에 나타난 양계(兩界) 사전의 공전으로의 확보 문제도 매우 상징적 의미를 띤 것으로 보인다. 우선 '요동정벌'이라는 군사행동을 일으킨 당년(當年)에 현실적으로 북방에 대비할 군수(軍需)의 확보가 문제 되지 않을 수 없었을 것이며, '양계'라고 하는 북방지역에서의 공전 확보를 통하여 그것을 도모하는 일이야말로 가장 적절한 조처로 해석된다. 더구나 원래 사전을 설정한 적이 없는 이 지역의 "넘치게 거집(據執)하고 있는" 사전은 불법적 존재임이 명백하므로 공전으로의 추쇄는 상대적으로 쉬울 수밖에 없었다.[13] 그러한 추쇄는 여타 지역에서의 사전개혁을 위한 하나의 선행 사례로서의 효과도 충분히 기대할 수 있었다.

위의 교서 가운데 ②항과 ③항의 내용은 발표와 동시에 곧 착수되고

---

13 실상 북방의 방어에 대비하는 군량의 확보와 불법적 사전의 추쇄 문제는 이전부터 주목되어온 것이었다. "(우왕 원년) 10월 북원(北元)에 대비하여 제군(諸軍)이 오래 북계(北界)에 주둔하였다. 북계에 예전에는 사전(私田)이 없고 관(官)에서 수조(收租)하여 군량에 충당하였는데, 뒤에 세가(勢家)들이 쟁점(爭占)하여 사전(私田)으로 삼으니 이 때문에 군향(軍餉)의 보충이 이어지지 못하였다"(『고려사』 권82, 兵志 2 屯田).

실현되었을 것으로 보인다. 그것은 무엇보다도 명분이 뚜렷하여 전형적이면서도 상대적으로 용이하며 상징적 효과까지 기대할 수 있는 개혁사업이었기 때문이다. 그리고 ①항의 요청에 부응해서는 같은 해 7월에 대사헌 조준, 간관 이행, 판도판서 황순상(黃順常), 전법판서 조인옥 등이 사전개혁의 당위성과 필연성을 들어 역설하는 많은 상소문을 제시하였는데, 이들은 모두 당시에 만연한 모든 사회적 화란(禍亂)의 근본 원인이 사전의 무제한 팽창에서 기인한다고 논단하여 그 개혁을 강력히 촉구하고 나섰다. 이제 고려 말의 사전개혁 운동이 본격적으로 시작되기에 이른 것이다.

2. 사전개혁의 이념

그러한 사전개혁의 발의 가운데 대표적인 것은 역시 조준의 상소 내용이었던 것으로 보인다. 조준은 위화도회군 직후 이성계의 천거에 따라 "지밀직사사(知密直司事) 겸 대사헌(大司憲)이 되어 일의 크고 작음을 막론하고 모두 자문(咨問)"받는 처지에 서게 되는데,[14] 이때의 상소에서도 그는 사전개혁의 선봉에 서서 그 구체적 개혁의 요항까지 제시하였다. 그 개혁안의 요지를 축조 설명하면 다음과 같다.[15]

C-1. 중외(中外)의 창(倉)이 모두 비어 군국(軍國)의 수용(需用)이 나올 곳이

14 『고려사』 권118, 趙浚列傳.

15 〈주 2〉와 같은 곳; 대사헌 조준 등 상소. 이 내용의 축조 설명은 김태영, 앞의 책, 44~52쪽 참조.

없으며 변경(邊境)의 우환은 예측할 수 없다. 지금 마침 양전(量田)의 시기를 맞이하였으니, 규정에 따라 일정한 액수를 급전(給田)하기 이전에 모든 전지(田地)에 대하여 3년을 한정(限定)하여 임시로 공수(公收)토록 한다면 군국의 수용에 충당할 수가 있고 관리의 녹봉(祿俸)도 줄 수가 있다.[16]

C-2. 녹과전시(祿科田柴)는 시중(侍中)으로부터 서인재관자(庶人在官者)에 이르기까지 품계(品階)에 따라 절급(折給)하되, 그것을 당해 아문(衙門)에 배속시켜 당직자(當職者)가 체식(遞食)도록 한다.

C-3. 구분전(口分田)은 왕자(王子) 제군(諸君) 및 1품으로부터 9품에 이르기까지 시(時)·산(散)을 막론하고 품계에 따라 지급하며 첨설직(添設職)을 받은 자는 그의 실직(實職)에 따라 주는데, 모두 종신(終身)에 한한다. 그 처(妻)가 수절(守節)하는 경우도 종신에 한한다. 현임(現任) 외의 전함(前銜) 및 첨설직으로 수전(受田)한 자는 모두 오군(五軍)에 소속시키며, 그 재외자(在外者)에게는 다만 군전(軍田)을 주어 충역(充役)한다. 무릇 수전자(受田者)로서 죄가 있으면 그 전지를 국가에 반납(返納)하고 승급(陞級)하면 거기 따라 가급(加給)한다.

C-4. 군전(軍田)은 그 재예(才藝)를 시험하여 주는데 20세에 수전(受田)하고 60세에 반납한다.

C-5. 외역전(外役田)은 군현의 향리, 진(津)·향(鄕)·소(所)·부곡(部曲)·장(莊)·처리(處吏) 및 원(院)·관직(館直)의 구분전(口分田)으로서 전례대로 절급하는데,

---

16 이 조항은 당시 개혁파 사류의 사전개혁 운동이 단순한 상소운동으로 시작된 것이 아니라, 이미 전국적 양전(量田)의 계획까지 세워놓은 상태에서, 그리고 그 양전과 동시에 전국 공(公)·사전(私田)을 일체로 공수(公收)한다는 치밀한 용의하에서 시작되었다는 사실을 명백히 전한다. 동시에 제시된 전법판서 조인옥의 상소에서도 "사기(事機)를 놓치지 말고 금년부터 임시로 공(公)·사전조(私田租)를 공수하여 군식(軍食)을 갖추게 된 연후에 조종(朝宗)의 분전지법(分田之法)을 회복(回復)"해야 한다고 촉구하였다. 공·사전조의 일체 공수는 나중에 살펴보는 바와 같이 이해부터 수년간 그대로 실현되었다.

모두 그 종신(終身)에 한한다.

C-6. 성황(城隍)·향교(鄕校)·지장(紙匠)·묵척(墨尺)·수급(水汲)·도척(刀尺) 등의 위전(位田)은 전례대로 절급한다.

C-7. 백정대전(白丁代田)은 백성(百姓)으로 부적(付籍)되어 차역(差役)에 당(當)하는 자에게 호(戶)당 1결씩으로 하고 그 납조(納租)를 불허(不許)하며, 공(公)·사천인(私賤人)으로서 차역에 당하는 자에게도 역시 절급하되, 적(籍)에 명백히 기록해둔다.

C-8. 사사전(寺社田)은 정리하여 조성(祖聖) 이래의 국가 비보소(裨補所)로서 경성(京城)에 있는 것에는 식(食)을 주고 외방(外方)에 있는 것에는 시지(柴地)를 주며, 밀기(密記) 이외의 것은 삼국시대 이래 새로 지은 사사(寺社)에 이르기까지 주지 않는다.

C-9. 역전(驛田)으로서 마위(馬位)·구분전(口分田)은 전례대로 절급하되 모두 종신에 한한다.

C-10. 외록전(外祿田)은 유수(留守)·목사(牧使)·도호부사(都護府使)로부터 지관(知官)·감무(監務)에 이르기까지 관품(官品)에 따라 정하고, 인구수(人口數)에 따라 계구(計口)하여 녹과전(祿科田)을 절급한다.

C-11. 공해전(公廨田)은 각 관아의 품질(品秩) 고하(高下)와 이원(吏員)의 다소(多少)에 따라 지급한다.

C-12. 무릇 작정(作丁)에 있어서는 공전(公田)·사전(私田)의 구분을 일체 없애고 혹 20결, 혹 15결, 혹 10결씩으로 묶어서 하되 각 군현(郡縣)의 정호(丁號)를 천자문(千字文)으로 표기하며 전주(田主)의 성명을 달아두지 아니함으로써 뒷날 조업전(祖業田)이라고 모칭(冒稱)하는 폐단이 일어날 길을 끊는다.

C-13. 양전(量田)이 끝나 안정된 연후에 법에 따라 분수(分授)할 것이며, 공

(公)·사전조(私田租)는 매 1결당 미(米) 20두로 하여 민생을 후하게 한다.

C-14. 전지의 분급(分給)과 환수(還收) 시 1결을 가급(加給)하거나 1결을 가수(加受)한 자, 수전(收田) 시 1결을 누락시키거나 환납(還納) 시 1결을 은닉(隱匿)시킨 자, 부자(父子) 간에 관(官)에 고(告)하지 않고 사사로이 수수(授受)한 자, 부사(父死) 후에도 그 부(父)의 소식전(所食田)을 반환치 않는 자(子), 타인의 전지를 1결 이상 탈취하거나 공전 1결을 은닉시킨 자는 모두 사형에 처한다. 양전(量田) 시에 10부(負) 이상의 전지를 은닉시킨 자는 사형에 처하며, 전지를 누락시킨 경우도 같다. 무릇 전금(田禁)을 범(犯)한 자는 사유(赦宥)의 경우에도 혜택이 미치지 않으며, 판도사(版圖司)와 사헌부(司憲府)에 그 이름을 올려 그 자손의 대간(臺諫)·정조(政曹) 사환(仕宦)을 불허한다.

이상 조준의 1차 상소로 흔히 불리는 창왕 즉위년(1388) 7월의 이 사전 개혁안에는 토지지배 관계에 관한 다음과 같은 몇 가지 특이한 점이 드러난다.

첫째, 여기에는 직역(職役)을 가진 개별 인간과는 별도로 국가기관의 당직자(當職者) 자체에 대한 급전(給田)이 설정되었다. "당해 아문에 배속시켜 당직자가 체식도록" 한다는 녹과전시(C-2)를 비롯하여 외록전(C-10), 공해전(C-11) 등이 그것이다. 이들 토지는 당직자가 당직 기간에 한해서만 취식할 수 있도록 설정한 일종의 직전(職田)이었다. 그러한 의미에서 성황·향교·지장·묵척·수급·도척 등의 위전(C-6)과 역(驛)으로서의 마위전(C-9)도 같은 성격을 띤 것으로 설정되었다. 이들은 모두 국가 기능의 수행을 위한 기초 재원으로 설정했으므로 국유지와 같이 국가의 관리권이 큰 토지로 충당해야 마땅하다. 토지를 직역자 개인에 분속시키지 않고 국가기관에 배속시킨다는 것이 그것을 말해준다. 그 같은 토지종목은 고려 시대 전시과에서도 각종의 위전(位田) 등 하급 직역에 대해서는 설정한 바 있었으나, 녹과전시 및 외록전과 같이 중앙·지방을 막론하고 고위 관직에까지 적용하는 것은 처음 제시된 일이었다. 그러므로 이 개혁안은 토지지배 관계에 있어서 국가의 공적 관리권을 강화하려는 입장이었던 것으로 보인다.

둘째, 현 직역자는 물론 그가 퇴직하고 나서도 종신토록 취식할 수 있도록 설정한 구분전(口分田) 계열의 토지를 들 수 있다. 제군(諸君) 및 1품으로부터 9품에 이르는 시(時)·산(散)의 관인(官人)이 취식하도록 설정한 구분전(C-3)과 각 지방 행정·교통기관의 외역전 및 역자(驛子) 구분전(C-5, C-9) 등이 그것이다. 관인 구분전은 고려 후기 크게 팽만한 사전과는 다르게 관인 신분의 유지를 위해 국가에서 합법적으로 운용한 토지였음이 판명되었다. "전조(前朝)의 사전은 모두 하도(下道)에 있었으며 경기인즉 비록 달관(達官)이라도 다만 구분전 10수결뿐이었는데 역시 족히 거기 의지하여 생활할 수 있었다"[17]고 한 사실이 그것을 말해준다. 그것은 관직의 수행을 위한 관인의 생활 재원으로 절급된 것이었는데, 이 개혁안에서도 마찬가지 성격의 것으로 설정되었다. 그리고 외역전 등으로 설정된 구분전은 물론 국가 말단 행정·교통기관 종사자의 직역 수행을 위한 생활 재원으로 설정된 것이었다.

그런데 후자인 직역자 구분전은 그 직역이 사실상 세습적으로 수행되는 것이 관행이었으므로 직역과 함께 그 구분전 또한 세습되도록 설정한 것으로 보인다. 그러므로 "종신에 한한다"는 제한 규정은 이들 직역적 구분전에서의 토지지배 관행에 별다른 문제를 새로 일으킬 것 같지

17 『태종실록』 권55, 3년 6월 계해.

는 않다. 그러나 질적으로 큰 비중을 띤 관인 구분전의 경우, 종래까지의 토지지배 관행이 크게 달라질 것으로 예상된다. 무엇보다도 종래의 구분전은 이미 사실상 '조업전'화하여 있었음에[18] 반하여 여기서의 구분전은 일반적으로 관인 자신의 종신에 한하며 기껏해야 그 수절처(守節妻)의 종신까지 한하도록 설정된 것이다. 여기서 관인 구분전을 종신에 한정하며 그 후의 국가 반환을 규정한 내용은 C-12의 조업전을 근본적으로 부정한다는 규정에 비추어서도 명백하였다. C-14의 가혹한 토지관리 규정으로 봤을 때도 관인 종신 후의 구분전 반환은 필연적으로 실현되도록 원칙화한 것이었다. 그런 면에서도 이 개혁안은 토지에 대한 국가의 공적 관리권을 대폭 강화시킨다는 원칙을 견지하였다.

셋째, 20세에 군역과 함께 절급받고 60세에 퇴역과 동시에 환납하는 군전(軍田)이 설정되었다. 종신에 한하지 않고 국역의 담당 기간에만 한하여 취식하게 하였다는 의미에서 군전이야말로 직역전의 전형적 유형으로 설정된 것이었다. 군역이야말로 국가 직역의 전형적 형태이며, 따라서 군전은 질적으로나 양적으로 매우 중요한 비중을 차지하는, 전형적으로 국가의 공적 운용이 요구되는 지목이었기 때문이다. 자세한 규정은 보이지 않지만 C-7의 '백정대전'이란 것도 국역의 담당자에게 절급한다는 내용으로 미루어 직역전의 일종으로 설정한 것이었다고 이해된다.

군인전은 물론 전시과에서도 설정되었으며 전형적으로 전정연립(田丁連立)의 적용을 받는 토지였지만, 군인전제도의 붕괴는 고려 후기 사전 팽창의 큰 요인이 된 것으로 알려져 있다. "선군급전(選軍給田)의 법이 폐

18 "京畿土田 除祖業口分 餘皆折給 爲祿科田"(『고려사절요』 권25, 충혜왕 후5년 5월 金海君李齊賢上書, 아세아문화사 간)이라고 하였듯이, 고려 후기 경기의 관인 구분전은 실상 '조업전(祖業田)으로서의 구분전(口分田)'으로 되어있었던 것이다;이경식, 앞의 책, 87쪽 참조.

하면서 겸병이 드디어 일어났다"거나 "부전(府田)이 망하자 부병(府兵) 또한 망하였다"는 등의 사실이 당시에 이미 누누이 지적되었다.[19] 그 제도가 돌이킬 수 없이 무너지고 난 후 새로운 개혁안으로 설정된 전형적 직역전으로서의 군전은 이미 전정연립의 원칙과는 전혀 관계없는 별개의 것으로 등장하였다. 여기서 군전은 군인으로서 재예를 감당할 수 있는 자를 선발하여 그가 군역을 담당하는 기간에만 취식하도록 하는, 철저한 국가 관리하에 운용되는 토지로 설정되어 나타났다. 이 개혁안은 군역 이외의 국역을 담당시킬 자에게도 백정대전 등을 설정하는 정도로 무릇 모든 국역자에게 토지를 절급한다는 원칙을 세워두었지만, 그 수수(授受)에 관한 한 국가의 공적 관리권을 한층 더 강화해둔다는 원칙을 표방하였다.

넷째, 이 개혁안에서는 전정연립의 원칙을 폐기할 뿐 아니라 토지의 파악 단위로서 이른바 작정(作丁)의 방식 자체에 중대한 변화를 기도했다. 즉 종래까지의 족정(足丁)·반정(半丁)과 같은 작정 방식을 폐기하고 군현별로 20결, 15결, 혹은 10결씩의 토지를 단위로 묶어 그것을 천자문(千字文)의 글자 순차에 따라 작정하는 자정제(字丁制)의 도입을 기도했다. 여기서 족정·반정제의 실체는 아직도 명백하지 않지만, 1족정은 17결로 구성되며 그것이 직역전의 절급 단위임과 동시에 전조 수취단위였다는 사실은 잘 알려져 있다.[20] 그리고 C-12의 내용으로 보아 사전의 전정(田丁)

---

19 김태영, 앞의 책, 23~24쪽 참조.

20 金容燮, 1975, 「高麗時期의 量田制」, 『東方學志』 16 및 尹漢宅, 1989, 「고려 전시과 체제하에서의 농민신분」, 『泰東古典硏究』 5 참조. 새로운 작정의 단위가 왜 하필 20결, 15결, 혹은 10결로 설정되었는지는 명백하지 않다. 나중에 그것이 결국 5결 작정으로 귀착되기에 이른다는 사실을 고려할 때, 아마도 이 시기 생산력의 발전에 따라 직역전 절급의 기본 단위를 축소하여 5결을 최소 단위로 하는 작정 방식을 도입하려는 의도에서가 아니었나 한다. 과전법에서 '군전(軍田)'의 최소한이 5결로 설정된다는 사실을 상기할 필요가 있다.

에는 그 전주의 성명이 기재되어 소속관계를 증명해주고 있었던 모양이다.[21] 그런데 고려 후기에 와서는 직역과 직역전의 연계가 붕괴되어 직역전 모두가 조업전이라는 사전으로 전국에 팽만하기에 이르렀으니, 족정·반정제의 운용이 무의미해지고 말았다. 작정 방식의 새로운 고안은 지극히 당연하고 필요한 일이었다.

앞에서 살펴보았듯이 이 시기의 사전은 그것이 곧 조업전이라는 사실을 문권(文券)이 증빙함으로써 사전으로서의 배타적 권한을 보장받았다. 현안의 사전을 개혁하려는 마당에 작정의 단위를 새로이 조정하는 것은 물론이려니와 개혁 이후에도 그것이 다시 조업전으로 변질될 수 있는 소지를 철저히 끊어버리는 조처는 필수적인 수순이었다.

그래서 개혁파 사류는 군현별로 자정제라고 하는 새로운 작정의 방법으로 양전을 추진하면서 거기에는 공전·사전의 구분을 일체 없앤다는 것, 따라서 사전의 전적(田籍)에 전주의 성명을 기재하는 관행을 아예 제거함으로써 그것이 후일에라도 조업전으로 주장될 수 있는 근거조차 없애버린다는 것, 그리고 새 양전에 따라 새로운 자정제 작정이 안정된 후 법에 따라 토지를 새로이 절급한다는 원칙을 천명하기에 이르렀다. 이 원칙을 관철시키기 위해서는 국가의 공적인 토지 관리권을 매우 강화시키지 않을 수 없었다. C-14에 나타난 것처럼 새로운 토지 운용에 관한 법제를 범한 자에 대한 가혹한 처벌규정이 그것을 뒷받침한다. 그것은 실로 가공하리만큼 가혹한 처벌규정으로 설정되어 있었다.

개혁파 사류가 고안해낸 이 새로운 사전개혁안의 기본 원칙은 한마디로 무엇이라 할 수 있을까. 이 개혁안은 토지 운용의 전체 내용을 자세하

---

21 이경식, 앞의 책, 84쪽 참조.

게 전하고 있지는 않으므로 그 궁극적 의미를 간단히 단언하기는 어렵다. 그런데 그것은 전국의 토지를 보편적인 국가 수조지로 편성해놓고 다만 그 수조권의 일부를 국가기관 혹은 공직자에게 절급하여 취식하도록 하되, 모든 것을 철저하게 국가의 공적 관리하에 두어 운용한다는 내용이었다. 특히 국가체제를 유지하는 보편적·기준적 사회계층인 군인층에게 직역전으로서의 군전을 절급한다고 설정한 것, 국고(國庫)가 어느 정도 충실해질 때까지 사전에 대해서도 국가에서 전조를 공수(公收)할 뿐 아니라 이후로는 공전·사전의 구분을 일체 혁거하고 전적에는 전주의 이름을 아예 삭제해버리는 것, 토지법제를 범하는 경우에 대해 추호의 용서 없는 가혹한 처벌규정을 설정한 것 등으로 미루어 이 개혁안은 전국의 토지를 국유로 편성해두고 다만 직역자에게 응분의 수조지 혹은 면조지를 절급한다는 원칙하에서 추진된 것으로 보인다. 그 같은 원칙론은 역시 개혁파 사류의 주동 인물 중 하나였던 정도전(鄭道傳)의 다음 글에서도 나타난다.

> D. 옛날에는 전지(田地)가 모두 관(官)에 속해있어 민(民)에게 나누어주었으니 민이 경작하는 것은 모두 그가 받은 전지였다. … 전제(田制)가 무너진 뒤로 호강(豪强)이 겸병을 하게 되어 … 전하가 잠저(潛邸)에 있을 때 친히 그 폐단을 보고 개연(慨然)히 사전(私田)의 혁파를 자신의 임무로 맡았으니, 대개 경내의 모든 전지를 취하여 국가에 소속시키고, 민수(民數)를 헤아려 수전(授田)함으로써 옛날 전제의 올바름을 회복하려 하였다. 그러나 구가세족들이 그것이 자신들에게 불편하다고 번갈아 비방·원망하고 다방으로 저해하여 민으로 하여금 지치(至治)의 은택을 입지 못하게 하였다.[22]

즉 개혁파 사류가 추진한 사전개혁의 원래 이념은 토지 국유와 계민수전(計民授田)의 원칙을 실현하는 이상적인 제도를 창출하는 것이었지만, 현실적으로는 그것이 실현 불가능한 일이었다고 정도전은 나중에 술회하였다.

3. 사전의 개혁과 과전법의 성립

창왕 즉위년(1388) 7월에 조준의 1차 상소를 비롯한 여러 개혁론자의 강력한 주장이 제시된 직후, 사전개혁에 관한 중신(重臣) 회의가 도당(都堂)에서 개최되었다. 정치권력은 이미 개혁파의 수중에 들어와 있었지만, 이 회의에서는 시중(侍中) 이색(李穡)을 비롯하여 여러 권문세족 출신 중신들이 개혁을 반대하고, 개혁파 정도전·윤소종(尹紹宗) 등이 찬성하였으며, 정몽주(鄭夢周)는 중립의 입장을 취하였다. 다시 백관(百官) 회의를 열어 논의한 결과 참석자 53명 가운데 개혁에 찬성하는 자는 18·9명이요, 나머지 다수는 모두 반대하였는데, 그 반대하는 자들은 모두가 '거실자제(巨室子弟)'였다. 그럼에도 불구하고 이성계를 비롯한 개혁파 사류는 끝내 사전의 개혁을 추진해나갔다.[23]

그들이 거실자제들의 반대를 무릅쓰고 추진한 사전개혁의 구체적 절차는 동·서북면을 제외한 남부 6도의 양전, 그리고 이해부터 전국의 공(公)·사전조(私田租)를 모두 공수하는 두 가지 큰일을 동시에 실현해가는

---

22 『三峰集』 권7, 「朝鮮經國典」 上 賦典 經理.

23 『고려사』 권118, 趙浚列傳. 이성계가 "끝내 조준(趙浚)의 논의를 따라" 개혁하기로 하였다는 것이다.

것이었다. 먼저 양전의 경우부터 살펴보기로 한다.

E-1. (우왕) 14년(창왕 즉위년 ; 1388) 8월 창왕이 6도 관찰사로 하여금 각기 부사(副使)와 판관(判官)을 동원하여 토지를 고쳐 양전(量田)토록 하였다.[24]

E-2. (같은 해 8월) 각 도(道) 안렴사(按廉使)를 고쳐 도관찰출척사(都觀察黜陟使)로 하였다. 양광도는 정당문학(政堂文學) 성석린(成石璘), 경상도는 전평양윤(前平壤尹) 장하(張夏), 전라도는 전밀직부사(前密直副事) 최유경(崔有慶), 교주강릉도는 전밀직상의(前密直商議) 김사형(金士衡), 서해도는 밀직제학(密直提學) 조운흘(趙云仡)로서 모두 대간의 추천을 받아 임용하였는데, 각기 부사(副使)와 판관(判官)을 동원하여 토지를 고쳐 양전토록 하였다.[25]

이 사료는 사전개혁을 대대적으로 발의한 이해(1388) 8월부터 6도의 양전을 시작하였다는 사실을 전해준다. 그런데 양전을 단행하기에 앞서 각 도의 안렴사를 보다 품계가 높고 권한이 강력한 도관찰출척사로 바꾸었다는 사실을 주의할 필요가 있다. 실상 이때 안렴사 제도를 바꾸어 양부(兩府)의 대신(大臣)으로 임명하는 도관찰출척사 제도로 대신한 것은 고려 지방행정제의 일대 변천을 의미하는바, 그것은 이제 각 도 내의 군·관·민 모두를 총체적으로 지배하는 대권(大權)을 가진 상급 행정기관의 새로운 설치에 해당하였다.[26]

각 도의 장관을 파격적으로 격상시켜 전에 없던 큰 권한을 부여하는

24 『고려사』 권78, 식화지 1 전제 경리.

25 『고려사』 권137, 辛禑列傳 5.

26 邊太燮, 1968, 「高麗按擦使考」, 『역사학보』 40 ; 동 1971, 『고려정치제도사연구』, 일조각, 181~194쪽 참조.

그 같은 지방 행정제도의 개편이 하필 사전개혁을 위한 양전에 즈음하여 단행되었다는 사실은 결코 우연한 일이 아니었다. 그것은 어떠한 세력가의 조업전이라든가 사전에 대해서도 무차별적인 양전과 개혁을 단행하기 위한 대권의 위임과 직접 관련된 제도의 개편이었을 것이기 때문이다.

종래 여러 차례의 전민변정사업이 권간(權奸)들의 훼방으로 중도 무산된 과거의 경험에 비추어, 개혁파 사류는 사전을 개혁하기 위한 기본적 전제로서 6도의 양전부터 단행하였다. 이때 착수한 양전은 다음 해(1389)에 일단 완료하였는데, 그것이 장차 과전법 시행의 바탕이 되는 기사양전(己巳量田)이었다.[27]

무릇 양전사업이란 단순한 토지 결부수(結負數)의 조사에 끝나는 것이 아니었다는 사실을 여기서 고려하지 않으면 안 된다. 더구나 적어도 고려 후기 이후로 결부제(結負制)란 것은 토지의 비옥도를 기준으로 상·중·하 3등의 전품을 책정하고 각등 전품에 따라 결부의 실적(實積)을 다르게 책정하는 이른바 수등이척(隨等異尺)의 양전이 실행되고 있었다. 그러므로 어느 전지의 전품(田品)이 어느 등급으로 책정되는가에 따라 그 전지의 결부 실적(實積)에 변동이 일어나고, 그러한 변동의 연쇄에 따라 종래까지 어느 자정(字丁) 단위에 묶여 파악되던 그 전지의 소속 자정에 변동이 일어나는 것은 지극히 당연한 일이었다.[28] 그같이 전지의 소속 자정에 변

27 기사년은 곧 1389년이니 폐창왕(廢昌王) 원년임과 동시에 공양왕 원년이다. 기사양전이란 말은 "기사년에 양전치 못한 바닷가나 섬의 전지(田地)"(『고려사』 권78, 식화지 1 전제 과전법)라거나 "기사 연간에 경기 및 5도전을 모두 양전하여 작정(作丁)하였다"(『태종실록』 권4, 7년 7월 기해)라 하여 당시에 이미 술어화하고 있었다.

28 양전에 따라 새로이 파악된 결부수에 대변동이 일어난 사례로는 『태종실록』 권13, 7년 5월 기사; 김태영, 앞의 책, 220~221쪽 설명 참조. 양전에 따라 소속 자정(字丁)에 변동이 일어난 사례로는 『세종실록』 권74, 18년 9월 갑오; 이경식, 앞의 책, 112~113쪽 참조. 심지어 두

동이 초래되기 마련이므로 가령 어느 전지일지라도 그 소유권의 보전을 위해서나 국가 수세권의 보전을 위해서나 양전에 있어서 소유권자를 확인하고 대조하는 일은 불가피한 필수의 수순이었다.

기사양전은 특히 고려 말의 사전을 개혁하기 위하여 단행한 것이었던 만큼 그것이 소유 관계를 비롯한 토지의 지배 관계에 있어서 크나큰 변동을 야기하였을 것으로 짐작된다. 특히 불법적 탈점에 따라 권세가의 사전이나 농장으로 일시 편입되었던 많은 토지가 양전을 통한 소유권자 확인 과정을 거치면서 원래의 소유자에게 반환되었을 것으로 이해된다. 여느 변정사업에서와는 달리 유독 이때 지방행정제도를 개편하면서까지 전국적 양전을 단행한 의도가 거기 있었던 것으로 보인다.

한편 양전이 시작된 창왕 즉위년(1388) 이해부터는 전국의 공전은 물론 모든 사전에 대해서도 당분간 그 전조를 모두 공수한다는 원칙을 관철시켰다는 사실을 주의할 필요가 있다. 양전과 동시에 결행된, 전국 공·사전조를 모두 공수한다는 이 조처야말로 사전개혁의 실제 내용에 직결되는 일이었다. 어떠한 조업전적 사전이라 할지라도 그것이 혁파의 대상인 불법적 존재였다면, 양전을 통해 그 정당한 소유권자가 확인되었을 것이며, 동시에 그 사전의 전조가 이해부터 공수되기에 이른다면 그것의 사전으로서의 실체(實體) 혹은 내실(內實)은 완전히 분해되어 없어져버리기 때문이다. 우선 사전조의 공수 과정을 살펴보면 다음과 같은 순차를 거쳐 단행되었다.

락(斗落) 따위로 전지(田地)의 절대면적을 파악하는 관행이 굳어져가고 있던 구한말(舊韓末)에 와서도 광무양전(光武量田)에 따라 전지의 소속 자정과 자번(字番)이 많이 변동하였다는 사실은 裵英淳, 1987, 『한말·일제초기의 토지조사와 지세개정에 관한 연구』, 서울대 박사학위논문, 39쪽, 151쪽 참조.

F-1. (우왕 14년;1388) 7월 대사헌 조준 등이 상소하였다. … 지금 마침 양전(量田)의 시기를 맞이하였으니, 규정에 따라 일정한 액수를 급전(給田)하기 이전에 3년을 한정(限定)하여 (모든 전지에 대하여) 임시로 공수(公收)토록 한다면 군국(軍國)의 수용에 충당할 수 있고 관리의 녹봉(祿俸)도 줄 수 있다.[29]

F-2. 전법판서 조인옥 등이 상소하였다. … 사기(事機)를 놓치지 말고 금년부터 임시로 공(公)·사전조(私田租)를 공수(公收)하여 군식(軍食)을 갖추게 된 연후에 조종(朝宗)의 분전지법(分田之法)을 회복해야 한다.[30]

F-3. (같은 해) 8월 창왕이 6도 관찰사(觀察使)로 하여금 각기 부사(副使)와 판관(判官)을 동원하여 토지를 고쳐 양전토록 하였다(앞의 E-1).

F-4. (같은 해) 8월 (창왕이) 교(敎)하기를, "사전(私田)의 전조(田租)를 일체로 모두 공수(公收)한다면 반드시 조신(朝臣)들의 식량이 어려워질 근심이 있으니, 우선 그 절반(折半)만을 공수하여 국용(國用)에 충당키로 한다" 하였다.[31]

여기서 사료 F-1과 F-2는 앞에서 말한 대로 개혁파 사류가 정권을 잡고 문제의 사전개혁을 발의하면서 이해부터 결행되는 양전과 함께 전국의 공·사전 모두에 대하여 일체로 공수하기를 주장하였다는 내용이다. 그 주장대로 F-3은 양전을 결행한다는 내용이다. 그런데 양전의 결정과 동시에 개혁파의 주장대로 이해부터 사전조에 대해서도 일체의 공수를 단행한다는 결정 또한 내려졌던 것이 틀림없는 사실이다. 그러나 F-4의 교서 내용을 보면, 그 같은 사전조의 전면적 공수 결정이 내려지자마자 아마도 '거실자제'들의 대반발이 일어난 모양이어서, 사전조를 전면 공

29 〈주 2〉와 같은 곳.

30 위와 같은 곳.

31 『고려사』 권78, 식화지 1 전제 녹과전.

수하는 대신에 그 절반만을 공수하기로 한다는 결정의 번복이 일어났다.

여기서 사전조의 절반을 공수한 조처는 사료에 표현된 대로 "조신들의 식량이 어려워질 근심"을 주요 요인으로 하고서 결정된 것이 아니었다는 사실은 짐작하고도 남음이 있으리라 생각된다. 사전조의 절반 공수는 그 나머지 절반을 당해 사전의 전주가 의연 사수하는 길을 확보해주는 조처로, 그것은 곧 사전의 조업전적 토지지배 관계를 새 정권이 오히려 확인해주는 결과를 가져올 것임에 틀림없는 일이었다. 그러므로 개혁파 사류는 다시 반격을 시도하고 나섰다.

> F-5. (창왕 즉위년:1388) 9월 우상시(右常侍) 허응(許應) 등이 상소하였다. … 근간에 사헌부와 판도사·전법사가 번갈아 상소하여 선왕의 균전(均田)제도를 회복하도록 청하자 전하께서 의윤(依允)하시매, 사방에서 듣고 기뻐 좋아하지 않는 자가 없었다. 오직 거가세족(巨家世族)의 겸병자(兼幷者)들이 불편하다 하여 시끄럽게 많은 말로 뭇사람의 귀를 혼란시키자 일시 사대부(士大夫)로서 전지(田地)를 가진 자들이 거기 성세(聲勢)를 같이하더니, 이윽고 종묘(宗廟)·사직(社稷)·도전(道殿)·신사(神祠)·공신전(功臣田)과 등과전(登科田)에 대해서는 공수(公收)하지 않기로 하자는 논의가 일어났다. 신 등은 생각하기를 여기에는 필시 폐법(廢法)의 끄트머리를 일으켜 세우려고 창도(唱導)하는 자가 있는 것이라 여겼더니, 불일간(不日間)에 과연 (사전조를) 절반만 공수한다는 명이 내려졌다. … 국가의 공전(公田)을 공(功)도 없으면서 좌식(坐食)하는 자에게 주어 가지게 한다는 것은 좋은 계책이 아니다. 엎드려 생각건대 전하께서는 뭇사람의 번거로이 떠드는 소리는 맡겨두고, 균전(均田)의 구제(舊制)를 회복하여 군국(軍國)의 수용이 모두 여유가 있고 사대부가 수전(受田)치 않는 자가 없이 된다면 국가가 다행이겠다.[32]

F-6. 창왕이 드디어 사전조(私田租) 반수(半收)의 명령을 폐기하였다.[33]

사료 F-5에 보이는 대로 사헌부 등에서 발의한 '균전제도' 회복의 상소를 창왕이 '의윤(依允)'하였다는 사실은 곧 이해 7월의 F-1, F-2 등의 주장을 창왕이 윤종(允從)하여 F-3에 나온 대로 6도의 양전을 결행하면서 동시에 사전조에 대한 공수를 단행키로 결정하였다는 것을 뜻한다. 그래서 종래의 사전제도는 이미 '폐법(廢法)'이 되어버린 것으로 사료의 문면에 나타나있다. 그런데 그렇게 되면 종래 조업전으로 보전되어 온 사전의 내용이 분해되어 그 실체가 없어져버리는 것이므로 '거가세족의 겸병자들'이 여타 사전을 소유한 사대부들의 성원을 얻어 사전을 보전하기 위한 반격적 책동을 일으키고 나섰다. 그 책동의 하나로 우선 종묘전 이하 등과전에 대해서는 공수하지 않기로 한다는 조처가 나타났으며, 다음으로는 사전 일반에 대해서도 전조의 절반만을 공수한다는 명령으로 구체화되었다.

그런데 사전의 전조를 절반 공수하는 데 그쳐서는 개혁파가 추진하는 사전개혁은 결코 실현될 수 없었다. 문제가 되어온 사전의 실체가 국가의 공적 관리를 벗어나 조업전임을 내세우면서 수조권을 행사하는 것이었는데, 비록 절반 정도로나마 그 수조권을 그냥 보유하도록 허용한다면 전주의 수조권적 토지지배 관계를 다시 공인해주는 결과가 되는 것이 필연적이었기 때문이다. 양전을 통하여 토지의 정당한 소유권자를 점검·확인하는 일, 공전·사전 전체에 대해 전조를 공수함으로써 조업전으

32 위와 같은 곳.

33 이 문단은 윗글에 바로 잇대어져 있는 것이지만, 설명의 편의를 위해 이같이 단락을 지어 살펴보기로 한다.

로서 사전의 전주권(田主權)을 일단 해체시키고 모두를 국가 수조지로 확보하는 일, 그리고 양전이 끝난 후 새로운 급전법에 따라 응분의 유자격자에게 수조지를 새로이 절급하는 일, 이 세 가지를 동시에 실현하지 않고서는 문제의 사전은 결코 혁파될 수 없었다.

그러므로 개혁파 사류는 권문세족 등이 획책하는 사전의 전주권 보유 운동을 다시 반격하고 나서지 않을 수 없었다. "국가의 공전을 공(功)도 없으면서 좌식(坐食)하는 자에게 주어 가지게 한다는 것은 좋은 계책이 아니"므로, 무엇보다도 군국(軍國)의 수용을 여유 있게 하고 국사에 복무하는 자격 있는 사류가 응분의 토지를 절급받아야 한다는 객관적 타당성을 가진 주장을 펴나갔던 것이다.

그 같은 개혁파의 압력에 따라 국가가 사전조를 절반만 수취하도록 추진해가던 획책을 권문세족들도 다시 철회하지 않을 수 없었다. 사료 F-4에서 사전조가 "절반만을 공수"키로 한다는 명령을 내린 지 한 달 만에 창왕은 다시 그것을 번복하여 "사전조 반수(半收)의 명령을 폐기"(F-6) 한다는 입장을 표명할 수밖에 없었다. 결국 개혁파의 주장대로 공·사전 일체에 대한 전조를 전부 공수한다는 방침이 확정되기에 이른 것이다.[34]

그런데 권문세족의 사전 보전 기도는 이로써 끝난 것이 아니었다. 앞에서 말한 대로 법에 따른 새로운 급전을 위한 양전을 단행하는 동시에 사전의 전조를 모두 공수한다는 것은 실상 일체의 조업전적 사전을 혁파하는 일 그 자체이므로, 권문세족들의 반발은 그만큼 집요할 수밖에

34 종래의 연구 가운데에는 사료 F-6을 해석하되 오히려 사전조(私田租)를 전면 공수(公收)하려던 원래의 계혁안을 완전히 폐기한다는 뜻으로 서술한 경우가 있다. 가령 李相伯, 1978, 『李相伯著作集』, 을유문화사, 194쪽 및 李成茂, 1980, 『朝鮮初期 兩班研究』, 일조각, 297쪽의 주(註) 131 참조. 그러나 이는 사전조 반수의 명령(F-4)을 폐기한 것이므로, 사전조 전부를 공수하기로 확정하였다는 내용이다.

없었다. 양전과 사전조의 전면 공수를 추진한 지 1년이 지난 뒤에도 그 같은 반발이 계속되었다는 사실은 다음의 글을 통해 알 수 있다.

G-1. 창왕 원년(1389) 8월 대사헌 조준 등이 상소하였다. … 하늘이 국가를 도와 성신(聖神)한 (임금을) 탄작(誕作)시켜 광세(曠世)의 적폐(積弊)를 벗겨내니, (사전의) 복구(復舊)와 혁파(革罷)에 관한 이해(利害)를 분명히 알 수가 있다. 그런데도 세신거실(世臣巨室)은 오히려 폐풍(弊風)을 답습하여 본조(本朝)의 성법(成法)을 하루아침에 고쳐서는 안 될 일이요, 구태여 고친다면 사군자(士君子)의 생리(生理)가 날로 어려워져 반드시 공(工)·상(商)으로 내닫게 될 것이라고 서로 충동하면서 부언(浮言)으로 뭇사람의 귀를 현혹시킴으로써 사전(私田)을 복구하여 부귀(富貴)를 보전해가고자 한다. … 가만히 이르건대 경기(京畿)의 토지로는 마땅히 사대부로서 왕실을 옹위하는 자들의 전지(田地)로 삼아 자생(資生)케 함으로써 그 생업을 후하게 하고, 나머지는 모두 혁거하여 공상(供上)과 제사(祭祀)의 수용에 충당하며 녹봉(祿俸)과 군수(軍需)의 비용을 넉넉히 할 것이요, 겸병(兼幷)과 쟁송(爭訟)의 길을 끊어버림으로써 무강(無疆)히 아름다운 제도를 정할 일이다.[35]

G-2. 공양왕 원년(1389) 12월 대사헌 조준 등이 상소하였다. 상평(常平)·의창(義倉)의 법은 구황(救荒)의 장책(長策)이니, … 국가를 운용하는 자가 마땅히 먼저 힘써야 할 일이다. 지난해에는 한여름에 군사를 일으켰고 거기다 왜구(倭寇)까지 더하였으므로, 경종(耕種)에 시기를 놓치고 수확(收穫)에 절후(節候)를 잃었다. 금년은 또 수재(水災)를 입어 동남 지역 군현들이 쓸쓸히 적립(赤立)의 상태이니, 구황의 계책을 생각해내지 않을 수 없다. 국

35 『고려사』 권78, 식화지 1 전제 녹과전.

가가 이미 사전(私田)을 혁파하였으므로 이르는 곳마다 축적(蓄積)이 모두 궁핍하게 되었다. 원컨대 지금부터 군현마다 상평창을 설치토록 하되, 풍년·흉년에 그것을 거두어들이고 나누어주는 법은 한결같이 근일 도평의사사에서 상주(上奏)한 대로 할 일이다. 가만히 듣건대 양광도는 이미 상평창을 설치했다고 하니, 마땅히 각 도(道)에서도 이에 따라 시행토록 해야 할 것이다.[36]

먼저 사료 G-1을 보면, 우상시 허응 등 개혁파들의 적극적인 추진에 따라 사전조를 전면 공수키로 확정하고 난 뒤로도 '세신거실'들의 사전 보전 책동은 끊이지 않고 계속되었던 모양이다. '본조(本朝)의 성법(成法)'에 따라 운용되어온 사전은 그만큼 오랜 내력을 가졌으며, 그 전주들 또한 정치사회적 실권을 오래 운용해온 권문세족들이었으므로 그것을 '하루아침에' 혁파한다는 것은 절대 만만치 않은 일이었다.

그러나 사전의 개혁은 명분이 넉넉한 국가적 사업이기도 했으며, 개혁파들은 현실적으로 실권을 쥐고 있는 편이었다. 더구나 사전의 개혁은 개혁파 사류로서는 정치적 결단을 통해 승패를 가름 짓는 대사업이기도 했으므로 결코 후퇴할 수 없었다. 그 같은 사정은 "얼마 안 있어 세신거실들이 부동(浮動)해 말하여 (사전을) 복구하려고 하자, (조)준이 다시 상소하여 이를 논하고 간관(諫官) 오사충(吳思忠)·이서(李舒)·이준(李竴) 등이 또한 (사전을) 복구해서는 안 된다고 상소하여 굳게 주장하자 (이성계가) 이에 따랐다"[37]고 하는 당시의 관련 기록에서도 읽을 수 있다. 개혁파는 대간(臺

36 『고려사』 권80, 식화지 3 상평의창.

37 『고려사』 권118, 趙浚列傳. 열전 가운데의 이 대목이 반드시 창왕 원년 8월의 기사(사료 G-1)와 직접 관계되는 것인지는 단정하기 어렵다. 그러나 사전개혁 과정의 정황으로 보아

諫)이 동시에 상소운동을 벌여 여론을 환기시켜 가면서 권문세족의 사전 복구 책동을 반박하고 나섰던 것이다.[38] 그들은 경기지역에는 공상(供上)·군수(軍需) 등의 국용 및 조관(朝官)들의 수조지 이외에는 사전을 전혀 설정치 않는다는 구체적인 개혁안까지 제시하면서 적극적으로 개혁을 추진해갔다.

사료 G-2를 보면 "국가가 이미 사전을 혁파하였으므로 이르는 곳마다 축적(蓄積)이 모두 궁핍하게" 되었으니, 이제 상평창을 세워 구황의 방편으로 활용하자고 주장한 내용이 주목된다. 전년도에 사전의 혁파를 위해 양전과 사전조의 공수를 결행한다는 방침을 세워 추진했다는 사실은 사료상으로 확인했지만, 그것의 구체적 진전 사실에 관련된 기록은 달리 찾아보기 어려웠다. 그런데 1년이 지난 뒤의 이 상소(G-2)를 보면 사전은 이미 혁파된 것으로 나타났다. 그사이에 무엇이 어떻게 진전되었던 것일까. 그것은 곧 전년(창왕 즉위년:1388) 8월에 6도의 양전을 시작하고(E-2), 우여곡절 끝에 9월에는 사전조를 공수키로 확정하였는데(F-6), 1년이 지난 이해(1389) 12월 당시로서는 양전과 사전조 공수라고 하는 두 가지 일이 계획대로 실현되고 있었으므로 사전이 이제 혁파된 상태로 되어있었다는 사실을 말한 것으로 판명된다.

사전이 혁파된 후 이르는 곳마다 민간의 축적이 모두 궁핍해져 있었다는 사실 또한 여기서 다시 생각해볼 만한 문제이다. 이해에는 흉년이

이른바 조준의 2차 상소(G-2)와 열전의 이 대목은 맞물려 관계되고 있다. 또한 2차 상소이므로 열전에서는 "浚又上疏論之"로 표현한 듯하고, 열전의 "世臣巨室 浮動言 欲復之"라는 문자가 사료 G-1에서는 "世臣巨室…相與胥動浮言…欲復私田" 등으로 부연 서술되어 있는 듯하다.

38 앞서 새로운 양전을 단행하기 위하여 각 도의 안렴사를 도관찰출척사로 고쳐 파견할 때도 대간의 추천을 받아 임용하였다는 사실(E-2)이 참조된다.

들었으므로 축적이 모자라기도 하였겠지만, 한편으로는 사전의 전조를 모두 공수하였기 때문에 사곡(私穀)의 여유가 없어져 더욱 "축적이 궁핍하게" 된 것은 아니었을까. 실상 고려 시기에는 양반 등 호강자의 사곡이 다시 장리(長利) 등을 통하여 토지를 겸병하는 재원으로 활용되었으며,[39] 또한 그 사곡에 의존함으로써 오히려 가난한 농민들의 연명과 생업의 재생산활동이 가능한 것으로 구조화하여 있었다.[40] 그런데 이제 전년도부터 사전조의 공수에 따라 그 같은 호강자의 사곡에 여유가 있을 수 없게 되었으므로 민간의 축적이 궁핍해지고 만 것은 필연의 형세였다. 그 대신 사전조까지 공수한 결과 관곡(官穀)에는 다소의 여유가 생기게 되었으므로, 이 사료는 농민의 재생산활동을 보충하는 관곡의 대여 제도로서 '상평창' 설치를 건의한 것은 아니었을지 추측된다.[41]

---

39 명종 18년 3월 제(制)를 내리기를, "각 곳의 부강한 양반(兩班)은 빈약한 백성들이 대(貸)를 갚지 않는다고 하여 고래(古來)의 정전(丁田)을 겁탈(劫奪)하니 이 때문에 산업을 잃고 더욱 가난해진다.…"고 하였다(『고려사』 권79, 식화지 2 借貸). (공민왕) 5년 6월 교(教)에 "부호(富戶)는 칭대취식(稱貸取息)하되 이중생리(利中生利)하매 빈민은 아침에 저녁 일을 도모할 수도 없어 자녀를 전매(典賣)하니 심히 애처롭다.…"고 하였다(위와 같은 곳).

40 (공민왕) 11년 밀직제학 백문보(白文寶)가 차자(箚子)를 올렸다. "빈민은 해마다 수묘(數畝)를 경작하는데 조세(租稅)가 절반이나 되는 고로 그해를 넘기지 못하여 양식이 궁핍해지니, 명년 농사철에는 부호(富戶)의 곡식을 빌려서 종자(種子)와 농식(農食)을 마련한다. 지금 관리들은 민환(民患)을 걱정치 않고 부민(富民)이 함부로 대곡(貸穀)하여 이식(利息) 취하는 일을 금지하는데, 이후로는 부민들이 대곡을 넉넉히 하되 예에 따라 자모정식(子母停息)하게 하도록 권면(勸勉)하기로 하자"(위와 같은 곳).
하필 고려 시기뿐 아니라 전근대에서 이른바 사채(私債)로 불리는 장리(長利)는 농민 일반의 재생산 과정에서 피할 수 없는 제약조건이자 보충수단으로 항구화하고 있었다. 조선 전기의 다음 기사를 참조하라. "빈민이 그래도 살아갈 수 있는 것은 사채(私債)가 있기 때문이다. 세종임금도 일찍이 혁파해버리려 하였으나 그러지 못하였다. 사채는 혁파해서는 안 되는 것이다"(『성종실록』 권104, 10년 5월 임신).

41 사실상 이때 설치된 것은 상평창이 아니라 의창(義倉)이었음은 다음 사료들이 전하는 바와 같다. "양광도관찰사가 아뢰기를 도내(道內) 백성들이 수재와 한재로 경작하지 못하여 종자와 식량이 모두 궁핍하니, 이제부터 각 군현에 의창 설치하기를 청하자 이에 따랐다"(『고려사』 권80, 식화지 3 상평의창).;"(성석린이) 나가서 양광도관찰사가 되었는데, 그때 마침 흉년을 만나 석린이 군현마다 의창 설치하기를 청하자, 이에 따랐다. 이어서 각 도(道)로 하여금 모두 의창을 설치토록 하였다"(『고려사』 권117, 成石璘 열전).

양전과 사전조의 공수를 통한 사전의 개혁에 착수한 지 1년 만에 그 사업은 착실하게 수행되었다. 이는 사전 복구론자들의 방해책동을 배격하면서 경기지역 토지의 새로운 지배 관계에 대한 설정 논의(G-1)에서도 읽을 수 있고, 사전에 대한 국가의 공수를 실현함으로써 사전을 사실상 혁파함은 물론 그로써 확보한 공곡(公穀)을 활용하여 국가가 직접 소농민의 재생산 과정을 보호한다는 제도의 수립 논의(G-2)에서도 확인된다.

개혁파는 창왕 원년(1389) 9월 현재 이른바 양반과전(兩班科田)을 받을 자격을 확실히 가진 관인들을 종실(宗室), 문반(文班), 무반(武班), 그리고 전함(前銜) 각품(各品)의 4가지 부류로 나누어 각기 종부사(宗簿司), 전리사(典理司), 군부사(軍簿司), 그리고 개성부(開城府)에서 그 자격 여부를 심사·선택하도록 하였다.[42]

이제 사전의 혁파는 물론이요, 새로운 토지 절급에 관한 법안이 구체적으로 마련된 것이다. 비록 무자격자일지라도 조업전임을 증빙하는 문권을 가지고 국가법제의 보호를 받으면서 천 결, 백 결씩이나 되는 대규모 사전의 전조를 취식하던 사전은 이미 존속할 수 없게 되었다.

개혁파는 마침내 이해(1389) 11월에 창왕을 몰아내고 공양왕을 옹립하기에 이르렀다.[43] 공양왕을 옹립한 직후 조준 등은 전제개혁에 관한 이른바 3차 상소를 올렸는데, 그 주요 내용은 다음과 같다.[44]

이 의창이 조선왕조 일대의 환곡(還穀)제도로 계승되는 것은 물론이려니와, 농업생산력의 일정 발전단계에 이르러서야 소농민들의 재생산 보족장치가 장리 같은 개인의 사적(私的) 보호장치보다도 환곡과 같은 국가의 공적(公的) 보호제도 중심으로 전환한다는 사실 또한 유의할 만한 사실이다.

42 『고려사』 권137, 辛禑列傳 5.

43 창왕은 구신(舊臣)들의 의사에 끌려 개혁파의 주장을 잘 따르지 않았으므로 우유부단한 성격의 공양왕을 옹립하여 괴뢰로 삼았다는 견해가 있다(『이상백저작집』 제2권 92쪽 참조).

44 『고려사』 권78, 식화지 1 전제 녹과전.

첫째, 거경 관인(居京官人)의 사전은 경기지역에 한해서만 절급한다는 원칙을 다시 확인하여 강조하는 한편, 여타 지역의 토지는 대개 국가 수조지로 확보하되, 다만 거기에도 각지의 유력한 '군사(軍士)' 요원들에게 절급할 군전의 설정은 허용한다는 원칙을 표명하였다. 여기서 사전 경기(私田京畿)의 원칙은 왜 그렇게 강조되었던 것일까.

전통적으로 고려의 사전은 주로 외방에 설치되어 있었다. 물론 조업전적 사전이라고 해서 예외는 아니었다. 그런데 당시에는 그 같은 사전이 혁파 단계에 있었으며, 그 바탕 위에서 전제의 개혁을 단행하는 중이었다. 여기서 다시 사전을 외방에 절급한다면 어떠한 일이 일어날까. 사료에 나온 그대로 외방에 절급받은 사전을 매개로 활용하여 간활한 호강들이 토지 겸병을 자행할 길을 열어두게 되는 것이었음은 다시 말할 필요가 없다. 더구나 세신거실들에게는 다음과 같은 일이 일어났을 것으로 짐작된다. 즉 바로 1년 전까지 지배해오던 조업전적 사전으로서 이번의 양전과 공수에도 불구하고 그것의 정당한 소유권만은 보전되는 경우 새로운 수조지로서의 사전을 절급받는다면, 그것은 곧 소유권과 수조권을 겸유한 종래와 마찬가지의 사전으로 확보되는 것이다. 따라서 그것을 겸병의 근거지로 활용할 수 있을 뿐 아니라 다시 조업전적 사전으로 복구시키는 길이 열리게 될 수도 있는 것은 아니었을까. 사전은 결코 외방에 설치해둘 수가 없는 것이었다.

그런데 여기서 군전만은 외방에 설치한다고 표방한 것은 어떤 연유에서였을까. 아마도 대부분이 외방 거주자인 '군사'들에게는 그것을 당연히 자기 거주지에다 절급하는 것이 오히려 가장 합리적인 토지제도이기 때문이었을 것이다. 다만 이 사료에 나타난 군전과 앞서 조준의 1차 상소에서 구상하였던 군전(C-4)과의 연관성은 분명치 않다. C-4에서의 군전은 거의 완전한 직역전으로 구상하였던 듯하지만, 여기서는 그 같은 원칙의 표명은 전혀 없다. 오히려 경기지역에 절급하는 관인 수조지와 대비되는 입장에서 그저 외방에 설정한다는 원칙만을 천명하고 있다. 그러므로 여기서 군전은 직역전이라기보다는 외방에 거주하는 품관 같은 유력한 '군사' 요원들의 우대를 위해 설정한 것은 아니었는지 추측된다.

둘째, 이때 전년도 이래 추진해온 소위 기사양전이 일단 완료되었으며, 그 결과 확보한 6도의 결총(結總)이 50만 결가량인데, 이를 국가재정의 용도별로 분속시키는 작업이 구체적으로 진행되었다. 즉 공상(供上)을 위해서는 3만 결을 4고에, 국용(國用)을 위해서는 10만 결을 우창(右倉) 즉 풍저창(豊儲倉)에 분속시키며,[45] 백관의 녹봉을 위해 10만 결을 좌창(左倉) 즉 광흥창(廣興倉)에 귀속게 하고, 중앙에 거주하는 관인층에게는 경기의 토지 10만 결을 절급한다고 하였다. 그리고 나머지 17만 결로써는 군인(軍人)·진척(津尺)·원주(院主)·역(驛)·사원전(寺院田)과 향리의 외역전(外役田) 및 지방관의 아록전(衙祿田)으로 절급한다는 계획을 진척시켰다.

그런데 1차 상소에서 특히 강조되어 나타난 토지국유의 이념이 이 3차 상소에서는 거의 보이지 않는다는 사실을 주의해야 할 것이다. 거기서는 국가기관의 운용을 담당한 '당직자'에게 절급하는 직전의 형태라든가, 국가의 구체적 직역자에 대한 직역전 위주의 토지 절급이 우선시되고 있었다. 가령 국가 직역 가운데서도 가장 기준적이라고 할 수 있는 군

45 사료 G-2에서는 우창 즉 풍저창에 분속시키는 10만 결을 공상용(供上用)으로 표기하였다. 풍저창은 "국가는 풍저창을 설치하고 무릇 제사(祭祀)·빈객(賓客)·전역(田役)·상황(喪荒)의 용도가 다 여기서 나오니, 이를 일러서 국용(國用)이라 한다"(『三峰集』 권7, 「朝鮮經國典」 上 賦典 國用)는 바와 같이 '국용(國用)'을 위한 것으로 볼 수도 있다. 그러나 이 국용은 국왕이 직접 혹은 국왕의 명의로 거행하는 제사·손님 접대·수렵, 그리고 구황 따위의 용도를 말하는 것이었다(『周禮』, 天官 冢宰 小宰 참조). 전근대 유교적 지배이념에서 '국용'과 '공상'의 구분이 애매한 대표적 사례의 하나라고 생각된다.

역의 경우를 두고 말하더라도 그 담당할 자의 "재예(才藝)를 시험하여 주는데 20세에 수전(受田)하고 60세에 반납한다"(C-4)고 설정한 것이 그 같은 사례에 속한다. 그러나 이 3차 상소에서는 군전을 외방에 설치한다는 원칙만을 표방하였을 뿐, 그것을 철저한 직역전으로 설정한다는 내용은 전혀 나타나 있지 않다. 결과적으로 보더라도 군전은 과전법에 가서 사실상의 군역과는 무관한 외방 각지의 유력자인 '한량관리(閑良官吏)'층에 대한 신분제적 우대의 성격을 띤 것으로 정착되기에 이른다.[46]

조준의 1차 상소와 3차 상소 사이의 시간적 상거는 불과 1년 반 정도인데, 그사이에 어떠한 연유가 있어서 위와 같이 토지국유의 이념이 그렇게 퇴색되기에 이른 것일까. 토지를 많이 소유한 권문세족들의 끈질긴 반발 때문이었을까. 그러나 그보다도 개혁파까지 포함하는 현실의 지배계급 일반의 현실적 요구가 반영되어서 그러하였던 것은 아니었을까. 그들이 현 사회에서 정치사회의 지배적인 위치를 점하게 된 것은 기본적·현실적으로 토지의 소유 관계를 지반으로 하고서 비로소 가능한 것은 아니었을까. 계급적으로 그들은 토지의 국유화보다는 그것의 사유를 선호할 수밖에 없는 존재였다. 그러므로 그사이 토지국유 이념의 퇴색은, 개혁파의 새로운 집권에 따라 한때 고조되었던 개혁의 열기가, 어디까지나 소유권 위주라고 하는 토지지배 관계의 현실적 관행에 부딪혀 점차 원래의 이념으로부터 변질되어 나타난 결과로 이해된다.

그런데 비록 토지국유의 이념을 관철시킬 수는 없었지만, 세신거실들의 유언과 선동을 통한 집요한 책동에도 불구하고 개혁파는 사전 경기의 원칙을 견지하면서 전제개혁의 골격을 다듬어갔다. 바로 다음 달인

46 이 사실은 나중에 당해 항목에 가서 설명한다.

공양왕 2년(1390) 정월에는 각품 관인에 대하여 전적을 나누어주었다.[47]

그리고 같은 해 9월에는 구래(舊來)의 공·사 전적을 모두 수도의 시가(市街)에다 모아서 불태우고 말았다.

> [공양왕 2년(1390) 9월] 공(公)·사(私)의 전적(田籍)을 시가(市街)에서 불태웠는데 불이 여러 날 동안 꺼지지 않았다. 왕이 탄식하고 눈물 흘리며 말하기를, "조종(朝宗) 사전(私田)의 법이 과인(寡人)의 대에 이르러 갑자기 혁파되니, 애석하도다" 하였다.[48]

이때 불태워 없앤 전적은 물론 기사양전 과정을 통하여 정당한 소유 관계를 확인받아 새로 작성된 것이 아니라, '구래의 공·사 전적' 그것이었다. 그 전적을 태우는 불길이 여러 날 동안 꺼지지 않았다는 것은 전국에서 모아들인 구래의 공·사 전적의 양이 매우 많았다는 뜻으로 풀이된다. 그것을 모두 불태움으로써 개혁파는 구래의 토지지배 관계를 일단 전면적으로 부정하는 대신,[49] 기사양전에서 정당한 소유 관계를 가진 것으로 확인된 토지에 대해서만 그 소유권을 인정하였다. 또한 이번의 전제개혁 과정에서 새로 절급하는 토지에 대해서만 그 수조권 혹은 면조권을 인정하는 입장을 취하였다.[50] 이러한 전제개혁의 결과 정립된 과전

---

47 『고려사』 권45, 恭讓王世家 1.

48 『고려사』 권78, 식화지 1 전제 녹과전.

49 "위신역란지도(僞辛逆亂之徒)와 상전실직지배(喪田失職之輩)가 (공양왕의) 좌우에 눌어붙어서 유언(流言)으로 침윤(浸潤)케 하여 전하(이성계)를 가리켜 권세(權勢)가 중(重)하다 하고 신 등이 붕당(朋黨)을 한다고 무함"하였다는 뒷날 조준의 상소(『태조실록』 권2, 원년 12월 임술)를 보면, 이때 구래(舊來)의 사전(私田)을 빼앗기고 직역(職役)을 잃은 권문세족의 동향이 짐작된다.

50 따라서 공양왕 2년(경오;1390) 이후 구래 사전조(私田租)의 공수(公收) 조처도 폐지되기

법 조문에, "경오년(공양왕 2년;1390) 이전의 공·사 전적은 모두 다 불태워 없앴으니, 감히 그것을 사장(私藏)하는 자는 국법을 훼손한 일로 논하고 재산은 적몰(籍沒)한다"[51]는 규정을 둔 사실이 곧 그것을 말한다.

이처럼 기사양전과 경오년 공·사 전적의 소훼(燒毁)는 고려 말 사전의 획기적인 개혁을 이루는 일이었다. 그것은 공양왕으로 하여금 '조종 사전의 법'이 갑자기 혁파됨을 보고 눈물 흘리며 크게 탄식하게 하면서 일어난 것이었다. 그같이 한 시기 한 왕조를 지탱하는 토지제도로 운용되어온 고려 말의 사전은 여기서 일단 모두 혁파되기에 이른다.[52]

이미 중앙의 관인들에게 관품에 따라 토지를 절급하였고(G-3), 또 구래의 공·사 전적을 모두 불태워 구래의 사전 지배의 근거를 박탈함으로써 그 혁파를 일단 완료한 다음, 개혁파 사류는 다시 외방의 토지를 각 기관에 분속시키고 각 직역인에게 절급하는 절차를 취하였다.

> [공양왕 2년(1390) 11월 계묘] 급전도감(給田都監)에서 외관원전(外官員田), 향(鄕)·역리전(驛吏田), 진척(津尺)·원주전(院主田)의 수(數)와 풍저(豊儲)·광흥창(廣興倉)의 납세(納稅)의 수를 아뢰어 정하였다.[53]

즉 외방의 토지를 가지고서 지방관 및 지방 각 기관의 직역자에 대한 수조지를 절급하는 한편, 국용 및 녹봉을 위한 국고 수조지로 분속하기

마련이었을 것이다.

51 『고려사』 권78, 식화지 1 전제 科田法條文.

52 고려의 사전(私田)은 개혁파 사류의 상소에 나타난 바와 같이 국가의 토지제도를 완전히 벗어난, 그야말로 모든 사회적 '화란의 원흉'이었다고만은 생각할 수 없다. 적어도 한 왕조의 기본적 토지제도의 한 가지로서 일정 기간 제도적으로 운용됐다는 사실을 고려한다면, 그것의 실체는 좀 더 다른 각도에서 추구해야 할 가치가 있는 것이라고 판단된다.

53 『고려사』 권45, 恭讓王世家 1.

에 이른다.

그리고 다음 해인 공양왕 3년(1391) 5월에는 그동안 추진해온 전제개혁의 내용을 과전법이라는 이름으로 공포하기에 이르렀다.

> (공양왕) 3년 5월 도평의사사가 상서(上書)하여 과전(科田) 절급법(折給法)을 정하기로 청하자, (임금이) 이에 따랐다.[54]

이미 그 시행 절차를 면밀하게 준비해오고 있었으므로, 과전법은 공포된 즉시 효력을 발생한 것으로 생각된다. 다음 해인 1392년에 조선왕조가 개창되고서도 과전법은 신왕조의 기본 토지법제로 존속하였다. 조선왕조의 개창 직후 중외(中外)의 대소신료(大小臣僚)·한량(閑良)·기로(耆老)·군민(軍民)에게 내린 태조의 교서에 "전법(田法)은 일체 전조(前朝)의 제도를 따르되, 만약 손익(損益)할 것이 있으면 주장관(主掌官)이 논의(論議)를 내어 신문(申聞)한 후 시행하라"[55]고 하였다는 조처가 그것이다. 과전법은 다소의 변질을 거치면서도 조선 초기의 기본 토지제도로서 한동안 운용되기에 이르렀다.

(『**신편 한국사 24 조선 초기의 경제구조**』,
국사편찬위원회, 1994)

54 『고려사』 권78, 식화지 1 田制.

55 『태조실록』 권1, 원년 7월 정미.

제2장

과전법의 내용과 그 운용

1. 토지분급 규정

고려 말에 사전을 개혁하고 새로운 토지제도를 마련한 결과 성립된 과전법에 나타난 토지지배 관계의 기본 방향은 전국의 토지를 일단 국가 수조지로 편성한 위에 그 수조권을 국가재정의 용도에 따라 각 기관에 분속시키고 다시 중앙 지방의 관인층(官人層)과 국가 직역인(職役人)에게도 그것을 절급(折給)한다는 것이었다. 그런데 여기서 주목되는 점은 그 개혁의 동기가 무엇보다도 조업전적 사전의 혁파와 관련되어 착수하고 추진하였던 만큼 결과적으로 국가 수조지가 크게 확대되고 따라서 개인 수조지가 많이 축소되어 정립되는 현상을 초래하기에 이르렀다는 사실이다.[1] 비록 민유지가 전체 경지의 대부분을 차지하는 편이지만 전체를 토지국유라고 하는 왕토(王土)사상으로 분식하여 국왕의 명의로 그 수조권을 분속하고 절급한다는 면에서는 과전법이 고려의 전시과와 마찬가지였다. 그러나 관인층은 물론 모든 국가 직역자에게 수조권을 절급함으로써 토지지배 관계를 매개로 하여 그 직역을 수취하던 전시과의 경우[2]보다 과전법은 토지지배권의 절급이 질과 양 두 가지 면에서 모두 현저히 쇠퇴한 현실을 나타냈다. 이제 과전법이 설정한 새로운 급전제(給田制)

---

1 조업전, 즉 세업전의 혁파가 곧 과전의 설치로 이어졌다는 당시의 인식을 참작할 일이다. "전조(前朝)의 세업전(世業田)은 곧 세록(世祿)의 유의(遺意)로서 역시 인후(仁厚)하다 할 만한 것이었는데, 위조(僞朝) 말에 이르러 이에 세업전을 혁파하고 과전(科田)으로 하였다"(『태종실록』 권25, 13년 4월 임신).

2 김태영, 앞의 책, 19~20쪽.

의 내용과 그 초기의 운용 사실부터 검토해나가기로 한다.[3]

H-1. 문종 때 정한 바에 따라 경기 군현에 좌(左)·우도(右道)를 설치하고, (관인층을) 1품으로부터 9품 산직(散職)에 이르기까지 18과로 구분한다.

사전 경기의 원칙을 견지하면서 이 지역에 중앙에 거주하는 관인들의 과전을 10만 결 정도(H-2) 설정하려면 경기의 지역 확장이 불가피한 일이었다. 이미 고려 문종 대에도 전시과의 재편과 관련하여 이 지역을 크게 확장한 적이 있었다.[4] 그래서 과전법의 시행을 위한 관련 조처로서 공양왕 2년(1390)에는 현재의 경기 13군현을 좌·우도로 분립시키는 한편, 문종 대의 구제를 따라 양광·교주·서해도로부터 다수의 군현을 이속시킴으로써 경기지역을 크게 확대하고 좌·우도에 각기 도관찰출척사를 두어 영솔케 하였다.[5]

사전을 외방에 절급하면 그것을 빌미로 삼아 호강자들이 이목의 감시가 소홀한 향곡(鄕曲)에서 무제한으로 사전을 확대한다는 사실을 감계하여 개혁파 사류는 처음부터 사전 경기의 원칙을 끝까지 지켜온 것이었다. 과전법이 이러한 원칙을 지켜감에 따라 이제 토지지배의 형태로서의

---

3 『고려사』 권78, 식화지 1 전제 과전법. 이하 특별한 설명이 없는 한 H 계열의 사료는 모두 과전법 조문(條文) 내용임을 밝힌다.

4 『고려사』 권56, 지리지 1 왕경개성부조(王京開城府條)에 의하면 문종 16년(1062)에 경기의 통치기구를 개편하고 동왕 23년(1069)에 양광도의 한양(漢陽) 이하, 교주도의 영흥(永興) 이하, 서해도의 연안(延安) 이하, 도합 41현(縣)을 경기지역에 편입하였다. 邊太燮, 1971, 「고려시대 경기의 통치제」, 『고려정치제도사연구』, 일조각, 251쪽 참조.

5 공양왕 2년의 원래 경기는 13현이었는데 이해의 개편 결과 좌도에 25군현이, 우도에 19군현이 배속되기에 이르렀다(『고려사』, 위와 같은 조). 이후 조선왕조에 가서도 한성으로의 천도 등 여러 요인으로 경기의 지역 변동이 여러 차례 있었다(『태조실록』 권6, 3년 6월 신묘 기타).

수조권에 입각한 지배 관계는 크게 위축됨을 면할 수 없게 되었다. 비록 사전의 설정을 위한 경기의 지역 확장이 있었다 할지라도, 그리고 사전의 일부가 이후 한때 하삼도(下三道)에 이급되는 일이 있다 할지라도, 과전법체제에서 사전의 설정 지역은 원칙적으로 경기지역에 한정되었으며, 그 원칙은 이 체제가 사실상 소멸할 때까지 계속 지켜졌다.

> H-2. 경기 및 6도의 전지를 일체로 답험(踏驗) 양전(量田)하여 경기에서는 실전(實田) 131,755결(結)과 황원전(荒遠田) 8,387결을, 6도에서는 실전 491,342결과 황원전 166,643결을 얻었는데, 결수(結數)를 헤아려 작정(作丁)하되 정(丁)에는 각기 자호(字號)를 붙여서 전적(田籍)에 기재한다.

창왕 즉위년(1388)에서 시작하여 그다음 해(1389)에 완료한 기사양전의 결과 확보된 토지가 실전 623,097결과 황원전 175,030결이었다. 그것이 과전법을 운용할 기본 결총이었다. 여기서 실전은 물론 현재 경작 중인 토지를 가리키는 것이며, 황원전이란 황한(荒閑)·원진(遠陳)의 토지로서 사회의 안정에 따라 곧 기경(起耕)이 예상되는 토지를 가리키는 말이었다.[6]

여기서 기사양전의 결과 확보한 전국 토지의 결총을 한꺼번에 말하지 않고 그것을 각기 경기와 6도의 것으로 구분하여 논한 이유는 무엇이었을까. 앞에서 살펴본 것처럼 과전법 시행에 즈음하여 경기지역을 크게 확장하였기에 경기지역의 결총이 여타 지역의 것에 비하여 약 4분의 1에 가까운 다수를 점하게 되었다는 사실을 주의할 필요가 있다. 그것은

6 이 황원전은 과전(科田) 등으로 절급받을 수도 있는 것이었다(H-6 참조).

아마도 경기의 토지를 여타 지역의 토지와 다소 다른 용도로 편성하려는 의도를 반영한 것은 아니었을지 추측된다. 뒤에 살펴보겠지만(H-16) 일단 사전으로 설정된 토지는 이후 공전으로 편입하지 못한다는 규정을 참작해보면, 고려의 사전이 중앙의 통제가 어려운 외방에 설치되어 결국 국가사회의 파국을 초래하기에 이르렀다는 사실을 감계하여, 이제 사전을 경기지역에 한정하여 절급하는 원칙을 실현한다는 조처에 따른 것으로 이해된다. 즉 경기지역을 크게 확장하고 관인층의 사전을 집중적으로 이 지역에 한하여 절급함으로써 사전의 불법적 확대를 방지함은 물론, 외방에서 호강(豪强)의 발호를 억제함으로써 사회정치적으로 중앙집권화를 한층 더 실현한다는 목적에서 그 같은 조처를 취한 것으로 보인다.

또한 여기서 새로운 양전을 통하여 확보한 전결(田結)의 전적을 작성하는 일에도 변동이 일어났다는 사실을 주의하여야 할 것이다. 토지의 결부수를 헤아려 일정 단위로 작정(作丁)하되 거기에다 천자문의 자호(字號)를 붙여 순차대로 전적을 작성한다는 것은 이미 조준의 1차 상소에서 세워둔 원칙이었다. 다만 그 상소에서 제시한바 전주의 성명을 전적에 기재하지 않는다는 원칙 역시 이 과전법에 와서 실현되었는지는 의문이다. 1차 상소는 워낙 철저하게 토지국유의 원칙을 실현하려는 방향에서 추진된 개혁안이었지만, 과전법에 와서는 정작 그 원칙이 실현되지는 못하였기 때문이다. 그러나 수조권자(收租權者)를 표시하는 '전주'의 성명은 기재하지 않았을지 몰라도, 현실상 소경전(所耕田)의 소유자 성명을 기재하는 전대 이래의 관행은 그대로 계승되었을 것으로 보인다.[7]

그리고 조준의 1차 상소에서는 작정의 단위를 20결·15결·10결 단위로 조정한다고 제시하였지만, 과전법체제에 와서는 그것이 10결 혹은 5결 단위로 규정되었으며,[8] 곧 5결 단위로 정착되었다.[9] 과전법체제가

사실상 무너지고 난 후에도 작정 방식은 그대로 준행되었다.[10]

> H-3. 왕년의 공(公)·사(私) 전적(田籍)을 낱낱이 거두어들여 그 진위(眞僞)를 철저히 가려내고 구례(舊例)에 따라 손익(損益)하여 써 능침(陵寢)·창고(倉庫)·궁사(宮司)·군자시(軍資寺) 및 사원(寺院)·외관(外官)의 직전(職田)과 늠급전(廩給田), 그리고 향(鄕)·진(津)·역리전(驛吏田)과 군장(軍匠)·잡색전(雜色田)을 정한다.

이 조항은 국가의 제도적 운용을 위한 토지 절급의 기본을 천명한 것이었다. 즉 왕실의 능침전과 궁사전, 공상(供上)을 위한 우창전(右倉田), 백관의 녹봉을 위한 좌창전(左倉田), 군수(軍需)의 마련을 위한 군자시전, 그리고 사원전과 외관의 직전 및 급전, 나아가 향리 이하 잡색(雜色) 직역인에 이르기까지 직역전을 설정한다는 원칙을 밝혀둔 것

---

7 조준의 1차 상소에서의 '전주(田主)'란 곧 수조권자를 가리킴이 명백하다. 과전법에 와서도 그 같은 전주의 성명을 기재하지 않고서도 사전의 운용은 가능하였으리라고 추찰된다. 그러나 소경전(所耕田)으로 표기되는 소유=경작자의 성명이 이 당시의 전적(田籍)에 기재되지 않았는지는 극히 의문이다. 왜냐하면 이 당시 토지지배 관계는 이미 수조권이 아니라 소유권을 주축으로 운용되고 있었기 때문이다. 그런데 소유권자의 성명을 전적, 즉 양안(量案)에 기재한다는 법제는 『경국대전』에는 보이지 않고 『속대전』에 가서 나타난다. "무릇 전지(田地)의 사표(四標) 및 주명(主名)은 양안(量案)에 현록(懸錄)한다"(『續大典』 권2, 戶典 量田). 그러나 물론 『경국대전』 같은 법전이 모든 토지지배의 관행을 다 등재한 것은 아니었다. 가령 이때 현실에서 실행되고 있던 5결작정(結作丁)의 사실이 그 같은 사례 중 하나다.

8 과전법에서 절급한 과전(科田)의 최하액이 10결이며(H-4), 군전(軍田)은 10결 혹은 5결인데(H-5), 자손들이 그것을 분할하여 가질 때도 '파정(破丁)을 불허(不許)'한다고 하였다(H-11). 여기서 작정(作丁)의 단위는 10결 혹은 5결이었을 것으로 판명된다. 조선 태조 2년(1393) 신도(新都)와 경기지역을 다시 양전할 때도 "10결, 5결씩 차등 작정(作丁)"하고 있었다(『태조실록』 권4, 2년 8월 기축). 이경식, 앞의 책, 84, 112쪽 참조.

9 "아국(我國)의 전제(田制)는 10속(束)을 1복(卜)으로 하고 100복을 1결(結)로 하며, 매 5결마다 자호(字號)를 붙여 각처(各處)에 분속(分屬)한다"(『세종실록』 권74, 18년 9월 갑오).

10 "진(陳)·기(起)를 막론하고 5결이 되면 자호(字號)를 가지고 표기(標記)한다"(『속대전』 권2, 戶典 量田). 결부제를 기초로 하는 5결 1자정(字丁)의 작정(作丁) 방식은 일제의 '조선 토지조사사업' 때까지 존속하였다.

이다. 과전법 제정 당시 이들 각 항목의 토지가 어느 정도로 분속되었는지 현재로서는 자세히 알 수 없지만, 과전법체제의 운용과 더불어 다소의 변용과 정리가 일어났다. 이에 관해서는 뒤에 살펴보기로 한다.

> H-4. 경기는 사방의 근본이므로 모름지기 과전(科田)을 설치하여 사대부를 우대해야 한다. 무릇 경성(京城)에 거주하면서 왕실을 보위(保衛)하는 자는 시(時)·산(散)을 가리지 않고 각기 과(科)에 따라 절급한다.

중앙 거주의 관인층에게는 현직, 즉 시임관(時任官)이나 전직(前職), 즉 산관(散官)이거나를 막론하고 각기의 과등(科等)에 따라 구분전을 절급한다는 원칙은 조준의 1차 상소에서도 제시된 바 있다(C-3). 다만 고려 후기의 구분전은 앞에서 살펴본 대로 이미 조업전으로 되어있었으므로, 과전법에서는 그 세전적(世傳的) 성격을 부정한다는 원칙 아래 그냥 과전이라 하였다. 과전을 절급하는 과등이 앞서 H-1에서 규정한 18과였음은 다시 말할 필요가 없다. 과전법에서 규정한 각 과의 과전 절급 규모는 다음 표와 같다.

과전법에서 설정된 여러 토지종목 가운데서도 관인층에게 절급하는 과전(科田)이야말로 가장 기본적이며 보편적인 분급수조지(分給收租地)였다. 이는 공신전(功臣田)의 경우와 같이 특수한 '공훈'과 연관하여 절급되는 것이 아니었다. 그것은 현직자는 물론 전직자까지 포괄하는 관인층 일반을 대상으로 절급하는 것이며, 직무에 대한 경제적 반대급부로서가 아니라 기본적으로 그들 지배층의 사회적 처지의 유지와 재생산을 위하여 절급되는 신분제적 토지종목이었다는 사실을 유의할 만하다. 그것은 또한 국

과전법에서의 과전 절급액

제1과	재내(在內) 대군(大君)에서 문하시중(門下侍中)까지 150결
제2과	재내 부원군(府院君)에서 검교시중(檢校侍中)까지 130결
제3과	찬성사(贊成事) 125결
제4과	재내 제군(諸君)에서 지문하(知門下)까지 115결
제5과	판밀직(判密直)에서 동지밀직(同知密直)까지 105결
제6과	밀직부사(密直副使)에서 제학(提學)까지 97결
제7과	재내 원윤(元尹)에서 좌우상시(左右常侍)까지 89결
제8과	판통례문(判通禮門)에서 제시판사(諸寺判事)까지 81결
제9과	좌우사의(左右司議)에서 전의정(典醫正)까지 73결
제10과	육조총랑(六曹總郎)에서 제부소윤(諸府少尹)까지 65결
제11과	문하사인(門下舍人)에서 제시부정(諸寺副正)까지 57결
제12과	육조정랑(六曹正郎)에서 화령판관(和寧判官)까지 50결
제13과	전의시승(典醫寺丞)에서 중랑장(中郎將)까지 43결
제14과	육조좌랑(六曹佐郎)에서 낭장(郎將)까지 35결
제15과	동(東)·서반(西班) 7품(品) 25결
제16과	동·서반 8품 20결
제17과	동·서반 9품 15결
제18과	권무(權務)·산직(散職) 10결

가 수조지 이외의 수조권에 입각한 토지지배의 유형 가운데 단일 종목으로서는 가장 큰 비중을 차지하는, 개인에게 절급되는 가장 보편적인 수조권적 토지지배의 형태였다는 사실도 주의를 요한다.[11]

과전을 절급하는 18등의 과(科)는 관인의 관품의 고하를 기본적으로 고려하면서도 대체로 그 직사(職事)를 기준으로 분등(分等)한 것이었다.[12] 과전법은 그런 면에서 고려 문종 대 경정전시과(更定田柴科)에서의 과등 편성의 원칙[13]을 어느 정도 따르는 편이었다. 그러나 여기서 직사라는 것도 기본적으로 관인의 관품을 기준으로 배치되는 것이므로, 그 차등이

11 '과전법'이라는 법 자체가 '과전'을 기본으로 하는 토지법제라는 뜻이다.

12 가령 『고려사』 백관지의 직제(職制)에 나타난 품계를 보면, 과전법에서의 제6·7·8과는 모두 정3품인데도 밀직부사이니 제시판사이니 하는 직사의 차이에 따라 각기 상이한 과등에 배치되어 있음이 그것을 말한다.

13 강진철, 앞의 책, 49쪽 참조.

란 미미했다. 또한 과전법 제정 당시에는 직사 우선의 분등 방식이 상당하게 채택되었지만, 조선왕조에 관(官)·품(品)의 제도적 운영이 자리 잡게 되자 세종 13년(1431)에는 드디어 관인의 기본 서열을 나타내는 관품, 즉 품계 기준의 분지제(分地制)로 전환하고,[14] 이후 제도화하여 그대로 준행되기에 이르렀다.

여기서 살펴보아야 할 것은 "시·산을 가리지 않고 각기 과에 따라" 수조지를 절급할 때 '산(散)'의 내용이다. 위의 18과에 나타난 바로는 제2과의 '검교시중'과 제18과의 '산직' 이외에는 그것이 배치된 기록이 없다. 검교직은 워낙 고려 시기부터 오랜 연원을 가졌으며,[15] 조선왕조 개국 초에도 특히 검교시중은 '국로(國老)'로서 대우받는 처지에 있었다.[16] 그것이 높은 과등에 배치됨은 당연한 일이었다. 그렇지만 그만한 대우를 받지 못하는 여타의 산관들은 각기 자신의 전일의 실직에 따른 과의 과전을 절급받았을까, 혹은 제18과의 산직에 일괄 배치되었을까.

과전이란 것이 워낙 '사대부를 우대'한다는 뜻에서 설치되었고, "무릇 경성에 거주하면서 왕실을 보위하는 자는 시·산을 가리지 않고 각기 과에 따라 절급한다"는 과전법 조문을 그대로 해석한다면, 전자의 경우에 해당하였으리라고 짐작된다.[17] 그러므로 제18과의 산직은 유품(流品) 이

---

14 『세종실록』 권51, 13년 정월 을미.

15 韓㳓劤, 1966, 「勳官 檢校考」, 『진단학보』 29·30 합집 참조.

16 "지금 검교시중의 직(職)을 수여하는 자들은 모두 국로(國老)이니, 버려서는 안 될 것이다"(『태종실록』 권7, 4년 정월 무오).

17 민현구, 1972, 「고려의 녹과전」, 『역사학보』 53·54합집에서는 산관(散官)이 일괄 제18과에 편입되었을 것이라 하였다(동, 93쪽). 이성무, 앞의 책에서는 유내산직(流內散職)에 대해 검교시중 이외에는 과전을 절급하지 않았다고 하였다(동, 311쪽). 한편, 이희관, 1987, 「고려말·조선초 전함관·첨설관에 대한 토지분급과 군역부과」, 『고려말·조선초 토지제도사의 제문제』, 서강대출판부에서는 전함관의 2품 이상은 과전(科田)을, 그 이하는 군전(軍田)을 받은 것으로 추정하였으나, 근거의 제시가 약한 듯하다.

외의 잡직을 가리키는 것이었다고 생각된다.[18]

여기서 규정한 각품 과전의 액수는 조선왕조 태조 3년(1394)에 가서 다소 축소 절급되면서 "첨설직(添設職)은 모두 실직(實職)에 따라" 수전(受田)토록 하는 것으로 변용을 보이면서 운용되었다.[19]

> H-5. 외방(外方)은 왕실의 번병(藩屛)이니 마땅히 군전(軍田)을 설치하여 군사를 양성해야 한다. 동·서의 양계(兩界)는 구례를 따라 군수(軍需)에 충당할 것이며, 6도의 한량관리(閑良官吏)는 자품(資品)의 고하를 논하지 아니하고 그 본전(本田)의 다소(多少)에 따라 각기 군전 10결 혹은 5결씩을 절급한다. … 군전을 절수(折受)한 자가 경성(京城)에 나아가 종사(從仕)하게 되면 경기의 전지(田地)를 과(科)에 따라 절수(折受)하는 것을 허용한다.

조준의 1차 상소에서는 재예(才藝)에 따라 선발된 군사에게 20세에 군전을 절급하고 60세에 그것을 환수한다는 이상적인 원칙을 세웠지만,

---

그런데 양향(糧餉)을 비축하기 위해 각품 관인에게 미곡(米穀)을 내도록 한 조선 개국 초의 사료를 보면, "시행(時行) 1품은 미(米) 10석, 2품은 9석. … 9품. 권무(權務)는 5두(斗), 전함(前銜)은 1품이 5석, 2품은 4석. … 9품. 권무는 3두, 수전과부(受田寡婦)는 매 10결에 1석, 무수전(無受田) 전함은 1품이 3석, 2품은 2석. … 9품. 권무는 2두, 서인(庶人)·공사천구(公私賤口)는 대호(大戶)가 3두"(『태종실록』 권18, 9년 12월 계묘)라 하여, 현직 관원인 '시행(時行)' 다음에 산관(散官)인 '전함(前銜)'관을 거론하고, '무수전 전함'은 오히려 '수전과부' 다음에 붙여 거론하였다. 수전한 산관에 대해서는 보통으로 취급하고, '무수전' 산관은 특수하게 취급하고 있었던 것이다. 여기서 '무수전' 산관의 실체는 잘 알 수 없으나, 가령 "사전(私田) 혁파할 당시 문자(文字)를 미납(未納)하여 미수전(未受田)한 자"(『태종실록』 권28, 14년 8월 신유)의 경우에 해당하는 특수한 부류였을 것이요, 내심(內心)의 긍정 부정과는 별도로 일단 전제개혁에 응한 일반 전함관, 즉 산관은 자신의 실직(實職)에 준한 과전을 절급받았을 것으로 판명된다.

18 일찍이 이 같은 견해를 제시한 선행 연구로는 千寬宇, 1979, 『근세조선사연구』, 일조각, 184쪽 참조.

19 『龍飛御天歌』 제73장 주.

과전법에 구체화한 군전은 외방에 거주하는 '한량관리'에게 절급하는 것으로 되었다.[20] 여기서 '한량관리'는 실상 '한량관(閑良官)' 그것이며,[21] 고려 말기의 내우외환 속에서 군공(軍功) 기타 여러 경로를 통하여 관품(官品)을 취득하게는 되었으나 현재로서는 직사가 없는 전직·첨설직 등의 관인 신분층을 지칭하는바, 곧 각 지방에 거주하는 유력자들이었다.[22]

과전법에서의 군전은 보편적인 군인에게 그 군역의 반대급부로 절급한 것이 아니라 오히려 각 지방에 거주하는 유력한 관인층에게 절급하는 것으로 귀착되었다. 물론 군전을 절수한 한량관도 이른바 '부경숙위(赴京宿衛)'라고 하는 특수한 군역의 의무를 담당하게는 되었지만,[23] 그것은 군역이라기보다는 일정 기간 서울에 가서 왕권을 호위한다는 다분히 정치적인 명분에 관련된 의무일 뿐이었다. "외방의 시위군(侍衛軍)·기선군(騎船軍)은 1묘(畝)의 전지(田地)도 받은 적 없이 오히려 장년(長年) 종군(從軍)하고 있다"[24]는 사실 그대로, 기본적인 군역은 군전의 절급과는 무관한 양인 신분 위에 부과되기에 이른 것이다.

결국 과전법은 비록 후기에 가서 제도의 원형이 거의 무너져 시행되지 않았지만, 토지의 지배 관계를 매개로 하여 군역을 부과한다는 고려 시기 군인전제도의 오랜 관행을 법제적으로 부정해버리는 방향으로 귀

20 군전(軍田)도 조선 태조 3년(1394)의 개정 시에 "자품(資品)을 논하지 아니하고 재예(才藝)의 고하(高下)에 따라 각기 10결 혹은 5결씩 절급하였다"(전게, 『용비어천가』, 제73장 주)고 하였으나, 이는 전제개혁 과정에서 제시된 이상적인 이념(理念)을 끌어다 분식해둔 것에 불과하다고 이해된다. 『용비어천가』 자체가 조선왕국의 개창을 이상적인 사건으로 분식하기 위한 의도적 편찬물이었던 것이다.

21 같은 과전법 조문에 곧바로 '한량관(閑良官)'이라고 표기한 것이 두 곳이나 있다;H-6 및 H-17 참조.

22 천관우, 앞의 책, 52·53쪽 참조.

23 다음의 H-17 참조.

24 『태종실록』 권11, 6년 5월 임진.

착되고 말았다. 현실에서 토지지배의 관행을 반영한 결과 그렇게 귀착되기에 이른 것이다. 이제 가장 기본적인 국가 직역인 군역이 국가가 절급하는 토지의 지배와는 무관한 차원에서 부과되고 수취되는 시대로 접어들게 되었다. 물론 "향(鄕)·진(津)·역리전(驛吏田)과 군장(軍匠)·잡색전(雜色田)" 같은 구체적인 국가 기능의 수행을 위한 직역인의 토지는 과전법에서도 우선적으로 설정하고 있었지만(H-3), 그보다 더 기본적이며 보편적인 군역이 토지지배 관계의 매개 없이 수취되도록 규정하였다는 것은 한국 중세 수조권적 토지지배의 역사에서 중대한 변천이 일어났음을 나타내는 사실로 해석된다. 즉 한편으로는 생산력의 발전에 따라 양인층의 사회적 성장이 그만큼 보편적으로 현저해졌다는 사실을 반영하며, 또 한편으로는 생산력의 발전과 더불어 아래로부터의 소유권적 토지지배 관계가 보편적으로 성장하여 그 위에 법제적으로 가설된 수조권적 토지지배의 관행을 그만큼 퇴세시키기에 이르렀다는 사실을 반영하는 것으로 이해된다.

그 같은 변천 아래에서 이때 절급된 군전도 그 명맥이 오래갈 수는 없었다. 그것은 과전법 성립 당시 1차로 절급하는 데 그쳤다.[25] 부경숙위의 의무와 함께 군전은 한동안 한량관의 자제로 상전(相傳)되어갔을 테지만, 그나마 직전제(職田制)의 성립과 함께 소멸하기에 이르렀다.

여기서 또한 살펴봐야 할 것은 "그 본전(本田)의 다소(多少)에 따라 각기 군전(軍田) 10결 혹은 5결씩을 절급한다"고 규정한 '본전'의 내용이다. 규정의 문맥으로 보아서는 본전이 많은 자에게는 10결씩을, 적은 자에게

---

25 같은 과전법 조문에 과전이 규정된 액수에 부족하거나 앞으로 새로 올 종사자에 대한 과전의 절급을 규정하면서도, "무소임(無所任) 한량관(閑良官)은 부재차한(不在此限)"이라 하여 한량관을 가장 우선적으로 배제한다고 규정하였다(H-6). 천관우, 앞의 책, 191~192쪽 참조.

는 5결씩을 절급한다는 뜻이었음이 틀림없다. 그리고 본전이란 고려 후기의 조업전적 사전으로서 그 소유권까지 옹유하고 있는 토지를 가리키는 것이었다.[26] 그 사전을 전면적으로 혁파하는 과정에서 과전법이 성립하였지만, 현 정권에 협력하는 중앙 거주 관인층에 대해서는 그 정당한 소유지를 인정함은 물론 다시 전직·현직을 막론하고 과전이라는 수조지를 절급하였다.[27] 마찬가지로 외방에 거주하는 관인층에게는 그들이 지배해온 조업전적 사전에서 개인 수조지로서의 측면을 혁파하는 대신 그들 조상 전래의 소유지로서의 정당한 소유 관계는 인정치 않을 수 없었다. 그리고 현실적 지배 관행을 참작하여 사전을 원래 많이 지배해온 자에게는 10결씩, 적게 지배한 자에게는 5결씩의 면조권(免租權)을 절급하였던 것으로 보인다. 거경시위하는 관인층에게는 관직의 고하를 기준 삼아 절급하였지만, 각 지방에 거주하는 관인층에게는 그것이 문제시될 이유가 없으며 오히려 토지지배의 다과가 기준으로 참작되었을 것이다.

실로 과전법이 규정한 군전은 고려 후기에 범람하던 개인 수조지로서의 외방 사전을 전면적으로 혁파하는 대신, 당해 지역의 유력자층에게 최소한의 명목을 붙여서 유보시켜준 면조지(免租地)였다.[28] 그래서 그들

---

26 "諸王宰樞…憑藉賜牌 雖有主付籍之田 幷皆奪之…凡賜牌付田 起陳勿論 苟有本主 皆令還給"(『고려사』 권78, 식화지 1 전제 경리 충렬왕 11년 3월)에 보이는 '본주(本主)' 있는 토지란 곧 소유주(所有主) 있는 토지를 일컫는데, 권세가는 그 같은 토지를 "冒受賜牌 爲己之有"(위 충렬왕 34년 정월)함으로써 자기 소유지로 점거하는 일이 허다하였다. 나아가 "近來諸功臣權勢之家 冒受賜牌 自稱本田 山川爲標 爭先據執"(같은 책, 식화지 1 전제 녹과전 충목왕 원년 8월)에 보이는 바와 같이 그것을 이미 '본전(本田)'이라고 자칭하고 나서기에 이르렀다. 이 같은 토지야말로 항용 조업전(祖業田)으로 주장되는 것이니, 그것은 소유권과 수조권을 겸유한 것으로 행세하는 토지였다. '본전'이 소유지를 지칭하는 것이라는 견해는 姜晉哲, 1989, 『한국중세 토지소유 연구』, 일조각, 185쪽 참조.

27 과전법 시행 이후로도 조상 전래의 정당한 소유지는 그대로 보존되었으며, 과전은 그 같은 소유지, 즉 '누대농사(累代農舍)' 위에 절수(折受)될 수 있었다(『태종실록』 권28, 14년 8월 무오 참조).

28 그러므로 한량관들의 불만이 익명서로 조정을 비방하는 지경에 이르게 되자, 태종임금 자신

이 외방 거주를 그만두고 서울로 가서 관직에 종사할 경우에는 각기 응분의 과등에 따라 경기의 토지를 과전으로 절수할 수 있도록 규정해두었던 것이다. 그렇게 볼 때 과전법의 제정 과정에서는, 불법적으로 탈점하였거나 혹은 법제적 근거를 가진 것으로 전수되었거나 간에, 수조권에 입각한 개인 수조지로서의 사전은 전면 혁파되어 재편성·재조정하게 되었지만, 정당한 소유권을 가진 토지는 그대로 온존되었다는 사실의 일단을 여기서 확인할 수 있을 것이다.

H-6. 이 신미년에 수전(受田)한 것이 과(科)에 부족하거나 신미년 이후 신래종사(新來從仕)하여 수전(受田)치 못하게 된 자는, 조(祖)·부(父)의 문계(文契) 유무를 논하지 아니하고, 혹 범죄자의 전지라거나 혹 무후자(無後者)의 전지라거나 혹 과외(科外)의 여전(餘田)을 가지고서 과(科)에 따라 체수(遞受)하되, 소임(所任)이 없는 한량관(閑良官)은 차한(此限)에 부재(不在)한다. 경기의 황원전(荒遠田)과 개간전(開墾田)은 직사(職事)에 종사하는 자가 있으면, 관(官)에 보고하고 작정(作丁)하여 과(科)에 따라 절수(折受)한다.

여기서 신미년은 과전법이 공포된 공양왕 3년(1391)을 말한다. 과전법이 발효되는 당시에 자기의 과등(科等)보다 부족하게 수전하였거나 혹은 그 후에 새로 관직에 종사하게 된 관인의 경우에도 수조지를 절급한다는 것은 당연한 규정이었다. 다만 그러한 경우에도 자신의 조상 전래의 전권(田券)의 유무(有無)에 관계없이, 범죄로 인하여 환수된 수조지, 무후한

의 말로, "만약 5결, 10결로써는 경성(京城)에 머물기(연 100일간 숙위하는 일)가 어렵다면, 너희들 마음대로 자손서질(子孫壻姪) 등에게 체급(遞給)하여 각기 마음을 바로잡을 일이요, 서로 나를 원망하지는 말라"(『태종실록』 권12, 6년 윤7월 계해)고 무마하게 되었다.

(자손이 없는) 관인의 수조지, 과외로 지나치게 많이 받은 여분의 수조지 등으로써 충당하되, 부경숙위(赴京宿衛) 등의 소임이 없는 한량관(閑良官)은 제외한다는 것이다. 여기서도 과전법이 직사관(職事官) 우대의 원칙을 관철해가고 있음을 살필 수 있다.

그런데 여기서 특히 역점을 두었던 곳은 "조·부의 문계(文契) 유무를 논하지 아니하고" 기왕의 다른 관인이 절수(折受)한 수조지를 가지고서 새로운 유자격자가 체수(遞受)하도록 규정하였다는 사실이다. 이 경우 체수되는 수조지의 종목으로는 과전과 군전을 들 수 있는데, 그것을 체수할 자들 모두가 중앙·지방의 유력한 관인층이었다. 또 여기서 "조·부의 문계"란 것은 기사양전을 통하여 정당한 자격을 인정받은 조상 전래 소유지의 문권(文券)일 수밖에 없었다.[29] 그러므로 이 규정은 유력한 관인들이 자기 조상 전래의 소유지임을 빙자하여 그곳에다 수조지로서의 사전을 임의적으로 절수하는 현상을 금단하고자 하는 의도에서 설정한 것으로 해석된다. 즉 사전 확대의 폐단을 미연에 방지하고자 하는 의도적인 규정이었던 것이다.

그런데 사전 확대의 방지책은 사전 경기의 원칙과 서로 위배되는 것이 아니며 오히려 상자(相資) 관계로 운용되어야 바람직했다. 그래서 신정권에 복무하는 직사관은 황원전(荒遠田)·개간전(開墾田)을 막론하고 경기의 토지에 한하여 국가의 행정적 통제 아래 자기 과(科)대로 과전을 절수할 수 있다는 규정을 덧붙여두게 되었다. 그것은 사전의 자의적인 확대를 방지하면서 직사관 우선의 원칙을 지켜가는 길이기도 하였다.

---

29 기왕의 조업전적(祖業田的) 사전(私田)의 문계(文契)는 모두 불태웠으며, 그것의 사장(私藏)조차 엄금되었다:H-15 참조.

H-7. 무릇 수전자(受田者)는 그가 죽은 후 그의 처(妻)가 자식이 있어 수신(守信)하는 경우 전과(全科)를 전수(傳受)하며 자식이 없이 수신하는 경우에는 반감(半減)하여 전수하고, 원래 수신하지 않는 경우는 차한(此限)에 부재(不在)한다. 부모가 모두 죽고 자손이 유약한 경우는 휼양(恤養)함이 마땅하니 그 부(父)의 과전을 전과 전수하되, 나이 20세가 되기를 기다려 각기 자기의 과(科)에 따라 절수(折受)하고, 여자는 부(夫)가 정해진 뒤 그 과에 따라 절수하며, 여전(餘田)은 타인이 체수(遞受)하는 것을 허용한다.

이른바 수신전·휼양전에 관한 규정이다. 그것은 멀리 고려 전시과에서의 구분전·한인전(閑人田) 계열을 이어받았으며, 가까이는 조준의 1차 상소에서의 구분전과도 연관되는 것으로서 이른바 '사자세록(仕者世祿)'의 뜻을 구현한 규정이었다.[30] 전직·현직을 막론하고 관인의 생시에는 과전을 절급하여 사회경제적으로 우용(優容)하고 사후에 그 수절처(守節妻)는 물론 유약한 자녀들에게도 성인이 될 때까지 응분의 수조지를 절급해준다는 이 내용은, 과전법이 관인층의 관직 자체는 세습적으로 지켜가게 할 수 없어도 관인으로서의 신분 자체는 보전해갈 수 있도록 하기 위하여 설정해둔 것으로 이해된다. 그것은 수조권에 입각한 토지지배 제도가 지배계급의 보전과 밀접한 관련 아래 운용되어온 것이며, 수조권적 토지지배가 신분제적 토지지배의 유제(遺制)였다는 사실을 적실히 말해준다.

가령 부(父)의 과전을 전과(全科) 전수한 관인의 자(子)가 20세가 되었는데도 관직을 얻지 못한 채로 있어서 자기 과(科)에 따른 과전을 절수할

30 "수신(守信)·휼양전(恤養田)은 … 특히 국가가 세록(世祿)을 두어 양사(養士)하는 후의(厚意)일 뿐 아니라 화민성속(化民成俗)함에도 적지 않게 도움이 된다"(『성종실록』 권32, 4년 7월 기미).

수 없는 경우는 어떻게 처리되었을까. 위의 규정대로라면 이 경우는 아마도 '여전(餘田)'으로 판명되어 타인이 체수하도록 처리되었을 것이다.[31] 또한 조선 태조 3년(1394)의 전제(田制) 손익시(損益時)의 규정에 따라 그 자(子)는 '학생(學生)'으로 분류되어 5결의 과전을 유보받고,[32] 나머지는 모두 반납하였을 것이다. 또한 무자격자의 과전 보유는 이른바 진고체수법(陳告遞受法)에 따라 유자격자가 그것을 관에 보고하고 체수할 수 있게 규정해두기도 하였다(I-17). 그러나 실제로는 과전의 환수 혹은 체수는 규정대로 시행되지 못하였다. 고려 후기 사전의 경우와 마찬가지로, "사망한 자의 과전은 계사자(繼嗣者)가 있으면 응당 체수(遞受)하는 것"[33]이라든가 "과전은 이미 영영 사여(賜與)된 토지"[34]라고 하는 인식이 진작부터 있었다. 실제로도 "혹은 처(妻)가 부(夫)의 전(田)을 체수하고 혹은 자손이 부조(父祖)의 전을 체수하여 서로 절급하고 개수(改讐)하지 않으니, 이로 인하여 전안(田案)이 불명(不明)"[35]하게 되었다. 또한 뒷날에 가서도 "과전은 부(父)가 죽고 자(子)가 전수한 경우 휼양전이라 칭하고 부(夫)의 처(妻)가 전수한 경우 수신전이라 칭하여 대대로 그 조(租)를 받아먹었다"[36]는 관행이 지적되었다.

여기서 수신전·휼양전의 규정으로 인하여 한번 절급된 과전은 회수하기가 어려운 세전적(世傳的) 성격을 띠게 된 것이 어느 정도는 사실이었다고 할 수밖에 없다. 그 같은 세전성은 결국 경기 사전의 만성적 부족 현

31 다음의 H-11에서도 부몰(父沒) 후 자식의 '과외여전(科外餘田)' 반납 규정이 보인다.

32 『용비어천가』 제73장 주.

33 『태종실록』 권19, 10년 2월 을유.

34 당시 호조판서 자신의 말로 "且科田 旣是永永賜與"라 하였다; 『세종실록』 권5, 원년 9월 신유.

35 『세종실록』 권11, 3년 정월 을해.

36 『성종실록』 권4, 원년 4월 기사.

상을 초래하기 마련이었다. 무자격자의 과전 전수는 결국 어떻게든 정리하지 않으면 안 되는 과제로 부각되었던 것이다.

> H-8. 군인(軍人)·향리(鄕吏) 및 모든 유역인(有役人)이 늙어 병들거나 죽고 무후(無後)한 경우, 본역(本役)을 도피(逃避)한 경우, 경성(京城)에 나아가 종사(從仕)하는 경우에는 그 역(役)을 대신하는 자가 그 전(田)을 체수한다.

군인·향리 그리고 모든 유역인은 지배체제를 직접 물리적으로 호위하거나 그 체제의 말단 직역을 맡아 수행하는 자들이었던 만큼 각 현장에서 그들의 존재는 필요 불가결한 것이었다. 그러므로 고려 시기에 실무 직역자에게는 대체로 전정(田丁)을 연립(連立)시킴으로써 그 역(役)의 항구적인 확보를 기도하였다. 전정연립제는 고려 말기에 와서는 거의 전면적으로 무너지고 말았다. 그래서 직역의 부과와 토지의 절수는 전혀 무관한 차원에서 각기 별개로 운용되기에 이른 것이다.

과전법은 그처럼 완전히 붕괴된 전정연립제를 원래대로 복구할 수는 없었다. 그러나 국가 지배질서의 회복을 위한 전제의 개혁을 단행하면서 그 최일선 실무자들에게 최소한의 수조지나마 절급하지 않을 수 없었다.[37] 그래서 그 토지를 매개로 그들의 역을 항구적으로 확보하도록 규정해둔 것이었다.

그러나 위 조문에서 규정한 토지종목 가운데 군전은 과전법 성립 당시 1차 절급으로 끝났으며, 그것도 군인의 역을 수취하기 위한 매개로서

---

37 "향(鄕)·역(驛)·진(津)·도(渡)의 이(吏)와 서민(庶民)·공장(工匠)에 이르기까지 실로 공역(公役)을 맡은 자라면 또한 모두 전지(田地)를 차지하게 되었다"(『三峰集』 권7, 「朝鮮經國典」 上 賦典 經理)는 것이 개혁파의 주장이었다.

가 아니라 각 지방의 유력자인 '한량관'을 우대하는 조처로 설정된 것이었다. 정작 '군인의 역'은 토지 같은 반대급부가 없는 양인 신분의 의무국역(義務國役)으로 전가되고 말았다. 이는 국역체계상의 큰 변화로서 앞으로 더욱 큰 변화를 초래할 인자를 내포한 것이기도 하였다. 향리의 외역전, 기타 유역인의 토지도 특수한 것을 제외하고는 세종 27년(1445) 국용전제(國用田制)의 시행과 함께 정리되어 소멸하고 말았다. 과전법이 규정한바 토지를 매개로 직역을 확보하는 방식은 기실 낡은 제도에 불과하였다. 그렇게 볼 때 과전법 자체가 하나의 잠정적·과도적인 토지제도에 불과한 것이었다고 할 수 있다.

> H-9. 경오년에 사여(賜與)받은 공신전(功臣田)은 과외(科外)로 자손(子孫)에게 상전(相傳)함을 허용한다.

여기서 경오년은 공양왕 2년(1390)을 가리킨다. 이성계를 비롯한 일부 중신(重臣)은 이른바 폐가입진(廢假立眞)의 공이 있다 하여 공양왕 즉위년(1389) 12월에 중흥공신(中興功臣)으로 책봉되고 공신전을 받게 되었는데,[38] 이것이 과전법에서 '자손상전(子孫相傳)'의 특별한 대우를 받는 사례로 규정되었다.

이 경오년 공신전은 이윽고 조선왕조가 개창되면서 전혀 의미가 없어지고, 그래서 곧 혁파되었을 것으로 추측된다. 그러나 과전법에서 공신전에 대한 '자손상전'의 특별한 우대 규정을 둔 것은 이후 공신전의 세습을 공인하는 길을 열어놓았다. 그것은 왕권의 귀추라든가 왕실의 안위와

38 『고려사』 권45, 공양왕세가 원년 12월 임자 및 계해.

생사를 함께하였다는 자들에게 절급하는 '과외(科外)'의 특별한 토지로서, 다소의 변천을 겪으면서도 수조권적 토지지배의 형태 가운데 가장 강력한 유형으로 존속해가기에 이르렀다.

> H-10. 공(公)·사(私) 천구(賤口), 공(工)·상인(商人), 무격(巫覡), 창기(倡妓), 승니(僧尼) 등은 그 자신 및 그 자손에게 수전(受田)함을 불허한다.

수조지의 분급제도가 기본적으로 지배층의 계급적 지배체제를 운용한다는 원칙에서 설정된 것이었다는 사실은 앞서 살펴본 바 있거니와, 이 조문 또한 그러한 실정을 대표하는 내용이었다. 그것은 신분과 직역을 일치시키는 사회체제를 운용해가고자 하는 의도의 실현이기도 하였다. 승니는 사원전을 절수한 사사(寺社)에 기식(寄食)하기 마련이며, 여타의 천인 신분과 천업자들은 각기 그 천역(賤役)·천업(賤業)에 종사함으로써 지배체제의 유기적인 일부분을 맡아 수행하도록 규정하였던 것이다.

실상 고려 후기의 혼란 속에서 천인이면서도 왕실에 기생하면서 다수의 토지를 절수받아 횡행한 사례가 더러 있었는데,[39] 위의 규정은 아마도 그 같은 사실을 감계하는 뜻에서도 설정되었음 직한 것이다. 물론 과전법 아래서도 왕실에 기생하면서 복무한 대가로 수조지를 절수하는 일이 없지는 않았다.[40] 그러나 그것은 어디까지나 원칙에서 벗어난 예외적

---

39 "때에 응방(鷹坊)의 겁령구(怯怜口) 및 내수천구(內竪賤口)들이 모두 사전(賜田)을 받아 많은 경우는 수백 결(數百結)에 이르고 적어도 3·40결을 내려가지 않는데 백성을 꾀어 전호(佃戶)로 삼으며, 무릇 남의 전지(田地)로서 그 사지(四至) 안에 들어있는 것은 아울러 그 조(租)를 거두고, 주현(州縣)의 부세(賦稅)는 승홉(升合)도 바치지 않는다"(『고려사절요』 권20, 충렬왕 8년 8월 정축).

40 "지금 공(公)·사(私) 천예(賤隷)로서 토전(土田)을 남수(濫受)하여 성법(成法)을 어지럽힌 자가 17인이요, 그들이 절수한 전지(田地)는 총 690여 결이다"(『태종실록』 권5, 3년 6월 기해).

사례에 불과하였다.

여기서 주의할 것은 "수전을 불허한다"는 규정이 그들의 토지 소유까지 허락하지 않는다는 뜻은 아니었다는 사실이다. 이는 어디까지나 수조지의 절수를 두고 말한 것에 불과하며, 토지 소유 여부는 그들의 사적(私的)인 일에 속하는 별개의 문제였다.

2. 토지관리 규정

과전법에 나타난 토지관리 규정들은 물론 분급수조지의 관리에 관한 것이었다. 과전법은 고려 후기에 범람해 문란해진 사전을 전면 혁파하고 전국의 토지에 대하여 전조를 공수함으로써 일단 국가 수조지로 파악하여 국가기관의 각처에 분속시키는 한편, 그 수조권의 일부를 관인층을 비롯한 각 유역인(有役人)에게도 절급하였다.

그런데 전국 전지의 대부분을 점하는 국가 수조지는 사실상의 민유지(民有地)로서 전통적인 관행에 따라 소유권에 입각한 토지지배 관계로 운용되었으며, 거기에는 양전·수조(收租)와 같은 전통적·일반적 관리 이외에는 국가권력이 특별히 간여할 필요가 없었다. 그러나 과전법에 따라 새로이 설정한 분급수조지로서의 사전에 관한 한 사정이 달랐다. 그것은 국가의 권한에 속하는 수조권의 일부를 사인에게 위임한 것이므로 그 균평한 운용을 위해서도 국가의 특별한 관리가 필요하였다. 한편으로는 경기지역에 사전으로 설정된 토지에 대하여 비록 민전일지라도 "함부로 팔거나 함부로 증여할 수 없다"(H-25)는 규정을 두어 그 소유권의 일부까지 한동안 제약하였다. 또 한편으로 수조권적 토지지배의 관행은 현실적으로 강력한 힘을 발휘하는 것이었으므로, 국가의 입장에서는 그것을 가능한 한 제약함으로써 직접생산자 농민층을 보호하여 그 재생산 과정의 항구화를 실현하고자 노력하였다. 과전법의 토지관리 규정이 새로운 사전의 관리에 관한 내용을 실었던 까닭이 거기에 있었다.

H-11. 무릇 과(科)가 가(加)해져 수전(受田)하고 새로 공문(公文)을 작성하는 경우에는 원권(原券)에 더해 붙여 합하여 한 통(通)으로 할 것이요, 별도로 문권(文券)을 만들어서는 안 된다. 부모가 수전한 것을 나누어 가질 경우에는 원권을 관(官)에 바쳐서 (관이) 주필(朱筆)로 그 위에다 "모정(某丁)은 모자(某子) 모손(某孫)이 절수한다"고 표주(標注)하여 이에 이를 말소(抹消)하고 원권은 그 장자(長子)에게 돌려준다. 비록 전지(田地)는 적고 자식은 많다 하더라도 파정(破丁)하는 것은 불허한다. 자기의 전지를 감(減)하여 자손이나 타인에게 증여하는 경우, 부(父)가 죽은 후 그 자(子)의 과외(科外) 여전(餘田)의 경우, 부(夫)가 죽고 자식이 없어 (부의 과전이) 감반(減半)된 경우에도 위와 같이 원권에다 표주하고 말소한 후 원권은 그 원주(原主)에게 돌려준다. 자기의 전지 모두를 타인에게 증여(贈與)하는 경우에는 관(官)에 보고하고 체급(遞給)도록 할 것이며 원권은 관에 반환한다.

이 규정은 분급수조지의 전권(田券) 관리에 관한 내용을 실은 것이다. 즉 ① 원래 과전과 같은 일정한 수조지를 절수한 자가 자기 과(科)의 승진에 따라 다시 과전을 가급(加給)받아 토지문권(土地文券)을 새로이 작성하게 되는 경우, 두 가지 문권을 꿰매어 1통으로 만들어야 한다. ② 부모가 절수한 수조지를 자손들이 분할하여 수조권을 행사하게 될 경우 그 원권(原券)을 제출하면, 당해 기관이 거기에다 "모정(某丁)은 모자(某子) 모손(某孫)이 절수한다"고 주서(朱書)로 표기하고 해당 전결의 자정을 원권에서 할감(割減)해낸 다음 원권을 장자에게 돌려주는 절차를 밟을 것이요, 비록 절수지는 적고 자손은 많다 하더라도 한 자정 안에 묶여있는 지번(地番)들을 여러 사람이 분할해 가짐으로써 원래 작정으로 되어있는 자정을 흩트리거나 깨뜨려서는 안 된다. ③ 자기가 절수한 수조지를 자손이나 타인에게 증여하는 경우, 휼양전을 수식(收食)하던 자가 나이 20이 되어 자기 과(科) 이외의 여전을 반환하는 경우, 그리고 자식이 없어 부전(夫田)의 절반만을 수신전으로 수식하게 되는 경우에도 당해 기관이 위와 같이 표기하고 할감해낸 다음 원권은 그 원주에게 돌려주어야 한다. ④ 자기의 절수지 전부를 타인에게 증여할 경우에는 당해 기관에 보고하고 체급(遞給)하여야 하며 그 원권은 당해 기관에 환납하여야 한다는 내용이었다.

이 가운데 ①항은 한 수조권자는 1통의 수조문권(收租文券)만을 소지하게 함으로써 수조의 문권이 난립하는 것을 방지하고, 동시에 국가에서도 수조권의 소재를 체계적으로 파악하기가 쉬워 그 절급과 환수에 보다 균평을 기할 수가 있으리라는 의도에서 이 같은 규정을 둔 것이었다. ②항은 일단 절수한 수조지를 분할해서 전수(傳受)할 때는 반드시 당해 기관을 통해 응당한 수속을 거치도록 규정함으로써 수조권의 사사로운 분할과 이동에 따른 은루(隱漏) 등을 방지하고자 한 조처였다. 그리고 그 분할과 이동에 있어서 파정(破丁)을 불허한 것은 자정의 파쇄(破碎)로 인한 토지 파악의 혼란을 미연에 방지하고 한 자정 안의 다수 지번들이 분할됨에 따라 일어나는 은루 등을 막으려는 조처였다. 국가는 모양과 크기가 천차만별인 전지 하나하나를 개별적으로 파악할 수는 없었다. 그래서 그것들에다 지번을 붙이고 5결 등 일정 단위로 묶어 천자문의 순차에 따라 작정함으로써 그 유루(遺漏)를 방지하고자 하였던 것이다. ③·④항도 마찬가지로 수조지를 전수 혹은 체급할 때 모름지기 당해 국가기관의 수속을 거치게 함으로써 은점(隱占)이라든가 탈루(脫漏)를 방지하고자 한 것이었다.

이 규정을 보면 일단 절급된 수조지는 그 분할 수식(收食)과 증여(贈與)가 가능하도록 되어있었다는 사실을 알 수 있다. 단지 고려 후기의 사전이 사사로이 전수됨에 따라 국가의 통제를 벗어나 있었다는 사실을 거울삼아, 과전법에서는 그것을 반드시 국가기관의 정당한 수속을 거쳐 시행하도록 법제로 규정해두기는 하였다. 그러나 수조권의 분할과 증여를 할 수 있었다는 것은 이 시기 수조권에 입각한 토지지배가 아직도 강인한 힘으로 마치 물권(物權)처럼 행사되었다는 사실을 말해준다. 그것은 그 같은 수조권이 설정된 토지에 대해서는 오히려 그 '천매(擅賣)·천여(擅與)'를 불허하였다는 규정(H-25)과는 무척 대조적이다. 그것은 아마도 전대 이래 오랜 연원의 인습을 좇아 관행되는 일이었다고 생각되거니와, 토지지배 관계에서 지배층의 계급적 속성은 그만큼 강인하게 존속하고 있었던 것이다.

> H-12. 무릇 과(科)에 충족하도록 수전(受田)한 자가 부모의 몰후(沒後)에 자기의 전지(田地)로써 부모의 전지와 바꾸고자 하는 경우는 청허(聽許)한다.

자기 과에 따른 응분의 수조지를 그 부모의 절수지와 교환하여 절급받을 수 있다고 규정한 것은 관인층이 그 부조의 절수지를 우선적으로 보유하도록 보장한다는 내용이었다. 그리고 유력한 부조의 자손일수록 유리한 수조지를 확보하는 길을 열어주었다. 이 규정에 따라 관인층은 자기 조상 전래의 소유지 위에다 과전 같은 수조지로서의 사전을 절수함으로써 소유권과 수조권 양자를 동시에 행사하는 토지를 확보하는 길이 더욱 열렸으리라 추측된다. 이른바 '누대농사(累代農舍)'라는 형태는 그러한 연유를 통하여 존속하였다.

> H-13. 범죄자(犯罪者) 및 무후자(無後者)의 공문(公文)을 그 가인(家人)이 은닉하고 관(官)에 환납지 않는 경우에는 그 죄를 통렬하게 다스린다.

범죄를 짓거나 무후한 경우에는 그 절수지를 국가로 환납하여야 한다는 규정이다. 물론 수조지로서의 사전을 두고 말한 것이었다.

> H-14. 무릇 누구든지 사원(寺院)·신사(神祠)에다 전지를 시납(施納)하지 못한다. 어긴 자는 자신에게 죄를 준다.

고려 후기에는 사원 등에 대한 시납전(施納田)이 "인민에 해독을 끼치고 나라를 병들게 하는" 것으로서 크게 문제시되고 있었다.[41] 과전법은 이미 사원 등에 대한 일정한 토지의 절급을 규정하였던 만큼(H-3), 아무나 자의적으로 토지를 시납하지 못하도록 금지한 것이다. 이 규정 또한 수조지를 두고 말한 것이었다. 앞에서 살펴본 대로 수조지의 일반적 분할 수식이나 증여는 허용하고 있었지만, 그것을 사원 등에는 시납하지 못한다고 한 것은 다분히 유교 이데올로기적 정책의 구현이었다고 할 수 있다.

41 『益齋亂藁』 권9 下 策問. "…佛寺制定施納之田…毒於民而害於國者 紛然而作."

H-15. 경오년(공양왕 2년:1390) 이전의 공·사 전적(田籍)은 모두 다 불태워 없앴으니, 그것을 감히 사장(私藏)하는 자는 국법(國法)을 훼손(毁損)한 일로 논하고, 그 재산은 적몰(籍沒)한다.

고려 말의 전제개혁 과정에서 공양왕 2년(1390:경오)에 이미 공·사의 전적을 모두 불태워 그동안 횡행해오던 조업전적 사전의 혁파를 일단 완료하였다. 또 과전법의 새로운 분급수조지 제도에 따라 수조지로서 사전의 분급이 일단 수행되었으므로, 그 이전의 사전은 전혀 인정할 수 없게 되었다. 그러므로 과전법의 시행 이후로는 이 법이 규정한 새로운 공전·사전의 제도만이 효력을 가지게 되었다.

과전법에서 새로 규정된 공전은 기사양전을 통해서 보편적 국가 수조지로 편성되었고, 국가의 재정적 용도에 따라 그 수조권이 중외의 각 기관 및 공처(公處)로 분속되었다. 그리고 사전은 과전·공신전·군전·사원전 등과 같이 개인 혹은 사처(私處)에 수조권이 절급된 토지였다. 고려 전시과에서의 공음전(功蔭田)이나 막대한 규모로 설정되었다고 생각되는 군인전과 전정연립 등의 원칙은 이미 소멸한 지 오래되었다. 과전법에서의 사전은 전시과에서의 경우보다 그 규모에 있어서 크게 축소되었으며, 반면에 국가 수조지로서의 공전이 크게 확대되고 보편화되었다.

그것은 형식상으로는 고려 말의 전제개혁이 개인 수조지로서의 사전을 혁파하고 억제한다는 원칙을 견지함에 따라 일어난 일이었다고 할 수 있다. 그러나 그 이면에는 농업생산력의 발전에 따른 토지 소유권의 성장이 관념과 현실 양면에 걸쳐서 커지고, 그래서 토지의 소유 관계가 그 수조 관계보다도 현실적 의미를 더 크게 가지게 되었으며, 이제 토지의 소유자 일반이 점차 재생산 과정에서의 자립성을 상대적으로 획득해가면서 국가를 직접 상대하는 처지로 성장하게 되었다는 사실을 반영했다.

고려 말의 사전개혁은 불법적으로 범람하는 불수조(不輸租)의 사전을 혁파하되, 그같이 역사적으로 성장해온 토지의 소유 관계까지 변형시킬 수는 없었다. 과전법은 토지소유 관계의 그 같은 대세에 따라 토지 국유의 이념을 전혀 실현할 수 없었던 것이다. 물론 과전법에서도 수조권에 입각한 토지지배 관계는 아직 강인한 힘을 발휘할 수 있도록 규정되었다. 그러나 그것은 보편적인 국가 수조지, 즉 민유지(民有地) 위에 설정된 복고적인 관행의 법제에 따라 가설된 토지지배의 형태에 불과하였다. 이 시기 토지지배의 기축은 이미 소유권에 입각한 것으로 이행하고 있었던 것이다.

> H-16. 금후(今後)로 무릇 사전(私田)이라 칭하는 것은 그 전주(田主)가 비록 죄를 범하더라도 몰수하여 공전(公田)으로 삼는 일은 불허한다. (죄를) 범했더라도 응당 (전지를) 받을 자는 자기 과(科)에 따라 절수한다.

과전법 시행 당시에 사전으로 설정된 토지는 이후 그 절수자가 죄를 범하여 당해 전지를 몰수하게 되더라도 그것을 공전으로는 편입하지 못하며, 또한 가벼운 죄는 자기 과(科)에 따라 응당 수전하도록 규정한 것이다. 아마도 전국 토지의 일정한 양을 사전으로 유보해두고 그것을 매개로 관인층의 신분을 보전케 함으로써 지배질서를 유지한다는 것이 과전법의 한 원칙이었음을 알 수 있다. 그것은 관인층의 신분제적 토지지배 관계를 제도적으로 보장하려는 의도에서 설정한 것으로 짐작되거니와, 그런 면에서 전대 이래 사전 지배의 오랜 관행을 반영한 조처이기도 한 것으로 보인다.

그런데 여기서 그같이 사전의 규모를 축소하지는 못하도록 하는 한편, 앞에서(H-6) 살펴본 대로 경기지역의 토지는 직사관의 사전으로 더욱 확대 절급될 수 있도록 규정하고 있었음이 주목된다. 그러므로 과전법에 나타난 분급수조지제의 원칙 중 하나는 외방에서의 사전 확대는 금단하되 경기지역에 한해서는 어느 정도 변통의 여지를 남겨두었다는 사실을 추측할 수 있다. 그러나 원칙의 한 면은 그러하였지만, 조선왕조 초기에 국가 행정력이 정비되면서 결국 경기지역에서도 사전의 규모를 점차 축소하게 되었다는 사실은 이미 누차 언급한 그대로이다.

> H-17. 장(杖) 이상의 죄를 범하여 사첩(謝貼)을 수취당한 자, 기공(期功) 이상의 친척에게 혼가(婚嫁)한 자, 한량관(閑良官)으로서 부모의 상장(喪葬)·질병(疾病) 이외에 무고(無故)하게 삼군총제부(三軍摠制府)에 나아가 숙위(宿衛)하지 않은 것이 백 일(百日)이 된 자, 판금(判禁) 이후 동성(同姓)과 혼인한 자, 수신전(守信田)을 받고서 재가(再嫁)한 자, 전지(田地)를 가지고 있으면서도 공문(公文)을 작성하지 않은 자, 자신이 죽고 처자가 없는 자의 경우, 그 전지는 타인이 진고체수(陳告遞受)함을 허용한다.

즉 범죄로 고신(告身)을 회수당한 자, 가까운 친척과 혼인한 자, 한량관으로서 부경숙위의 의무를 게을리한 자, 동성 혼인자, 수절치 않는 관인의 처, 절수지가 있으면서도 공문을 작성치 않는 자, 신사(身死) 후 처자가 없는 자의 수조지에 대한 진고체수의 규정이었다. 사전을 절수할 관인의 수에 비하여 사전의 절대액수가 항상 부족한 상태에 있었던 한편, 국가로서는 환수해야 할 사전의 구체적인 실상들을 자세히 알아내기가 어려웠으므로, 위와 같은 사례가 생기면 그것을 먼저 발견하여 신고하는 자에게 우선적으로 절급하는 법제를 세웠던 것이다.

진고체수법은 인간의 이기(利己) 심리를 이용하여 사전의 불법적 은루와 그 확대를 방지하는 요법이었으나, 그런 만큼 수조지 절급의 균평을 기하기는 어려웠다. 그것은 관인층의 도덕적 품위마저 손상케 하는 방향으로도 운용되었다. 그래서 태종 17년(1417)에는 위와 같은 사례가 생기더라도 타인의 진고(陳告) 대신 그 친척이 진고하게 하는 한편, 그 분급도 호조가 직접 관장하는 제도로 바뀌는 등,[42] 변천을 겪으면서 한동안 운용되었다.

> H-18. 신미년에 수전(受田)한 뒤 과외(科外)로 모수(冒受)하거나 공·사전을 침탈하는 자는 율(律)에 따라 결죄(決罪)하고 그 절수한 과전은 타인이 체수함을 허용한다. 만약 증거도 없이 타인의 간(奸)·도(盜) 등의 일을 망고(妄告)하거나 뇌전(雷電)·맹수(猛獸)·수화(水火)·도적(盜賊)으로 인하여 피해가 일어난 것을 지목하여 죄명으로 삼아 타인의 절수지를 탈취하려 하는 경우에는 통렬하게 금단(禁斷)하여 다스린다.

과전법이 시행된 공양왕 3년(신미;1391)을 새로운 분지제(分地制)의 원년으로 삼아, 그 이후 수조지를 과외로 모수하는 자와 공·사전을 침탈하는 자에 대한 처벌을 규정하였다. 동시에 타인의 범죄를 무고하거나 타인의 자연재해를 범죄인 것으로 무고하여 그 절수지를 침탈하려는 자에 대한 금단규정을 설치해두었다. 조준의 1차 상소에서는 토지국유의 이념

42 『태종실록』 권33, 17년 3월 정미.

을 실현하려는 의도에서 이와 같은 경우는 '처사(處死)'에 해당시키고 그 자손에 대해서까지 청요직(淸要職)의 서용을 금고(禁錮)하는 혹독한 규정을 설정한 바 있었다(C-14). 과전법은 그 같은 토지국유의 이념을 구현할 수는 없었지만, 관인들 사이의 불법적 과전 쟁점 혹은 그 쟁탈의 경우에 대비하여 최소한의 처벌 규정을 설정하지 않을 수 없었던 것이다.

H-19. 경기지역 공·사전의 사표(四標) 안에 황한지(荒閑地)가 있으면 백성들의 초(樵)·목(牧)·어(漁)·엽(獵)을 청허(聽許)한다. 금단(禁斷)하는 자는 그 죄를 다스린다.

이 규정은 삼림·초지·천택·수렵장 등의 황한지에 대한 농민들의 전통적·공동체적 이용을 개방한다는 내용을 규정한 것이다. 그것은 물론 전통적 관행에 불과하였을 텐데도 새로운 전법에서 새삼스레 규정하는 이유가 따로 있기라도 한 것이었을까. 경기지역에는 관인층의 사전이 집중적으로 절수되어 있고, 사전의 전주는 일반 농민층보다 호강(豪强)한 자들이었다. 그러므로 그들은 흔히 그 주변의 다른 지면(地面)에 대해서까지 배타적 지배권을 행사함으로써 불법으로 사전 자체를 확대하는 한편 국가와 농민에게 큰 해독을 끼치기 일쑤였는데, 이것이 고려 후기의 현실이었다.[43] 위의 규정은 그렇기에 필요한 것이었다.

그뿐만 아니라 임·목·어·엽지 같은 황한지에 대한 공동체적 이용은 소농민경영의 재생산 지반을 유지하기 위해서도 필요 불가결한 조건이었다. 그런 만큼 그것은 전근대 사회에서는 원시 이래의 오랜 보편적 관행

43 "跨州抱郡 山川爲標"라고 누누이 지적되는 고려 후기 사전(私田)의 경우를 상기할 일이다.

으로 존속되어오고 있었다. 그 같은 황한지의 공동체적 이용이야말로 불안정한 재생산 과정에서 부침하고 있는 중세 농민생활의 최후의 의지처이기도 하였다.

> H-20. 기사년에 양전(量田)하지 못한 해빈(海濱) 해도(海島)의 전지(田地)와 양전에서 탈루된 전지, 양전을 법대로 하지 않아서 여잉(餘剩)된 전지, 새로 개간한 전지는 각 도 도관찰사(都觀察使)가 매년 편의한 대로 관원(官員)을 보내어 답험(踏驗) 작정(作丁)하여 전적(田籍)에 속서(續書)하고 주장관(主掌官)에게 신보(申報)하여 군수(軍需)에 충당할 것이요, 여러 사람이 함부로 점유(占有)하는 것을 불허한다. 위반자는 죄를 다스린다.

기사양전에서는 왜구의 침해로 인하여 서·남해안 지역을 양전하지 못하였다. 또한 그것은 이 시기 농법의 발전과 양전제(量田制)의 변동이 진행되는 과정에서 약 1년 사이의 단기간에 졸속으로 수행되었기 때문에 필연적으로 탈루·여잉전(餘剩田)을 많이 남겨놓게 되었다. 과전법이라는 전국적 토지법제를 시행하기 위해서는 전국의 전지 모두를 파악하여 그 법제에 따라 운용하는 것이 당연한 일이었다. 그러므로 새로 개간되는 토지와 함께 여러 가지 사유로 기사양전에서 빠진 전국의 모든 경지는 각 도(道) 단위로 양전하여 전안에 올려 파악하되, 이제 새로 확보하는 토지는 국가 수조지로 편성하여 군수(軍需)에 충당하도록 할 것이요, 개인의 천점(擅占)을 막는다고 표방한 것이었다. 여기서 천점을 막는다는 것은 물론 그것의 사전화(私田化)를 막는다는 말로서 곧 외방에서의 사전 확대를 방지한다는 일관된 원칙의 표명이었다. 또 그것을 군수에 충당한다는 것은 조준의 3차 상소에서 볼 수 있는 것처럼 기사양전에서 파악한 전결로써는 군수 확보의 여지가 전혀 없다고 하는 현실적 요청에 따른 일이었다.

3. 조세 및 전주 · 전객 관계 규정

H-21. 무릇 공·사전의 전조(田租)는 수전(水田) 1결마다 조미(糙米) 30두로 하며, 한전(旱田) 1결마다 잡곡(雜穀) 30두로 하고, 그 이외에 횡렴(橫斂)하는 자가 있으면 장률(贓律)로 논한다.

여기서 규정한 결당 30두라는 조액(租額)은 이른바 전실(全實) 연도의 최고액을 말한 것이며, 공전의 조(租)가 중앙 지방의 각 국고(國庫)로, 사전의 조는 그 절수자에게로 수납되는 것이었음은 더 말할 필요가 없다.[44] 조준의 1차 상소에서는 당시 토지 생산량의 1/10조로서 1결당 20두를 설정한 바 있으나, 정작 과전법에 와서는 그것이 30두로 규정되었다. 어느 편이 1/10에 가까운 수조액이었는지는 단언하기 어렵지만, 그동안 전제개혁에 관한 논의가 개혁파의 주도로 진전되었다는 사실을 고려할 때 과전법의 경우가 더욱 거기에 가까운 것이 아니었는지 추측된다.

고려 전시과에서는 공전과 사전에 각기 다른 수조율이 적용되었다는 학설이 분분하지만, 후기에 와서는 적어도 법제상으로는 공·사전 모두 1/10로 되어있었던 것으로 확인된다. 그러나 사전의 경우는 특히 법 외의 횡렴뿐 아니라 오히려 전주(田主)의 난립에 의한 중첩 수조가 보편화

44 이에 관한 사실은 「전세제도의 개편」 절에서 구체적으로 살펴본다.

하여 농민을 할거적으로 수탈하고 있었다. 과전법은 그 같은 조업전적 사전을 일단 모두 혁파하고 새로운 급전법에 따라 수조지를 새로이 절급하는 한편 1/10 조율을 엄격히 적용함으로써 전주의 난립이라든가 무단 횡렴을 방지하고자 하였다. 실로 "조종(朝宗)의 취민(取民)은 1/10에 그쳤다"[45]는 것이 개혁파 사류의 기본 인식이었던 것이다.

> H-22. 능침(陵寢)·창고(倉庫)·궁사(宮司)·공해(公廨)·공신전(功臣田)을 제외하고 무릇 전지(田地)를 절수한 자는 모두 세(稅)를 납부하는데 수전 1결은 백미(白米) 2두, 한전 1결은 황두(黃斗) 2두로 한다. 구경기(舊京畿)는 요물고(料物庫)에 납부하고 신경기(新京畿) 및 외방(外方)은 풍저창(豊儲倉)·광흥창(廣興倉)에 분납한다.

사전에서도 그 전조의 일부를 세(稅)로서 국고에 납부하게 하는 규정은 고려의 전시과에서도 운용되고 있었지만, 그것은 1결에 기껏 '7승(升) 5홉(合)' 정도로서 그야말로 '전세(田稅)'라고 하는 명목을 세워둔 것에 불과하였다.[46] 그런데 과전법에서는 전시과에서보다 그 세액이 더 많아진 것이 특징이다. 그것은 국가 수조지에서의 전조가 1/10인 것과 마찬가지로 과전의 전주 등으로부터 국가가 수취하는 세도 전조의 1/10이 되어야 하는 것이 '천하 고금의 통의(通義)'라고 하는 보편적 원리의 적용과 관련된 일이기도 하였다.[47]

---

45 〈주 2〉의 우왕 14년 7월 대사헌 조준 등 상서.

46 "顯宗四年十一月判 文武兩班諸宮司田 受三十結以上 一結例收稅五升…(文宗)二十三年 定田稅 以十負出米七合五勺 積至一結 米七升五合 二十結 米一碩"(『고려사』 권78, 식화지 1 전제 조세).

47 『태종실록』 권3, 2년 2월 무오. 1결당 세(稅) 2두는 그 조(租) 30두의 1/15에 불과하므로 엄

여기서 능침·창고·궁사·공해전은 모두 왕실 및 국가기관의 수조지이며 거기서는 이미 H-21의 규정에 따라 전조를 수취하는 까닭에, 또 공신전은 사전 가운데서도 유일하게 '과외로 자손에게 상전'하는 특권이 부여된 가장 강력한 수조권적 토지지배의 유형이었으므로, 각기 세(稅)의 규정을 적용하지 않기로 한 것이다. 그러나 국가 지배체제가 더욱 정비된 조선왕조의 태종 2년(1402)에 가서는 공신전도 면세(免稅)의 대상에서 제외되고 말았다. 그래서 공신전·과전·군전 같은 모든 사전에 대해서도 '천하 고금의 통의(通義)'인 1/10세를 징수한다는 원칙이 실현되었다.[48]

이들 모든 분급수조지에 대해서도 1결 2두라고 하는 얼마 안 되는 세(稅)나마 규정해둔 것은 무릇 조세(租稅)의 근원적 수취권은 언제나 국가가 보유한다는 원칙을 지키기 위한 표현이었던 것으로 이해된다. 즉 왕토사상 혹은 토지 국유사상의 의제적 표현이었다고 해석된다.

> H-23. 만약 대군(大軍)을 조발(調發)하여 양향(糧餉)이 부족하게 되면 공·사전을 불문하고 경비(經費)의 다소(多少)에 따라 임시로 액수를 정해서 공수(公收)하여 지용(支用)하고, 무사(無事)하게 되면 그친다.

또한 과전법은 국가 비상시에 사전조의 공수에 관한 권한을 발동할 수도 있다는 규정을 실어두었다. 이러한 권한의 발동 근거는 물론 토지 국유라는 전통적·의제적 관념에 있었던 것으로 이해된다. 그 같은 관념은 이미 사전개혁의 과정에서 현실로 관철되기도 하였다. 이는 조선왕조

격히 1/10은 아니다. 다만 30두는 2석이므로 그렇게 명목을 끌어다 붙였으리라고 생각된다.

48 위와 같은 곳.

개창 이후에도 여러 차례에 걸쳐 논의된 바 있으며 또 실제로 행사되기에 이르렀다.[49]

> H-24. 전주(田主)가 전객(佃客)의 소경전(所耕田)을 빼앗으면 1부(負)에서 5부까지는 태(笞) 20으로 하고 매 5부마다 1등을 더해서 장(杖) 80에 이르기까지 벌을 주고 직첩(職牒)은 환수(還收)하지 않는다. 1결 이상의 경우에는 그 자정(字丁)을 타인이 체수(遞受)하는 것을 허용한다.

과전법은 아직도 수조권적 토지지배의 강인한 인습을 반영하고 있었다. 그것은 무엇보다도 토지의 소유자를 마치 단순한 경작자인 양 '전객(佃客)'으로, 그 소유 및 경작지를 '소경전'으로, 그리고 그 토지에 대한 수조권자를 '전주'라고 규정한 사실에서 가장 잘 드러난다. 이는 물론 과전법에서 비로소 정립된 개념이 아니며, 토지 국유의 사상에서 비롯된 전통적·의제적 관념[50]이 전제개혁이라고 하는 변동기를 맞아 지배층의 의사에 따라 다시 법제적 개념으로 확인되기에 이른 것이었다. 다시 말해 토지의 원래 수조권자는 국왕으로 대표되는 국가이며 따라서 국왕 즉 국가가 전주이지만, 단지 그 수조권을 국왕이 어느 개인에게 절급함에 따라 그 개인이 전주로 행세한다는 관념에서 위와 같은 전주·전객의 관

---

49 『태종실록』 권12, 6년 10월 신묘;같은 책 권18, 9년 10월 경술 및 11월 기묘;같은 책 권26, 13년 8월 임자 참조.

50 가령 전시과가 제대로 운용되었던 고려 전기에 조세의 납부자는 분명 토지의 소유·경작자인데도 그것을 '전호(佃戶)'로 호칭하고 있는 다음의 사료를 참고할 일이다. "睿宗三年二月判 諸州縣公私田 川河漂損 草木叢生 不得耕種 如有官吏 當其佃戶及諸族類隣保人 徵斂稅粮侵害作弊者 內外所司 察訪禁除"(『고려사』 권78, 식화지 1 전제 조세). 여기서 토지의 소유 겸 경작자를 '전호'라 하였으니, 사료의 문면에는 나타나지 않았으되, 그 전주(田主)는 공전(公田)의 경우 당연히 국가, 사전(私田)의 경우에는 수조권자를 호칭하고 있었던 것으로 판명된다.

계가 설정되었다고 해석된다. 수조권적 토지지배라는 것 자체가 워낙 전근대 국가에서 국왕을 정점으로 하는 관인층의 계급적 지배체제를 유지·운용시키는 중요 지반의 하나였던 것이다.

그런데 1결 이상의 토지 탈점을 '처사(處死)'로 설정하였던 조준의 1차 상소에서의 엄격한 처벌 규정이 과전법에 와서는 당해 자정의 타인 체수를 허용하는 정도로 완화되기에 이른 사정은 어디서 연유한 것이었을까. 누누이 살펴본바 그 1차 상소는 워낙 철저한 토지국유의 원칙, 따라서 토지의 철저한 국가 관리의 원칙을 실현하고자 한 것이었다. 그러나 전제개혁의 논의를 진행하는 과정에서 그러한 원칙은 도저히 관철될 수 없다는 사실을 확인하지 않을 수 없었다. 현실의 토지지배 관계는 국유가 아닌 개인의 소유를 기축으로 하여 전개되었으며, 유세한 관인층일수록 그 사회 세력의 근원은 이미 그 같은 소유 관계를 바탕으로 하고 있었다. 수조권적 토지지배는 비록 왕토사상으로 분식된 국가권력의 강인한 토지 관리권에 근거한 것이기는 하지만, 그것은 기실 그 근저인 소유 관계 위에 가설하는 부차적인 것일 수밖에 없었다. 따라서 비록 분급수조지로 설정된 토지라 할지라도, '전객'이 법에 따른 '전주'의 수조권 행사를 침해하지 않는 한, 그 토지의 사실상의 지배와 관리는 기본적으로 그것의 소유 겸 경작자인 '전객' 개인의 소관에 속하는 일이었다.

그러나 그 수조권이 비록 법제와 관행에 따라 가설된 부차적인 토지 지배권이라 할지라도 그것을 행사하는 자는 세력을 가진 관인층이었다. 개별 농민의 소유지가 그러한 세력가에게 침탈당할 수도 있다는 것은 고려 후기 사전의 예에서 증명된 객관적 사실이었다. 위의 조항에서 볼 수 있는 '소경전' 침탈 금지 규정은 공권력을 행사하는 국가로서 그 존립의 지반인 농민의 자기 소유지 경작권, 나아가 그것의 바탕이 되는 토지

소유 관계를 보호하지 않으면 안 된다는 선에서 설정한 것이었다고 이해된다.

> H-25. 전객(佃客)은 자기 소경전(所耕田)을 가지고 별호인(別戶人)에게 함부로 팔거나 함부로 증여할 수 없다. 만약 (전객이) 사망(死亡)·이사(移徙)하여 호절(戶絶)한 경우라든가 여전(餘田)을 많이 점유하여 고의로 황무(荒蕪)케 한 경우, 그 전지(田地)는 전주(田主)가 임의 구처(任意區處)하는 것을 청허(聽許)한다.

일단 분급수조지로 설정된 토지에 대해서는 그 소유·경작자의 자의적 매매나 증여를 금지한 이 규정은 당시의 토지지배 관행으로 보아 매우 특이한 사항이었던 것으로 이해된다. 고려 시기에도 토지의 매매와 증여는 소유자의 의도에 따르는 것이 이미 오랜 사회적 관행으로 시행되고 있었기 때문이다.

그런데 고려 후기의 관행을 따라 과전법에서도 전주가 수조권을 행사하는 일은 자기 자신이나 그 대리인이 전객을 직접 상대하여 실현하도록 규정하고 있었다. 그러므로 전주가 모르는 사이에 당해 전지의 전객이 바뀌면 그 수조권의 실현에 지장이 생길 수 있었다. 그래서 이 규정은 경작자가 '함부로' 변동되는 것을 방지함으로써 전주의 수조권을 보호하려는 의도에서 설정된 것이었다. 이 조항의 뒤편에 경작자가 없어지거나 혹은 고의로 진황시킴에 따라 수조권을 실현할 수 없게 되는 경우, 전주가 당해 전지를 임의로 처분할 수 있다고 규정한 것도 마찬가지 취지에서 설정해둔 조처였다.

과전법은 사회경제적 관행에 역행하는 규정까지 설정해가면서 수조권자인 관인층의 계급적 이익을 위해 크게 배려하였다. 그러나 이 당시는 연작(連作)농업의 일반화라고 하는 농업생산력의 일정한 발전을 바탕으로 이미 토지의 지배 관계가 보편적으로 소유권을 기축으로 하여 전개되고 있었다. 소농민경영(小農民經營)의 분화(分化)가 상대적으로 활발해지는 것은 필연적인 일이었다. 그러므로 개인 소유지의 매매·증여는 법제로써 금단해갈 수 있는 성질의 것이 아니었으며, 그래서 조만간 그 금지 규정은 철폐될 수밖에 없었다. 세종 6년(1424)의 일이었다.

(**『신편 한국사 24 조선 초기의 경제구조』,**
국사편찬위원회, 1994)

제3장

토지 소유형태와 경영형태

1. 토지소유 관계의 변천

고려 말의 사전은 기사양전 및 그것과 동시에 실현된 사전조 공수의 조처를 경과하면서 사실상 혁파되었으며, 과전법의 시행으로 사전의 옛 전적마저 모두 불태워지고 그것을 사적으로 감추어두는 일도 처벌받도록 규정되었다(앞의 사료 H-15). 이제 이른바 불수조(不輸租)의 특권을 향유하던 조업전적 사전은 완전히 혁파되고 말았으며, 전국의 전지가 일단 국가 수조지로 편성되고 과전법에 따라 다시 분속되었다.

여기서 사전 혁파의 구체적 내용은 고려 말 사전의 전주들이 조업전임을 내세워 독자적으로 자행해오던 개별적 수조권이었다. 사전개혁의 초기 단계에서는 그 같은 수조권뿐 아니라 소유권적 측면에서도 토지국유의 원칙을 관철시키고자 하였으나, 그 원칙은 결국 현실적인 토지소유 관계의 제약으로 인하여 실현할 수 없었다. 그러면 고려 후기에 전국적으로 범람했던 사전의 소유권은 누구에게로 귀속되었을까.

물론 토지의 소유는 대체로 당시의 현실적 지배 관계 여하에 따라 그 귀속이 판가름 났을 것이다. 구체적 사실을 전하는 사례를 찾기가 어려우므로, 동·서 양계지역에 관한 다음의 사료를 검토해보기로 한다.

> 우왕 14년 6월 창왕이 교서로 말하였다. "근래에 호강(豪强)의 겸병으로 전법(田法)이 크게 무너졌다. … 동북면·서북면에는 원래 사전(私田)이 없었으니, 만약 사전이라 칭하면서 넘치게 거집(據執)하는 자가 있거든 도

순문사가 통렬히 금단(禁斷)하여 다스릴 것이며 그 갖고 있는 문계(文契)는 몰관(沒官)하라."[1]

동·서 양계의 땅은 전조(前朝)의 말기에 고식책(姑息策)에 얽매여 일찍이 양전(量田) 수조(收租)하지 못하고 혹은 일경(日耕)으로, 혹은 연호(烟戶)로 (수조하고 있으니), 전제(田制)가 한결같지 않다. 그중에는 토전(土田)을 광점(廣占)하고 조업전(祖業田)이라 칭하면서 제 마음대로 궁민(窮民)들에게 주거나 빼앗기도 하는 자가 있다.[2]

위의 사료는 개혁파 사류가 창왕을 옹립하고 나서 착수한 사전개혁의 첫 조처였다. 즉 원래 양계지역에는 사전을 설정한 일이 전혀 없으니, 억지로 행세하는 사전은 모두 색출하여 혁파하라는 내용이었다. 사전개혁의 후속조처에 따라 불수조의 사전 형태는 양계지역에서도 혁파되고 말았다. 아래의 사료를 보면, '일경' 혹은 '연호'를 단위로 하는 국가의 수조가 실현되고 있었다. 불수조 형태의 사전은 혁파되었지만, 그 뒤로도 토지를 그대로 광점하고서 조업전이라 칭하며 횡행하는 지주의 존재는 의연 존속하고 있었다는 사실이 확인된다. 즉 별다른 하자(瑕疵)가 없는 한 소유권에 입각한 토지지배 관계는 과전법의 시행 전후를 막론하고 그대로 존속하였던 것이다.

이 양계지역의 경우는 여타 지역의 토지지배 관계의 변천을 대체로 짐작게 한다. 즉 현실의 소유권을 중심으로 하는 현실적 지배관계 여하에 따라 그 토지소유 관계의 귀속이 결정되었으리라는 사실이다. 따라서

1 앞의 사료 B.

2 『태종실록』 권2, 원년 7월 경신.

이전부터 경영해오는 농장이라든가 지주지도 그 소유와 경영에 별다른 하자가 없는 한, 그리고 아마도 개혁파와 적대적 관계에 있지 않은 한, 그 소유권이 그대로 보전되었음은 당연한 사실이다.

> 파주(坡州)의 서쪽 교외(郊外)는 황폐하여 사는 사람이 없었다. 정당문학(政堂文學) 안목(安牧)이 처음으로 개간하여 전묘(田畝)를 널리 일으키고 크게 집을 지어 살았는데 … 그 손자인 원(瑗)에 이르러 극히 번성하여 안팎으로 전지(田地)를 점거(占據)한 것이 무려 수만 경(頃)이요, 노비가 백여 인이나 되었다.[3]
>
> 처음 정당문학 하륜(河崙)이 경기·전라 양도 감사(監司)가 되어, 병(兵)이 농(農)에서 나온다는 옛 뜻에 따라 민호(民戶)의 간전(墾田) 다소(多少)를 헤아려 부역(賦役) 차정(差定)하는 법을 세웠더니, 백성들은 심히 편하게 여겼으나 권세가로서 전원(田園)을 광점(廣占)한 자는 많이 싫어하였다.[4]

위의 사료에서 개간을 통하여 농장을 일으킨 안목(安牧)은 고려 말 공민왕 대의 현관(顯官)이었고, 그의 사손(嗣孫) 안원(安瑗)은 고려 말에서 조선 태종 대까지 현달한 관인이었다. 그의 농장은 사전이 혁파되고 과전법이 시행되며 왕조의 교체가 일어났어도 그대로 소유권에 입각한 토지 지배 관계를 발전적으로 지속하고 있었다. 다음 사료는 여말 선초의 그 같은 큰 변동을 겪고 난 뒤에도 경기·전라도에는 '전원'을 광점하고 있는 권세가로서 대소의 지주가 존속하고 있었다는 사실을 알려준다. 그

---

3 『慵齋叢話』 권3.

4 『태조실록』 권15, 7년 12월 갑진. 하륜(河崙)이 경기 감사가 된 것은 태조 2년(1393)이었다;『태종실록』 권23, 16년 11월 계사 그의 졸기(卒記) 참조.

같은 사실이 하필 경기와 전라지역에만 국한되었겠는가. 실로 "기내(畿內)의 땅에는 달관(達官)들의 별업(別業)이 많다"라든가 "하삼도는 토지가 비옥하고 물산이 풍부하여 조사(朝士)의 농장과 노비(奴婢)가 절반을 넘는다"[5]는 조선 초기의 기록들은 고려 말 사전의 개혁과 과전법의 시행을 경과하면서도 별다른 하자가 없는 소유지의 소유 관계는 그대로 보전되고 있었다는 사실을 전해준다.

그렇다면 고려 말기에 오히려 더 큰 물의를 일으키면서 범람한, 비현실적 소유 관계 아래 있던 사전의 소유권은 어떻게 귀속되었을까.

고려 말기에 전국적으로 확대되었다고 하는 사전의 가장 큰 특징은 그것이 조상 전래의 문권에 의한 조업전으로 행세하면서 개별 수조권을 행사하되 1인 소경전의 수조권자, 즉 전주가 여럿으로 난립(亂立)하고 있었다는 사실이다.

> 근년에 이르러 겸병(兼幷)이 우심해져 간흉한 도당이 주군(州郡)을 포괄하고 산천(山川)으로 경계를 표시하며 그 모두를 가리켜 조업전(祖業田)이라 칭하면서 서로 밀치고 빼앗으니, 1묘(畝)의 전주(田主)가 5·6을 넘고 1년의 전조(田租)를 8·9차례나 거두어 간다(앞의 사료 A).
>
> 전조의 전제(田制)는 … 그 법이 더욱 심히 무너지게 되자 세력가들이 서로 겸병(兼幷)하여 1인의 소경전(所耕田)에 전주가 혹 7·8인에 이르기도 하는데, 그 수조(收租)의 때에는 사람과 말에 대한 공억(供億), 구청(求請), 억매(抑賣)하는 물건, 노비(路費), 조운비(漕運費) 등이 실로 그 조(租)의 몇 곱절 정

5 차례로 『태종실록』 권28, 14년 7월 갑진 및 『세종실록』 권124, 31년 4월 계축.

도만이 아니었다.[6]

고려 말기에 사전의 폐단을 논하는 경우 언제나 가장 절급한 사항으로 거론하는 것이 곧 이와 같은 전주의 난립 현상이었다. 심지어 사전개혁파와는 다르게 그 폐단되는 점만을 개량하여 사전제도를 그대로 지속시키자는 주장을 펴고 있던 이색(李穡)이나 권근(權近) 같은 이들조차, "그 전주가 1인이라면 다행이지만 혹 3·4가(家)가 되거나 혹 7·8가(家)도 있으니 … 백성의 곤궁이 곧 이 때문이다. … 바라건대 갑인주안(甲寅柱案)을 위주로 공문(公文) 주필(朱筆)을 참작하여 쟁탈자는 그대로 바로잡도록"[7] 하자든가, "근년 이래 전란이 쉬지 않고 수재·한재가 서로 잇달아 백성은 기색(饑色)이 들고 들에는 굶주려 죽는 자가 있는데, 더구나 1전(田)에 2·3의 전주(田主)가 있어 각기 그 조(租)를 징수하여 민심을 할박(割剝)하니 … 원컨대 지금부터 일체 본국(本國)의 전법(田法)에 따라 경중(京中)에서는 판도사(版圖司)가, 외방에서는 안렴사(按廉使)가 전송(田訟)을 결단하여 승자(勝者)가 수조토록 하여 1전(田)에 1주(主)만 있게 함으로써 백성이 소식(蘇息)하도록"[8] 해야 한다는 것이 그 개량법의 요체였다. 1인의 소경전을 두고 그것을 사전으로 지배하는 전주가 여럿이 난립하여 서로 전조를 징렴(徵斂)하면서 전송(田訟)을 벌이고 있는 것이 이 시기 '겸병'된 사전의 보편적 실상이었던 것이다.

고려 말에는 "종묘(宗廟)·학교(學校)·창고(倉庫)·사사(寺社)·녹전(祿轉)·군수전(軍須田) 및 국인(國人) 세업(世業)의 전(田)·민(民)을 호강(豪强)한 자들이 거

---

6 『三峰集』 권7, 「朝鮮經國典」 上 賦典 經理.

7 『고려사』 권115, 李穡列傳.

8 『고려사』 권78, 식화지 1 田制 租稅;우왕 9년 2월 左司議 權近等 上書.

의 모두 탈점(奪占)"[9]할 정도로 그 같은 사전이 전국에 편만하였으며, 그 사전 전송이 너무 복잡해서 국가의 행정 기능이 마비될 지경에 이르렀다.[10] 전국적으로 편만한 사전인데도 왜 1인의 소경전을 두고 그 전주는 여럿씩으로 난립하게 되었는가. 그 까닭을 당시의 기록은 대체로 '겸병'과 '탈점'이라고 하였다. 즉 조상 전래의 조업전임을 칭하는 사전은 다른 세력가 또한 조업전임을 내세워 다시 겸병하거나 탈점하기 때문에 그 전주가 여럿으로 난립하기에 이르렀다.

그러니 고려 말에 조업전임을 칭하는 사전의 전주권은 그리 대단한 것이 못 되었다는 사실을 알 수 있다. 그것은 다른 세력가에 의하여 언제든지 겸병 혹은 탈점될 수 있는 정도의 것이었다. 그것은 당해 토지에 대한 항구적·구체적 지배권을 행사하는 것이 아닌, 한갓 기생적 수조권에 불과한 것이었다. 오히려 그 토지에 대한 항구적·구체적 관계를 일상적으로 가지는 자는 바로 그 토지를 경작하는 농민이었다.

하나의 토지를 두고 그 전주가 여럿으로 난립하여 모두가 조업전임을 내세워 약탈적으로 수조해가는, 전국적으로 편만해있는 사전이 혁파되었으니, 이제 거기 남은 소유권은 어디로 귀속하게 되었을까. 그것은 곧 자기 소경전의 수조권을 여러 권세가들이 탈점함에 따라 여러 전주에게 조(租)를 바칠 수밖에 없는, 그러면서도 그 토지를 평소에 경작하고 있기에 항구적·구체적 지배관계를 맺고 있는 '전객'[11]이었을 것으로 추측

9 앞 장의 〈주 3〉 참조. 표현상의 과장을 감안하더라도 그것이 전국적 현상으로 대대적으로 확대되고 있었음은 인정할 수밖에 없다.

10 『高麗史』 卷78, 식화지 1 田制 祿科田 우왕 14년 7월 대사헌 조준 등 상서.

11 과전법 조문의 '전주(田主)'·'전객(佃客)'이란 표현은 물론 고려 말기의 전주(田主)·전호(佃戶)라는 관용어를 이어받은 술어로, 토지국유의 의제적 관념에서 표현한 것이다. 앞의 H-24, H-25 설명 참조.

된다.

사전을 혁파한다는 내용은 일차적으로는 그 토지에 대한 수조권을 국가가 확보하여 실현한다는 것이었다. 앞에서 살펴본 것처럼 공·사전조의 일체 공수로 인하여 사전에 대한 개별 수조권, 즉 전주의 권리가 일체 정파(停罷)된 상태에서 기사양전이 단행되었다. 과전법의 시행에 이르기까지 사전에 대한 옛 전주들의 개별 수조를 정파(停罷)시킨 채 국가의 공수를 실현할 때 국가는 누구를 상대로 그 전조를 징수하게 되었을까. 그것은 말할 필요도 없이, 겸병 등을 통하여 여럿으로 난립되어 있는 옛 전주들이 아니라, 그 토지를 일상적으로 경작하고있는 당해 농민을 상대할 수밖에 없는 일이었다. 이전의 사전이 혁파되고 새로운 과전법에 따른 수조권을 실현할 때도 국가 혹은 새 전주가 상대하게 된 것은 역시 당해 토지의 경작자일 수밖에 없는 일이었다. 그래야만 당해 토지에 대한 수조권을 확실하게 실현할 수 있었던 것이다.

이제 사전의 혁파, 과전법의 제정 과정에서 당해 토지의 정당한 소유·경작자는 어떻게 자기 '소경전'임을 확인받아 양안(量案) 등의 공부(公簿)에 자기 소유지로 올리게 되었을까. 그것은 곧 기사양전이 단행되는 과정에서 '소경전'과 그 일상적 경작자와의 대조(對照)를 통해서 그렇게 되었을 것으로 보인다. 물론 그것을 구체적으로 확단할 수 있는 자료는 남아있지 않지만, 그 사실을 유추할 수 있는 글은 남아있다.

> (우왕) 14년 8월 대사헌 조준이 상소로 말하였다. … "원컨대 지금 양전(量田)의 기회를 당하였으니 그 경작지전(耕作之田)을 심사(審查)하여 소경전(所耕田)의 다과(多寡)로써 그 호(戶)를 상·중·하 3등(等)으로 정하고, 양(良)·천(賤)의 생구(生口)를 분간 성적(成籍)하여, 수령은 안렴사에게 바치고 안렴사는

판도사에 바치게 하여, 조정(朝廷)에서 무릇 징병(徵兵)·조역(調役)할 때에 참고할 만한 근거가 되도록 하소서."[12]

즉 위화도회군 직후의 개혁파 정권은 현안의 사전을 혁파하기 위한 양전을 결행하면서 이제 민호의 소경전 다과를 주요 기준으로 하는 새로운 징병·조역의 호등제(戶等制)를 추진하고 있었는데, 이 계획이 당시 그대로 실현되었던 것 같지는 않다. 그러나 호등제 문제와는 별도로, 양전의 과정에서 '경작지전을 심사'하는 일, 그래서 개별 농민호의 '소경전의 다과'를 판별하는 일 등은, 응당 그러한 과정을 거치기 마련인 것으로 위의 사료는 말하고 있다. 더구나 징병·조역 말고도 조세의 납부자(納付者)를 새로이 판가름하게 되는 이 기사양전에서는 경작자와 그의 소경전을 대조 심사하는 일이야말로 반드시 거쳐야 할 절차였을 것으로 보인다. 무릇 수등이척의 방식으로 결부제를 운용하는 전통적 양전에서는 그 전품의 등급에 따라 결부의 실적이 변동하며, 그에 따라 부세(賦稅)의 부담이 달라지게 되어있으므로, 그 같은 대조를 통한 상호 간 확인은 반드시 거치지 않으면 안 되는 절차였다.[13]

더구나 기사양전은 현안의 조업전적 사전을 전면 개혁하여 새로운 국가 토지법제를 정립하기 위한 기초작업으로서, 대신급(大臣級)의 대관(大官)

---

12 『고려사』 권79, 식화지 2 戶口.

13 전통적인 양전의 경우, 가령 조선 후기의 양전에서도 토지의 필지마다 그 납세자(納稅者)와의 대조가 이루어지고 있었다는 사실이 확인된다. "수령(守令)이 장차 범승(汎繩, 尺이 쌓여서 束이 되고 束이 쌓여서 負가 되는데, 줄[繩]로써 재는 것을 이름하여 범승이라 한다. 原註)하려 할 때, 백성이 수령 앞에 나와 호소하기를 '이 논배미의 세(稅)는 3부(負)나 되니 1부(負)를 감해주기 바랍니다' 한다. 종자(從者)에게 물으니 대답하기를 '진실로 그러합니다. 이 논배미의 세(稅)가 억울함은 뭇사람들이 다 아는 바입니다' 한다"(『목민심서』 권4, 戶典 田政).

을 새로운 도관찰출척사라는 직함으로 파견하여 결행함으로써 새 정권, 나아가 새로운 국가의 경제적 기초를 확보하려는 것이었던 만큼, 개별 토지와 그 소유·경작자와의 대조는 반드시 수반되었을 것으로 추단된다. 농민에게 자기 토지의 소유 관계나 결부의 수를 명확히 확인시키지 않고서 새로운 정권을 운용하기란 쉽지 않았을 것이기 때문이다. 그래서 결국 사전 속에 토지를 탈점당하고 예농적 존재로 겨우 연명하던 다수의 농민이 이제 원래의 자기 소경전을 되찾아 확보함으로써 자영농(自營農)으로 발돋움하게 되었을 것으로 이해된다. 그것은 또한 정치적으로도 개혁파 사류가 그러한 방향으로 추진해가지 않을 수 없었던 일이었을 것이다. 안정적인 정권을 확립하는 데 있어서 실로 심대한 효과를 기대할 수 있는, 관건이 되는 일이었기 때문이다.

그래서 고려 후기에 등장하고, 과전법 조문에서는 '전객' 농민의 기본적 소유(所有) 및 경작지(耕作地)라는 개념으로 정립되며(H-24, H-25), 이후 "무릇 공부(貢賦)와 요역(徭役)은 백성의 소경전 결부수에 따라 정한다"[14]는 등 조선왕조 전기에 많은 관행이 이루어지는 '소경전'이라는 용어는 그렇기에 아주 중요한 역사적 의미를 지닌 것으로 이해된다. 그것은 고려 후기에 사료상으로 등장하는 당시부터 소유 및 경작지라는 의미를 지니고 있었다.[15] 앞에서 살펴본 것처럼 "세력가들이 서로 겸병하여 1인의 소경전에 그 전주가 혹 7·8인에 이르기도" 하였던 고려 말의 사전에서, 정치경제상의 불가항력적 개혁으로 인하여 난립된 전주라는 것의 존재가

14 『성종실록』 권4, 원년 4월 병자.

15 '소경전'의 용례가 처음 보이는 다음 사료의 경우가 그 적절한 사례이다;"(충렬왕) 11년 3월 下旨 外方人吏等 以所耕田 賂諸權勢 干請別常 謀避其役者有之 今後 窮推還定"(『고려사』 권85, 형법지 2 금령).

부정될 때, 당해 토지에 남게 된 권한은 국가의 수조권과 그 수조권 실현의 대상으로서의 자기 '소경전'을 경작하는 자 '1인'의 소유권 두 가지뿐이었으리라고 짐작된다. 다음의 사료는 그 같은 사정을 어느 정도 전한다.

> 형조도관(刑曹都官) 박신(朴信) 등이 상언(上言)하였다. … "조심히 생각건대 전하께서는 전조(前朝) 전제(田制)의 문란을 민망히 여겨 드디어 사전(私田)을 개혁함으로써 경계(經界)를 바로잡으시되 공(公)·사(私) 전적(田籍)을 모두 다 불태워 없애고 다시 법제(法制)를 정하여 각기 공문(公文)을 만들어 주시니, 전지(田地)에는 정한(定限)이 있게 되고 국가에는 성법(成法)이 있게 되었습니다. 그러므로 호강자(豪强者)는 겸병의 뜻을 끊게 되었고, 친척 사이에는 쟁송(爭訟)의 원한이 없어졌습니다."[16]

그러므로 과전법이 전국적으로 편만하였다고 하는 고려 말의 조업전적 사전에서 다수 전주들의 난립된 수조 행태를 근절하고 자기 소경전을 경작·소유지로 확보하여 국가 혹은 새로운 전주에게 1년 1조(租)만을 바치는 자영농민층을 폭넓게 확립하게 되었다는 사실에서 최대의 역사적 의의를 찾을 수 있을 것이다. 과전법이 그 운용과정에서 계속 병작반수(幷作半收)의 영농형태를 금단하며 균전론적(均田論的) 시책을 펴나가고 있었던 것도 원래의 자영농 확보책을 지켜가고자 하는 자기운동의 일환이었던 것으로 해석된다.[17]

---

16 『태조실록』 권8, 4년 11월 무자.

17 김태영, 1989, 「朝鮮前期의 均田·限田論」, 『國史館論叢』 5 참조.

2. 과전법체제에서의 영농형태

그러면 과전법이 운용된 조선왕조 초기에 실제 그 같은 자영농의 보편적 존립 현상은 확인되는 것인가. 이 시기 기본적 영농형태로서 자영농의 실체는 과연 확인될 수 있는 것인가. 최근의 연구는 오히려 지주지(地主地)의 농장(農莊)경영이야말로 이 시기의 기본적이며 규정적인 영농형태였다고 주장하기도 한다. 즉 노비라든가 협호(挾戶) 등을 예속노동력으로 사역하는 지주지의 직영 농장이 중심을 이루고, 그 주위에 지주로부터 토지·우구(牛具)·종자 등의 생산수단 기타를 대여받은 종속적 전호(佃戶)경영이 다수 집적된 복합적 농장형태가 이 시기 농업의 규정적 범주인 동시에 국가 조세 수입의 기본 지반이었다고 한다.[18] 앞에서 살펴본 것처럼 북부지역에서, 그리고 경기와 하삼도에서 다수 세력가의 지주지와 농장형태의 존속 사실이 확인되므로, 이들 학설은 매우 설득력 있어 보인다.

그러나 만약 그 같은 세력가의 지주지가 농업경영의 규정적 형태라면 이 시기 국가체제는 아마도 유지되기가 매우 어려웠으리라는 사실이 판명된다.

> 한 고을 안에 거실(巨室) 수십 가(家)가 있으면 그 세력이 수령을 능멸하고 시비(是非)를 전도시키기에 족하다. 권세가 성하니 아무도 감히 제어할 수가 없다. 용렬한 관리는 또한 위세에 겁내고 오히려 거실(巨室)로부터

18 李鎬澈, 1986, 『조선전기 농업경제사』, 한길사에서 제시한 이른바 대농경영(大農經營)설 및 李榮薰, 1988, 『조선후기 사회경제사』, 한길사에서 제시한 이른바 주호-협호(主戶-挾戶)설이 대표적이다. 특히 전자는 "조선 전기 가장 발전적인 농업 경영형태는 바로 대농적(大農的) 농업경영(農業經營)"이었다고 주장한다.

죄를 입거나 재상(宰相)에게서 꾸짖음을 당할까 봐 두려워하니, 어찌 그들에게 법을 집행할 수 있을 것인가. … 이에 열 집의 부역(賦役)을 한 집에 떠맡긴다.[19]

각 군현의 품관(品官)들이 모두 향리(鄕吏)·서원(書員)의 용사자(用事者)로 비부(婢夫)를 삼아 짝을 지어 공모하되, 무릇 자기의 요부잡역(徭賦雜役)을 촌민(村民)들에게 분담시키며 백성을 속이고 약자를 침해하니 그 해악이 갖가지이다.[20]

즉 일국의 드러난 거실로부터 향촌의 품관·토호에 이르기까지 이 시기의 유세한 지주사족(地主士族)들은 국가의 정상 수취체제로부터 사실상 일탈해있는 존재들로서, 자신과 그 예속 호구들이 모름지기 부담해야 할 응분의 공부·요역들을 여타 촌민(村民)들에게 전가시키고 있었다는 사실을 사료는 전한다. 그것은 곧 국가체제의 존립 지반을 침해하는 행태였던 것이다. 이처럼 국가의 기본 부(賦)·역(役)조차 담당치 않는 거실·세가, 혹은 품관·토호 같은 지주사족들을 기본 존립 지반으로 하고서는 국가체제를 유지·운용하기가 어려웠을 것으로 판단된다.

그뿐만 아니라 지주지의 직영이 기본적 영농 범주로 보편화한 상태라면, 과전법이라는 분급수조지제 자체를 운용하기가 사실상 불가능하였을 것으로 보인다. 물론 과전 등은 이른바 '누대(累代)의 농사(農舍)' 위에 설정된 경우도 있었지만, 기본적으로는 역시 일반 농민의 '소경전' 위에 설정된 것이었다. 그것을 경작하는 '전객'은 그 수조권자인 '전주'를 직

19 『세조실록』 권46, 14년 6월 임인.

20 『중종실록』 권80, 30년 11월 병자.

접 상대하여 납조하면서 자신의 소경영 재생산에 골몰하였다. 따라서 일상적으로 자행되는 전주의 과도한 수탈에 대한 소농민들의 불평은 대단히 커서, 그 원한으로 인하여 한발 등의 천재(天災)가 초래된다는 풍문이 나돌기에 이르렀고, 이에 따라 사전의 일부를 하삼도로 이급할 수밖에 없다는 논의가 일어나기도 하였다.[21]

과전의 후신인 직전에서도 결국 관수관급제(官收官給制)를 시행할 수밖에 없었다는 사실 자체가 무엇을 반증하는가. 경기 감사를 통하여 새 제도의 편의 여부를 농민들에게 물어보아서 동의하는 자가 훨씬 더 많다는 사실을 확인하고서야 그것을 시행하기에 이르렀던 것은 그 직전으로 설정된 토지를 소유·경작하는 주체가 보편적으로 소농민경영체였다는 사실을 명백히 말해준다. 그래서 과전이 설정된 경기지역은 전주가 전조를 수납하고 여타 지역은 국가가 수납하는 차이야 있었지만, 아마도 이 시기 영농형태의 기본 범주가 소농민경영체였다는 사실에는 별다른 차이가 없었을 것으로 보인다.

더구나 이 시기 국가재정의 주요 항목을 이루고 있던 공납과 요역의 부과 기준이 이전의 계정법(計丁法)으로부터 계전법(計田法)으로 이행했다는 사실 또한 다시 검토해보아야 할 것이다. 앞에서 살펴본 계전법적 수취제는 그 시험의 단계에서부터 농민들이 '심히 편하게' 여기는 것으로 판명된 제도였다. 그러므로 "무릇 공부와 요역은 백성의 소경전 결부수에 따라 정한다"는 법제는 그 소경전을 경작하는 자영적 소농민층의 보편적 존립 현상을 전제하지 않고서는 결코 성립하거나 운용될 수 없는 수취제였다고 할 수밖에 없다. 즉 토지와 가호를 소유한 자영적 소농민

---

21 김태영, 앞의 책, 247~248쪽 참조.

층의 광범한 성장과 그 보편적 존립을 전제로 하고, 그들을 상대로 더 효율적 부·역을 수취하기 위하여 고안된 새로운 제도가 이른바 계전법으로 정착하기에 이르렀다고 생각된다.[22] 거실에서 품관에 이르는 세력 있는 지주사족들은 오히려 그 같은 부·역을 모피(謀避)하는 것을 관례화하고 있었기 때문이다.

지역적인 혹은 규모상의 편차야 다양했겠지만, 조선 초기 사회의 기본적 영농형태는 자영적 소농민경영이었던 것으로 판명된다. 그런데 이 시기 사회계층의 다수를 점하는 것은 양민층이었다. 그들은 여타 계층과는 달리 군역(軍役)이라는 기본 국역(國役)을 사실상 의무적으로 독담하고 있었다. 그다음은 노비층이 다수였으나, 소수의 공노비(公奴婢)를 제외한 사노비들은 대개 그 주가(主家)에 직접 혹은 그 비호하에 은접(隱接)되어 국가에 대한 정상적 부·역의 부담으로부터 모피하고 있었다.[23] 그러므로 대체로 국가와 양민 자영농층의 관계를 기본 축으로 하고서 이 시기의 사회구조가 운용되었던 것으로 보인다. 그들의 기준적 영농 규모는 대체로 어떠하였는가.

우선 고려 말의 사전개혁론에서는 일정 직역을 갖지 않은 농민에게 '대전(代田)' 1결씩을 면조(免租)해줌으로써 그들을 일정 국역에 차정할 자로 책정한다는 규정을 제시한 바 있었다(앞의 사료 C-7).[24] 또 실제로 고려

---

22 아직 휴한농업이 더 일반적일 정도로 토지생산력이 상대적으로 낮은 함길도의 경우, 의연 계정법(計丁法)을 그대로 시행할 수밖에 없었다는 사실(『세조실록』 권32, 10년 2월 갑신)을 참조하라.

23 다음의 사실들을 참작하라. "무릇 공역(公役)이 있으면 모두 공천(公賤)과 양민(良民)으로 하여금 당하게 하고 사천(私賤)에게는 미치지 않는다"(『성종실록』 권91, 9년 4월 기해).;"지금 공(公)·사(私)의 노비(奴婢)로서 도루(逃漏)·은접(隱接)해 있는 자가 무려 백만(百萬)이나 된다"(같은 책 권170, 15년 9월 계축).

24 대전(代田)에 대해서는 휴한전(休閑田) 혹은 대상전(代償田) 등의 다른 해석도 있으나, "國俗謂造家之地 爲家代"(『세종실록』 권69, 17년 9월 경오)라고 했으니, 집 주위의 텃밭을 이

말기 왜구의 침략에 대비하여 전라 연해의 굳센 군졸(軍卒)들을 강화(江華)·교동(喬桐)으로 사민(徙民)시켜 항구적으로 수군역(水軍役)을 부과하면서 국가가 그들에게 절급한 토지는 각 호당 1결 50부였다. 관련 사료를 보면 그 1결 50부의 경작에는 '고공(雇工)·한민(閑民)' 등 종속노동력이 동원되고 있으며, 그것의 경영을 바탕으로 하고서 호수(戶首) 1정(丁)을 중심으로 봉족(奉足) 2명과 다시 여럿씩의 '한역자(閑役者)'가 기식하고 있는 상태였다.[25] 이는 마치 이 시기 병조가 보고한바 "아버지는 정군(正軍)이 되고 아들과 사위는 봉족이 되어 3정(丁)으로써 1정군을 이루고 있는" 호수의 전형적 형태[26]와 매우 유사한 군역호의 사례였던 것으로 보인다. 이 시기 토지 1결 50부는 서너 명 장정의 노동력이 투입되어야 하는 경작 규모였으며, 그래서 수군 1호의 호수 및 그 아들·사위 등 봉족과 거기 딸린 가족 등 여러 사람의 부양이 가능한 경제적 지반이 될 수 있었던 것으로 보인다.

"10결 이상을 경작하는 자는 모두 호부지민(豪富之民)이요, 3·4결을 가진 자도 대체로 적다"거나, "소민(小民)의 전지는 불과 1·2결인 자가 많다"는 것이 이 시기 토지소유의 분화(分化) 상황이었다.[27] 경상도의 경우 "백성으로서 논을 가진 것은 그 낙종(落種)의 수(數)가 많아야 1석지(石地)를 넘지 못하고, 적은 자는 10두락(斗落)에도 미치지 않는다"고 할 정도로 소

른 듯하다. 텃밭은 비옥한 토지라 하여 대체로 '전실수세(全實收稅)'가 관행되었다.

25 『세종실록』 권1, 즉위년 9월 을해.

26 병조의 계문에 이 같은 형태가 곧 '육지군정지례(陸地軍丁之例)'라고 하였다(『세종실록』 권45, 11년 7월 임신). 또한 이 시기에는 토지·노비 등 재산이 자녀 균분상속제로 운용되고 있었으며, 사위의 처가살이가 보편적이었다.

27 각기 『세종실록』 권83, 20년 11월 경자 및 같은 책 권94, 23년 12월 기유.

농민의 경작 규모는 영세하였다.[28] 충청도에서도 "1결의 토지는 한 사람[家戶]이 경작하는 것이 아니다. 한 사람이 (전세로) 바치는 것은 불과 몇 되[升]에 불과하다"는 상태였다.[29] 그런데도 "하삼도인즉 각기 소경전의 다소에 따라 혹 몇 되, 몇 말[斗]씩 농민들로부터 거두어 상세(常稅)를 삼는다"[30]고 하는 바와 같이, 일반 전세의 수납에서조차 소농민의 비중이 기본 바탕을 형성하고 있었다.

이 시기 경작 규모에 따른 호등 분화 상황에 관한 거의 유일한 자료로 남아있는 세종 대 강원도의 경우를 도표로 만들면 다음 표와 같다.[31]

세종 대 강원도 토지경영 규모에 따른 호등 분화

경영 규모	호등	호수(戶)	비율(%)	호등결(戶等結) 추정(結)	비율(%)
50결 이상	대 호	10	0.1	75×10 = 750	1.18
20결 이상	중 호	71	0.6	35×71 = 2,485	3.91
10결 이상	소 호	1,641	14.2	15×1,641 = 24,615	38.7
6결 이상	잔 호	2,043	17.7	8×2,043 = 16,344	25.7
5결 이하	잔잔호	7,773	67.4	2.5×7,773 = 19,433	30.5
계		1,538	100	63,627결(結)	100

---

28 『성종실록』 권45, 11년 7월 임신. 결부(結負)와 두락(斗落)의 관계로 말하자면, 호남의 박전(薄田)은 40두락이, 그 상답(上畓)은 20두락 정도가 1결이라고 하였다(『경세유표』 권8, 田制 10 井田議 2).

29 『성종실록』 권197, 17년 11월 신해.

30 『연산군일기』 권12, 2년 2월 계축. 이때 1결의 전세는 하하년(下下年)이라야 4두였다는 사실을 아울러 참조하라.

31 『세종실록』 권74, 18년 7월 임인 참조. 호등(戶等) 책정의 기준은 이보다 앞서 세종 17년 3월 무인에 이루어졌다. 도표의 호등별 토지소유 추정 규모는 각 기준치의 중간을 택하여 계산한 것이다. 어디까지나 추정치에 불과하지만, 전체 결수가 『세종실록』 지리지의 65,980결과 가깝다.

표에서 호등에 파악된 민호들은 비록 잔잔호로 분류된 소농민일지라도 대체로 이른바 "항산(恒産)을 가지고 항심(恒心)이 있는 자로서 그 군현의 호적에 올라 부·역을 제공하는"[32], 즉 불완전하나마 자영농적 존재들이었다는 사실을 주의할 필요가 있다.

조선왕조는 고려 말기의 여러 사회적 모순을 개혁하고 재편성함으로써 국가체제의 기초를 확보하게 되었는데, 경제적으로는 다음과 같은 몇 가지 경영형태들의 복합 구조를 그 기초로 하고 있었다. 즉 경영의 주체라는 면에서 볼 때 지주의 농장형, 소농민의 자영형, 그리고 영세소농 혹은 무전민의 병작형이라는 세 가지 형태가 그것이었다. 세 가지는 각기 차원을 달리하는 형태이며, 국가를 직접 상대하는 것은 앞의 두 가지가 중심이 되지만, 모두가 다소간에 상호 규정적으로 얽히면서 전개되고 있었다.

이 시기에는 3·4결에서 수십 결에 이르는 대토지를 소유한 다양한 규모의 지주가 존속하였다. 그 사회적 성분도 왕실(王室), 종친(宗親), 훈척(勳戚), 조관(朝官), 품관사족(品官士族), 부상대고(富商大賈), 향리(鄕吏), 그리고 사노(私奴)에 이르기까지 다양한 편이었지만, 범주적으로는 사족층이 그 핵심이었다.[33] 위의 표에 대·중·소호로 분류된 호등은 대체로는 사족지주였으며, 양민의 극히 상층부가 거기에 참여하고 있었을 것으로 보인다. 이 시기에는 토지·노비 등 재산이 자녀에게 균분상속(均分相續)되고 있었으므로 특히 지배층일수록 계급 내 혼인을 통하여 지주지의 보전을 도

32 『태종실록』 권18, 9년 12월 무오. 또한 "무항산이무항심자(無恒産而無恒心者)는 금년에는 남주(南州)의 호활가(豪猾家)에 숨었다가 명년에는 북군(北郡)의 향원가(鄕愿家)에 옮겨가 버린다"고 하였다.

33 김태영, 앞의 책, 제3장 「조선전기 소농민경영의 추이」 참조.

모하고 있었다. 대체로 왕실에 가까운 세가(勢家)일수록, 그리고 고위 관직일수록 대토지를 소유하는 편이었으며, 동시에 그 소유지도 여러 군현에 분산되어있는 편이었다.[34] 그 같은 지주지의 경영은 기본적으로 지주의 노비를 중심으로 협호(挾戶)라든가 부근의 작인(作人) 일부까지 노동력으로 사역하는, 지주 자신 혹은 그 대리인에 의한 농장 직영의 형태가 일반적이었다. 자연조건이나 노동조직의 한계성으로 인하여 하나의 농장이 일정 규모를 초과하는 대경영의 형태로 전개되기는 어려웠으며, 따라서 대지주의 경우라도 기껏 3·4결 정도 규모의 농장을 여러 곳에 분산적으로 경영하는 방식을 취하게 되었다.[35]

한편 위 표에서 6결 이상의 잔호로 분류된 측도 기실 자영농으로서는 부농에 속하는 편이었다. 그 신분이 사족이거나 혹은 양민일지라도 그만한 정도의 토지 규모라면 다소의 노비호(奴婢戶), 고공(雇工)이나 비부(婢夫) 같은 노동력을 구사하는 자영의 형태를 취하면서 여지가 있으면 부근의 빈농들에게 병작지로 대여하거나, 혹은 그 같은 노동력을 직접 사역하여 전체를 농장제적으로 경영하는 방식도 충분히 가능했을 것으로 짐작된다.

위의 표에서 가장 큰 비율을 점하고 있는 잔잔호야말로 일반 농민층을 가리키며, 그 가운데에는 이 시기 전형적인 소농민경영체로서의 양민 자영농이 위치했을 것으로 판단된다. 기록에는 그냥 5결 이하의 소유자

34 가령 세조의 왕위 찬탈에 반대하다가 역모(逆謀)로 몰려 가산(家産)이 적몰된 금성대군 이유(李瑜)의 소유지는 6개 도(道) 13개 군현에, 사육신 가운데 성삼문(成三問)의 소유지는 6개 군현에 분포하고 있었다;『세조실록』 권3, 2년 3월 정해;같은 책 권7, 3년 3월 병술 참조. 또 가령 이퇴계(李退溪)의 손자녀(孫子女)가 분깃(分衿)한 토지는 3,000여 두락으로서 5개 군현에 걸쳐 분포하고 있었다;李樹健, 1990, 「退溪 李滉家門의 재산 유래와 그 소유형태」, 『歷史教育論集』 13·14합집, 675쪽 참조.

35 이호철, 앞의 책, 제11장 참조.

라고만 분류해두었으나, 거기에는 물론 1결 미만의 영세농으로부터 4·5결 정도의 부농까지 널리 분포해 있었고, 그것도 영세농 쪽이 훨씬 더 많은 비율을 차지하였을 것은 앞서 검토한 사료들로 보아 짐작이 가는 일이다.[36] 그리고 재생산 과정에서 자립이 어려운 영세농일수록 인근의 지주지를 부분적으로나마 병작하지 않을 수 없었으며,[37] 따라서 다소간에 예속적 관계를 벗어나기가 어려웠을 것으로 보인다. "풍년인즉 요부(徭賦) 때문에 괴롭히고 흉년에는 징채(徵債)로 시달리어 가산(家産)을 다 팔고 유리 실소(遊離失所)하여 타인에게 기식(寄食)하는 자가 많다"[38]는 것이 이 시기 영세 소농들의 일반적 상태였다.

그런데 잔잔호층 가운데서도 이 시기의 사회편제에서 기준적 농민층으로 비정할 수 있는 것은 역시 앞서 강화·교동 수군의 사례에서처럼 1·2결 정도를 소유·경작하는 양민 자영농이 아니었나 한다. 그것은 호주(戶主) 부부를 중심으로 그 자식(子息) 부부와 여서(女壻) 부부 등 3·4명의 장정을 포함한 혈연가족으로 구성된 가호(家戶)로서, 자체의 노동력으로써 자기 소유지를 경영하는 자영농으로서 하나의 단위를 이룰 수 있는 존재였다. 또한 아버지가 정군이 되고 아들과 사위는 봉족이 되어 불완전하나마 독자적으로 군역의 기본 단위를 이루기도 하는 존재였던 것으로 보인다. 이 시기에도 노비 등 타인 노동력의 노동의욕 내지 노동효율은 매우 저조한 편이었으며, 더 영세한 소농층은 생산수단과 도구 등이

---

36 이들이 군역을 부담할 경우 대체로 봉족(奉足), 즉 보인(保人)으로 편제되었을 것이다.

37 경작 규모와 그 재생산 과정의 자립 관계는 다음의 관찰을 참조할 것이다. "지금 산간지역의 농민으로서 일부일부(一夫一婦)가 경작하는 것은 겨우 논 10두락(斗落)과 밭 1일여 경(日餘耕)이니 합쳐야 종도(種稻) 20두락인데도 또한 요족하다. 들이 너른 곳 사람들은 한 농부가 경작하는 것이 거의 종도 30여 두락인데도 역시 굶주리는 자가 있다"(『磻溪隨錄』 권1, 田制 上).

38 『성종실록』 권45, 5년 7월 기사.

부족하거나 열악하여 노동생산성을 제대로 발휘하기가 어려웠다. 따라서 별다른 외부의 교란을 받지 않는다면, 이 정도 규모의 자영농이야말로 경제적 유인(誘因) 관계로 보아 가장 애써 경작노동에 종사하게 되는 선진적·기준적 영농형태였을 것으로 관찰된다. 물론 이들도 자연적 재해와 국가체제의 침책(侵責)으로 인하여 경우에 따라서는 여지없이 몰락하여 유이민(流移民)이 되기도 하였다.

그런데 위의 표에서는 알 수 없지만, 이 시기에는 빈농(貧農) 혹은 무전농(無田農)들의 병작농업도 관행이 이루어지고 있었다. 이는 지주와 경작자가 토지의 소출을 절반씩 나누는 영농 관행으로서, 사료상으로는 조선왕조에 와서 비로소 확인되었다. 아마도 이 시기 토지생산력이 발전한 데다 과전법체제에서 지주의 과도한 수탈을 금단한 결과 조세와 지대 사이에 차액(差額)이 항존함에 따라 자리 잡은 영농 관행이 아니었나 한다. 다음 기사는 그 같은 사실의 일단을 전해준다.

> 전조(前朝)의 말기에 민폐(民弊)가 다단하였는데 아조(我朝)에 이르러 점차 혁거하였으나, 민간에는 아직도 나머지 폐단이 있다. … 품관(品官)·향리(鄕吏)가 토지를 광점하고 유망민(流亡民)을 초납(招納)하여 병작반수(竝作半收)하니, 그 폐단이 사전(私田)보다 심하다. 사전은 1결에 풍년이라도 다만 2석을 수취하는데 병작은 많은 경우 10여 석을 수취한다. 유이자(流移者)들이 이에 의탁하여 피역(避役)게 되고 영점자(影占者)들이 이에 의탁하여 그들을 은접(隱接)시키니, 부역이 균평치 않은 까닭이 오로지 여기에 있다. … 전지(田地)의 병작은 환(鰥)·과(寡)·고(孤)·독(獨)·무자식(無子息)·무노비자(無奴婢者)로서 3·4결 이하 경작하는 경우를 제외하고는 일체 금단할 일이다.[39]

즉 병작반수는 아마도 고려 말의 사전에서 지대를 수취하던 관행에서 비롯하였다고 생각된다. 과전법에서는 공·사전을 막론하고 수조액을 1결 최고 30두(2石)로 묶어두었으므로, 고려 말의 사전이 혁파되고 공조(公租)를 바치게 된 공전으로서의 지주 소유지에서 이제 지대와 공조의 차액을 수탈하는 새로운 병작반수제가 관행이 되어간다는 내용으로 풀이된다. 그러나, 앞에서 살펴본 바와 같이, 과전법체제는 농업생산 증대를 도모하기 위한 원리의 하나로 균전론적 시책을 강조하였다. 경작노동력을 보유하지 못하여 자칫 진황시키게 될 경우 이외에는 원칙상 병작반수를 금단하고 있었던 것이다.

그런데 병작반수제에서 주의해야 할 것은 지주가 유망민을 끌어모아 병작제를 유도하는 편이며, 병작자는 피역 등의 불가피한 사정으로 거기에 의탁하게 되었다는 사실이다. 유망민을 초납하여 병작반수 관계를 맺었으니, 지주는 그들에게 토지는 물론 종자·농구·축력(畜力), 그리고 처음에는 농량(農糧)까지도 대여해야만 비로소 영농이 가능해지는 형세였다. 그러한 병작 관계에서는 병작농의 지주에 대한 경제적 의존도가 높고 따라서 예속성이 강할 수밖에 없었다. 일정한 농업생산력 수준의 제약 아래 결부된 이 같은 병작 관계야말로 이후 크게 전개되는 병작반수제의 원형이자 그 전형이었던 것이다. 그래서 병작반수제는 조선 전기까지는 아직도 크게 발전하지는 못하였다. 그 같은 병작농민의 존재야말로 이른바 협호(挾戶)의 전형이었으며, 혹은 비부(婢夫)·고공(雇工)으로도 정착하게 되는 자들이었다. 그 가운데에는 앞에서 살펴봤듯이 금년에는 남주(南州)의 호활가(豪猾家)에 숨었다가 명년에는 북군(北郡)의 향원가(鄉愿家)로

39 『태종실록』 권12, 6년 11월 기묘.

옮겨가 버리는 협호적 유망민의 존재도 적지 않았던 것으로 보인다.

병작반수제는 국가의 금단에 의해서라기보다도 이 시기의 농업생산력 상태에서는 병작농 자신의 자립도가 워낙 낮은 편이어서 부차적인 영농 관행에 머물렀다. 그러나 15세기에도 "무전민이 거의 10분의 3"이나 되었으므로, "토지를 가진 자가 유고(有故)하여 경종(耕種)이 불가능하면 인리(隣里)·족친(族親)이 병경(幷耕)하여 (수확을) 나누는 것이 곧 민간(民間)의 상사(常事)"[40]로 되어있을 정도로 점차 발전하고 있었다.

과전법체제에서 비중이 있는 영농 범주를 들자면 지주지 직영의 농장형, 소농민의 자경지 자영형, 그리고 소농민의 차지(借地) 병작형이라고 하는 세 가지로 대별할 수 있다. 그런데 국가경제에서 차지하는 구성 비율을 들자면 역시 소농민 자영형이 기본이 되고 지주지 농장형이 그다음을 점하고 있었던 것으로 이해된다. 병작농은 이 시기에는 아직도 농장이나 지주지의 외곽에서 부수적으로 존립하는 형태가 일반적이었는데, 생산력의 발전과 함께 점차 그 독자성을 높여가고 따라서 그 범주를 확대시키고 있었던 것으로 이해된다.[41]

그런데 이 시기에는 범주적으로 국가경제의 지반을 이루고 있는 다수 소농민들이 아직도 근착(根着)하기 어려운 낮은 자립도에서 항구적으로 골몰하면서 국가의 환곡(還穀)이나 지주사족들의 장리(長利) 등에 크게 의존하여 연명하고 있었다. 영세 소농민일수록 국가적 수취와 지주사족의 수탈이라는 일상적 굴레를 벗어나기가 어려웠다. 그러한 상태야말로 양민 자영농이 규정적 범주의 사회경제적 바탕을 이루는 이 시기의 국가

---

40 『세조실록』 권11, 4년 정월 병자.

41 이영훈, 1994, 「조선전기의 토지소유와 농업경영」 및 김태영, 1994, 「조선전기사회의 성격」 (모두 『한국사』 7 수록, 한길사) 참조.

에서 국가권력의 일차적 담당자인 지주사족층의 지배체제가 전형적으로 구현될 수 있는 기초 조건을 이루고 있었던 것이라고 해석된다.

(『신편 한국사 24 조선 초기의 경제구조』,
국사편찬위원회, 1994)

제4장

전세제도의 개편

1. 과전법에 규정된 양전 · 수조제

고려의 전시과 체제에서는 전지의 비척(肥瘠)을 구분하는 전품의 기준이 대체로 그 휴한(休閑)의 빈도(頻度)에 의거하였다. 즉 연작세경(連作歲耕)의 토지를 상(上), 1년 휴한의 토지를 중(中), 그리고 2년 휴한의 토지를 하(下)의 전품으로 파악하고 있었다.

여기서도 결부제를 써서 전국의 전지를 파악하기는 하되, 상·중·하등전을 동일한 기준 척도를 사용하여 양전함으로써 그 상·중·하등전의 결부의 실적(實積)이 동일한 것으로 파악되었다. 그리고 수(水)·한전(旱田) 각기 상·중·하의 전품에 따라 수조율을 차등 있게 적용하였다. 즉 고려의 전시과 체제에서는 동적이세(同積異稅)의 양전·수조제(收租制)가 운용되고 있었던 것이다.[1]

그런데 전시과 체제가 무너진 고려 후기의 어느 시기부터 그 같은 양전·수조의 방식에 중대한 변화가 일어났다. 그것은 첫째, 전품을 파악하는 기준이 전지의 휴한의 빈도가 아니라 그 비척도(肥瘠度)에 따라 상·중·하의 3등전(等田)으로 파악하게 되었다는 사실이며, 둘째, 각등의 전지는 그 양전의 기준 척도를 다르게 설정하여 각기 실적을 차등 있게 파악하는 한편 수조를 동일하게 하는 방식으로 바뀌게 되었다는 사실이다. 좀

---

1 김용섭, 1976, 「고려시기의 양전제」, 『동방학지』 16, 연세대 국학연구원;강진철, 1980, 『고려토지제도사연구』, 제3장 「전결제의 문제」, 고려대출판부;김용섭, 1981, 「고려전기의 전품제」, 『한우근박사정년기념사학논총』, 지식산업사.

뒷날의 기록이지만 다음의 사료를 살펴볼 필요가 있다.

> 아국(我國)은 토지의 지품(地品)이 같지 아니하여 … 전조(前朝)에서는 단지 농부(農夫)의 손가락 둘을 10번 더하여 상전척(上田尺)으로 삼고, 손가락 둘을 5번·셋을 5번 더하여 중전척(中田尺)으로 삼고, 손가락 셋을 10번 더하여 하전척(下田尺)으로 삼아 3등전을 정하고, 1결의 수조(收租)는 모두 30두(斗)씩을 정수(定數)로 하였다. 고제(古制)와 어긋남이 있으나, 개국 이래 그대로 이 법을 써서 다시 양전하고 있다.[2]

즉 여기서는 전품을 등제(等第)하는 기준이 당해 전지의 휴한의 빈도가 아닌 그 비척의 정도를 기준으로 하여 상·중·하등전으로 구분하고 있다. 그 양전의 척도(尺度)도 각등전을 통틀어 동일한 것이 아니라 상·중·하등전에 각기 20:25:30의 차등을 둔 각기 다른 것을 사용하여 양전하였다. 그러한 수등이척제(隨等異尺制)에 의거함으로써 그 실적에 차등이 생겨난 각등전에 대하여 수조는 모두 동일하게 1결당 30두로 규정하고 있었다는 사실이 판명된다. 사료에서는 그냥 '전조(前朝)에서'라고 하였지만 그것이 전시과 체제에서가 아니라 고려 후기에 와서 그렇게 바뀌었다는 것은 앞서 말한 그대로다.

그 같은 수등이척의 양전제와 이적동세(異積同稅)의 수조제는 물론 과전법이 제정되는 당시에 현행되고 있던 것이며, 따라서 그것은 과전법에서 다시 확인되고 재규정되기에 이르렀다. 과전법 시행의 바탕이 된 기사양전은 그 같은 수등이척제에 의거한 양전이었다. 그에 따라 실적을 각기

2 『세종실록』 권49, 12년 8월 무인.

달리하는 각등 전결에 대하여 과전법 조문에서는 "무릇 공·사전의 전조는 수전(水田) 1결마다 조미(糙米) 30두로 하며 한전(旱田) 1결마다 잡곡(雜穀) 30두로 한다"고 하여 이적동세의 제도를 그대로 규정해두었다.[3]

이는 결부제를 기초로 하는 양전·수조제가 고려 후기의 어느 시기에 실로 중대한 변동을 겪게 되었다는 사실을 일깨워주지만, 그 변동의 시기나 배경을 추찰할 만한 기록을 현재로서는 전혀 찾아볼 수 없다. 그런데 그것이 실로 중대한 변동이고 보면 혹 전국적 규모로 시행된 양전(量田) 혹은 부세법(賦稅法)의 개정과 같은 대사업을 전기(轉機)로 하여 일어나게 된 것은 아니었을까 하는 의문을 갖게 한다. 그렇다면 기사양전 이전의 고려 후기에 그 같은 개정이 단행된 것은 언제였을까.

그것은 충숙왕 원년(갑인;1314)에 작성된 이른바 갑인주안(甲寅柱案)에서 개정되었을 것이라고 추단하는 견해가 최근에 피력된 바 있다.[4] 갑인주안은 충선왕이 복위(1308)하면서 착안하여 여러 해에 걸쳐 전민계정사(田民計定使) 및 제도순방계정사(諸道巡訪計定使)를 파견하여 현재의 전결(田結)을 수괄하고 이를 토대로 부세를 개정하는 큰 사업이었다. 매우 주목할 만한 견해임에 틀림없다.

그러나 그렇게 보기에 문제 되는 것은 역시 그 새로운 양전법의 기준 척도가 '농부의 손가락'이었다는 사실이다. 수취체제 전반에 걸쳐 국가 사회적 대변동을 초래할 새로운 양전·수조법을 법제화하면서도 겨우 '농부의 손가락'과 같은 모호하기 짝이 없는 기준 척도를 세울 수밖에 없

---

3 김태영, 앞의 책, 제4장 「과전법체제에서의 토지생산력과 양전」 및 제5장 「과전법상의 답험손실과 수조」 참조. 고려 말의 사전개혁을 주도한 조준의 1차 상소에서는 1결당 20두로 설정한 것이 과전법에 와서는 30두로 증액되었지만 그것 역시 1/10조로 책정된 것이며, 특히 수등이척·이적동세의 양전·수조법에 의거하는 것이었음은 앞서 살펴본 바다.

4 朴京安, 1989, 「甲寅柱案考」, 『東方學志』 66.

을 정도로 고려의 행정력이 조잡한 수준에 머물러 있었던 것일까.

잘 알려져 있듯이 고려 후기는 오랜 휴한농법의 시대가 끝나고 대세상 연작세경의 농법시대로 접어든 시기였다. 물론 완전한 연작농업은 훨씬 뒤에 실현되었지만, 범주적으로는 고려 후기에 성취된 일이었다. 그러므로 이 시기에 이미 휴한의 빈도를 기준으로 하여 전품을 평가하는 일은 무의미해졌다. 이제 토지의 비척도가 전품 평가의 기준이 될 수밖에 없었다. 그렇다면 비척도에 따라 수조액을 차등 있게 규정하지는 않고 그 토지의 결부 실적을 차등 있게 파악하는 양전법이 어째서 등장하였으며, 또한 그 실적을 차등 있게 파악하는 기준 척도를 왜 '농부의 손가락'이라고 하는 조잡하기 짝이 없는 것으로 책정하게 되었던 것일까.

어느 시기든 토지생산력이 일정하게 발전했다고 해서 곧바로 수조율이나 수조액을 올려 책정하는 것은 결코 용이한 일이 아니었을 것이다. 고려 후기로 말할 것 같으면 1/10 수조율은 엄연히 공인된 것으로 관행이 이루어지고 있었다. 그렇다면 토지생산력의 발전에 따라 더 증대된 생산물은 직접생산자의 수중에 그대로 남게 되었을까. 혹 이 시기 양전·수조제의 변동은, 연작농업이 보편화함과 동시에 전일의 상등전에서도 수확이 증대함에 따라 이제 종전의 결부의 실적을 축소하여 파악하는 새로운 방식을 채택함으로써 그같이 더 증대된 잉여생산물을 수탈하기 위한 하나의 새로운 방편으로 사사로이 등장하게 된 것은 아니었을까. 이 시기 사전의 수조 관계에 대해 언급한 다음의 기록을 검토할 필요가 있다.

> 겸병가(兼幷家)의 수조지도(收租之徒)는 병마사(兵馬使)·부사(副使)·판관(判官)이라거나 혹은 별좌(別坐)라 칭하면서 종자(從者) 수십인 기마(騎馬) 수십 필을

> 타고 다니면서 수령(守令)을 능욕하고 안렴사(按廉使)를 굴복시킨다. … 그가 전지(田地)를 답험할 적에는 결부(結負)의 고하(高下)를 제 뜻에 따라 산출하고 1결의 전지(田地)를 3·4결로 잡는다.[5]

그러므로 그 같은 양전·수조법의 변동은 국가가 행정력을 동원하여 일률적으로 제정한 것이 아니라, 고려 후기사회의 혼란의 와중에 전국적으로 범람하던 사전에서의 수조 등에서 하나의 관행으로 시작된 방식이 점차 사회적으로 널리 관행되었으며, 드디어 국가의 행정적 차원에서도 공인하게 됨으로써 사실상 법제로 정착하게 된 것은 아니었을까. 그것이 국가적 법제로 온전히 정착하게 된 것은 과전법이 성립된 이후의 일이었다고 판단된다.[6]

농부의 손가락 척도, 즉 지척(指尺)을 근거로 하는 양전은 과전법 시행의 바탕이 된 기사양전 이후에도 조선왕조로 들어와 계속 시행되었다. 기사양전에서는 서·남쪽의 연해지역과 북방의 동·서 양계지역이 전혀 양전하지 못했을 뿐 아니라, 조선 초기에는 사회의 안정과 더불어 신간전(新墾田)이 점차 증가하였다. 양전은 필요 불가결한 일이었다. 그래서 태종 5년(1405)에는 다시 남부 6도를 양전하고 동 13년(1413)에는 동·서 양계지역을, 그리고 세종 원년(1419)에는 제주 지방을 양전함으로써 과전법 성립 28년 만에 수등이척의 양전제와 이적동세의 수조제가 전국적으로 시행되기에 이르렀다. 그래서 『세종실록』「지리지」에 등재된 전결은 무려 1,632,006결로서 고려 말기보다 갑절 이상의 다수 전결

---

5 『고려사』 권78, 식화지 1 전제 녹과전 우왕 14년 7월 대사헌 조준 등 상서.

6 김태영, 앞의 책, 191~194쪽 참조.

을 파악하기에 이르렀다.

그런데 과전법 성립의 바탕이 된 양전법은 시행의 과정에서 다음과 같이 고쳐야 할 문제점들이 발견되었다.

첫째, 조선 초기 영농이 실제로는 중부지역에서도 보리-콩으로 이어지는 연 2모(毛)의 윤작(輪作) 방식이 상당히 보편화되어 있었고, 하삼도의 경우는 더욱 그러하였다. 북부지역은 말할 것도 없으려니와 중부지역이라 하더라도 산간지방에서는 아직도 휴한농법의 단계에 머물러 있었다. 이렇게 지역마다 농업생산력의 수준이 다른데도 불구하고 과전법은 남부 6도의 경우를 통틀어 결당 최고 30두 수조를 규정하였으며, 동·서 양계지역은 수조액이 너무 과중하다는 논란이 일어난 끝에 태종 15년(1415)에 결당 20두씩으로 책정하게 되었다.[7] 더구나 이 시기에 "상등전(上等田)은 오직 경상·전라도 등의 천 결에 겨우 1·2결, 중등전은 백 결에 1·2결이 있을 뿐이요, 그 나머지 각 도는 다만 중등전이 천 결에 겨우 1·2결뿐이니, 이는 대개 지품(地品)의 고척(膏瘠)을 나누지 아니하고 모두를 하등전으로 양전"[8]하고 있는 상태였다. 즉 당시의 구체적 농업생산력 수준에 맞는, 좀 더 세분(細分)된 전품제(田品制)를 도입해야만 할 필요성이 절실한 과제로 판명되기에 이르렀다.

둘째, 3등전 각기의 실적이 그 생산력에 비례하는 것으로 책정된 것이 아닐 뿐 아니라 전품의 분등이 각 도 단위로 난립하여 전국적 통일성이 없었다. 즉 "본국은 고려의 구습을 따라 3등의 전지에 모두 방면(方面)의

---

7 "平安·永吉兩道…自今 每一結收二十斗 以爲恒式"(『태종실록』 권26, 15년 정월 을묘)에서 보이는 바와 같이 태종 대에 양계지역을 양전한 후 남부 6도에 비하여 1/3을 경감한 결당 20두의 조액으로 조정하여 규정하였다.

8 『세종실록』 권49, 12년 8월 무인.

수(數)를 쓸 뿐 실적을 헤아리지 아니하였고, 토지의 고척은 남·북이 부동한데도 그 전품은 8도를 통계(統計)하여 분등치 아니하고 단지 1도 단위로 분등하였으므로 3등 전지의 고척이 부동하고 납세의 경중이 크게 다르니 부자는 더욱 부하고 빈자는 더욱 빈하게 된다"[9]는 것이었다. 양전은 실로 토지 한 면의 등차(等差)가 아니라 그 한 면을 평방(平方)한 토지의 면적(面積)을 예상 수확량에 비례하는 것으로 차등을 두어 책정해야만 하는 것이었다. 더구나 전품의 분등이 전국적으로 통일성을 띠지 않으면 수세(收稅)를 균평(均平)하게 실현할 수 없었다. 과전법에 정착된 양전제는 전국 일률의 통일된 전품 분등법에 따라 각등전의 실적을 실제의 생산량 비례로 책정하지 않으면 안 되는 과제를 안고 있었다.

한편 과전법에서 규정된 수조법도 그 시행과정에서 개선하지 않으면 안 될 많은 문제점이 드러났다. 전조의 수취율은 수확량의 1/10로서 결당 최고 30두를 규정하였다. 당시의 불안정한 농업생산력의 사정에서는 다시 해마다 농사의 작황에 따라 구체적으로 수조액을 산정하는 절차를 거치도록 규정하였는데, 그 절차가 곧 수손급손(隨損給損)이라는 것이었다. 과전법의 규정을 보면 "10분(分)을 율(率)로 하여 손(損)이 1분이면 1분의 조(租)를 감(減)하고 손이 2분이면 2분의 조를 감하며 이같이 준감(準減)하여 손이 8분에 이르면 그 조를 전면(全免)한다"[10]고 하였다.

수손급손을 실현하기 위해 각 전지를 필지마다 구체적으로 답사 점검하는 일을 답험손실(踏驗損實)이라 한다. 답험손실의 책임자는 공전의 경우 현지의 수령이었으며, 사전의 경우는 그 수조권자인 전주로 규정하

---

9 『세종실록』 권106, 26년 11월 무자.

10 『고려사』 권78, 식화지 1 답험손실. 이 규정은 조선 태조 2년(1393)과 다시 태종 대에 가서 다소의 변통이 있었으나, 번쇄하므로 생략한다. 김태영, 앞의 책, 240~241쪽 참조.

였다. 고려 후기의 관행을 따르고 있었던 것이다. 공·사전을 막론하고 그 같은 답험손실에 의거하는 수손급손제도는 일찍부터 많은 폐단을 그 자체로 내포하고 있었다.

우선 사전의 경우는 고려 시기 이래 항상 자행되어온 과중한 수탈을 불식할 도리가 없었다. 수조액은 1결당 최고 30두로만 규정하였을 뿐이요, 그 구체적 수조액은 답험손실의 과정에서 산정되는 것이므로 그것이 수조권자인 전주에게 위임되어있는 사전의 경우에는 "단지 중렴(重斂)에 그치지 않고 횡렴까지도" 일어날[11] 정도로 과중한 수탈이 자행되는 것은 필연적인 일이었다. 그러므로 사전이 집중되어있는 경기 농민들의 불만과 저항은 실로 커졌으며, 그들의 원한으로 인하여 혹심한 한발(旱魃)과 같은 자연재해가 엄습한다는 물의가 일어나기도 하여, 경기 사전의 절반을 외방으로 이전한다는 결정이 내려지기도 하였다.[12]

그런데 과전법은 이미 토지에 대한 개별적 소유권의 보편적 성장이라는 역사적 사실을 전제로 하고 운용되는 국가적 토지법제였으므로 구래의 유제(遺制)인 자의성이 강한 수조권적 인습은 구조적으로 용납하기가 어려워졌다. 그래서 사전의 답험손실권은 세종 원년(1419)을 기점으로 여타 공전의 경우와 마찬가지로 각 현지의 수령 책임으로 이관함으로써 공적 답험의 방식으로 전환되었다. 그것은 강인한 수조권적 토지지배의 역사에서 일대 변천이 일어난 일이었으며, 과전법 자체를 부분적으로 부정하는 것이기도 하였다.

한편 공전의 경우도 답험손실은 제대로 운용되지 못하였다. 답험의 절

11 『태종실록』 권30, 15년 8월 갑술.

12 『태종실록』 권31, 16년 5월 신해.

차 자체가 산(山)·야(野)에 널리 흩어져있는 전답의 필지마다 일일이 답사하면서 그 경작 농민을 상대해야 하는 일이었으며, 객관적 기준의 설정이 극히 모호하여 답험자의 자의에 일임된 채로 운용되기 마련이었다. 그래서 그 자의성을 배제하기 위해서 이미 태종 2년(1402)부터 경차관(敬差官)을 파견하여 점검하는 제도를 도입했다. 또 수령 혼자서는 자기 관내의 모든 전지를 답험할 수 없었으므로 재지(在地)의 공렴(公廉)한 품관사족(品官士族)이 그 실무를 분담하게 하는 이른바 '답험위관(踏驗委官)'의 제도를 태종 대부터 도입하였다.

그러나 경차관제도는 오래 시행해보아도 별 효과는 없는 것으로 판명되었다. 그 제도가 생긴 지 40년 뒤에도 "경차관의 직임을 띤 자는 먼저 면책(免責)의 꾀를 품고 모두 공(公)·사(私)의 양편을 공정하게 하지는 못한다"[13]는 실정이었다. 답험위관의 경우는 더욱 많은 폐단을 구조적으로 드러내었다. 우선 공렴한 품관사족은 실제로 위관이 되기를 극력 모피하고, 대개 '이전출신자(吏典出身者)', '향곡항거지인(鄕曲恒居之人)'이었으며 심지어 '일수서원배(日守書員輩)' 등이 그것을 담당하였다.[14] 그들은 답험의 과정에서 허다한 부정을 자행할 뿐 아니라, 문서상의 집계과정에서도 향리 등과 함께 손실을 임의로 조작하였다. 토호 향원(鄕愿)과 향리 서원배(書員輩)의 중간 부정이 널리 만연했기에, 한편으로는 소농민경영을 침해하면서 또 한편으로는 국고(國庫)에 막대한 손실을 끼치고 있었다.

이미 연유가 오래된 사전에서 전주의 답험손실권을 국가로 귀속시킬 수 있게 된 조선 초기의 국가권력은 공·사전을 막론하고 수조액을 구체

13 『세종실록』 권101, 25년 7월 임오.

14 『세종실록』 권49, 12년 8월 무인;같은 책 권75, 18년 10월 정묘 기타.

적으로 산정하는 절차인 답험손실의 실제를 향리·토호의 사정(私情)에 맡겨 운용할 수는 없었다. 그들의 오랜 중간부정을 막고 국고의 충실을 기하기 위해서도 조선 초기의 안정된 국가 행정력으로서 구래의 양전·수조제는 일대 개혁이 불가피한 과제로 남아있었으며, 그래서 공법전세제(貢法田稅制)의 제정이 준비되고 있었던 것이다.

2. 공법전세제로의 개편

잘 알려져 있듯이 '공법(貢法)'이란 원래 여러 해 동안 토지생산량의 평균치를 기준으로 잡아 그 1/10에 해당하는 일정한 액수를 과세하는 일종의 정액세법(定額稅法)으로서 중국의 하후씨(夏后氏) 때 행하였다는 전설적 제도이다. 조선 초기에는 워낙 답험손실제에서 만연해온 인간의 자의성 개입을 배제하기 위해 온전한 정액세법의 정립을 애써 시도한 끝에, 비록 온전하지는 못하지만 정액세법의 원리가 다소 도입된 전세제도를 정립하기에 이르렀으므로, 그것을 착안할 당시부터 이미 공법이란 명칭을 붙여 사용하게 되었다.

공법전세제[15]는 세종임금의 즉위 초부터 구상하기 시작하였던 것으로

15 과전법에서는 조(租)와 세(稅)를 구분하여 사용하였으나, 그것은 사전(私田)의 경우에 엄격히 적용되는 술어였다. 여기서 공법은 사전의 1/3이 하삼도로 이급된 상태에서, 더구나 사전의 답험손실권을 국가로 귀속시킴으로써 개인의 수조권적 토지지배의 관행이 크게 퇴세한 상태에서 토지의 경작자=소유자와 국가와의 수취 관계를 새로이 규정하는 것이었으므로, 과전법에서 '조(租)'의 개념에 해당하는 세목(稅目)을 일찍부터 '세(稅)'라고도 칭하기 시작하였다. 최초로 공법수세제다운 방식을 계문한 『세종실록』 10년 정월 기해조의 "農事豊歉 分爲三等以聞 因之收稅可矣"에 보이는 '세(稅)', 역시 최초로 정액세법으로서 공법의 형태를 갖추어 공표한 19년 7월 정유조의 이른바 상정공법(詳定貢法) 절목(節目)의 "以各道與田品之等第 定收稅之數"라는 데서 나타난 '세(稅)', 그리고 전제상정소(田制詳定所)가

보인다. 세종 21년(1439) 당시 국왕이 "내가 공법을 시행하고자 한 것은 지금에 이르기 20여 년이 된다"[16]고 토로하는 데서 그 같은 사실을 알 수 있다. 그런데 공법의 구상을 표면화시켜 시문(試問)한 일이 기록에 남아있는 것은 세종 9년(1427) 중시(重試)의 책제(策題)에서부터였다.

> "자고(自古)로 제왕(帝王)이 다스림에 있어서는 반드시 일대(一代)의 제도를 수립하는 법이다. … 손실답험(損實踏驗)은 구차히 애증(愛憎)에 좇아 고하(高下)가 그 손에 달려있으므로 백성이 그 해를 입는다. 이 폐단을 구하려면 응당 공법(貢法)이나 조법(助法)에서 찾아야 할 것이다. 조법은 반드시 정전(井田)을 한 뒤라야 행할 수 있으므로 역대 중국에서도 오히려 불가능했다. 하물며 우리나라는 산천이 험준하고 언덕과 진펄이 뒤섞여 있어 그것을 쓸 수 없음이 명백하다. 공법은 하서(夏書)에 실려있고 주(周)나라 역시 조법을 썼다고 하나 향수(鄕遂)에서는 공법을 썼다. 다만 그것은 여러 해의 (작황을) 비교하여 평상치(平常値)를 정하는 고로 좋지 않다고 이르는 것이다. 공법을 쓰면서도 소위 좋지 않다는 점을 없애는 길은 어떠한 것인가."[17]

확정한 공법의 원리를 설명한 세종 26년 11월 무자조의 "一結五十七畝收稅 亦依此二十分而稅一 上上年一等田稅 三十斗"라는 표현, 특히 공법을 확정 반포한 후 수세(收稅) 방법의 과도기적 변통을 규정한 세종 27년 7월 을유조의 "京中各司及外方田稅貢案 其道田品 畢分揀後 以九等年 田稅多寡 更加磨勘成籍"이라고 하여 '전세(田稅)'를 독립 술어로 사용하게 된 사실 등을 참조할 것이다. 그러고도 '조'와 '세'는 한동안 혼용되었지만, 이윽고 '세(稅)', 혹은 '전세(田稅)'라는 말로 관행되어 갔다. '전세'라는 술어는 특히 공법의 성립 이후에 관용된 말이다. 또한 공법절목의 논의 과정에서는 수조권자가 아닌 '전객(佃客)', 즉 납조자(納租者)=소유자를 '전주(田主)'라고 표기하고 있음을 주목할 일이다;『세종실록』 권78, 19년 7월 정유 참조.

16 『세종실록』 권85, 21년 5월 경인.

17 『세종실록』 권35, 9년 3월 갑진.

여기서 "좋지 않다"고 하는 측면은 공법이 정액제이므로 농업생산이 불안정한 당시로서 풍년에는 관계없지만, 흉년에는 정액에 구애되어 반드시 과도한 수탈이 자행된다는 점이었다. 그런데도 여기서는 답험손실제가 안고 있는 인습적 병폐를 극복하기 위해서 결국 유교 경전에서 이상적 제도의 하나로 간주되는 공법을 개선하여 새로운 '일대(一代)의 제도를 수립'하고자 하였음이 주목된다. 고전(古典)에 제시된 이상(理想)을 살려 제왕의 통치를 실현하고자 하였던 것이다.

이후 공법의 논의는 진척되어 갔다. 중시(重試)로부터 10개월 후인 세종 10년(1428) 정월에는 국왕의 질문에 대하여 좌의정 황희(黃喜)가 "공법을 따르되 수확의 다소를 비교하여 전지 몇 부(負)에는 미(米) 몇 두(斗)인지 미리 그 액수를 정해두고, 해마다 가을이면 각 도 각 군현(郡縣)으로 하여금 농사의 풍흉을 심검(審檢)하여 3등급으로 나누어 계문(啓聞)토록 하여, 그에 따라 수세함이 좋다"고 하였으며, 호조판서 안순(安純) 등도 "그 밖에는 다른 길이 없다"고 대답하였다.[18]

세종 12년(1430)에는 다시 호조가 제의한 "지금부터 공법에 의거하여 전(田) 1결마다 10두(평안·함길도는 7두)"를 정액세로 징수하는 방안을 국왕이 "정부(政府)·육조(六曹)·각사(各司) 및 경중(京中)의 전함 품관(前銜品官), 각도 감사(監司)·수령(守令)·품관(品官)으로부터 여염(閭閻)의 소민(小民)에 이르기까지 모두 그 가부(可否)를 물어서 계문토록" 하였다.[19] 그 결과 전국적으로 공법의 시행을 찬성하는 자가 관민(官民) 98,657인이며 반대하는 자는 관민 74,149인이었다. 그 가운데 토지생산력이 상대적으로 높은

18 『세종실록』 권39, 10년 정월 기해.

19 『세종실록』 권47, 12년 3월 을사.

경상·전라 양도의 경우 65,864 대 664로 찬성편이 절대 우세하였으며, 토지생산력이 낮은 함길·평안 양도의 경우는 1,410 대 35,912로 반대편이 절대 우세하였다. 특히 현직의 대신을 비롯하여 다수의 전·현직 고위 관료가 반대하는 편이었다.[20]

공법의 논의는 다시 진전되었다. 세종 18년(1436) 윤6월에는 '전제상정소(田制詳定所)'를 설치하고 여기서 공법을 전담하여 추진토록 하였는데, 여러 논의를 거쳐 다음 해에는 이른바 상정공법(詳定貢法)을 일단 수립하였다. 7개 조로 되어있는 그 절목의 주요 내용은 다음과 같다.[21]

토품(土品)에 따라 전국을 3등도(等道)로 구분하고 다시 각등도(各等道)를 종래의 전품에 따라 3등전으로 구분하되 수세액(收稅額)을 다음 표와 같이 정한다.

구 분	상전(上田) 1결	중전(中田) 1결	하전(下田) 1결
상등도(경상·전라·충청)	20두	18두	16두
중등도(경기·강원·황해)	18두	16두	14두
하등도(함길·평안)	15두	14두	12두

전분(田分)의 등급을 더 세분하여 연분(年分)의 등급도 더 상밀해진 이 상정공법은 세종 19년(1437)부터 전국에 시행하기로 하였으나, 각 지역 지방행정의 현지 관원들이 그 시행의 불가함을 역설하는 상소가 거세게 들이닥치고, 사간원을 비롯한 여론의 반대가 심하여 결국 그 시행을 중단하지 않을 수 없었다.[22] 그러나 다음 해인 세종 20년(1438)에는 토지생

20 『세종실록』 권49, 12년 8월 무인.

21 『세종실록』 권78, 19년 7월 정유.

22 자세한 경위는 김태영, 앞의 책, 273~276쪽 참조.

산력이 상대적으로 높은 경상·전라도에서 우선 시험 삼아 시행키로 하였고, 그다음 해에는 충청도에서도 시행키로 하였으며, 그 뒤로도 상정공법의 미진한 조항들을 계속 수정·보완해나갔다.

나아가 세종 25년(1443)에는 5등의 전품제, 9등의 연분제, 그리고 결부제 대신 경묘제(頃畝制)로 고쳐 양전하는 법 등을 골자로 하는 갱정공법(更定貢法)을 수립하였는데, 이때 양전의 근거 척도로서 종래의 '지척(指尺)' 대신 '주척(周尺)'을 채택하였다. 그사이 많은 실험과 논의를 거친 끝에 세종 26년(1444)에는 드디어 결부제에 의거하는 전분 6등, 연분 9등의 공법을 확정하게 되었으니, 그 주요 내용은 다음과 같다.[23]

① 6등전 각 1결의 양전척(量田尺, 尺·寸·分)과 그 실적은 다음 표와 같다.[24]

제1등전	제2등전	제3등전	제4등전	제5등전	제6등전
4,779	5,179	5,703	6,434	7,550	9,550
38무(畝)	44무 7분	54무 2분	69무	95무	152무

② 수세(收稅)는 소출(所出)의 1/20로 한다. 9등 연분제에 의거한 각등전 1결의 전세는 다음 표와 같다.

상상년	상중년	상하년	중상년	중중년	중하년	하상년	하중년	하하년
20두	18두	16두	14두	12두	10두	8두	6두	4두

23 공법의 전체 절목과 그 원리는 『세종실록』 권106, 26년 11월 무자조 참조; 자세한 설명은 김태영, 위의 책, 306~312쪽 참조.

24 주척(周尺) 1척(尺)을 20.81cm로 잡아(朴興秀, 1967, 「李朝尺度에 관한 硏究」, 『대동문화연구』 제4집) 각등전 1결의 실적을 척관법(尺貫法, 坪) 및 미터법(m^2)으로 표시하면 다음과 같다.

제1등전	제2등전	제3등전	제4등전	제5등전	제6등전
2,986.6	3,513.2	4,259.8	5,423.0	7,466.5	11,946.4(평)
9,873.7	11,614.6	14,083.0	17,928.5	24,684.2	39,494.7(m^2)

③ 각 도의 감사는 그 관하 각 군현이 심정(審定)한 연분을 보고하되, 각 군현 단위로 종합하여 10분(分)을 기준으로 전실(全實)을 상상년, 9분실(分實)을 상중년, … 2분실을 하하년으로 잡아 수전과 한전을 각기 연분등제하여 모현(某縣)의 수전은 모등년(某等年)이며 한전은 모등년이라고 계문(啓聞)한다. 1분실은 면세한다.

④ 정전(正田) 내의 진황전(陳荒田)은 모두 매년 가경지지(可耕之地)인데 혹 전지(田地)를 많이 점유해 번갈아 진황시키거나 혹은 게을러서 경작하지 않아 전지가 많이 진황되니 심히 불가한 일이다. 부분 진전(陳田), 전진전(全陳田) 모두 수세한다.

⑤ 속전(續田) 내의 진황전은 수령이 경작자의 고장(告狀)을 받아 친심(親審)한 후 감사에게 보고하고, 감사(監司) 수령관(首領官)이 다시 그 수를 사실대로 조사한 후 계문하여 면세토록 한다.

⑥ 재상전(災傷田)의 경우 편단재상(片斷災傷)을 제외하고 뭇사람이 다 아는 연복(連伏) 10결 이상의 전손전(全損田)은 수령이 친심하여 감사에게 보고하고 감사가 계문한 후 다시 경차관을 파견 조사하여 재상의 분수(分數)를 계문하고 왕지(王旨)를 받아 감세한다.

즉 공법은 각 군현 단위로 수전·한전별로 연분을 단일하게 책정함으로써 일종의 지역 단위 비정법적(比定法的) 정액세법(定額稅法)의 원리를 도입하게 된 것이었다. 이른바 중간부정이 많이 줄어들 수 있는 전기가 마련된 셈이었다. 그리고 정전(正田)이나 속전(續田)을 막론하고 이제 진황은 용납되기가, 재상전(災傷田)은 감세(減稅)받기가 매우 어렵게 되었다. 권농정책의 한 가지로 해석되지만, 당시의 생산력 수준으로는 결국 농민의 유망을 재촉하는 요인이 되는 것으로 드러났다.

그리고 손실수조시(損實收租時)의 각등 전결(田結)과 특히 종래 넓은 면적으로 책정되었던 산전(山田)들이 공법에서는 어떻게 편성되었는지를 도표화하면 대개 다음의 표와 같다.[25]

손실수조시(損實收租時)		공법수세시(貢法收稅時)	
전품(田品)	1결의 실적(實積)	전품	1결의 실적
상등전(上等田)	25.4무	제1등전	38무
중등전(中等田)	39.9무	제2등전	44.7무
하등전(下等田)	57.6무	제3등전	54.2무
산하전(山下田)	115.2무	제4등전	69무
산요전(山腰田)	172.8무	제5등전	95무
산상전(山上田)	230.4무	제6등전	152무

표에서도 알 수 있듯이 종래 전국 전지의 절대다수를 점하던 하등전이 공법에서는 많이 제1·2·3등전으로 편입됨에 따라, 그리고 종래 넓었던 결적(結積)의 산전이 상대적으로 축소된 결적의 제5·6등전으로 편성됨에 따라, 공법의 실시는 결국 전체적으로 결의 실적(實積)을 축소시킴으로써 전국 결총(結總)이 대폭 증대하였다. 그러므로 손실수조시의 1/10조로서 결당 최고 30두에 비하여 공법에서는 1/20조로서 결당 최고 20두를 규정하였다는 것은 사실 그대로라고는 할 수 없다. 이미 공법의 시험적 실시를 통해서도 수세액이 대폭 증대하는 결과로 나타났음은 객관적 사실로 판명되었다.[26] 그 일차적 원인은 공법의 정립 과정에서 기준 토지생산량의 산정이 과다하였다는 사실에서 기인한 것으로 이해된다.[27]

---

25 특히 산전(山田)은 이제까지의 공법 논의에서 전혀 도외시되어 온 편인데, 공법의 확정 후 다음 해 7월에 가서야 이의 6등전제(等田制) 속으로의 편성 문제가 논의 결정되었다:『세종실록』 권109, 27년 7월 을유 참조. 이에 관한 설명은 김태영, 앞의 책, 310~312쪽 참조.

26 『세종실록』 권105, 26년 8월 경오.

27 세종 25년부터 충청도 청안(淸安)에서 실험한 기준 토지생산액은 57묘지(畝地, 구 하등전

3. 공법전세제의 전개

공법은 새로운 기준에 따라 전분을 6등급으로 세분하는 한편 새로운 척도를 따른 양전을 통하여 각등 전결을 파악한 다음에야 시행할 수 있는 것이었으므로, 처음의 의도보다는 시행이 늦어졌다. 그래서 세종 26년(1444) 공법의 확정으로부터 많은 논란과 수정을 거쳐 45년이나 지난 성종 20년(1489)에 가서야 전국적인 시행을 보이게 되었으니, 그 경과를 나타내면 다음 표와 같다.[28]

공법에서 6등전품의 분등과 그에 따른 수등이척(隨等異尺)의 양전은, 원

공법 시행 경과표

지역	공법을 따른 양전	공법의 실시
전라도	세조 8년(1462)	세종 32년(1450)
경기도	세조 7년(1461)	세조 7년(1461)
충청도	세조 8년(1462)	세조 8년(1462)
경상도	세조 9년(1463)	세조 9년(1463)
황해도	성종 2년(1471)	성종 2년(1471)
강원도	성종 7년(1476)	성종 9년(1478)경
평안도	성종 17년(1486)	성종 18년(1487)
함경도	성종 19년~20년(1488~1489)	성종 20년(1489)

1결의 實積)에서 상상년(上上年) 제1등전의 소출은 미(米) 40석(벼 80석), 제6등전의 그것은 미 10석으로 산정되었는데, 이를 종래의 손실수조시의 평상 소출과 비교해보면 과다한 산정이라는 것이 드러났다. 국왕 세종 자신도 이것이 다소 과다한 산정인 듯하다고 이해하였다;『세종실록』 권105, 26년 8월 경오 참조. 이 기준 생산량의 과다한 산정이야말로 공법의 시행과정에서 연분(年分)이 결국 하하(下下)로 떨어진 궁극의 원인이 아니었던가 추측된다.

28 김태영, 앞의 책, 314~321쪽 참조. 전라도의 경우 전품의 분등만을 먼저 끝낸 내용을 가지고 구 전결(田結)을 환산하여 공법을 적용한 것이므로 새로운 양전에 앞서 공법이 시행되었다.

리상으로는 보다 더 객관적 타당성을 띠게 된 것이 틀림없지만, 그 절차에 층절(層節)이 많고 까다로워졌으므로, 착오라든가 중간 농단이 개입할 여지 또한 커졌다. 가령 공법을 시행한 후 처음으로 실시된 전라도 양전(성종 24년;1493)의 경우를 보면, "1군현의 전지가 혹 2·3천 결이 늘고 1주부(州府)의 전지는 혹 3·4천 결이 늘어났으니, 그 작성된 전적을 살펴보면 명백히 알 수 있는 일"[29]이라는 정도로 실착이 커졌다. 대체로 각 군현의 양안(量案)이 모두 모람(冒濫)하다는 논란이 일어나자, 성종임금 자신이 "비록 고쳐 바로잡더라도 폐단은 다시 여전할 것"[30]이라고 자포자기할 정도로 양전은 개선의 전망이 어두웠다. 16세기 중종 때 양전을 논의하는 자리에서 의정부 3대신이 국왕에게 보고하는 다음의 말을 들어보면, 공법전세제에서도 양전은 결코 크게 개선된 수준에서 운용되지는 못하였다는 사실을 알 수 있다.

> "듣건대 양전(量田)의 일은 비록 최선을 다하려 하나 그리되지 않습니다. 그러므로 (새 양안이) 오히려 전 양안(量案)만 같지 않으며, 또한 정안(正案)도 없다고 합니다."[31]

한편 공법에서는 권농책의 일환으로 진전에 대한 면세(免稅) 절차를 매우 까다롭게 규정해두었다. 『경국대전』에는 "전재상전(全災傷田) 및 전진전(全陳田)은 면세"하고 "속전(續田)·가경전(加耕田)은 기경(起耕)하는 대로 수세

29 『성종실록』 권293, 25년 8월 신사.

30 『성종실록』 권57, 6년 7월 계유.

31 『중종실록』 권62, 23년 7월 임오.

한다"[32]고 다소 고쳐졌지만, 실제로 그 면세의 절차는 까다로웠으며, 면세되기는 매우 어려웠다. 가령 16세기 명종 때 대사간(大司諫) 강사필(姜士弼)은 당시 농민들이 "유리도산하여 그 생명을 보존치 못하는" 세 가지 근본 요인으로서 군역, 각사선상(各司選上)과 함께 진전수세(陳田收稅)에서의 일족(一族) 침해 현상을 들었다.

> 오래된 진전(陳田)도 그 세를 감하지 않고 비록 유망하여 절호(絶戶)되거나 풀과 나무가 수풀을 이루어도 또한 반드시 일족절린(一族切隣)에게서 징렴(徵斂)한다. … 농민으로서 기경(起耕)하는 자가 있으면, 겨우 수묘(數畝)의 토지를 갈아엎자마자 백 결(百結)의 세(稅)를 독촉한다. 그러므로 호미를 메고 익히 바라보면서 땅을 일구려 하지 않으니, 그 때문에 진지(陳地)가 점점 넓어져 끝없이 소연(蕭然)하게 되었다.[33]

농사를 권장하기 위하여 설정된 진전수세(陳田收稅)의 고식책(姑息策)은 오히려 전지의 진전화(陳田化)를 조장하는 악순환의 확대를 야기하였다.

한편 공법에서 재상전은 앞에서 살펴본 대로 "뭇사람이 다 아는 연복(連伏) 10결 이상"의 현저한 재손(災損)에 한하여, 그것도 까다로운 절차를 거치고서야 감세하도록 규정하였다. 그러나 가난한 소농민일수록 재상을 입기 쉬운 척박한 조각땅을 경작하는 것이 보편적인 현실이었으므로, 『경국대전』에서는 '전재상전(全災傷田)'을 면세하도록 고쳐 규정하였다. 그런데 재상을 인정해주는 급재(給災)의 실무가 현지의 이서(吏胥)들에게 맡

32 『경국대전』 권2, 戶典 收稅.
33 『명종실록』 권32, 21년 5월 임인.

겨져 운용되고 있었으니, 가난한 소농민일수록 그 규정을 적용받기란 매우 어려웠다.

> 감사(監司)가 수령(守令)을 파견하여 답험하게 하면 수령은 재(災)와 실(實)을 돌보지도 않고 큰길로 다니면서 위관(委官)에게 맡겨버리는데, 위관은 이서(吏胥)에게 맡기고 이서 또한 발섭(跋涉)을 꺼려 여러 마을로 편히 다니면서 닭을 잡고 기장을 삶아 농민의 재물과 가축을 축낸다. 하물며 이서는 또 뇌물을 이롭게 여기니, 그러므로 강활(强猾)한 자의 경우는 혹 실(實)이라도 재(災)로 매기고 빈잔(貧殘)한 자의 경우는 혹 재(災)를 당해도 실(實)로 매긴다.[34]

즉 가난한 소농민의 조각땅은 재손(災損)을 인정받을 길이 거의 없었던 반면에 오히려 세력을 가진 토호·사족 등에게만 그 혜택이 적용되었다.

나아가 공법전세제에서의 연분등제는 어떻게 전개되었는가. 공법은 처음에 각 군현 단위로 동일한 연분을 적용키로 규정하였으나, 그것이 너무 소략하다 하여 많은 논란 끝에 단종 2년(1454) 이후 각 면(面) 단위로 연분을 등제하는 법으로 고쳐졌다.[35]

이후 9등 연분제의 일반적 추세로 말하자면 15세기까지는 현지의 보고보다도 중앙에서 한 등급 올려서 수세하는 일이 많았다. 그러나 16세기에는 전국의 연분이 점차 낮추어 등제되면서 드디어 전국이 대체로 '하하'의 연분으로 고착되어가는 경향을 나타내기에 이르렀다. 그 이유

34 『중종실록』 권29, 12년 8월 갑자.

35 『단종실록』 권12, 2년 8월 정미.

인즉 "민생이 날로 곤궁해지고 요역이 다단한" 까닭에서라고 하는바,[36] 그것은 곧 지주제의 확대에 따른, 그러면서도 공납·군역 등의 부역이 과중함에 따른 소농민경영의 불안정에서 기인한 것으로 이해된다.

그래서 전국의 전세가 하하로 고착될 때 그것은 결국 지주사족에 유리한 세율로 귀결되기 마련이었다. 그래서 조선 전기에는 전세제도의 측면을 두고 볼지라도 지주지를 보존하거나 확대할 수 있는 계층은 범주적으로 지배층인 사족층에 불과했다. 신분제적 지배체제에 대응하는 신분제적 지주, 곧 양반지주의 형태가 일반적이었던 것이다.

공법전세제는 양전·수조제에 고질적으로 수반되는 여러 폐단을 불식하기 위하여 각고의 중지(衆智)를 모아 마련한 것이다. 그것은 조선 초기에 성취된 과학기술의 진경(進境)을 통하여 보완되고, 동 시기의 안정된 중앙집권적 국가권력에 의하여 적극적으로 추진되었다. 그래서 당시에 비교적 객관적인 타당성을 지닌 새로운 전세제로서의 면모를 갖추었다. 그러나 현장에서 실시되었을 때는 그러한 객관적 타당성이 실현되지 못하였다. 그것은 원래의 법제대로 시행되지 못하고, 의연 간리(奸吏)·향원(鄕愿) 같은 중간세력층에 의하여 농단되는 모호한 전세제로 운용되었다.

그 같은 모호한 수취제는 결과적으로 유세층(有勢層)에 의한 지주제의 전개를 조장하는 방향으로 운용되기 마련이었다. 그래서 원래의 공법이 의도하였던 국고(國庫)의 증수(增收)를 실현하기가 어렵게 되었음은 물론이요, 소농민 보호라고 하는 또 하나의 이상도 좀처럼 실현하기 어려운 일이 되었다.

(『**신편 한국사 24 조선 초기의 경제구조**』,
국사편찬위원회, 1994)

36 『인종실록』 권2, 원년 6월 임자;『선조실록』 권5, 4년 11월 정축;같은 책 권17, 16년 2월 무술.

제5장

과전법의 붕괴와 지주제의 발달

1. 과전법체제의 붕괴

고려 말의 전제개혁은 이른바 불수조의 사전을 혁파함으로써 전국의 전지를 일단 국가 수조지로 파악할 수 있었다. 그 과정에서 정립된 과전법은 중(中)·외(外)의 각 국가기관에 수조지를 분속시키고 일부 직역인(職役人)에게도 그것을 분급함으로써 국가체제 운용의 경제적 지반을 확보하였다. 또한 과전법은 중앙에 거주하는 관인층에게는 전·현직을 가리지 않고 과전을, 외방에 거주하는 관인층에게는 군전을 절급한다고 규정하여 지배층을 특별히 우대하였다.

즉 과전법체제는 고려 이래의 토지지배 방식을 이어받아 우선 중앙·지방의 국가기관에 대하여 각기 별도의 수조지를 설정함으로써 그 운용의 재정기반으로 삼았다. 거기에 속한 각종 직역자에 대해서도 각기 직역에 복무하는 대가로 다소간의 수조권을 분급함으로써 각자의 생활에 이바지하도록 하였다. 한편으로 관인층에게는 현직을 떠난 경우에도 수조지를 절급함으로써 그들을 '세록(世祿)'적으로 우대하는 신분제적 토지법제를 운용하였다.

그런데 이 시기 토지지배 관계의 기축은 이미 수조권보다도 소유권을 중심으로 하여 전개되고 있었다. 과전법은 그 같은 개별 소유권을 당연히 일차적인 것으로 인정하고서 성립된 토지법제였다. 따라서 과전법이 절급한 수조권이란 것은 실상 개별 인간이 행사하는 전지의 소유권 위에 가설된 부차적 권한에 지나지 않았다. 다만 그들 토지에 대한 수조권을 국가기관이라든가 관인층에게 분급하는 선에서 생산 관계를 재편성하였다. 여기서는 편의상 전자를 국가기관 절수지로, 후자를 사처 절수지로 나누어 그 변천을 서술하기로 한다.

1) 국가기관 절수지

과전법의 규정에 따라 조선 초기의 국가기관은 한동안 각자가 절급받은 전지의 전조를 수취하여 용도에 따라 지출하는 분립된 재정체계로 운용되고 있었다.[1]

그 같은 국가기관의 절수지로는 우선 고궁전(庫宮田)이라는 왕실수조지가 설정되었고, 이와는 별도로 왕실의 이재(理財) 기구로서 내수사(內需司)란 것이 있어 왕실 소유의 전지와 노비를 관리하고 있었다. 국고 직접수조지로는 국왕의 용도와 밀접한 관련하에 설정된 이른바 '국용(國用)'을 위한 풍저창(豊儲倉) 위전(位田), 백관의 녹봉을 위해 설정된 광흥창(廣興倉) 위전, 그리고 유사시에 사용할 군량의 확보를 위해 설정된 군자(軍資) 위전 등이 있었다. 또한 다른 중앙기관 가운데서도 가령 내자시(內資寺), 내섬시(內贍寺), 예빈시(禮賓寺), 경승부(敬承府), 상의원(尙衣院) 등 왕실에 대한 공궤를 맡은 이른바 공상각사(供上各司)에는 전국 각지에 따로 수조지가 설정되어 있었다. 그리고 여타 각 기관은 그 좌기일(坐起日)의 점심과 공무에서의 지(紙)·필(筆)·묵(墨) 경비를 마련하기 위해서 공해전(公廨田)을 각기

1 가령 왕실의 고궁전(庫宮田) 가운데 수포(收布)·수밀(收蜜)·수납(收蠟)·수유(收油)·수면(收棉)·수저포전(收苧布田) 등의 지목(地目)이 보이며(『태종실록』 권1, 원년 5월 신묘), "충청도 보은현리(報恩縣吏)가 예빈시(禮賓寺)의 공미(貢米)를 조운(漕運)하여 한강에 이르렀다"(『세종실록』 권3, 원년 4월 계미)는 기사에 보이듯이, 기관별로 별도의 재정 수납체제를 운용하고 있었다.

절수하고 있었다.

그 밖에 중앙의 성균관과 사학(四學) 및 각 군현의 향교에는 학전(學田)이 절급되었고, 왕릉의 수호군에 절급한 수릉군전(守陵軍田)이 있으며, 빙고(氷庫)의 운영을 위한 빙부전(氷夫田), 왕실의 불교행사를 위한 국행수륙전(國行水陸田), 제향(祭享)과 공상(供上)을 맡은 여러 기관의 채전(菜田)과 혜민서의 종약전(種藥田)이란 것도 절급되어 있었다. 그리고 역대 왕조의 시조 및 고려의 공덕 있는 4왕에 대한 제위전(祭位田)이 따로 설정되었고, 선농(先農)·우사(雩祀)·선목(先牧) 등 국가 지정의 여러 농업 및 자연신을 받드는 제단(祭壇)의 간수(看守) 노자(奴子)에 대한 구분전도 절급되어 있었다.

한편 조선왕조의 지방행정기구로는 전국이 330개 정도의 군현으로 구분되어 있었다. 각기 군현의 등급과 사객(使客) 왕래의 중요도에 따라 차등을 두어 각 군현 공용 경비의 재원으로서 공수전(公須田), 수령의 녹봉에 상응하는 아록전(衙祿田), 그리고 각 군현 소속 향리들의 직역전으로서 인리위전(人吏位田) 등이 절급되었다.

또한 이 시기에는 전국적으로 교통의 요로(要路)에 역(驛)을 설치하고 역리(驛吏)·역노(驛奴)와 역마(驛馬)를 비치하였는데,[2] 역로(驛路)의 중요성에 따라 대(大)·중(中)·소로(小路)별로 나누어 역의 운영 경비를 위해 공수전을, 또한 역마의 사육 재원으로서 마위전(馬位田)을 차등 있게 절급하고, 역리와 역노에게는 장전(長田)·부장전(副長田)과 급주전(急走田)을 절급하여 역로를 운용케 하였다. 그 밖에 일반 여행자의 숙박시설인 원(院)에는 원주전(院主田)을, 한강·임진강·예성강 등 수도에 가까운 강의 중요 도진(渡

---

2 『경국대전』에 등재된 전국 각 역(驛)의 합계가 540이다.

津)에는 도승(渡丞)과 진척(津尺)을 두고 각기 도승위전(渡丞位田)과 진부전(津夫田)을 절급하였다. 그리고 경기·충청·경상 북부·강원·황해 동부의 조세곡(租稅穀)을 운반하기 위하여 한강과 예성강 연변 요로에 수참(水站)을 여럿 설치하고 거기에 수부(水夫)를 배속시켜 강운(江運)에 종사케 하는 한편 그 지휘관으로 수운판관(水運判官)을 두었는데 이들에게도 각기 수부전(水夫田)과 아록전을 절급하였다.

이처럼 중·외의 각 국가기관과 거기 소속된 잡다한 직역자에게 수조지를 분급하여 국가를 운용하는 방식은 아마도 농업생산력과 유통경제의 발전 수준이 상대적으로 낮아서 국가재정을 일원적으로 운영하기가 어려운 현실에서 기인한 현상이었던 것으로 이해된다. 고려 시기와 같이 휴한농법이 보편적인 상태에서는 국가재정의 원천으로서의 조세 수입이 안정적일 수 없었고, 따라서 국가재정을 일원적으로 편성·운용하기가 어려웠다. 그래서 국가기관마다 필요 경비에 대한 재정원으로서 수조지를 각기 분급받아 수입과 지출을 개별적으로 운용하고 있었다.[3]

그런데 그 같은 재정 운용방식은 세종 27년(1445) 국용전제(國用田制)의 시행으로 일대 변화를 겪게 되었다. 국용전제는 무엇보다도 같은 해에 시행하기 시작한 공법(貢法)수세제와 밀접한 관련하에 시행되기에 이르렀다. 공법수세제는 대세상 휴한농법의 극복이라고 하는 농업생산력의 일정한 발전을 토대로, 종래의 답험손실 방식에 따라 수조제에서 수조권자의 자의적 수탈의 길을 막는 한편 수세가 전국에서 일률적으로 균평해지도록 일종의 정액세법의 원리를 가미하여 고안해낸 전분 6등·연분 9등의 새로운 전세제(田稅制)였다. 그리고 새로운 전세제의 수립과 함께

3 안병우, 1989, 「高麗末·朝鮮初의 公廨田-財政의 構造·運營과 관련하여」, 『國史館論叢』 5.

농업생산력의 상대적 발전을 바탕으로, 종래 각 기관마다 별도 수납으로 인하여 과도한 수탈이 일어나기 마련인 데다 국가의 일원적 통제가 어렵고 계산조차 번거로운 폐단을 지양하고자 고안해낸 것이 국용전제였다.

국용전제의 시행은 국가재정 운용방식에 큰 변화를 가져왔다. 무엇보다도 중앙 각 기관의 분속수조지는 모두 국용전이라는 이름으로 통괄하여 그 수납을 일원화하게 되었다. 둘째, 각 군현의 공수전·아록전, 역전(驛田), 학교전(學校田), 원전(院田), 도전(渡田), 참전(站田) 등 지방 행정 및 교통·운수 기능의 수행을 위해 필수 불가결한 각 기관의 수조지를 조정하여 의연 각자 수납의 방식으로 운용토록 정비하였다.[4] 셋째, 특히 각 군현의 인리위전을 전면 혁파하게 되었다. 넷째, 중·외에 널리 설정된 각종의 제위전(祭位田)·잡위전(雜位田) 등을 혁파하는 대신 이후로는 국고미(國庫米)를 지급하여 공판(供辦)케 하는 방식으로 전환하였다. 다섯째, 부마부(駙馬府)·기로소(耆老所) 이외의 공해전을 모두 혁파하였다.[5] 중·외를 막론하고 종래 국가 기능 수행의 대가로 잡다하게 수조지를 분급하여 운행해오던 관행을 대폭 지양하여 필수 불가결한 경우 이외의 것은 대폭 일원화하기에 이르렀다.

그러므로 국용전제의 시행은 과전법에 구현된 고려 시기 이래의 잡다한 수조권적 토지지배 관행을 크게 변형시켰다. 즉 농업생산력의 상대적 발전을 바탕으로 하고서 국가 재정수납을 상대적으로 일원화할 수 있게 됨에 따라 수조권적 토지지배의 관행은 한층 더 쇠퇴하는 방향을 취하

---

4 이들 지목(地目)은 성질상 각 지역 혹은 기관별로 고유하게 분속시켜 운용할 수밖에 없었던 까닭에, 다소 축소 조정하여 의연 종래의 제도대로 각자 수납의 형식을 취하게 하였다.

5 이 또한 세조 대에 혁파되어 공해전 명목은 완전히 사라지게 되었다.

지 않을 수 없었다.

2) 사처 절수지

과전법은 국가 기능의 수행과는 직접적인 관계가 없는 사원(寺院)이라든가 관인 신분에 대해서도 수조권을 절급하고 이를 사전이라 하였다. 사원전 이외의 사전으로는 중앙에 거주하는 관인 신분층에게 절급한 과전, 지방에 거주하는 관인 신분층에게 절급한 군전, 왕권의 안정에 관계하여 공신으로 책봉된 자에게 절급한 공신전 등이 있었다.[6]

사원전은 고려 시기 이래 거대한 규모가 절수되어 있었으나, 태종 6년(1406)과 세종 6년(1424) 두 차례에 걸쳐 대폭 정리하여 군자전(軍資田)으로 편입시켰다. 이후 사원전은 주로 국왕이나 특히 후비(后妃)들의 개별적 불교 신봉 여하에 따라 그 규모가 좌우되었다. 그러는 한편 내원당(內願堂)이라고 하는 왕실의 기복(祈福) 사찰이 전국에 수백 개소나 설립되어 왕실의 비호 아래 다수의 소유지를 확대해가기도 하였다. 그러나 사림 세력이 정계에 많이 진출한 16세기 후기에는 왕릉을 수호하는 소수 사원전만 남기고 그 밖에 내원당 명목의 소유지는 모두 내수사로 이속되고 말았다.[7]

과전법이 설정한 사전 가운데서도 보편적 관인층을 상대로 절급하는 과전이야말로 그 규모나 성격 면에서 사전의 전형적 지목이

6 기타 특별한 경우에 절급한 별사전(別賜田)이란 것도 있지만, 그것은 가령 특별한 공로를 세운 환관(宦官) 등 그야말로 특별한 경우에 절급한 것이므로 여기서는 더 이상 언급하지 않기로 한다; 김태영, 1983, 『조선전기 토지제도사연구』, 지식산업사, 127쪽 참조.

7 有井智德, 1976, 「李朝初期における收租地としての寺社田」, 『朝鮮學報』 81; 宋洙煥, 1992, 「朝鮮前期의 寺院田」, 『한국사연구』 79 참조.

라 할 것이다. 여기서는 편의상 과전을 중심으로 설명하면서 공신전·군전 등은 관계되는 곳에서 덧붙여 설명하기로 한다. 과전은 관인이 현직에 복무하는 대가로 절급한 수조지가 아니었다. 현직 복무의 대가로 주는 것은 녹봉이었다. 과전은 워낙 관인으로서의 사회적 신분을 유지하기 위해 전직자에게도 절급하거나, 그 수절처(守節妻)나 유아(遺兒)에게도 일부 계승케 함으로써 이른바 '사자세록(仕者世祿)'의 뜻을 지닌 신분제적 토지지배의 형태로 설정한 것이었다.

그러나 과전을 설정한 원래의 관념 여하에도 불구하고 객관적으로 당시의 현실적인 토지지배 관계의 기축은 이미 소유권에 입각하여 이행해 있었으므로, 과전법체제에 내재한 토지지배 관계의 전망은 한편으로 그 같은 개인 수조지를 혁파한다는 쪽으로 기울었다.

(정)인지·(정)창손·(최)항·(김)질·(윤)자운·(성)봉조 등이 논의하였다. "과전(科田)은 태조 때 사전(私田)을 혁파한 후 부득이 입법(立法)하여 점차 혁거(革去)해갈 의도를 나타낸 것인데 역시 (그 절급이) 균평치 못한 데다 농민을 침학하는 폐단이 있었다. 세종도 과전의 절급을 모두 혁파하고 2만 석을 은사미(恩賜米)라는 명목으로 반급하려 하였으나, 장성(長城)·사변(徙邊)·공법(貢法) 등 대사(大事)를 겹쳐 시행하는 일로 인하여 실현하지 못하였다."[8]

(태종임금이 말하기를) "전지(田地)는 유한(有限)한데 새로 나오는 종사자(從仕者)는 무궁(無窮)하니 과전을 균급(均給)할 수가 없다." 하륜이 응대하였다. "과전의 절급은 마땅히 그쳐야 합니다. 주장관(主掌官)이 남을 욕하는 것을 싫

8 『성종실록』 권32, 4년 7월 기미.

어해서 (그 사실을) 아뢰지 못하고 있습니다."[9]

위 인용문에서 첫 번째 사료는 고려 말의 사전개혁 당시 개혁파가, 비록 그 오랜 역사적 연원으로 인하여 과전같이 지배층을 우대하는 신분제적 분급수조지를 부득이 설정하기는 했으나, 그것이 당시의 토지지배 대세와는 어긋나는 일이므로 원래부터 점차 혁파해갈 의도를 지니고 있었다는 내용으로 해석된다. 이는 시행과정에서도 절급이 균평치 못하고 농민을 침학하는, 지배층과 농민 양편에 모두 폐단스러운 제도로 운용되었기 때문에 세종임금도 은사미를 지급하는 대신 과전 명목을 모두 없애려 하였다는 사실을 전한다. 이 논의는 물론 뒷날 성종 대에 가서 과전을 복구하자는 일부 주장을 반박하면서 제기한 말이었다. 그러나 이러한 논의를 발설한 정인지 등이 세종조 이래 국가 전장 문물의 정비에 핵심적으로 관여한 학자 관인이었다는 사실을 고려할 때, 논의의 내용은 아마도 사실 그대로였음이 틀림없으리라고 판단된다.

뒤의 사료는 과전으로 분급할 수조지가 부족해지자 개국 초기부터 "과전의 절급은 마땅히 중단해야 한다"는 논의가 공공연히 일어났다는 내용이다. 이를 주장한 하륜은 주지하듯이 과전법 제정 당시부터 개혁파 관인으로 참여해왔으며, 특히 태종 대에는 국왕의 절대 신임을 받은 당로의 대신이었다. 그같이 중책을 지고 있는 그가 과전법 원래의 기본 의도를 무시하고서 이 같은 논의를 발설하였다고는 생각할 수 없다. 즉 과전법체제가 표방한 이른바 '사자세록(仕者世祿)'이라는 전통적 지배층 우대의 관념 여하에도 불구하고, 당시 토지지배 관계는 현실적으로 과전과

9 『태종실록』 권28, 14년 8월 신유.

같은 개인에 대한 분급수조지제의 운용을 조만간 중지할 수밖에 없다는 것이 그 기본 입장의 하나였던 것으로 해석된다.

물론 과전은 쉽게 혁파되지 않은 채 그대로 운용되었다. 과전은 일차적으로 지배층의 이익에 직결된 제도였기 때문이다. 그러나 과전은 진작부터 많은 제도상의 우여곡절을 거치면서 시행되었다. 그것은 사전 경기의 원칙에 따라 과전 등 사전의 절급 지역을 경기에 한정시켜 두었음에 반하여 새 왕조에 들어와 관인 수가 점차 증가하자 과전 절급액이 점차 더 많이 요구되었으므로 필경 관인층 내부에서 과전 점유의 불균형이 초래된다는 사실, 또한 과전법체제는 고려 이래의 관행을 따라 과전 등 수조지의 손실답험과 수조 행위를 당해 수조권자에게 일임하고 있었기에 필수적으로 농민에 대한 가혹한 수탈이 자행된다는 사실의 두 가지 측면에서 매우 폐단스러운 제도로 운용되었다.

과전법은 제정된 지 3년 만인 태조 3년(1394)에는 그 절급 규모가 전체적으로 상당히 축소되었는데,[10] 그래도 이미 태종 대부터 "전지는 유한(有限)한데 새로 나오는 종사자(從仕者)는 무궁(無窮)하니 과전을 균급(均給)할 수가 없다"[11]는 실정이 초래되었다. 과전법은 과전을 절급받은 관인의 사망 후에도 그 수절처(守節妻)에게는 수신전(守信田), 미성년의 유자녀(遺子女)에게는 휼양전(恤養田)이라는 명목으로 당분간 그 전지의 전부 혹은 일부를 체식(遞食)해갈 수 있도록 규정해두었다. 이를 틈 타서 "혹은 처(妻)가 부(夫)의 전지를 체수하고 혹은 자손이 부조의 전지를 체수하여 서로 전

10 『고려사』 권78, 식화지 1 전제 과전법 조문 및 『용비어천가』 제73장 주 참조;김태영, 앞의 책, 131~132쪽;이경식, 1986, 『조선전기 토지제도연구』, 일조각, 173~174쪽 참조.

11 앞의 〈주 9〉.

수하고 개급(改給)하지 않는다"[12]는 사실대로, 그 절수자의 은점에 의한 사실상의 세전(世傳)으로 인하여 과전의 원활한 수수(授受)를 기하기란 매우 어려워지고 있었다.

국가로서는 무자격자가 은점한 과전을 적시에 회수해야 하는 구체적인 경우를 상찰하기가 어려웠으므로, 그것을 먼저 신고하는 관인에게 우선적으로 절급한다는 소위 진고체수법(陳告遞受法)을 세워둔 바 있었다. 그러나 이 법 또한 결국 "타인의 과실을 들추어내거나 그 사망을 요행으로 여기는"[13] 풍조를 조장하는 방향으로 운용되었다. 또한 진고자(陳告者) 위주의 체수 제도였으므로 과전의 균평한 수수를 기하는 일은 아예 기대할 수 없었다. 그래서 태종 말기에는 타인의 진고 대신 본인의 친족이 진고케 하고, 그 절급도 호조가 직접 관장하는 방식으로 바꾸어 보았으나, 역시 그 균평한 수수는 성취하기 어려웠다. 그러는 가운데 태종 17년(1417)부터 한동안 경기 사전의 일부를 하삼도로 이관 절급하는 형식을 택하기도 하였다. 사전 경기의 원칙을 국가 스스로가 폐기함으로써 과전법 원래의 모습이 점차 탈바꿈했던 것이다.

나아가 세종 13년(1431)에는 종래의 직사(職事) 기준의 급전제를 품계(品階) 기준으로 전환하면서, 이후 새로 절급하는 과전의 경우 당상관을 1등, 당하관의 종4품까지를 2등, 5·6품을 3등, 참하관을 4등으로 나누어 등마다 순환해가면서 절급한다는 원칙을 세우게 되었다. 절대 액수가 부족한 과전을 두고 그 분급에서나마 균평을 기한다는 것이었으나, 그것은 또한 과전의 절급 자체에 국가의 공권력이 한층 더 크게 침투하였음

---

12 『태종실록』 권11, 3년 정월 을해.

13 『태종실록』 권25, 13년 4월 임신.

을 뜻했다.

한편 과전법은 1결당 최고 30두라고 하는 조액(租額)의 한도 내에서 구체적인 수조액의 책정은 매년 전주의 답험손실에 맡겨두고 있었으므로 필경 전주의 과도한 수탈이 자행되기 마련이었다. 그것은 고려 시기 이래 사전에서의 뿌리 깊은 인습이기도 하였다. 사전이 경기에 집중되어 있으므로 경기 농민들의 고통은 막심할 수밖에 없었으며, 그 원성이 하늘에 사무쳐 드디어 혹독한 한재(旱災)까지 초래된다는 유언이 비등하기조차 하였다.[14] 그래서 세종 원년(1419)에는 드디어 그동안 전주에게 일임해온 사전의 답험손실권을 소재지 수령의 권한으로 이관시키기에 이르렀다. "공전·사전은 모두가 국가의 전지"[15]라고 한 세종의 말에 나타난 대로, 이제 사전에서도 전주의 사적 토지지배권은 보다 퇴세하고, 국가의 보편적 토지관리권이 그 토지를 소유·경작하는 농민층을 한층 더 직접 상대하는 방향으로 나아갔다. 이러한 현상은 농민의 토지 소유권이 그 위에 설정된 관인의 수조권보다도 보편적으로 우선시되는 현실의 단계적 반영이었던 것으로 풀이된다.

또한 과전법에서는 과전 등 사전에서의 안정된 수조권을 보장하기 위해 그것을 소유·경작하는 농민이 자기 소경전을 함부로 매매 혹은 증여하지 못하도록 규정해둔 바 있었다. 그러나 토지지배의 관행이 소유권 중심으로 전개되는 상황에서 이 규정은 매우 비현실적이었다. 그래서 현실의 구체적 사정에 비추어 불편하기 짝이 없는 이 규정을 폐지하는 것이 마땅하다는 경기 감사의 요청에 따라, 세종 6년(1424)에는 과전 등 사

14 『태종실록』 권31, 16년 5월 신해. 이 사실이 경기 사전을 하삼도로 이급하기에 이른 하나의 큰 배경으로 작용하였다; 김태영, 앞의 책 248~250쪽 참조.

15 『세종실록』 권5, 원년 9월 신유.

전으로 절수된 토지라 할지라도 농민 소유지의 매매를 허용하게 되었다. 이 또한 법제적으로 가설된 사전의 수조권보다는 그 바탕이 되는 소유권을 우선시할 수밖에 없는 현실을 반영한 조처였으며, 소농민 분화의 자연스러운 길이 이로써 한층 더 열리게 되었다.

한편 과전법체제는 전지를 남점(濫占)하여 진황(陳荒)케 하는 경우 그 전지의 소유권을 무전자(無田者)·전소자(田少者)에게 주어 경작토록 하는 시책을 한동안 시행하고 있었다. 가령 세종 대에 공법전세제를 상정(詳定)하는 과정에서 "무고(無故)하게 2년 동안 전진(全陳)한 토지는 허급타인(許給他人)한다"[16]는 규정을 두었던 것이 그 대표적 사실의 하나였다. 이는 한편으로 호강자(豪强者)에 의한 전지의 남점을 막고 무전자·전소자를 보호하려는 균전론적 시책의 하나였으며, 또 한편으로는 전지의 진황을 막아 농업생산의 증대를 기하려는 권농책의 하나이기도 하였다.

그러나 그 같은 균전론적 시책은 공법전세제의 수정(修正), 경정(更定)을 거쳐 세종 26년(1444)에 확정되는 과정에서 크게 변형되어 이제 어떠한 진황전일지라도 그 소유권은 지주의 수중에 그대로 항구적으로 보유되도록 결정되고 말았다.[17] 이윽고 이 규정은 『경국대전』에 등재되어 이후 항구적 법제로 확정되기에 이르렀다.[18] 즉 전지의 진황을 막고 모든 농경지에서 수세(收稅)를 기하려는 국가 시책에 의해서라기보다는 자기 소유지에 관한 한 어떠한 형태로든지 그 소유권을 항구적으로 확보하려는 지주관인들의 이해 관계가 우선적으로 관철되기에 이른 것이다. 한편으

---

16 『세종실록』 권78, 19년 7월 정유.

17 김태영, 1989, 「朝鮮前期의 均田·限田論」, 『國史館論叢』 5, 119~129쪽 참조.

18 『경국대전』 권2, 戶典 田宅. "3년 이상 된 진전(陳田)은 허인고경(許人告耕)한다. 해택(海澤)인즉 10년을 한도로 한다." 이 규정의 해석에 관해서는 김태영, 위의 논문 참조.

로 더 많은 수조지를 절수하려는 관인층의 관심이 소유권적 토지지배를 우선시하는 방향으로 나타난 것으로, 이는 곧 당시 토지지배 관계의 일반적인 관행을 반영한 것이었다.

소유권 위주의 토지지배란 기실 배타적 지배의 속성을 지녔으므로 당해 토지 위에 법제적으로 가설된 수조권적 토지지배와는 모순성을 내포하고 있었다. 전자가 확고하게 확립될수록 후자가 쇠퇴, 소멸하게 될 것은 필연적인 일이었다.

그럼에도 과전을 몰래 점거하여 수조(收租)한다든지, 혹은 수신전·휼양전 명목으로 그것을 사실상 세습하여 자손 대대로 수조하는 불법적 사례는 계속되었다. 그래서 세조 대에는 『경국대전』을 제정하면서 「호전」의 과전체수조(科田遞受條)에 다음과 같은 조항을 세워두었다.

> "조부모(祖父母)·부모(父母) 및 부(夫)가 몰(沒)하면 그 과전은 자(子)·서(壻)·손(孫) 및 처(妻)가 상제(喪制)를 마친 후 익년(翌年) 안에 호조에 고하고 호조는 전관 작첩(田關爵牒)을 고찰하여 체급(遞給)한다. 만약 기한 안에 고관(告官)하지 않고 몰래 숨겨 수조(收租)하는 경우에는 연수(年數)를 헤아려 추징(追徵)하고 그 전(田)은 속공(屬公)한다. 무후(無後)·무처자(無妻者)의 과전, 수신전(守信田)을 받고서 타인과 재혼한 경우, 처부모(妻父母)의 과전을 체수(遞受)한 후 처를 버린 경우에는 그 족친(族親)의 고관(告官)을 청허(聽許)하고 (그 전은) 속공(屬公)한다. 불고자(不告者)는 논죄(論罪)한다."[19]

---

19 『세조실록』 권28, 8년 6월 신유 및 권37, 11년 12월 기축 참조.

그러나 이와 같은 법금의 설정에도 불구하고 무자격자의 은점 수조 또한 계속되었다. 가령 세조 8년(1462)에는 전안(田案)을 개정하면서 과전의 수수 관계를 정비하기 위하여 기한을 늦추어 주면서까지 은점자의 고관 체수(告官遞受)를 허용한 바 있지만, 동 11년(1465) 현재로도 "무식한 자들이 혹 혐극(嫌隙)을 두려워하고 혹은 수조하는 것을 이롭게 여겨 곧 고관(告官)치 않고"[20] 계속 은점하는 실정이었다.

그런데 세조 왕대는 『경국대전』의 편찬 등으로 새 왕조 경영의 제반 규범을 정착시키고 있을 때였다. 세종조 이래의 개선정책을 이어받아 공안(貢案)과 횡간(橫看)의 제도를 서둘러 정립해가는 한편, 호적과 군적(軍籍)을 근본적으로 재정비하고 호패법(號牌法)과 보법(保法)을 시행하여 모든 신민(臣民)에 대한 철저한 인신·직역적 파악을 기도하였다. 노비 종천법(從賤法)의 확정도 그 같은 사례의 하나였다. 최고 지배층인 관인 신분에 대해서도 현직자 및 대신급의 고관을 지낸 자와 학생·노인·병자를 제외하고는 모두에게 현역 복무의 군역을 부과한다는 다음의 왕지(王旨)는 그 같은 사실을 극명하게 보여주는 사례의 하나라고 할 수 있다.

> "제도(諸道)의 대소한산(大小閑散) 3품 이하는 부적독서자(付籍讀書者)·연육십이상자(年六十以上者)·독폐질자(篤廢疾者)를 제외하고 모두 정병(正兵)에 소속하여 시위(侍衛)토록 하되, 올해 신사년(세조 7년:1461) 12월 그믐날 안으로 자현(自現)치 않는 자는 모두 사변(徙邊)시킨다."[21]

---

20 위와 같음.

21 『세조실록』 권25, 7년 7월 병진.

즉 세조 대 국가 경영의 요결은 모든 신민에 대한 신분·인신별 직역을 부과하되 철저하게 현직자 위주의 정책을 실현하는 것이었다.[22] 그것은 곧 공리적 효율의 극대화를 추구하는 일이기도 하였다. 그 같은 정책 노선에서는 무자격자의 은점이 계속되고 공리적 효율성이라고는 전혀 기대할 수 없는 수신·휼양전 등을 존치시킬 하등의 이유가 없었다. 이윽고 세조 12년(1466) 8월에는 "과전을 혁파하고 직전을 설치"[23]하였다.

앞에서 살펴본 것처럼 소유권 위주의 토지지배 관계가 발전함에 따라 수조권적 토지지배의 관행은 한껏 쇠퇴하여 그 소멸의 사회경제적 조건이 조성되었다. 게다가 현직자를 위주로 공리적 효율을 우선시하는 세조 왕대의 국가 경영정책은 드디어 비현직자, 무자격자의 수조지 절수를 일체 불허하는 직전제의 실시를 단행하고 말았다. 과전법의 정립으로부터 75년 만의 일이었다.

직전제는 무엇보다도 현직의 관료에 한하여 수조지로서의 직전을 절급하는 제도였다. 따라서 전직의 관인에 대한 급전이 없어지게 되었음은 물론이고 군전·수신전·휼양전 등이 사라지게 되었다. 이른바 '사자세록(仕者世祿)'이라 하여 비현직일지라도 관인 신분을 우대한다는 취지에서 설정한 신분제적 토지지배의 측면이 결정적으로 쇠퇴했던 것이다. 그뿐만 아니라 직전은 다음 표에서 볼 수 있는 것처럼 과전에 비하여 그 절수액을 크게 축소했으며, 권무(權務)·동정(同正)·학생(學生) 등 유품(流品) 이외의 관직에 대한 수조지 절급이 모두 없어지고 말았다.

---

22 관원 수에 비하여 현직의 직과가 부족한 현실이므로 '문·무 당상관의 무소임자'를 현직으로 대우하기 위한 중추부(中樞府)를 두어 운용한 것도 주목할 만한 일이다.

23 『세조실록』 권39, 12년 8월 갑자. 이 중대한 변화를 실은 기사가 아무런 배경 설명도 달고 있지 않다는 사실 또한 주의해볼 만한 일이다.

과전·직전의 지급액 대비표[24]

지급대상	과전	직전	지급대상	과전	직전
정1품	150	110	정5품	50	40
종1품	125	105	종5품	45	35
정2품	115	95	정6품	35	30
종2품	105	85	종6품	30	25
정3품(堂上)	85	65	정·종7품	25	20
정3품	80	60	정·종8품	20	15
종3품	75	55	정·종9품	15	10
정4품	65	50	정·잡권무	10	/
종4품	60	45	영·동정·학생	5	/

직전제의 시행 이후에도 한동안 과전 복구론이 집요하게 전개되었다. 그러나 그것은 이미 토지지배 관계의 대세에도 어긋나며 다시 "직사자(職事者)의 토지를 빼앗아 무직인(無職人)에게 주어야 하는"[25] 것이므로 실현될 수 없었다.

한편, 고려의 사전에서보다는 수취 관계가 크게 개선되었다고 하지만, 과전의 경우에도 전조를 남수(濫收)하고 여타 잡물(雜物)을 과징하는 일이 이전부터 자행되고 있었다. 그런데 그것이 직전제의 시행 이후로는 한층 더 심해졌다. 즉 "지금 직전을 설치하고 보니 관리의 사나운 노자(奴子)들이 (자기 상전이) 체천(遞遷)될까 매우 걱정하여 징수 독촉하는 것이 날로 더하다"[26]는 사태가 일어났다. 더구나 수조지 10부(負)에 고초(藁草) 1속(束)씩을 받는 것이 법례인데도[27] 이제 그 고초가(藁草價) 또한 '1속에 미(米) 1두'씩을 강징함에 따라 "초가(草價)의 미(米)와 원세(元稅)의 미(米)가 동등"

---

24 『龍飛御天歌』 제73장 주 및 『경국대전』 권2, 戶典 諸田條를 근거로 하여 작성. 단, 후자에 실려있는 왕자직전(王子職田)은 제외하였다. 단위는 결(結).

25 『성종실록』 권4, 원년 4월 신미.

26 『예종실록』 권3, 원년 2월 갑인.

27 『세종실록』 권58, 14년 12월 무자.

하다는 지경에 이르렀다.[28] 현직을 떠나면 직전의 절수도 끝나므로 그 기간 안에서 수탈이 가열해졌던 것이다.

그러나 이 시기에는 수조지보다도 소유지 위주의 토지지배가 더욱 관철되었다. 국가는 소유=경작지, 즉 신민의 소경전을 기준으로 하여 전세와 공물, 요역을 부과함은 물론 군역에서 조정(助丁)의 지급까지 연계시켜 운용하는 수취제도를 정립해가고 있었다. 소농민경영에 대해서 질곡으로 작용하는 수조권보다도 그 바탕을 이루는 소유권적 토지지배 관계를 보호하는 일이 더 절실할 수밖에 없었다.

그래서 예종 원년(1469) 이래 논의를 거쳐 성종 원년(1470)에는 사전의 전세를 관수관급(官收官給)하기로 결정하고, 그 6년(1475)에는 고초가(藁草價)를 당시의 시가(時價)대로 '1속(束)에 미(米) 2승(升)'으로 법정하였으며, 다시 동 9년(1478)에는 경기 농민의 '정원(情願)'을 들어 초가(草價)와 함께 직전·공신전·별사전의 전세까지 관수관급하기로 확정 시행하였다.[29] 이제 직전 같은 사전의 전세는 그 전주의 의사와는 관계없이 농민이 국창(國倉)에 납부하고 국가는 당해 절수자에게 군자창(軍資倉)의 미(米)·두(豆)를 환급(換給)하는 방식의 직전세제(職田稅制)가 운용되기에 이른 것이다.

직전세제의 실시에 따라 이후 직전세(職田稅)는 현직 관인의 녹봉(祿俸)에 대한 가급(加給)의 의미로 한정되고 말았다. 사전의 전주가 그 경작자를 지배하는 오랜 관행이 사라짐에 따라 이제 소농민은 더욱더 국가를 직접 상대하는 경영체로 노출되기에 이르렀으며, 그 사회적 분화 또한 한층 더 활발해졌다. 그것은 우리나라 수조권적 토지지배의 역사에 있어

---

28 『예종실록』 권6, 원년 6월 신사.

29 『성종실록』 권7, 원년 9월 무인; 같은 책 권51, 6년 정월 갑인; 같은 책 권61, 6년 11월 병오; 같은 책 권94, 9년 7월 기묘; 김태영, 앞의 책, 139쪽 참조.

서 대변혁이 일어나게 되었음을 뜻한다.

물론 이후로도 직전세의 명목은 한동안 존속하였다. 그러나 15세기 말기부터 국가재정의 부족을 이유로 직전 명목을 혁파하려는 논의가 속출하였다. 또한 직전세의 환급을 중지하고 그것을 국고로 귀속케 하는 시도가 단속적으로 시행되고 있었다. 더구나 16세기에는 연분등제가 '하하(下下)'로 책정되는 것이 하나의 관례화가 되자 직전세는 사실상 유명무실해지고 말았다. 그 유명무실해진 명목이나마 명종 연간에 가서는 흉년의 빈번, 변방의 소요 등에 따른 국가재정의 부족으로 드디어 소멸하고 말았다.[30] 그리고 이로써, 적어도 고려 초기 이래 운용되어온 관인층에 대한 신분제적 분급수조지제는 우리나라 역사에서 완전히 소멸되었다.

과전법체제는 그 운용 과정에서 원래의 수세제(收稅制)를 개편하여 전분 6등·연분 9등제의 전세제도를 세움으로써 이후 조선왕조 일대의 기본 세제를 정립시켰다. 그런데 과전법체제는 이미 소유권에 입각한 토지지배 관계를 기축으로 하고 있었으며, 그것은 기본적으로 토지소유 관계의 분화를 전제하고 있었다. 그러므로 그 같은 소유권적 토지지배는 그 위에 법제적으로 가설된, 그래서 개별 소유권의 행사에 장애 요인으로도 작용하는 수조권적 토지지배의 인습과는 모순관계를 형성하고 있었다. 그래서 전자의 발전에 따라 후자는 점차 소멸해갔다.

30 김태영, 위의 책, 140~141쪽;이경식, 앞의 책, 265~279쪽 참조.

2. 농장의 확대와 병작영농

이미 과전법체제를 정립시켜 운용해온 지배계층으로서 관인 신분의 출자(出自) 자체가 원래부터 수조권이 아닌 소유권적 토지지배 관계를 사회경제적 바탕으로 하고 있었다. 과전이나 직전 같은 수조지의 절수는 오히려 이른바 '세록(世祿)'이라고 하는 예우(禮遇), 즉 지배층에 대한 신분적 우대의 의미에 지나지 않았다. 그들은 그 같은 '수조지를 받지 않고서도 역시 능히 종사(從仕)'할 수 있는 처지에 있었다.[31] 그들은 누구나 다 조상 전래의 전장(田莊)을 소유하고 있으므로 관직을 버리고 기꺼이 물러날 수도 있는 계층이었다.[32]

과전법체제는 왕실이라든가 이른바 거실(巨室)·세가(勢家)로부터 품관(品官)·토호(土豪)에 이르기까지 원래 토지와 노비를 다수 소유한 지주관인(地主官人)층을 대상으로 중앙 거주자에게는 관품에 따른 과전의 수조권(收租權)이라든가 군전의 면조권(免租權)을 절급하였다. 과전과 군전은 주로 그 지주관인층의 경제적 지반을 국가체제적으로 보장하는 신분제적 수조권의 분급이었다. 비록 반드시 상속되지는 않는 수조권의 보유에 불과했지만, 그것은 당해인의 정치사회적 지배신분의 항구적 확보장치로 작용함과 동시에 원래 자기 지주지의 보전을 위한 보장이 되어주었다. 더구나 주로 왕권의 확보와 옹호를 싸고도는 데 기여한 이른바 훈신(勳臣)들은 자손 상전의 공신전과 노비를 중첩해서 절급받아 경제적 지반을 더욱 굳건히 할 수 있게 되었다.

---

31 『세종실록』 권58, 14년 12월 무자.

32 "지금의 신료(臣僚)치고 누가 전사(田舍)를 갖지 않아서 걱정 없이 떠나지 못할 것인가"(『태종실록』 권28, 14년 7월 갑신)라는 기사를 참고할 일이다.

16세기에는 과전의 후신인 직전마저 소멸하고 말았지만, 한편으로 지주제는 오히려 더욱 확대되고 있었다. 이 시기에는 토지·노비 등 재산의 자녀 균분상속이 보편적인 관행이었으므로, 이미 형성된 지주제는 상속과 혼인을 통하여, 그리고 체제적 보장하에서의 새로운 개간(開墾)·매득(買得)을 통하여 확대·재생산되었다. "백성으로서는 전지를 가진 자가 없고 그것을 소유한 자는 오직 부상대고(富商大賈)·사족가(士族家)뿐이다"[33]라거나, "세력 없는 자는 비록 토지와 노비를 가지고 있더라도 유세(有勢)한 집에 빼앗기지 않으면 반드시 내수사(內需司)에 빼앗기고 만다"[34]는 등, 이 시기에는 소농민의 토지 상실과 그 이면에서 지주지의 집적(集積)이 크게 전개되었던 것으로 사료상 누누이 확인된다. 실로 16세기 지주지의 확대에 따른 소농민의 도산(倒産)과 궁핍화(窮乏化)·유민화(流民化)·도적화(盜賊化) 현상은 이 시기 최대의 국가사회적 현안으로 등장했으며, 그에 따라 토지의 균전론(均田論)·한전론(限田論)이 새로운 과제로 크게 부각되기도 하였다.

이 시기 지주의 사회적 성분은 왕실로부터 거실·세가, 부상대고나 재향의 품관·토호, 나아가 사노(私奴)에 이르기까지 실로 다양하였다. 그러나 범주적으로는 거실로부터 토호에 이르기까지 정치적·신분적 특권을 보장받는 사족관인층(士族官人層) 중심의 지주제가 전개되었다. "무릇 장리는 반드시 재상·세가 및 토호라야 능히 다 거두고 쉽사리 늘릴 수 있다"[35]는 사실에서 유추되는 바와 같이 가령 매득(買得)과 개간(開墾)을 통한 지주지의 확대도 현실적으로 유세층의 경우라야 가능하였을 것으로 보

33 『중종실록』 권75, 28년 7월 을묘.

34 『명종실록』 권13, 7년 5월 무자.

35 『세종실록』 권109, 20년 9월 병자.

인다. 이 시기의 지주제가 체제적 보장하에 있는 양반층을 중심축으로 하여 전개되었다는 사실은 그 같은 맥락에서 이해된다.

일반적으로 "하삼도는 토지가 비옥하고 물산이 풍부하여 조사(朝士)의 농장과 노비가 절반을 넘게 차지한다"고도 하며, "조사의 농장이 기내(畿內)에 다수(多數) 있다"고도 하는 기록[36]에서 짐작할 수 있듯이, 이 시기의 관인지주층은 대개 농장을 경영하고 있었다. 농장은 이미 고려 후기에서부터 큰 물의를 일으켜 여러 차례 혁파의 대상으로 지목되어왔다. 그런데 과전법체제의 정립과 함께 이른바 권력 결탁형의 불법적 농장은 혁파되었지만, 정당한 토지소유 관계 위에 설치되었던 것은 과전법의 정립 과정에서도 그대로 보전되었고 새 왕조 관인층의 기본적인 경제적 지반으로 운용되었다. 다음은 그 같은 농장의 두 가지 유형을 보여주는 사료라 할 수 있다.

> "내승(內乘) 내수(內豎)의 무리들이 … 또한 공호(貢戶)를 몰아다 구종(驅從)이라 이름한 것이 천(千)·백 인(百人)에 이르는데, 공적(公籍)에 올리지 않고 사사로이 농장을 설치하여 마치 노예(奴隷)처럼 사역한다."[37]
>
> "파주(坡州) 서쪽 교외(郊外)는 황폐하여 사는 사람이 없었다. 정당문학(政堂文學) 안목(安牧)이 처음으로 개간하여 전묘(田畝)를 널리 일으켜 큰 집을 짓고 살았는데 … 그 손자 원(瑗)에 이르러 극히 번성하여 안팎으로 전지(田地)를 점거한 것이 무려 수만 경(數萬頃)이요, 노비(奴婢)가 백여 인(百餘人)이나 된다."[38]

---

36 『세종실록』 권124, 31년 4월 계축 및 『성종실록』 권20, 33년 7월 갑자.

37 『고려사』 권84, 형법 1 직제 우왕 14년 8월 憲司 上疏.

38 『慵齋叢話』 권3.

위 인용문에서 첫 번째 사료에 나오는 농장은 공민(公民)으로서의 '공호(貢戶)'를 몰아다 농장의 노동력으로 사사로이 사역한 것이니만큼 권력 결탁형임이 틀림없고, 따라서 그것은 과전법의 제정 과정에서 토지소유 관계와 노동력 양면에 걸쳐 혁파당하고 말았을 것이다. 그러나 다음의 경우는 사뭇 다른 유형이었다. 사료에 나오는 안목(安牧)은 공민왕 대의 현달한 관인이었으며 그 사손(嗣孫) 안원(安瑗)은 조선 태종 대에 이르기까지 현달한 관인이었다. 그 조 대(祖代)에 개간을 통하여 소유하게 된 이들의 농장은 그사이 사전의 혁파에 이은 과전법의 정립과 왕조까지 바뀌는 변화를 겪었지만 그 손 대(孫代)에 와서도 여전히, 오히려 더 번영의 길을 걷고 있었다는 사실이 사료상으로 확인된다. 즉 정당한 소유 관계 위에 설치된 농장은 그 같은 크나큰 사회 변동을 겪으면서도 그대로 소유·경영되었다. 그리고 농장이라는 집중된 소유지뿐 아니라 크고 작은 민유지(民有地), 즉 이 시기 소경전으로 공칭(公稱)되는 일반적인 소유 경작지 또한 같은 과정을 겪어 그 정당한 소유 관계는 그대로 보전되었으리라고 추측된다.[39]

그런데 그 같은 농장의 경영은 대체 어떤 형태를 띠고 있었는가. 현재 고려 말기 농장에 관한 연구로는 "사전과 농장은 대체로 같은 개념"으로 이해하여 "농장 경영의 기본 형태는 대체로 소작제(小作制)"이며 "농장 지배의 본질은 예속농민으로부터 지대(地代)를 수취함에 있었던 것"이라는 견해가 대표적인 것으로 제시되었다.[40] 또한 이 시기에는 노비 노동력을

39 고려 말기의 불법적 사전 내지 농장이 과전법의 정립 과정에서 어떻게 혁파·정리되었는가, 혹은 그같이 불법적으로 탈점된 토지가 어떤 경로를 통하여 정당한 소유 관계로 되돌려지는가에 관해서는 『신편 한국사』 제24권 I-1 「토지제도」의 당해 항목 참조.

40 강진철, 1980, 「고려의 농장에 대한 일연구」, 『史叢』 24 및 1982, 「고려시대의 지대(地代)에 대하여」, 『진단학보』 23·24 합집호;1989, 『한국중세토지소유연구』, 일조각, 216, 145, 203

구사하는 직영형 농장, 전호(佃戶)로부터 전조를 수취하는 농장, 그리고 재지(在地) 관인층의 병작형 농장 등이 있었다는 견해도 제시된 바 있다.[41]

그러나 앞에서 살펴본 고려 말 조선 초기의 농장은 일정 규모로 집중된 토지에 노비라든가 혹은 그것에 준하는 종속노동력을 집단적으로 결합시켜 경영하는 직영의 형태였다. 또한 최근에 연구된 조선 초기 농장의 경우를 보더라도, 그것은 일정 규모로 집중된 지주지 위에 지주 혹은 그 대리인의 지휘 아래 노비 등 다수의 종속노동력을 집단 사역하여 경영하며, 따라서 그 생산물은 당연히 지주의 수입으로 귀속되는 형태였다.[42]

생각건대 농장이라는 것은 워낙 지대를 수취하는 소작제 혹은 병작제와는 다른 범주의 영농형태로 이해된다. 첫째, 농장의 영농 주체는 어디까지나 지주 혹은 그 대리인이요 소작제의 영농 주체는 소작인 자신이며, 둘째, 이 시기 새로이 등장하는 이른바 병작제 영농형태를 곧바로 소작제와 등치시켜 이해하는 것도 무리가 있기 때문이다.

종래의 일반 학설은 조선 후기에서와 같은 지주-전호제, 즉 소작제가 이미 이 시기에 기본적 생산 관계로 정착되어 있었다고 주장해왔지만, 그것이 객관적 검증을 거쳐서 정립된 것은 아니었다. 보다 직접적 사실을 전해주는, 세조 대의 공신인 황수신(黃守身)이 아산(牙山) 관둔전(官屯田)을 24곳이나 횡점하였다는 사헌부의 논박에 대하여 항변한 다음의 사료를 살펴볼 필요가 있다.

쪽 참조.

41 浜中昇, 1976, 「高麗末期の田制改革について」, 『朝鮮史研究會論文集』 13.

42 이호철, 1986, 『조선전기농업경제사』, 한길사의 제11장 「농장과 소농민경영」; 이영훈, 1987, 「고문서를 통해 본 조선전기 노비의 경제적 성격」, 『한국사학』 9, 한국정신문화연구원 참조.

> 신(臣)이 만약 비옥한 전지(田地)를 얻어 농장(農莊)을 설치하고자 했다면 돌아오는 날에 곧 노비(奴婢)를 모아 그곳에 거주하면서 경운(耕耘)케 하였을 터인데, 어찌 3년이나 되도록 한 명의 노(奴)도 거처하는 자가 없었겠습니까. 거기 겨우 경작하는 다섯 곳도 역시 모두 병경(竝耕)하는 것입니다.[43]

즉 이 시기 지주지의 경영은 농장제가 기본을 이루었으며, 병작제는 극히 부분적인 형태로 전개되고 있었음이 판명된다.

한편 최근의 유력 학설들은 지주지의 농장 직영형이야말로 이 시기 농업의 중심적 형태였다고 역설한다. 즉 노비라든가 협호(挾戶) 등을 예속 노동력으로 사역하는 지주지의 직영 농장이 중심을 이루고 그 주위에 지주로부터 토지·우구(牛具)·종자 등의 생산수단 기타를 대여받는 종속적 전호경영이 다수 집적된, 복합적인 농장형태가 이 시기 농업의 규정적 범주이자 동시에 국가 전세 수입의 기본 지반이었다고 한다.[44] 여기서 종속적 전호경영은 그 자체로 비자립적 소농경영으로서 호적이라든가 양안에 미등재된 채 경우에 따라서는 다시 유망의 길로 나서기가 쉬운, 따라서 세(稅)·역(役)·공(貢) 같은 국가적 부담에서 은루되어 있는 협호적(挾戶的) 존재들로 고찰하고 있음이 주목된다.

앞에서 살펴본 것처럼 경기와 하삼도에서 다수 세력가의 지주지와 농장형태의 존속 사실이 확인되므로, 이들 학설은 매우 설득력이 있어 보

43 『세조실록』 권28, 8년 4월 병술.

44 이호철, 앞의 책;이영훈, 앞의 논문. 특히 전자는 "조선 전기 가장 발전적인 농업경영 형태는 바로 대농적(大農的) 농장경영"이었다고 논단한다.

인다.

그러나 만약 그 같은 세력가의 지주지 농장이 이 시기 농업을 규정할 만한 기본 영농형태라면 국가체제는 아마도 유지되기가 매우 어려웠으리라는 사실이 판명된다.

> 한 고을 안에 거실(巨室) 수십 가(家)가 있으면 그 세력이 수령(守令)을 능력하고 시비(是非)를 전도시키기에 족하다. 권세가 성하니 아무도 감히 제어할 수가 없다. 용렬한 관리는 또한 위세에 겁내고 오히려 거실로부터 죄를 입거나 재상(宰相)에게서 꾸짖음을 당할까 봐 두려워하니, 어찌 그들에게 법을 집행할 수 있을 것인가. … 이에 열 집의 부역(賦役)을 한 집에 떠맡긴다.[45]
>
> 각 군현의 품관(品官)들이 모두 향리(鄕吏)·서원(書員)의 용사자(用事者)로 비부(婢夫)를 삼아 짝을 지어 공모하되, 무릇 자기의 요부잡역(徭賦雜役)을 촌민(村民)들에게 분담시키며 백성을 속이고 약자를 침해하니 그 해악이 갖가지이다.[46]
>
> 각 군현의 토호(土豪)들이 양민(良民)을 남점(濫占)하고서 수다(數多)하게 숨겨 역사(役使)하는데도 수령(守令) 된 자는 인정(人情)에 구애되어 감히 괄쇄(括刷)하지 못한다.[47]

즉 드러난 거실로부터 향촌의 품관·토호에 이르기까지 이 시기의 세력 있는 지주사족들은 국가의 정상 수취체제로부터 사실상 일탈해있는

---

45 『세조실록』 권46, 14년 6월 임인.

46 『중종실록』 권80, 30년 11월 병자.

47 『중종실록』 권103, 39년 5월 계해.

존재들로서, 자신과 그 예속 호구들이 모름지기 부담해야 할 응분의 공부·요역들을 여타 촌민들에게 전가시키고 있었다는 사실을 사료는 전한다. 그것은 국가체제의 존립 지반을 침해하는 행태였던 것이다. 이처럼 국가의 기본 부·역조차 담당치 않는 거실·세가, 혹은 품관·토호 같은 지주사족들을 기본 존립 지반으로 하고서는 국가체제를 유지·운용하기가 어려웠을 것으로 판단된다.

그뿐만 아니라 지주지의 직영이 이 시기의 규정적 영농 범주로 보편화하여 있는 상태라면, 과전법이라는 분급수조지제 자체를 운용하기가 사실상 불가능하였을 것으로 보인다. 물론 과전 등은 이른바 '누대의 농사' 위에 설정된 경우도 있었지만, 기본적으로는 역시 일반 농민의 '소경전' 위에 설정된 것이었다. 그것을 경작하는 '전객'은 그 수조권자인 '전주'를 직접 상대하여 납조하면서 자신의 소경영의 재생산에 골몰하고 있었다. 따라서 일상적으로 자행되는 전주의 과도한 수탈에 대한 소농민들의 불평은 대단히 커서, 그 원한으로 인하여 한발 등의 천재(天災)가 초래된다는 풍문이 나돌기에 이르렀다. 이에 따라 사전의 일부를 하삼도로 이급할 수밖에 없다는 논의가 일어나기도 하였다.

그리고 과전의 후신인 직전에서도 결국 관수관급제를 실시할 수밖에 없었다는 사실 자체가 무엇을 반증하는 것인가. 경기 감사를 통하여 새 제도의 편의 여부를 농민들에게 물어보아서 동의하는 자가 훨씬 더 많다는 사실을 확인하고서야 그것을 시행하기에 이른 것은 직전으로 설정된 토지를 소유·경작하는 주체가 보편적으로 소농민경영체였다는 사실을 명백히 말해준다. 그래서 과전이 설정된 경기지역은 전주가 전조를 수납하고 여타 지역은 국가가 수납하는 차이야 있었지만, 아마도 이 시기 영농형태의 기본 범주가 소농민경영체였다는 사실에는 별다른 차이가 없었을 것으로 판단된다.

더구나 이 시기 국가재정의 주요 항목을 이루고 있던 공납과 요역의 부과 기준이 이전의 계정법(計丁法)으로부터 계전법(計田法)으로 이행하기에 이르렀다는 사실 또한 아울러 고려해야 할 것이다. 계전법적 수취제는 이미 그 시험의 단계에서부터 농민들이 꽤 편하게 여기는 것으로 판명된 제도였다. 그러므로 "무릇 공부와 요역은 백성의 소경전 결부수에 따라 정한다"[48]는 것은 그 소경전을 경작하는 자영적 소농민층의 보편적 존립 현상을 전제하지 않고서는 결코 보편적으로 운용될 수 없는 수취제였다고 할 수밖에 없다. 즉 토지와 가호를 소유한 자영적 소농민층의 광범한 성장과 그 보편적 존립을 전제로 하고, 그들을 상대로 더욱더 효율적으로 부·역을 수취하기 위하여 고안된 새로운 제도가 이른바 계전법으로 정착하기에 이른 것이라고 판단된다. 거실에서 품관에 이르는 세력 있는 지주사족들은 오히려 그 같은 부·역을 모피하는 것이 관례화되었기 때문이다.

현실적으로 "10결 이상을 경작하는 자는 모두 호부지민(豪富之民)이요, 3·4결을 가진 자도 대체로 적다"거나, "소민(小民)의 전지는 불과 1·2결인 자가 많다"는 것이 이 시기 토지 소유의 일반적 분화 상황이었다.[49] 경상도의 경우 "백성으로서 논을 가진 것은 그 낙종(落種)의 수(數)가 많아야 1석지(石地)를 넘지 못하고, 적은 자는 10두락(斗落)에도 미치지 않는다"고 할 정도로 소농민의 경작 규모는 영세하였다.[50] 충청도에서도

---

48 『성종실록』 권4, 원년 4월 병자.

49 각기 『세종실록』 권83, 20년 11월 경자;같은 책 권94, 23년 12월 기유.

50 『성종실록』 권45, 11년 7월 임신. 결부(結負)와 두락(斗落)의 관계를 살펴보자면, 호남의 박전(薄田)은 40두락이 1결이요, 그 상답(上畓)은 20두락 정도가 1결이 된다고 하였다(『경세유표』 권8, 전제 10 정전의 2).

"1결의 토지는 한 사람(家戶)이 경작하는 것이 아니다. 한 사람이 (전세로) 바치는 것은 불과 몇 되[升]에 불과하다"는 상태였다.[51] 그런데도 "하삼도 인즉 각기 소경전의 다소에 따라 혹 몇 되[升], 몇 말[斗]씩 농민들로부터 거두어 상세(常稅)를 삼는다"[52]고 하는 바와 같이, 일반 전세의 수납에서조차 소농민의 비중이 기본 바탕을 형성하고 있었다.

이 시기에는 3·4결에서 수십 결에 이르는 대토지를 소유한 다양한 규모의 지주가 존속하였고, 그 사회적 성분도 왕실, 종친, 훈척, 조관, 품관 사족, 부상대고, 향리, 그리고 사노에 이르기까지 다양한 편이었지만 대체로는 왕실에 가까운 자일수록, 그리고 고위 관직일수록 대토지를 소유하는 편이었으며, 동시에 그 소유지도 여러 군현에 분포되어 있었다. 가령 세조의 왕위 찬탈에 반대하다가 역모로 몰려 가산이 적몰된 금성대군(錦城大君)의 지주지는 6개 도 13개 군현에, 사육신 가운데 성삼문(成三問)의 소유지는 4개 도 6개 군현에 분포했다.[53] 또한 이퇴계(李退溪)의 손자녀(孫子女)가 분깃(分衿)한 토지는 3,000여 두락(餘斗落)으로서 5개 군현에 걸쳐 분포했다.[54]

그 같은 지주지의 경영은 기본적으로 지주 자신 혹은 그 대리인이 농장으로 직영하는 형태를 취했으며, 그 경작 노동력으로서는 주가(主家) 가까이 거주하는 노비들을 기본으로 하고 이에 더하여 비부(婢夫)·고공(雇工)이라든가 협호인(挾戶人)들을 집단적으로 동원하는 것이 일반적이었

51 『성종실록』 권197, 17년 11월 신해.

52 『연산군일기』 권12, 2년 2월 계축. 이 시기 1결의 전세는 상상년 20두, 하하년 4두였다는 사실을 상기할 일이다.

53 『세조실록』 권3, 2년 3월 정해; 같은 책 권7, 3년 3월 병술 참조.

54 李樹健, 1990, 「退溪 李滉家門의 재산 유래와 그 소유형태」, 『歷史教育論集』 13·14합집, 657쪽 참조.

다. 또한 여기서 주가의 농장에 기본 노동력으로 동원되는 노비의 경우로 말하자면 자기 경리를 전혀 갖지 못한 소위 솔거(率居) 노비는 드물었으며, 대체로 주가로부터 대여받는 '사경(私耕)'이라는 형태의 자기 개별 경영을 하는 이른바 솔하(率下) 노비였다. 아직 자연조건이나 노동조직의 한계성으로 인하여 하나의 농장이 일정 규모를 초과하는 대경영의 형태로 전개되기는 어려웠으며, 따라서 대지주의 경우라도 기껏 3·4결 정도 규모의 농장을 여러 곳에 분산적으로 경영하는 방식을 취하게 되었다.[55] 여기서 간과해서는 안 될 사실은, 어느 지주지이든 그 경영형태는 당해 토지의 집약도라든가 비옥도에 따라 크게 좌우되었을 것이라는 점이다. 지주지가 상대적으로 비옥하며 한 곳에 집약적으로 위치할수록 농장으로 직영되는 경향이 크며, 그 반대의 경우일수록 비농장적 직영의 형태를 취하든가 혹은 병작지로 대여하는 경향이 컸을 것으로 이해된다.

그러나 앞에서 살펴봤듯이 그 같은 지주지 혹은 농장은 대개가 중외(中外)의 양반가(兩班家) 소유였으며, 그것이 국가를 지탱하는 기본적·경제적 범주를 구성하는 것은 아니었다. 실로 이 시기에 전세·요역·공물·군역을 바침으로써 국가를 지탱하는 기본 계층은 역시 자영농층이며 그들이 소규모로 개별적 경영을 하는 것이야말로 이 시기의 기준적인 영농형태였다. 그 같은 '소경영의 소유=경영 분화'가 어느 정도였는지를 논단하기에는 사료의 제약이 너무 크지만, 세종 대에 보고된 강원도의 경우를 살펴보면 대략적으로 짐작할 수는 있다. 즉 세종 17년(1435)에는 부역 수취의 기준으로서 토지 소유의 다과를 기준 삼아 50결 이상을 대호(大戶),

---

55 이호철, 앞의 책;이영훈, 앞의 논문 참조. 최근의 연구로는 지주지의 일부씩을 노비가 배정받아 자기 책임하에 그것을 경작하고 소출의 거의 모두를 주가(主家)에 바치는 '작개(作介)'라고 하는 경작형태도 15·6세기에 관행되고 있었다는 사실이 소개되고 있다.

20결 이상을 중호(中戶), 10결 이상을 소호(小戶), 6결 이상을 잔호(殘戶), 그리고 5결 이하를 잔잔호(殘殘戶)로 책정한 바 있다.[56] 이 기준에 따르면 강원도는 도내의 호총 11,538호와 결총 63,627결 가운데에서 대호는 10호, 중호는 71호, 소호는 1,641호, 잔호는 2,043호, 잔잔호는 7,773호의 분포 상태에 있다는 것이 동 18년(1436) 감사(監司)의 보고에 나타나 있다.[57] 이를 보다 알기 쉽게 표시하면 다음 표와 같다.

세종 18년(1435) 강원도 토지소유 분화표

구분	50결 이상	20결 이상	10결 이상	6결 이상	5결 이하	합
호등	대호	중호	소호	잔호	잔잔호	63,627결
호수	10	71	1,641	2,043	7,773	11,538호
백분비	0.1	0.6	14.2	17.7	67.4	100%

여기서 호등에 파악된 사실들은 한 도의 감사가 중앙 정부에 보고하는 내용이었던 만큼 비록 잔잔호로 분류된 소농민의 경우라 할지라도 대체로는 이른바 "항산(恒産)을 가지고 항심(恒心)이 있는 자로서 그 군현의 호적에 올라 부·역을 제공하는"[58] 즉 불완전하나마 자영농적 존재들이었다는 사실을 주의할 필요가 있다. 이른바 "항산도 없고 항심도 없어서 금년에는 남주(南州)의 호활가(豪猾家)에 숨었다가 명년에는 북군(北郡)의 향원가(鄕愿家)로 옮겨 가버리는" 반(半)유망 상태의 농민들은 애써 쇄괄하더라도 "금일 부적(付籍)하면 명일에는 유망"해버리기가 십상이었다는 것

56 『세종실록』 권67, 17년 3월 무인.

57 『세종실록』 권74, 18년 7월 임인.

58 『태종실록』 권18, 9년 12월 무오.

이다.[59]

그 같은 사실을 염두에 두고 위 강원도의 토지소유 분화상황을 고찰하면, 10결 이상을 소유한 대·중·소호는 대체로 양반 신분의 지주층으로서 주로 농장의 경영형태로 그 지주지를 관리하면서 여지(餘地)는 병작지 따위로 대여하였을 것으로 보인다. 6결 이상의 잔호로 분류된 축도 기실 자영농으로서는 부농에 속하는 편이었다. 그 신분이 사족이거나 혹은 양민일지라도 그만한 정도의 토지규모라면 다소의 노비호(奴婢戶), 고공(雇工)이나 비부(婢夫) 같은 노동력을 구사하는 자영(自營)의 형태를 취하면서 여지(餘地)가 있으면 부근의 빈농들에게 병작지로 대여하거나, 혹은 그 같은 노동력을 직접 사역하여 전체를 농장제적으로 경영하는 방식도 충분히 가능하였을 것으로 짐작된다.

위의 표에서 가장 큰 비율을 점하고 있는 잔잔호야말로 일반 농민층을 가리키며, 그 가운데에는 이 시기 전형적인 소농민경영체로서의 양민 자영농이 위치하였을 것으로 판단된다. 기록에서는 그냥 5결 이하의 소유자라고만 분류해두었으나, 거기에는 물론 4·5결 정도의 부농으로부터 1결 미만의 영세농에 이르기까지 다양한 경영체들이 분포해있었고, 그것도 영세농 쪽이 훨씬 더 높은 비율을 차지하고 있었을 것이 명백하다.[60] 그리고 재생산 과정에서 자립이 어려운 영세농일수록 인근의 지주지를 부분적으로나마 병작하지 않을 수 없었으며, 따라서 다소간에 예속적 관계를 벗어나기가 어려웠을 것으로 보인다. "풍년인즉 요부(徭賦) 때문에 괴롭히고 흉년에는 징채(徵債)로 시달리어 가산(家産)을

59 위와 같은 곳.

60 앞서 〈주 49~51〉에 제시한 사료 참조.

다 팔고 유리 실소(遊離失所)하여 타인에게 기식(寄食)하는 자가 많다"[61]는 것이 이 시기 영세 소농들의 일반적 분화 진로였다.

그런데 물론 위의 강원도 감사의 보고에는 파악되지 않았음이 틀림없겠지만, 이 시기에는 빈농(貧農) 혹은 무전농(無田農)들의 병작(竝作) 농업도 점차 널리 관행이 이루어지고 있었다. 지주와 병작농이 토지의 소출을 절반씩 나누는 이 형태는 사료상으로는 이미 전대부터의 관행이었던 것으로 이해된다.[62] 가령 여말 선초의 정법가(政法家)인 정도전은 '전조의 전제'를 설명하면서 여러 가지 분급수조지의 예를 들고 다시 민간의 소유·경작 관계에 대해 다음과 같이 소개하였다.

> 민(民)의 소경(所耕)인즉 그 자간 자점(自墾自占)을 청허(聽許)하여 관(官)이 이를 제약하지 않으니 역다자(力多者)는 널리 개간하고 세강자(勢强者)는 많이 점거하였는데, 약자(弱者)는 또한 강하고 힘 있는 자를 좇아 차경(借耕)하여 그 소출을 분반(分半)한다. 경작자는 하나인데 그것을 먹는 자는 둘이어서 부자(富者)는 더욱 부하고 빈자(貧者)는 더욱 빈하게 되었다.[63]

즉 지주의 토지를 차경(借耕)하여 그 소출을 분반하는 경작 관행은 병작반수를 말하는 것이 틀림없다. 이는 그가 『조선경국전』이라는 치국(治

61 『성종실록』 권45, 5년 7월 기사.

62 『고려사』 권78, 식화지 1 租稅條에 의하면, 고려 광종 24년(973) 및 예종 6년(1111)에 진전(陳田)을 간경(墾耕)하는 경우 일정 연한 뒤부터 전주(田主)와 경작인(耕作人) 사이에 소출을 '분반(分半)'한다는 규정이 정비되었다. 이를 흔히 병작반수 혹은 소작제로 해석하는 수가 있으나(강진철, 앞의 책; 浜中昇, 앞의 논문), 그 경작 관계의 구체적 검증을 통한 해석이 아니라 다만 사료 가운데 '분반'이라는 문자에 의존한 해석일 따름이다. 이후의 구체적 검토를 요하는 바다.

63 『三峰集』 권7, 「朝鮮經國典」 上 賦典 經理.

國)의 일대 법전(法典)을 마련하면서 그 총론(總論)에서 서술한 내용이므로 여말 선초에는 이것이 민간의 일반적 영농형태로서 널리 관행이 이루어졌다고 해석하여도 무리가 없을 것이다. 다만 이 서술은 병작반수의 수탈성을 거론함으로써 그것이 혁파되어야 할 영농형태라는 점을 강조하는 데 주안점을 둔 관계로 그 경영의 구체적 실상이 어떠하였는가에 대해서는 언급하지 않았다.

이제 이 시기 병작 영농에 관한 더욱 구체적인 실정을 전해주는 다음의 사료를 살펴볼 필요가 있다.

> 전조(前朝)의 말기에 민폐(民弊)가 다단하였는데 아조(我朝)에 이르러 점차 혁거하였으나, 민간에는 아직도 나머지 폐단이 있다. … 품관(品官)·향리(鄕吏)가 토지를 광점하고 유망민(流亡民)을 초납(招納)하여 병작반수(竝作半收)하니, 그 폐단이 사전(私田)보다 심하다. 사전은 1결에 풍년이라도 다만 2석을 수취하는데 병작은 많은 경우 10여 석을 수취한다. 유이자(流移者)들이 이에 의탁하여 피역(避役)하게 되고 영점자(影占者)들이 이에 의탁하여 그들을 은접(隱接)시키니, 부역이 균평치 않은 까닭이 오로지 여기에 있다. … 전지(田地)의 병작은 환(鰥)·과(寡)·고(孤)·독(獨)·무자식(無子息)·무노비자(無奴婢者)로서 3·4결 이하 경작하는 경우를 제외하고는 일체 금단할 일이다.[64]

병작반수제에서 주의하여야 할 것은 지주(地主)가 유망민을 끌어모아 병작제를 유도하고 나서는 편이며, 병작농민은 피역 같은 불가피한 사정

64 『태종실록』 권12, 6년 11월 기묘.

으로 거기에 의탁하게 되었다는 사실이다. 유망민을 초납하여 병작반수 관계를 맺었으니, 지주가 그들에게 토지는 물론이고 종자·농구·축력(畜力), 그리고 처음에는 농량(農糧)까지도 대여하여야만 비로소 영농이 가능한 것은 필연적인 형세였다. 실상 '병작(竝作)' 혹은 '병경(竝耕)'이라는 용어 자체가 그같이 지주(地主)와 작인(作人) 사이에 토지를 매개로 하는 다방면에 걸친 조경(助耕) 관계를 나타내는 말로 정착하게 된 것이라고 해석된다.[65] 그러한 병작 관계에서는 지주에 대한 병작농의 경제적 의존도가 매우 높고 따라서 예속성이 강할 수밖에 없었다. 일정한 농업생산력 수준의 조건 아래에서 지주와 경작자가 상조(相助) 관계로 결부된 고려말·조선 초의 이 같은 영농형태야말로 우리나라 병작제의 원형이자 그 전형이었던 것이다.[66]

이 시기의 병작반수제는 국가의 금단에 의해서라기보다는 농업생산력 수준이 상대적으로 낮다. 따라서 병작농 자신의 재생산 과정에서의 자립도가 워낙 낮은 편이어서 아직도 부차적인 영농 관행에 머무를 수밖에 없었던 것으로 이해된다. 앞에서 살펴본 아산 관둔전을 점거한 황수신의 경우를 살펴보면 그것은 지주에게는 농장의 경우보다는 이득이 적고 따라서 당연히 관심도 적은 영농형태인 것으로 알려졌다. 즉 지주

65 '병작(竝作)' 혹은 '병경(竝耕)'이란 말은 고려 시기까지의 문헌에는 나타나지 않는다는 것이다(深谷敏鐵, 1941, 「朝鮮の土地慣行「並作半收」試論」, 『社會經濟史學』 11-9). 또 『맹자』 등문공편(藤文公篇)에 "賢者 與民竝耕而食"이라는 문자가 보이지만, 물론 이것이 여말 선초의 병작제와 연결된다고는 볼 수 없다.

66 현재 학계에서는 이 시기의 병작제(竝作制)를 곧 소작제(小作制)와 동일한 것으로 이해하는 수가 있으나, '소작'이라는 용어는 물론 한국의 농업 관행에서 나온 말이 아니다. 한국에서 대체로 소작제 영농형태에 가까운 지주·전호제, 즉 지주가 단지 토지만 대여하고 추성(秋成) 후 작인(作人)과 소출을 분반(分半)하는 영농형태는 조선 후기에 가서야 삼남(三南) 지방을 필두로 정착되는 것이 아닌가 한다. 무엇보다 그것이 보편화하려면 재생산 과정에서 그 '소작'농민의 일정 정도의 자립을 반드시 생산력적 전제로 해야 하는데, 그것이 상대적으로 성취되는 것은 대체로 조선왕조 후기에 가서야 가능했다.

지의 본격적 경영형태는 어디까지나 농장을 위주로 하고 있었으며, 병작제는 극히 부분적인, 오히려 예외적인 영농 관행으로 언급되었다. 그것을 '전작(佃作)' 혹은 '반작(半作)'으로 표현하는 다음의 기록들은 각기 이 시기의 병작반수제가 예외적이며 지주들에게 기피되는 영농형태였다는 사실을 전해준다.

> 경기(京畿) 및 하삼도(下三道)의 호협지가(豪俠之家)는 양전(良田)을 광점하고서 혹 번갈아 진황(陳荒)시키거나 혹은 남에게 대여하여 전작(佃作)시키기도 한다.[67]
>
> 광경(廣耕)을 힘쓰면 진황(陳荒)될까 염려스럽지만, 박전(薄田)을 기민(飢民)에게 부쳐 반작(半作)을 하는 것은 내버리는 것과 같으니 또한 염려하지 않을 수 없다.[68]

즉 15·6세기의 병작반수제는 농토를 진황시키는 것에 버금가는 정도로, 염려스러운 것으로 인식되었다. 아마도 그것은 아직 보편적인 영농형태로 관행되는 것은 아니었던 모양이다.

그런데 이 시기에는 연작(連作)이라는 농업생산력의 발전이 성취된 데다 공법수세제의 정착에 따라 상대적으로 전세(田稅)의 부담률이 낮아졌기 때문에 이제 지주가 국가에 납부하는 전세와 지주가 병작자로부터 수취하는 '반수(半收)'의 지대 사이에 차액이 항존하게 되었고, 따라서 병작제의 발전 지반이 갖추어진 셈이었다.

---

67 『세조실록』 권9, 3년 10월 임자.

68 『陶山全書』 권4, 內篇 答寓. 이는 퇴계 이황이 그 자제(子弟)에게 보낸 수간(手簡)의 내용이다.

실제로 15세기 후기에도 "우리나라는 땅이 작아 무전민(無田民)이 거의 10분의 3이나 되니, 토지를 가진 자가 유고(有故)하여 경종(耕種)이 불가능하게 되면 인리(隣里)·족친(族親)이 병경(竝耕)하여 (수확을) 나누는 것이 곧 민간의 상사(常事)다"[69]라고 할 정도로 그것은 점차 발전하고 있었다. 또한 16세기 말 경상도 안동지방의 김율(金慄)이라는 한 지주의 토지와 노비를 구체적으로 분석한 결과에 따르면, 토지와 노비의 결합으로 구성된 직영제 농장의 경우보다도 이미 병작지로 대여하고 있는 토지가 더 많았다는 실증적 연구도 나와 있다.[70] 이는 물론 사례 연구에 속하는 것이어서 보편화하기에는 다소 무리가 있을지 모르지만, 이 시기 영농형태 변천의 경향을 짐작하기에는 족하리라고 본다.

더구나 16세기로 내려갈수록 소농민경영의 분화는 점차 가속화하고 있었다. 중종 연간에 논의된 다음의 기사는 그 같은 현상의 일단을 예시한다.

> 농민의 생존은 그 토전(土田)을 가지고 하는 것인데 호우(豪右)가 이를 겸병하니 궁(窮)한 자는 비록 부자 상전(父子相傳)의 토지라도 모두 팔아버린다. 그 때문에 부자는 전지가 천맥(阡陌)을 잇닿고 빈자는 입추(立錐)의 땅도 없다. 부익부 빈익빈이 지금처럼 심한 때가 없었다.[71]

> (전라도) 순천(順天) 등지에서는 호부민(豪富民) 1가(家)의 축적이 혹 만 석(萬石)이나 5·6천 석(千石)에 이르고 낙종(落種)하는 것도 2백 석락지(石落地)에 이른다. 천지(天地)의 소생인 재화 백물(財貨百物)이 반드시 그 돌아가야 할 곳

69 『세조실록』 권11, 4년 정월 병자.

70 이영훈, 앞의 논문.

71 『중종실록』 권32, 13년 2월 경인.

> 이 있는데, 어찌 1인에게 모여서야 되겠는가. 한 고을 안에 2·3인이 경작하면 그 나머지는 경작할 땅이 없는 것이다.[72]

그 가운데서도 특히 전세·요역·공물은 물론 군역까지 부담하는 국가 기본 계층으로서의 양민 자작농층의 몰락은 더욱 급속히 진행되었다. 다소 과장된 표현이라고는 짐작되지만, "지금 전지를 소유하고 있는 것은 사족(士族)뿐이니 수다한 백성치고 누가 척촌(尺寸)의 토지라도 가진 자가 있을 것인가"라거나, 특히 "양민으로서 전지를 소유한 자는 실로 1인도 없다"[73]는 정도의 형세가 조성되었던 것이다.

15세기 후기에 "무전민이 거의 10분의 3"이라 하였으니, 극히 조잡하게 말하자면 자작농층이 10분의 7에 가까운 다수를 차지하고 있었던 셈이 된다. 그들이 점차로 분해되어 무전민 혹은 전소농(田少農)으로 몰락하고 있었다면, 그들의 영농형태에는 어떠한 변화가 일어나게 되었을까. 다음은 그것을 유추케 하는 기사이다.

> 평시(平時)인즉 사족(士族)만이 전장(田庄)을 소유하고 있을 뿐이요, 백성은 없어서 모두 병경(幷耕)해서 먹고 산다.[74]

물론 이 말에도 다소의 과장이 섞여 있다고 생각되지만, 16세기로 내려올수록 병작반수제가 점차 확고한 영농 관행으로 자리 잡아가고 있었

---

72 『중종실록』 권33, 13년 5월 을유.

73 『중종실록』 권64, 23년 11월 신축.

74 『선조실록』 권140, 34년 8월 무인. 이 내용은 왜란 직후에 논의된 것이므로 여기서는 난시(亂時)와 대조적으로 '평시(平時)'라는 말을 썼다.

다는 경향만은 충분히 짐작하게 한다.

조선 전기사회는 농업경영 면에서 몇 가지 영농형태들의 복합 구조를 그 기초로 하고 있었다. 즉 경영의 주체라는 면에서 볼 때 지주(地主)의 농장형, 소농민의 자영형, 그리고 영세소농 혹은 무전민의 병작형이라는 세 가지 형태가 그것이다. 세 가지는 각기 차원을 달리하는 형태이며, 국가를 직접 상대하는 것은 앞의 두 가지가 중심이 되지만, 그 모두는 상호 규정적으로 얽히면서 전개되었다.

그런데 국가경제에서 차지하는 구성 비율을 들자면 역시 소농민 자영형이 기본이 되고 지주지 농장형이 그다음을 점하고 있었던 것으로 이해된다. 병작 영농은 초기에는 아직도 농장이나 지주지의 외곽에서 부수적으로 관행이 이루어지고 있었는데, 생산력의 발전과 함께 점차 그 독자성을 높여갔으며 특히 16세기로 내려올수록 소농민의 분화에 따라 점차 보편성을 띤 영농 관행으로 자리 잡게 되었던 것으로 이해된다.

3. 하층민의 동요

사회경제적으로 보아 생산력의 일정한 발전을 바탕으로 하고서야 소유권 위주의 토지지배 관계가 정착할 수 있으며, 이를 바탕으로 하고서야 국가 수취제 또한 상대적으로 균평하게 법제화할 수 있었다. 과전법 체제는 대세상의 연작농법이라는 생산력적 바탕 위에서 양민 자영농층을 국가체제의 기본 사회계층으로 파악하고 그 같은 법제를 설정하게 되었다. 전분 6등·연분 9등의 공법전세제가 마련되고, 이른바 소경전이라는 토지 소유의 다과를 기준으로 공물을 부과 수납하는 공납제를 비로소 정립시키기에 이르렀으며, 다시 소경전의 다과에 따라 잡역을 부과하는 요역제를 정비하게 된 것이 모두 그러한 사실에 속한다. 보다 실세에 가까운 호적과 군적의 정비를 거쳐 보법(保法)이라는 군역제도를 실시한 것도 그 같은 의지의 표현이었다.

그러나 그것은 이전 시기에 비하여 한 단계 더 제도화하고 좀 더 개선되었음을 뜻하는 것에 불과하였다. 조선 초기에는 국가의 기틀이 잡힌 세종 대부터 전국 호구와 토지의 실세 파악에 더욱 힘쓰는 한편 제반 수취제의 기본을 마련하였고, 세조 대에 가서는 기왕의 호적과 군적을 회수하고 어디까지나 실제 그대로의 국세(國勢)를 파악하는 새로운 노력을 집중한 결과 드디어 전국 대략 70만 호(戶), 400만 구(口)에 85만 명의 군역자를 확보하게 되었다. 이후 16세기에 가서도 80여만 호, 400여만 구 정도의 호구를 파악할 수 있었다.

그러나 그 실상은 아직도 개략적인 것일 뿐이었다. 먼저 호적과 군적이 결코 실세 그대로를 파악하지는 못하고 있었다.

> "이전부터 호구를 조사하여 호적을 만든다는 것은 으레 형식만 갖추는 일이었을 뿐입니다. 유정(遊丁)은 전혀 검괄(檢括)되지 않으며, (군적에) 올라 있어도 유망한 자가 많습니다. 이 때문에 매번 책립되는 군액은 탈루자가 절반을 넘고 군정은 점점 원액보다 감소하고 있으며, 모자란 숫자를 대충 채워 넣더라도 모두 보솔(保率)이 없습니다. 국가는 승평(昇平)이 백 년이나 되어 생치(生齒)가 날로 번성하는데도 군액의 감모(減耗)는 이같이 무섭습니다."[75]

---

75 『중종실록』 권80, 30년 12월 기묘.

즉 호적이나 군적은 현실을 바탕으로 하여 작성되는 것이 아니라 위로부터의 책립에 따라 형식만 갖추어 편성되는 것이며 그것도 실세와는 많이 괴리된 것이어서 임시방편의 고식책으로만 운용되고 있다는 사실, 그리고 호구는 증가하는데도 군역을 담당할 자는 점점 감소하고 있다는 사실을 읽을 수 있다.

호적 못지않게 중요한 바탕이 되는 양안(量案)의 경우도 더 나을 것이 없었다. 양전이란 워낙 당시로서는 정확성을 기하기 어려운 일이었다. 가령 공법전세제가 전국적으로 시행된 초기인 성종 대의 전라지방 양전에서 일개 군현 전지의 결수가 2·3천 결, 혹은 3·4천 결의 차이를 내고 있었다는 사실[76]이 그것을 잘 말해준다. 각 군현의 양안(量案)이 모두 다 모람(冒濫)하다는 논란이 일어나자, 성종임금 자신이 "비록 고쳐 바로잡더라도 폐단은 다시 여전할 것이다"[77]라고 자포자기할 정도로 양안은 지리멸렬한 상태로 운용되고 있었다. 나아가 중종 때 양전을 논의하는 자리에서 의정부 대신들은 임금에게 다음과 같이 염려스러운 사정을 보고하였다.

> "듣건대 양전의 일은 비록 최선을 다하려 하나 그리되지 않습니다. 그러므로 (새 양안이) 오히려 전 양안(量案)만 같지 않으며, 또한 정안(正案)도 없다고 합니다."[78]

양전·양안에 관한 한 조선 시기에 크게 개선된 제도라고 할 수 있음에

76 김태영, 앞의 책, 324쪽 참조.

77 『성종실록』 권57, 6년 7월 계유.

78 『중종실록』 권62, 23년 7월 임오.

도 불구하고 실상은 그러한 것이었다.

이상 호적과 양안의 운용 내용에서 짐작할 수 있듯이 국가는 결코 그 구성원인 개별 농민의 호구나 토지를 실세대로 정확히 파악할 수 없었다. 아무리 중앙집권적 전제국가라 할지라도 국세(國勢)의 기초 자료가 미비하여 수취제를 실상에 맞도록 정확하게 운용할 수는 없는 일이었다. 그래서 그것은 필연적으로, 왕권의 대행자로서 현지에 나가 주재하면서 그래도 현지의 사정을 가까이 알고 있는 각 군현의 수령에게 위임하여 운영할 수밖에 없었다. "외방의 군적(軍籍)은 그 군현의 잔성(殘盛)에 따라 평균 정액(定額)하여 국역에 이바지하도록 하는 것이 곧 상법(常法)"[79]이며, 공납의 경우도 "당초 공안(貢案)을 상정할 때 반드시 그 군현의 잔성(殘盛)과 토지의 광협(廣狹), 물산(物産)의 여부를 헤아려 공물의 다소를 책정"[80]한 것으로 제도화하여 있었다. 양자가 다 각 군현 단위 공동체적 책정과 부과의 방법으로 제도화했던 것이다.

즉 군역과 공물 등 가장 중요한 수취 항목이 각 군현 단위로 책정되고, 각 군현은 당해 지역의 군적·전적 등을 참작하여 각 민호에 배분하여 수취하는 구조로 운용하고 있었다. 요역도 토지 기준으로 부과되었지만, 여기야말로 수령의 용심(用心) 여하가 가장 크게 작용할 수 있는 수취부문이었다. 다만 전세는 당해 군현의 자의가 개입될 여지가 비교적 적었지만, 그 상대적 비중이 16세기 이후로는 아주 적어졌다.

국가의 기본 수취제도가 각 군현을 단위로 하는 공동체적 대응으로 운용될 때 그것은 필연적으로 부실(富實)한 군현보다는 쇠잔한 군현에 더

79 『세종실록』 권20, 5년 5월 정미.

80 『중종실록』 권27, 11년 12월 경술.

과중한 부담으로 책정되기 마련이었다. 동시에 지주양반 등 세력가에게는 헐하게, 소농민과 같은 약자에게는 무겁게 분담되는 형태로 구조화하기 마련이었다. 그것은 계층제적 사회구성이 공동체적으로 대응할 때 나타나는 필연적 구조이자 체제였다.

그러므로 과전법체제는 국가 지배 지반을 항구적으로 확보하기 위하여 그 기본이 되는 자영 소농민 계층을 보호하는 정책을 표방하고 있었지만, 실상 이 시기에는 전세·공물·요역은 물론 군역까지 모두 부담하는 양민 자영농층의 사회적 분해가 가장 현저하게 진행되기 마련이었다.

여기서는 그들을 그렇게 몰락의 방향으로 분해시키게 된 최대의 요인으로서 방납(防納) 등으로 대표되는 공납제의 폐단과 첩징(疊徵) 등으로 표현되는 군역에서의 가혹한 수탈의 예를 간단히 들어보기로 한다.

공물은 워낙 그 물목이 번쇄하고 수납 절차가 까다로워서 늑징(勒徵)·대납(代納)·점퇴(點退)·인납(引納) 등 갖가지 폐단을 동반하여 가장 무거운 부담으로 되어있었다. 그 가운데서도 중앙의 세가·호상(豪商)과 각지 수령의 결탁하에 자행되는 방납이 점차 공공연해지면서 공납제의 폐단은 극도에 이르게 되었다.

> "각사(各司)의 하인(下人)으로서 방납(防納)하는 자는 그가 수납하는 물건을 중간에서 꾀를 부려 백단으로 점퇴(點退)한다. 외리(外吏)는 부득이 고가(高價)를 납부하고 방납인으로부터 사야만 비로소 납관(納官)할 수 있다. 그러므로 납관하는 물품은 모두 다 품악(品惡)하니, 특히 임토작공(任土作貢)의 의미가 없다. 더구나 방납인은 중가(重價)를 징색하니 양(羊) 한 마리 값이 면포 7동(同)에 이르고 초피(貂皮) 한 장 값이 관목(官木) 4동(同)에 이른다. … 다른 물건값 또한 모두 이같이 고중(高重)하다."[81]

"지금은 여러 군현에서 바치는 공물(貢物)이 많이들 토산(土産)이 아니어서 나무에 올라 물고기를 구하거나 배를 타고 뭍짐승을 잡는 일과 같으니 다른 고을에서 전매(轉買)하거나 혹은 서울에 와서 사 바칠 수밖에 없으므로 백성의 비용은 백 배나 드는데도 공용(公用)은 넉넉지 못하다. 게다가 민호(民戶)는 점차 줄어들고 전야(田野)는 점차 진황되니 왕년에 100인이 바치던 것을 전년에는 10인에게 책판(責辦)하게 하고 전년에 10인이 바치던 것을 금년에는 1인에게 책판케 하니, 그 형세가 반드시 1인 또한 없어지고 난 후에라야 그치게 될 것이다."[82]

군역은 실상 이 시기 국가체제 유지의 지반이 되는 양민층에게만 부과되고 담당자의 실수(實數)와는 관계없이 각 군현별로 군액(軍額)이 고정된 채 운용되고 있었으므로, 사회 분화가 심해질수록 현지에 남아있는 자에게 2·3중의 부담으로 중압이 되었다. 그리고 16세기에는 실제 입역(立役)보다도 그것의 대립(代立)이 보편화하고, 다시 그 대립가(代立價) 또한 폭등하여 군역은 이제 양민층을 상대로 자행되는 주구적 수탈로 변하고 말았다. 가령 수군(水軍)의 경우를 예로 들자면, "당초에 대립가는 통상 1삭(朔)에 면포 15필이었는데 그 후 배수가 되어 30필이 되었다가 지금인즉 4배로 되어 60필에 이르렀으니 … 우마(牛馬)나 전답(田畓)을 다 팔아 상납(償納)하고 그것도 없는 자는 도산(逃散)하는데, 당신(當身)이 도산하면 일족절린(一族切隣)에게서 징수하고 일족절린이 도산하고 나면 일족의 일족이나 절린의 절린에게서 징수"[83]할 수밖에 없는 악순환의 확대가 되풀

---

81 『중종실록』 권88, 33년 8월 갑인. 1동(同)은 50필이었다.

82 『율곡전서』 권5, 「만언봉사」 갑술(선조 7=1574).

83 『중종실록』 권103, 39년 5월 병진.

이되고 있었다. 정병(正兵)뿐 아니라 봉족의 경우도 마찬가지였다.

> "외방(外方)의 양인(良人)은 그 역(役)이 심히 괴롭다. 정월에 모인(某人)의 봉족(奉足)으로 이미 입역(立役)했는데도 7·8월에 다시 타인의 봉족으로 입역해야 되니, 이는 1년에 두 번 입역하는 것이다. 그가 지탱할 수 없어 도망가버리면 수령은 그 원족(遠族)·원린(遠隣)에게 독징(督徵)한다. 부득이 전지(田地)를 모두 팔아 상납(償納)하여도 오히려 모자라 이 역시 도망가버리는데, 그 때문에 한 지경이 마침내 텅 비게 된다. 지금 전지를 가진 자는 사족(士族)뿐이니, 허다한 백성이야 누구인들 척촌(尺寸)의 토지라도 가진 자가 있는가."[84]
>
> "민간의 질고(疾苦)가 다단하지만 백성으로서 가장 고된 것은 수령이 백성을 사역하기에 급하여 나이 차지 않은 자를 혹 군졸(軍卒)로 정하거나 혹은 관소(官所)에 사역하는 일이다. … 14살에 충군(充軍)하는 것도 너무 이른 터인데 지금인즉 비록 10살이 차지 않은데도 관(官)에 진고(陳告)하는 자가 있으면 으레 장부를 갖추어 두고 이를 혹 관속(官屬)으로 정하여 사역하거나 혹은 군사의 봉족으로 지급한다. 백성으로서 아들 많이 둔 자는 그 고역(苦役)을 견디지 못하고 그 때문에 파산철업(破産撤業)하여 유리실소(流離失所)하며 혹 절로 도망가서 머리를 깎고 중이 되는 자 또한 심히 많다."[85]

실로 16세기의 조선국가는 사족을 중심으로 하는 한편 지주화와 대다

84 『중종실록』 권64, 23년 11월 신축.

85 『晦齋全書』 별집 2, 筵說, 壬寅(중종 37;1542) 윤5월 15일.

수 하층민의 무산화라는 사회 분화가 매우 심하게 진행되고 있었다. 여기서 항산(恒産)의 근거를 잃고 몰락하며 무산화한 인민대중의 동요는 필연적인 일이었다. 그들 중 "장실(壯實)한 자는 사방으로 흩어져 승도(僧徒)라든가 군도(群盜)로 화하며 늙고 파리한 자는 자존(自存)치 못하여 유리도산(流離逃散)"[86]하고 있었다. 또한 "승도(僧徒)가 된 자들을 추쇄하면 한갓 군도(群盜)로 화하여 민간을 요란하게 할 뿐"[87]이라고도 하였다.

실제로 이미 15세기 후기의 세조 대부터는 도적이 극성하여 한 군현(郡縣)이라든가 일개 도(道)만의 일로 끝나지 않고 중앙정부의 대책이 여러 차례 강구되었다. 가령 세조 10년에는 특히 전라도에 도적이 많이 들끓는 실정이므로 중앙에서 특별히 장수를 파견하여 무려 수백 명을 체포하고 엄히 다스리자 도적의 여당이 경차관(敬差官)의 본가(本家)를 '겁략(劫掠)'하는 일이 벌어지기도 하였다. 동 11년에는 7월 초2일을 기해서 함경·평안 양도를 제외한 6도의 도적을 일시에 체포하는 거사가 벌어지고 그 도적들을 치죄하는 별도의 사목(事目)을 마련하여 다수의 경차관을 파견하기도 하였다.[88] 또 예종 대의 장영기(張永己)라는 도적 일당은 수십 명의 당여를 이끌고 전라도 일대를 횡행하다가 현지 관찰사·절도사의 연합 추격을 받자 지리산 남쪽을 통해 경상도로 이동하고, 여기서 관군과 대치하여 항전하는 등 저항하다가 다시 쫓기어 전라도로 이동하는 행패를 부리기도 하였다.

그리고 연산군 대의 유명한 홍길동(洪吉同)은 옥(玉)관자에다 홍포(紅包)를 띠고 당상관 행세를 하면서 대낮에 무리를 이끌고 병장기를 지닌 채

---

86 『중종실록』 권87, 33년 2월 계유.

87 『명종실록』 권33, 21년 8월 정축.

88 『세조실록』 권34, 10년 8월 무술 및 동 권36, 11년 7월 기미.

공공연히 관부에 출입하는 등 대담한 강도 짓을 자행하였다. 또 중종 연간에는 황해도에서 강도 60여 명이 떼 지어 횡행하므로 중앙에서 장수를 파견하고 나서야 이를 잡을 수 있었는데, 그 무리가 많아 본도 본읍에서 이들을 다 수금할 수 없는 형세여서 개성부옥(開城府獄)이나 경옥(京獄) 등 이른바 대처(大處)로 이송 처리하여야 한다는 논란이 일어날 지경이었다. 나아가 명종 대의 임꺽정 사건은 조직적 강도집단이 황해도를 중심으로 경기와 수도 한성부에까지 출몰하면서 혹 관부를 엄습하는 등으로 여러 해를 노략질한 대규모 저항사건으로 널리 알려져 있다.

그러나 이들 사건은 모두 우발적인 것이었다. 그것은 서민 호걸을 중심으로 군도(群盜)들이 규합되어 민물(民物)이나 일부 관재(官財)까지 약탈하는 등 한때의 소동을 부리다 끝나고 마는 것이었다. 그래서 그와 같은 예외적 사건에 연루될 생각도 기회도 갖지 못한 일반 농민층은 대체로 빈번한 자연적·사회적 재난에 허덕이면서도 자기 고장에 붙박여 연명해 갈 수밖에 없었고, 그 재난이 견딜 수 없는 지경에 이르면 개별적 유리도산의 길을 택하는 것이 가장 일반적 형태였다.

(『신편 한국사 24 조선 초기의 경제구조』,
국사편찬위원회, 1994)

제 2 부

부세제도

제1장

한국 중세사에서의 국가체제와 농민

1. 머리말

세계사적으로 중세 국가가 그 주민의 사회 신분(身分)에 따라 직역(職役)을 달리 부과하면서 운용되고 있었다는 것은 보편적 현상이다. 특히 유교(儒敎)문화권 국가에서는 유교의 명분론(名分論)에 따라 뒷받침되면서 신분직역제가 매우 강인하게 운용되었다. 그런데 유교문화권 가운데서도 대표적인 국가라 할 수 있는 한국과 중국을 대비해볼 때, 한국의 경우는 중국에 비해서도 매우 철저한 신분직역제를 유지하고 있었다. 이 사실은 유교 가운데서도 가장 세련된, 그래서 가장 배타적 교의(敎義)를 지닌 신유학(新儒學), 즉 주자성리학(朱子性理學)을 국시(國是)로 운용한 조선왕조의 학자 관인들도 일찍부터 수긍하였다.

> 사헌부(司憲府)가 아뢰었다. "살피건대 우리나라는 (중국으로부터) 멀리 떨어져 있다. 살고 있는 땅이 이미 다르므로 풍속(風俗)과 기강(紀綱)도 같지 않다. 그러므로 삼강오륜(三綱五倫)은 비록 중국과 다름이 없으나, 그사이의 제도(制度)와 문물(文物)은 중국과 다른 것이 없을 수 없다. 그러므로 사족 제도는 중국에는 없지만 우리나라에는 있으며, 노비(奴婢)의 법은 중국에는 없지만 우리나라에는 있다. 그런즉 사족(士族) 제도를 가히 폐지할 수 있으며 노비를 가히 없앨 수 있을 것인가"(『명종실록』 권17, 9년 9월 을축).

실상 우리나라에서 노비는 종천법(從賤法)과 세전법(世傳法)이라는 법제에 따라 그 부모 가운데 어느 한쪽이 노비이면 그 자자손손 모두가 노비 신분으로 고착되어 공·사의 주인, 즉 상전(上典)에게 대대로 예속되도록 법제적으로 규정되어 있었다. 한국 중세의 노비는 매매(買賣)·상속(相續)·증여(贈與)의 대상으로서 토지와 함께 그 소유주의 두 가지 재산을 이루고 있었다. 노비법이 법제적으로 폐지된 것은 1894년 갑오경장에 와서의 일이었다. 그런데 중국에서는 노비 세전 제도가 일찍이 당(唐)나라 때 폐지되었다.

사족 제도도 마찬가지였다. 중국에서는 일찍이 당나라 이후 문벌(文閥)을 대대로 이어가는 귀족(貴族) 제도가 없어졌다. 그러나 우리나라 중세에는 크고 작은 사족이 지배층으로서의 문벌을 이루어 자자손손 사족을 재생산해오고 있었다. 사족 제도가 법제적으로 폐지된 것도 역시 갑오경장에 와서의 일이었다.

이는 곧 우리나라의 중세사회가 중국에 비해서도 신분직역제에서 매우 폐쇄적이며 인습적이었다는 사실을 일깨워주는 현상으로 풀이된다. 그런데 그 같은 폐쇄적인 제도와 인습은 모두가 국가법제(國家法制)로 규정되고 있었다. 즉 국가체제(國家體制)라는 것이 전체 사회관계를 강력히 규정하였다. 한국 중세에서 국가 통치권의 근원으로 행세하는 왕권(王權)과 그것을 체현(體現)하는 사족층이 결탁하여 끌어가는 지배체제를 국가체제라고 한다면, 그것은 어떠한 형태로 구현되고 있었는가. 그리고 그것은 기본적으로 어떠한 기층민을 상대로 하여 통치력을 행사해오고 있었는가.

한국사에서 중세의 마지막 왕조는 곧 조선왕조였으며, 거기에서야말로 한국 중세적 사회현상의 가장 다양하고도 발전된 모습들이 전개되고 있었다. 한국사에서 독자적 역사현상이라든가 그 특이한 양태들이 가장 성숙한 단계의 모습으로 구현되었다. 그런데 조선왕조는 국초부터 통치권의 행사를 다음과 같이 정의하였다.

> 천(天)이 만민(萬民)을 낳아 그들에게 군장(君長)을 세워두었다. 군장은 그들을 길러 서로 생식(生息)하도록 하고 그들을 다스려 서로 안착하도록 하는 것이다(『태조실록』 권1, 원년 7월 정미 즉위교서).
>
> 천(天)이 만민을 낳아 그들에게 사목(司牧)을 세워두었다. 천(天)은 소위(所爲)가 없으므로 반드시 인군(人君)에 의탁해서 하며, 인군은 모든 정무를 친히 감독할 수가 없으므로 반드시 백관(百官)에게 위임하여 다스린다. 그런즉 인군과 백관은 모두 천(天)을 대신하여 만민을 다스리는 것이다(『세조실록』 권14, 4년 11월 기축).

실상 고려 후기에 수용되고 조선왕조에 와서 배타적 국가 교학(教學)이자 통치 이데올로기로 정립된 주자성리학의 해석에 따르면, 통치권의 근원으로서의 왕권은 '천(天)을 대신하여 만물(萬物)을 다스린다[代天理物]'는 것이었다. 곧 왕권은 천(天)과 직결되므로 지상(地上)의 질서를 초월하는 전제성(專制性)을 본유함과 동시에 천도(天道)의 무사성(無私性)과 공평성(公平性)을 체현하지 않으면 안 되는 존재라고 해석하는 이론이었다.

그런데 그 같은 왕권은 전국 만민에 대한 통치를 국왕(國王)이라는 자연인 혼자서 다 담당할 수가 없으므로, 필연적으로 그 왕권의 일부를 위임하여 행사토록 하는 '백관(百官)'이 필요하기 마련이었다. 백관은 여러 경로를 통하여 선발되어 왕권을 대행하게 되지만, 요컨대 조선왕조의 경우 그 출신 지반은 사족층으로 한정되었다. 양반(兩班)이란 말은 고려 시기에는 문(文)·무(武)의 두 가지 관인 반열(官人班列)에 올라있는 계층을 가리키는 술어였으나, 조선왕조에 와서는 그 같은 문무반을 내는 사회 신분이 사족층으로 고착되었으므로, 이제 그 말은 사족층을 가리키는 용어로 고정되기에 이르렀다. 그래서 조선왕조의 양반인 사족층은 고려의 경우보다 그 사회적 분포가 더욱 확대되었다.

그 같은 양반, 즉 사족층이 과연 국가체제를 유지하는 기본 계층으로 당시에도 인식되고 있었는가. 조선왕조 18세기쯤이면 이미 양반 사족층도 그 사회적 영향력은 매우 쇠퇴해가고 있었으며, 전체적으로는 가난하기 그지없는 존재로 영락한 자가 더 많았다고 하지만, 아직도 국가 명맥을 유지하는 기본 계층으로 강조되고 있었다.

> 공경(公卿)의 자손인 사대부(士大夫)와 각 지역의 교생(校生) 이상을 양반(兩班)이라고 통칭하는데, 그 수가 거의 모든 국민의 절반을 넘는다. … 우리나라 양반은 모두 옛날의 봉건 제후와 같아서 그들이 민심을 유지함으로써 감히 변란(變亂)을 일으키지 못하게 하니, 국가에 도움이 되지 않는다고 할 수가 없다(『영조실록』 권71, 26년 6월 계사; 知敦寧李宗城上書).

그러나 사족층이라 할지라도 물론 그 사회적 처지가 한결같은 것은 아니었다. 우선 왕권으로부터 어느 정도 가까운 위치에 있는가에 따라 그들의 사회 정치적 세력은 현저하게 다른 것으로 현현되고 있었다. 그 가운데 종친은 정치권력의 행사에 직접 참여할 수 없도록 규정되었으므로 여기서는 논하지 않기로 한다. 그래서 왕권과 가장 가까우면서도 정치행위에 직접 참여하고 있는 계층은 척신과 훈신으로 나타났다. "원훈대신(元勳大臣)은 국가로 더불어 휴척(休戚)을 같이한다. 범민(凡民)은 모름지기 국가와 일체(一體)로 대하여야 할 것이다"라는 세조임금의 말 그대로 조선왕조에서는 왕권을 보위(保衛)하는 데 공을 세운 훈신이 가장 존중되었는데, 그들은 또한 혼인 등을 통하여 왕실의 인척인 척신과 상호 보험 관계로 얽혀서 국가의 최상층 지배 씨족으로 행세하고 있었다.[1] 가령 임진왜란 이후 훈련도감(訓練都監) 등 서울에 주둔하는 군영(軍營)을 설치하고서도 그 대장(大將)은 반드시 훈신이 맡아 하도록 관례화하기에 이른 것도 그 같은 사실의 일단이었다.

> 원래 (훈련도감과 같은) 서울 주둔의 군영(軍營)을 설치할 때 임금의 아주 가까운 곳에다가 상시로 주둔하는 군대를 설치하는 문제인지라 일의 성질이 매우 엄중한 것이었다. 그래서 비록 대장(大將)을 두고도 반드시 대신(大臣)으로서 현명한 인물로 하여금 그 일을 지도하게 하였으니, 유성룡(柳成龍)·이항복(李恒福)·이원익(李元翼) 같은 이들이 모두 그 제조(提調)로 앉아 있었다. 그리고 그에 관한 다른 사항들까지 자못 상세하고 주밀하게 규정해두고 있었다. 그런데 인조반정(仁祖反正) 이후로는 공신(功臣)들이 서로 이어서 대장(大將)을 맡았으며, 일반 재상(宰相)들은 누구나 자기 본직(本職)을 가지고서 군사 직무를 겸직하는 것을 꺼려 피하게 되었다. 그러므로 군영 안의 일과 장신(將臣) 임명에 관한 일들은 모두 훈신(勳臣)인 대장이 오로지 하기에 이르렀고, 대신들은 거기 참여하지도 않게 되었다(『磻溪隨錄』 권21, 兵制 訓練都監).

즉 훈신들이야말로 일반 '대신'보다도 더 왕권과 가까운 존재로 행세하고 있었음이 확연히 드러난다. 이른바 혈맹(血盟)으로 뭉친 사이인지라

---

1 金泰永, 1994, 「朝鮮초기 世祖王權의 專制性에 대한 일고찰」, 『韓國史研究』 87 수록 참조.

가장 믿을 수 있는 세력이었기 때문이다. 그래서 일찍이 인조반정을 일으켜 훈신이 된 서인(西人)들은 이후 왕실과 계속 혼인하여 외척의 자리를 놓치지 않기로 맹약하였거니와, 훈신과 척신이야말로 왕권을 가장 가까이서 호위하며 떠받드는 실세(實勢)로 행세하게 되었다. 훈신은 때때로 태어나는 것이지만 척신은 대대로 생겨나는 것이며, 따라서 그들은 항상 왕권의 최측근을 이루고 있었다. 그 같은 귀추에 대해서는 19세기 초 실학자 다산(茶山) 정약용(丁若鏞, 영조 38~헌종 2;1762~1836)도 언급한 바 있었다.

> 송(宋)나라 태종(太宗)이 덕소(德昭, 太祖의 子)를 죽인 다음에 종실(宗室)을 억압하여 나라 사람과 함께 정치에 참여치 못하도록 했다. 아래로 명(明)나라에 이르러서는 그 법이 더욱 엄해져 왕족은 태어나도 벼슬길을 막았고, 외척(外戚)과 환관(宦官)이 국정을 오로지 잡았다. 우리나라는 한결같이 명나라 제도를 따랐다(『經世遺表』, 地官修制 敎民之法).

우리나라의 경우 환관은 크게 문제 되지 않았지만, 외척은 대대로 국정에 깊이 간여하고 있었다. 19세기의 척족세도(戚族世道)라는 것도 그 같은 귀추의 산물이었다.

한국 중세로 말하자면 왕권 다음으로 정치적 핵심 세력을 점거하고 행사하는 것은 척신과 훈신층이었다. 그들은 상호 간에 혼인을 통하여 집안끼리도 깊이 연계되어 있었으며, 대신 등의 고관직을 맡는 것이 일반적이었다. 또한 대신 자리가 아니더라도 항상 정치적 실세가 되는 위치를 차지하였다. 조선왕조 후기에는 이른바 벌열(閥閱)을 형성하여 정치권력을 거의 독점하는 현상을 보였다.

한국 중세사에서 고위 사족층은 자신의 문벌과 능력 등 다양한 연관에 따라 왕권과의 친소(親疎) 관계를 달리하면서 그 정치사회적 세력과 처지를 다양한 행태로 행사하였다. 혹은 관직(官職)을 띠고서 백성을 직접 지배하거나 무관(無官)의 사족으로서 학문에 종사하면서도 향촌 사회에서 지배력을 행사하고 있었다. 이제 국가체제의 최하위 지배층을 형성하는 것은 어느 계층이었을까.

조선 중기의 유현(儒賢) 우복(愚伏) 정경세(鄭經世, 명종 18~인조 11;1563~1633)는 인조 초기 당시 크게 우려되는 북로(北虜)의 남침에 대비하기 위해 군역을 담당치 않는 지배층은 마땅히 포(布)를 내어 군수(軍需)를 마련해야 한다고 주장하였다.

> 또 대신(大臣) 이하 내(內)·외(外)의 서관(庶官)에 이르는 자와 아래로는 여염(閭閻)의 품관사자(品官士子)에 이르기까지 무릇 군역(軍役)에 동원되지 않는 자들로 하여금 모두 다 1필의 포(布)를 내도록 하고, 혹 자원(自願)해 더 내려 하는 자도 청허(聽許)한다면, 1년의 소수(所收)를 헤아려볼 때 의당 누십만(累十萬) 필을 밑돌지는 않을 것이다(『愚伏集』 권5, 玉堂論時務箚).

여기서 품관(品官)은 관직이 없는 각 지방의 사류(士類)를 일컬음이요, 사자(士子)는 곧 선비 노릇을 하고 있는 자, 즉 사족 신분인 자를 의미한다. 이 사료는 곧 대신으로부터 관직을 띠지 못한 품관·사족에 이르기까지 국가체제를 이끌어가는 지배층이라고 하는 보편적으로 공인된 인식의 바탕 위에서 나온 주장이었던 것으로 해석된다. 최하위 지배층은 각 지역에 거주하는 품관인 사족층이었다.

조선왕조는 중앙의 대신으로부터 각 지방의 품관에 이르는 사족층이 군역에서 벗어나 있으면서 국가체제를 이끌어가는 신분층을 이루고 있었다. 그리고 그들과 대극적인 위치에 서서 군역을 담당하면서 국가체제를 지탱하는 기본 지반으로서의 양인(良人) 계층이 따로 있었다. 물론 국가기관에 직속하는 공노비층 또한 별도로 존립하고 있어 국가체제를 위해 입역(立役)하여 노역(勞役)을 담당하거나, 입역하지 않는 기간에는 신공(身貢)이라는 포(布)를 바치도록 규정되어 있었다. 이 두 계층이 국가체제를 지탱해가는 기본 농민층이었다. 노비 가운데는 사노비(私奴婢)도 많았지만, 그들은 개인의 사유(私有)에 속하는 사민(私民)으로서 그 상전인 주가에만 입역하거나 신공을 바치도록 법제로 규정되어 있었다.

여기서는 조선왕조를 중심으로 국가체제와 그 바탕을 이루고 있는 양인·공천(公賤) 농민층이 어떻게 구조적으로 연관되어 역사를 전개해가고 있었는가를 고찰하기로 한다. 국가체제란 과연 어떠한 기능을 행사하고 있었는가.

2. 고려 말 조선 초 생산 관계의 재편

고려 후기에는 전국적으로 권세가의 사전이 범람하였다. 더구나 농민 한 사람의 소경전에서 조(租)를 수취해가는 전주가 혹 7·8명씩이나 되는 혼돈이 야기되었다. 그런데도 그 같은 사전은 국가에 대해서는 불수조의 특권을 행사하고 있었으므로 국가재정은 항구적으로 파탄상태에 직면했다.

그 같은 혼돈상태의 사전을 개혁하여 과전법을 실현한 것이 고려 후기에 새로 성장하여 조선왕조를 개창한 개혁파 사류였다. 즉 과전법은 전국의 경작지를 모두 국가 수조지로 편성함으로써 국가재정의 안정을 도모하는 한편, 중앙·지방의 전·현직 관인 신분층에게는 그 수조권의 일부를 분급하기도 했다. 특히 사전으로 편입되어 있던 농민층의 소경전을 농민 자신의 소유·경작지로 확보하도록 함으로써 국가 혹은 새로운 전주에게 1년 1조만을 바치는 자영농민(自營農民)층을 폭넓게 확립하게 되었다는 사실에서 그 역사적 의의가 컸다. 과전법이 그 운용과정에서 계속 병작반수의 영농형태를 금단하며 균전론적 시책을 펴나가고 있었던 것도 원래의 자영농 확보책을 지켜가고자 하는 자기운동의 일환이었던 것으로 해석된다.[2]

그러나 물론 과전법체제는 고려 말의 사전과 거기서 자행된 약탈적 생산 관계를 혁파하였으되, 개인의 정당한 토지소유 관계는 그대로 인정하지 않을 수 없었다. 따라서 고려 말기 이래 정당한 소유 관계 위에서 운용되고 있던 개인 소유지(所有地)의 소유와 경영형태는 여전히 보호되었다.

그래서 조선왕조는 농업경제상으로 다음과 같은 몇 가지 경영형태들의 복합 농경구조를 그 기초로 하고 있었다. 즉 경영의 주체라는 면에서 볼 때 지주 혹은 그 대리인이 경영하는 농장형, 소농민의 자영형, 그리고 영세소농 혹은 무전민의 병작형이라는 세 가지 영농형태가 그것이었다. 세 가지는 각기 차원을 달리하는 형태이며, 국가를 직접 상대하는 것은 앞의 두 가지가 중심이 되지만, 그 모두는 다소간에 상호 규정적으로 얽히면서 전개되었다.

이 시기에는 3·4결에서 수십 결에 이르는 대토지를 소유한 다양한 규

2 고려 말의 사전개혁과 조선 초기 과전법의 시행 경과에 대한 사실 관계는 金泰永, 1983, 『조선전기토지제도사연구』, 지식산업사 제1·2장 및 동 1994, 「(조선 초기) 토지제도」(국사편찬위원회 편, 『한국사』 24:조선 초기의 경제구조 所收) 참조.

모의 지주가 존속하였다. 그 사회적 성분도 왕실, 종친, 훈척, 조관, 품관 사족, 부상대고, 향리, 그리고 사노에 이르기까지 다양한 편이었지만, 범주적으로는 사족층이 그 핵심이었다. 이 시기에는 토지·노비 등 재산이 자녀에게 균분상속되고 있었으므로 특히 지배층일수록 계급 내 혼인을 통하여 지주지의 보전을 도모하고 있었다. 대체로는 왕실에 가까운 훈신과 척신 등 훈척적(勳戚的) 세가일수록, 그리고 고위 관직을 띤 경우일수록 대토지를 소유하는 편이었으며, 동시에 그 소유지도 여러 지역에 분산된 편이었다.[3] 현실적으로 세력이 있어야만 많은 토지와 노비를 보존할 수 있었던 것이다.

그 같은 지주지는 대개 농장으로 경영되었는데, 기본적으로 지주 소유의 노비를 중심 노동력으로 하면서 협호라든가 혹은 부근에 있는 병작인의 일부까지를 노동력으로 사역하는 직접경영의 형태가 일반적이었다. 아직 자연조건이나 노동조직의 한계성으로 인하여 하나의 농장이 일정 규모를 초과하는 대경영의 형태로 전개되기는 어려웠으며, 따라서 대지주의 경우라도 기껏 3·4결 정도 규모의 농장을 여러 곳에 분산적으로 경영하는 방식을 취하게 되었다.

그런데 이 시기의 국가체제를 직접 지탱하는 공민호(公民戶)는 아무래도 군역을 담당하는 양인층이 기본적인 존재였다. 그러나 모든 양인호(良人戶)가 정군(正軍)으로서의 군역을 수행할 만한 경제력을 갖춘 존재는 아

3 가령 세조의 왕위 찬탈에 반대하다가 역모(逆謀)로 몰려 가산(家産)이 적몰된 금성대군 이유(李瑜)의 소유지는 6개 도(道) 13개 군현에, 사육신 가운데 성삼문(成三問)의 소유지는 6개 군현에 분포하였다(『세조실록』 권3, 2년 3월 정해;같은 책 권7, 3년 3월 병술 참조). 또 가령 이퇴계(李退溪)의 손자녀(孫子女)가 분깃(分衿)한 토지는 3,000여 두락으로 5개 군현에 걸쳐 분포하였다(李樹健, 1990, 「退溪 李滉家門의 재산 유래와 그 소유형태」, 『歷史教育論集』 13·14합집, 675쪽 참조).

니었으므로, 이 시기에는 군역자를 편호(編戶)할 때 현역(現役) 복무의 임무를 맡은 정군, 즉 호수(戶首)와 그 호수를 경제적으로 도와주는 임무를 맡는 봉족(奉足), 즉 보인호(保人戶)를 결합시켜 책정하는 원칙을 취했다.

이 시기 양인호의 영농 규모는 지역과 시기에 따라 매우 다양한 편이었지만, 정군의 군역을 수행할 만한 기준적 양인호라면 대체로 1·2결 정도는 자영(自營)하고 있어야만 했던 것으로 이해된다. 가령 고려 말기에 전라 연해의 강한 수군을 강화·교동으로 이주시켜 항구적으로 왜구를 막는 일에 종사케 하면서 그들에게 지급한 전지가 1호에 1.5결 정도였다. 16세기 명종 대에 국영 목장(牧場)에서 말의 사육을 전담케 하는 목자호(牧子戶)에게 지급한 전지가 1호 2결씩으로 법례화하였다. 또 성종 대에는 국둔전(國屯田)의 경작을 전담시키면서 1결에 4명씩의 군인을 배치하였다.[4] 그리고 객관적으로 "소농민의 전지는 불과 1·2결인 자가 많다"고도 하였다.[5] 이 몇 가지 사실을 종합해보면, 정군이 되는 양인호의 경우 1·2결 정도를 소유하고서 호주 부부를 중심으로 그 자식 부부와 여서 부부 등 3~4명의 장정을 포함한 혈연가족으로 구성된 가호로서, 자가(自家)의 노동력으로써 자기 소유지를 경영하는 자영농호(自營農戶)가 그 기준적 존재였던 것으로 판명된다. 그 정도의 양인호야말로 아마도 병조가 '육지(陸地) 정군의 예(例)'인 것으로 보고한바 "아버지는 정군이 되고 아들과 사위는 봉족이 되는"[6] 불완전하나마 독자적으로 군역의 기본 단위를 이루기도 하는 존재였던 것으로 보인다.

---

4 『세종실록』 권1, 즉위년 9월 신해 및 同 권5, 원년 8월 계미;『명종실록』 권24, 13년 5월 경술 및 『德溪集』 권4, 敬差官時啓 二;『성종실록』 권21, 3년 8월 정축.

5 『세종실록』 권112, 28년 6월 갑인.

6 『세종실록』 권45, 11년 7월 신미.

이 시기에도 노비 등 타인 노동력의 노동의욕 내지 노동효율은 매우 저조한 편이었다. 또한 위의 경우보다 영세한 소농층은 생산수단과 그 도구 등이 부족하거나 열악하여 노동생산성을 제대로 발휘하기가 어려운 편이었다. 그래서 1·2결 정도 규모의 자영농이야말로 경제적 유인 관계로 보아 가장 애써 경작노동에 종사하는 선진적·기준적 영농형태였을 것으로 관찰된다. 그러나 이들도 자연적 재해와 국가체제의 침책(侵責)으로 인하여 경우에 따라서는 여지없이 몰락하고, 남의 협호로 들어가거나 유이민으로 흩어지는 일이 항구적으로 일어났다.

그런데 일반 소농민의 경우는 물론 그보다 훨씬 영세한, 1결 미만의 영세농들이 숫자상으로 훨씬 큰 비중을 차지하고 있었다.

그뿐만 아니라 이 시기에는 빈농 혹은 무전농들의 병작농업 형태가 관행이었다. 이는 지주와 경작자가 토지의 소출을 절반씩 나누는 영농형태로서 사료상으로는 조선왕조에 와서 비로소 확인되었다. 아마도 과전법에서 지주의 과도한 수탈을 금단한 결과 조세와 지대 사이에 차액이 항존함에 따라 자리 잡은 영농 관행이 아니었나 한다. 다음 기사는 그 같은 사실의 일단을 전해준다.

> 전조(前朝)의 말기에 민폐(民弊)가 다단하였는데 아조(我朝)에 이르러 점차 혁거하였으나, 민간에는 아직도 나머지 폐단이 있다. … 품관(品官)·향리(鄕吏)가 토지를 광점하고 유망민(流亡民)을 초납(招納)하여 병작반수(並作半收)하니, 그 폐단이 사전(私田)보다 심하다. 사전은 1결에 풍년이라도 다만 2석을 수취하는데 병작은 많은 경우 10여 석을 수취한다. 유이자(流移者)들이 이에 의탁하여 피역(避役)하게 되고 영점자(影占者)들이 이에 의탁하여 그들을 은접(隱接)시키니, 부역이 균평치 않은 까닭이 오로지 여기에

있다. … 전지(田地)의 병작은 환(鰥)·과(寡)·고(孤)·독(獨)·무자식(無子息)·무노비자(無奴婢者)로서 3·4결 이하 경작하는 경우를 제외하고는 일체 금단할 일이다(『태종실록』 권12, 6년 11월 기묘).

즉 병작반수는 아마도 고려 말의 사전에서 지대를 수취하던 관행으로부터 비롯하였다고 생각된다. 과전법에서는 공·사전을 막론하고 수조액을 1결 최고 30두(2석)로 묶어두었으므로, 고려 말의 사전이 혁파되고 공조를 바치게 된 공전으로서의 지주 소유지에서 이제 지대와 공조의 차액을 수탈하는 새로운 병작반수제가 관행이 되었다는 내용으로 풀이된다. 그러나 과전법체제는 농업생산 증대를 도모하기 위한 원리의 하나로 균전론적 시책을 펴나가고 있었다. 그러므로 여기서도 경작노동력을 확보하지 못하여 자칫 전지를 묵히게 되는 경우 이외에는 원칙상 병작반수를 금단하고 있었다.

그런데 한국 중세에는 원래부터 병작반수제, 즉 지주-소작제가 보편적 영농범주였다는 검증되지 않은 선입견이 그동안 범람하고 있었다. 그러나 사료에서 확인되다시피 지주가 유망민을 끌어모아 병작제를 유도하고 나서는데, 병작자는 피역 등의 불가피한 사정으로 거기에 의탁하게 되었다는 현상에 주의하지 않으면 안 된다. 유망민을 불러모아 병작반수 관계를 맺었으니, 지주는 그들에게 토지는 물론 종자·농구·축력(畜力), 그리고 처음에는 농량(農糧)까지도 대여해야만 비로소 영농이 가능해지는 형세였다. 그러한 병작 관계에서는 지주에 대한 병작농의 경제적 의존도가 높고, 따라서 예속성이 강할 수밖에 없었다. 그것은 조선 전기까지는 아직도 크게 발전하지는 못하였던 것으로 보인다.

병작반수제는 국가의 금단에 의해서라기보다 이 시기의 농업생산력 상태에서는 병작농 자신의 자립도가 워낙 낮은 편이어서 아직도 부차적인 영농 관행에 머물고 있었다. 그러나 15세기에도 "무전민이 거의 10분의 3"이나 되는 상태하에서 "토지를 가진 자가 유고(有故)하여 경종(耕種)이 불가능하게 되면 인리(隣里)·족친(族親)이 병경(幷耕)하여 수확을 나누는 것이 곧 민간(民間)의 상사(常事)"로 되어있을 정도로 점차 발전하고 있었다.[7] 농업생산력의 발전과 함께 전지의 소유 분화는 필연적으로 전개되었으며, 따라서 병작반수제도 점차 확대되었다. 뒤에 살펴보겠지만, 19세기 초 호남지역의 경우 무전민으로서 남의 전지를 병작하는 농민이 70%까지 이르게 되었다.

그러나 또한 한국 중세의 마지막 왕조인 조선 시기에 국가체제를 지탱하는 기본 계층은 비록 불안정한 재생산구조에 골몰하고는 있었지만 역시 광범한 분포를 보이는 자영 소농민층이었다. 그것을 기본 바탕으로 하고서 운용되는 상부구조로서의 국가체제 또한 기본적으로 그들 소농민층을 상대하여 통치행위를 수행하는 지배체제를 구현하고 있었다. 즉 기본적 생산 관계가 국가와 자영 소농민층 간의 관계로 구현되었으며, 따라서 이 양자의 관계가 기본적인 모순 관계로 현현되었던 것이다. 바로 이 같은 생산 관계야말로 왕토사상을 주요한 이데올로기적 지반으로 원용하는 중앙집권적 왕권을 정점으로 옹립하고서 그것을 대행하는 계층적·관료제적 지배체제를 구현하는 우리나라 중세 국가의 전형적 사회경제 구성을 현현시키게 된 기본 바탕이 아니었나 한다.

소농경영층이 국가체제의 기본 바탕을 이루게 되었다는 것은 이 시기

7 『세조실록』 권11, 4년 정월 병자.

에 와서 휴한농업이 기본적으로 극복되고 연작세경 농법이 보편적으로 정착되는 생산력적 발전을 성취하게 되었다는 사실에서 더욱 큰 의미를 지니게 된 것으로 해석된다. 연작농법은 이전 시기의 귀족 등 호강자 위주의 영농형태를 좀 더 개별·분산적 경영형태로 전환시키는 기본 기능을 발휘하게 되었던 것으로 이해된다.

그래서 조선 전기 사회는 국가와 그 국가를 직접 지탱해가는 사회계층인 양인 농민층을 기본 축으로 하고서 운용되었다. 따라서 기본 국역인 군역이 양인 농민층에게 부과되고, 농업을 비롯한 직접생산활동의 대부분이 이들에 의해 수행되었으므로 각종 국가 수취(收取)제도라든가 권농(勸農)정책이 이들을 기본 대상으로 하여 운용되었다. 달리 의존할 비호세력이라고는 없을 뿐 아니라 오히려 국가사회의 공식·비공식적인 갖은 침책 아래 노출되어 있는 이 소농민층은 당시의 생산력 수준으로는 각기 자신의 소경영에서의 자립도가 무척 낮은 상태에 놓여있었다. 빈번한 자연적·사회적 재난 앞에서 빈한한 소농민일수록 유망(流亡) 현상은 일상적인 일이 되어가고 있었다.

국가로서는 이들을 항구적으로 안착시키고 사회적·경제적 재생산을 보장하는 것이 체제의 존립을 위한 필수 조건이었으므로 그들에 대한 보호정책을 여러 가지로 강구하고 있었다. 각 군현의 수령은 물론 면임(面任)에 이르기까지 권농의 책임을 지워 독책하며, 파종에서부터 김매고 수확하는 일에까지 농사일을 꼭 제때 맞추어 수행하라는 국왕의 곡진한 권농 교서가 자주 반포되었다. 춘궁기에 곡식 종자와 양곡을 대여해주고 추수 후에 이를 환수해 들이는 환곡제도를 운영함으로써 이들 소농경영의 항구적 재생산체제를 유지하려는 노력을 항구적으로 기울였다. 객관적 기준을 가진 근거 척도를 바탕으로 하는 양전·전세제도를 마련하고 호적과 인보(隣保)제도를 정비하는 등으로 수취의 균평을 기하려 하였다.

이전까지는 매우 애매했던 공납제도 지출을 법제적으로 규정한 식례공안(式例貢案)을 정립하게 되었다는 사실에서 알 수 있듯이 국가 및 왕실 재정을 상대적으로 일정하게 제도화함으로써 수취체제가 크게 개선되었다. 각 고을 수령의 책임 아래 도토리[橡實] 등의 구황식(救荒食)을 대대적으로 예비하는 일도 전개하였다. 『경국대전』과 같은 기본 법전에 무주전(無主田)은 타인에게 준다는 규정을 두면서도 거기에 군역자 우선의 원칙을 밝혀둠으로써 이들에게 가능한 한 토지 같은 생산수단을 우선적으로 확보해준다는 법제를 설정하기도 하였다. 15세기 후기쯤이면 "귀천(貴賤) 남녀 할 것 없이 모두 면포(綿布)"를 입을 정도로 면화의 재배가 널리 보급되기에 이르렀으며, 비로소 의생활(衣生活)에서도 좀 더 인간다운 모습을 갖출 수 있게 되었다. 무엇보다도 『훈민정음』이 창제되어 "어리석은 백성도 마침내 제 뜻을 펼 수 있는" 길이 열렸다.

3. 사족 지배의 국가체제

1) 사족층의 노비 지배

고려 말 개혁파 사류가 우·창왕을 잇달아 퇴위시키고 공양왕을 추대하는 등 정치적 변혁을 시도하자, 이에 반대하는 윤이(尹彝)·이초(李初) 등이 우현보(禹玄寶)·이색(李穡) 등 다수 고위 관인들의 서명을 받아 명(明)의 왕자를 국왕으로 영입하고자 하는 책동을 일으켰다는 유언비어가 나돌았으며, 다수 인사가 거기에 연루되어 피해를 보게 되었다. 그런데 여말에 이색의 문인으로서 과거(科擧)를 통해 발신하였으며 조선 개국 후에는 태종을 도와 공신으로 책훈되고 나중에 영의정을 지내게 된 하륜(河崙)은 그 선사(先師)가 결코 그 같은 책동에 가담할 리 없었을 것이라는 사유를 다음과 같이 말하였다.

> 하물며 윤이(尹彛)·이초(李初)가 여러 사람의 서명(署名)을 연이어 받아 상국(上國)에 보내어 황자(皇子)를 영입(迎入)하려고 요청하였다 하지만 본국의 풍속에 노비(奴婢)를 사역하여 토전(土田)을 갈아먹고 살면서 집집마다 공후(公侯)의 낙(樂)을 누리고 있으니, 어찌 중국인(中國人)을 맞아 임금으로 삼기를 원할 것인가(『태종실록』 권22, 11년 7월 신유).

여기서 노비와 전지를 소유하고서 공후의 낙(樂)을 누리며 살아가는 기본 계층은 말할 필요도 없이 지배층으로서의 사회적 세력을 지닌 자들이었다. 이 시기에는 그들을 흔히 거실·세가라든가 세가·대족 등으로 다양하게 지칭하고 있었지만, 기본적으로는 사족 신분으로서 곧 양반층이었다. 그런데 고려 말과 같은 정치적 대변혁기에도 우리나라의 사족 세가들은 언제나 현실의 왕권과 결탁함으로써 노비 노동력과 토지 소출을 보장받아 "집집마다 공후의 낙"을 누리려고 할지언정, 결코 "공후의 낙"을 박탈당할지도 모르는 비현실적 모험을 감행하지는 않을 것이라는 확신이 단호하게 피력되었다. 현실의 왕권과 결탁하는 한 국가체제는 그들에게 마치 봉건 제후와 같은 사회정치적 안락(安樂)을 보장해주고 있었다는 뜻이다.

기실 왕권을 정점으로 하는 국가권력이라는 것이 그 같은 사족 세가들의 옹위에 의해 '유지'된다는 것이므로 국가체제는 그들의 토지와 노비를 보호해주는 여러 장치를 법제적으로 마련해두고 있었다. 가령 과전법이라든가 노비종천법(奴婢從賤法) 같은 것은 그 전형적 사례였다. 그 같은 국가체제는 이시애의 난(李施愛亂, 세조13;1467)을 평정한 후 내란의 근원을 진단해보는 논의에서도 같은 논조로 강조되었다.

> 중국(中國)은 요(堯)임금으로부터 명(明)나라에 이르기까지 무릇 23대 왕조인데, 우리나라는 단군(檀君)으로부터 지금까지 겨우 7대 왕조이다. 이는 단지 화(華)·이(夷)의 풍속(風俗)의 순후함과 박함이 부동(不同)해서가 아니다. 동방(東方)에는 대가세족(大家世族)이 중외(中外)에 포열(布列)해 있으므로 비록 간웅(姦雄)이 나타나더라도 그 사이에서 틈을 엿볼 수가 없었기 때문이다. 대체 대가세족이 대가세족으로 행세할 수 있는 것은 그가 노비(奴婢)를 소유하고 있기 때문이다. 노비를 소유함으로써 내외(內外)·상하(上下)의 분(分)을 지킬 수가 있으며, 예의염치(禮義廉恥)를 양성할 수가 있고, 기력(氣力)을 왕성하게 유지하며 명망(名望)을 드러낼 수 있다. 고려왕조가 원(元)나라를 섬기던 초기에 나라를 거의 지키지 못할 뻔하였는데, 권부(權溥)·이제현(李齊賢) 등 제가(諸家)가 있어 서로 더불어 유지하였기로 드디어 종사(宗社)를 안정시킬 수 있었다. 근일 함길도(咸吉道) 제군(諸郡)에도 타도(他道)의 경우처럼 세족(世族) 수십 가가 있었더라면, 길주(吉州)의 적(賊=李施愛)이 경내(境內)의 조신(朝臣)을 다 죽이는데 어찌 한 사람도 거기 근왕(勤王)하는 자가 없었을 것인가. 이는 다른 까닭이 아니다. (함길도에는) 노비가 없고 따라서 세신이 없었기 때문이다(『세조실록』 권43, 13년 8월 기해).

즉 중국과는 다르게 우리나라가 왕조마다 명맥을 장구히 유지할 수 있었던 비결은 국가 제도에 따라 노비 노동력을 사역하는 대가세족들이 도마다 수십 가(數十家)씩 있어서, 그들의 동향이 국가의 여론이나 정책을 좌우하면서 국가체제의 흔들림을 막아 유지해가기 때문이라고 하였다. 특히 대가세족들이 지배층으로서 행세할 수 있는 사회적 지반은 곧 노비 노동력을 소유함으로써 유지될 수 있었다고 인식한 사실을 주의할 필요가 있다. 그것은 곧 생산노동(生產勞動)을 담당하는 노비층을 사회적 지반으로 하고 그 위에 서서 국가를 유지하는 데 전념하는 지배층으로서의 대가세족층이 따로 용립(聳立)해 있었다는 사실을 잘 드러내주기 때문이다.

"세속에서는 혼인할 때 노비가 많고 적음을 가지고서 그 가풍(家風)이 높고 낮은가를 판단하는 기준으로 삼는다"는 것이며, "사족가(士族家)가 번성하는가 쇠잔하는가는 실로 노비의 많고 적음에서 말미암는다"는 것이 이 시기의 현실이었다.[8] 국가는 이데올로기적으로 사족층의 노비 확보를 보장해주어야 한다는 것이었다.

> 우리나라의 노비법(奴婢法)은 비록 중국(中國)과는 통하지 않지만, 우리나라의 예의(禮義)로운 풍속과 염치(廉恥) 있는 풍기(風紀)가 실로 노비제도로 말미암아 유지된다. 그런데 근년 이래 노비로서 도망하는 자가 있어도 상위용은율(相爲容隱律)에 구애되어, 비록 그 부모(父母)나 형제(兄弟)가 공연히 숨겨주면서 오히려 그 본주(本主)를 욕보여도, 본주가 감히 뭐라고 말할 수가 없게 되어있다. 세가(世家)의 자손으로서 빈궁하여 떨쳐 일어나지 못하는 자는 포한(抱恨)이 더욱 심하다. … 세가를 우대하고 보호하여 예의를 도타이 기르며 염치를 장려토록 함으로써 국가의 맥(脈)을 장구

8 『세종실록』 권97, 24년 8월 을묘;『문종실록』 권7, 원년 5월 병진.

(長久)히 하고 노(奴)·주(主)의 분(分)을 엄하게 해야 할 것이다(『세종실록』 권85, 21년 5월 경술).

실상 이 시기 왕권과 가까운 관계에 있는 세가일수록 그 노비 보유의 규모가 큰 편이었다. 가령 "고려왕조 500년간을 통하여 종친 거실들은 노비를 많이 가지고 있었는데 혹 1천여 명에 이르기도 하였다." 조선왕조에서도 세종의 제8남 영응대군(永膺大君)은 무려 1만 구(萬口)에 달하는 노비를 보유하고 있었다. 또 중종반정(中宗反正)을 통하여 공신이 된 자들은 '관노비의 거의 절반'을 차지하여, 이 시기 노비를 많이 소유한 자는 5·6천 명씩이나 된다고 하였다.[9] 실제로 고문서를 통하여 검증해낸 한 실증적 연구에 따르면 이 시기의 노비 소유자는 왕권과 어느 정도 밀착되어 있는가, 관직이 얼마나 높은가, 그리고 그 거주 배경이 중앙인가 하는 조건들이 그의 노비 보유의 규모를 가늠하는 '정확한 척도'였다고 한다.[10]

그렇다면 그들이 옹위하는 국가체제(國家體制)도 기본적으로 노비계층을 그 존립의 사회경제적 지반으로 하고서 유지되고 있었을까.

우선 국가체제를 떠받치고 있는 세가층의 사회경제적 지반이 노비만이었을까. 비록 앞의 사료는 노비만을 거론하였지만, 실상 이 시기의 세가들이 노비와 더불어 전지 또한 주요 경제적 지반으로 확보하고 있었음은 더 말할 필요가 없다. 노비와 함께 전지를 소유함으로써 집집마다

9 『태조실록』 권1, 원년 8월 기사; 『성종실록』 권251, 22년 3월 기묘; 『중종실록』 권4, 2년 12월 병신; 같은 책 권32, 13년 2월 경인.

10 李榮薰, 1987, 「古文書를 통해 본 朝鮮前期 奴婢의 經濟的 性格」, 『韓國史學』 9, 정신문화연구원 참조.

'공후의 낙'을 누리며 살 수 있다 하지 않았는가. "우리나라의 사족은 노비와 전지를 가지고서야 문호를 보존"할 수 있다고 하였다.[11] 그들은 기본적으로 노비 노동력을 동원함으로써 농장을 경영하고 있었으니, 이 양자가 곧 그들의 사회경제적 존립 지반이었던 것이다.

세가층이 노비 노동력을 그 사회경제적 일차 지반으로 삼아오고 있었으므로, 노비에 대한 강력한 신분적 구속은 이미 이전 시기부터 매우 엄격히 지켜졌다. 실상 고려 후기 원(元)나라의 압제를 받게 되었을 때, 중국에 없는 노비제도로 인하여 고려에는 놀고먹는 자가 많다는 사실 때문에 원나라가 대관을 파견하여 노비법을 고치도록 압력을 가한 일이 있었다. 그러나 고려에서는 국왕 이하 지배층이 적극적으로 반대운동을 전개한 결과, 결국 노비법은 인습 그대로 유지할 수 있게 되었다. 사정의 일단은 다음 사료에서 드러난다.

> (고려 충렬왕) 26년 10월 원(元)나라 활리길사(闊里吉思)가 (원나라 황제의 명을 받들어) 본국(本國)의 노비법(奴婢法)을 개혁하려 하였다. 이에 왕은 표문(表文)을 올려 반대하였는데 그 대략은 다음과 같다. '옛날 우리 태조(太祖)께서는 후사(後嗣) 자손들에게 훈계를 내려 말씀하시기를, "무릇 이 천류(賤類)들은 그 종족이 별다른 데가 있는 것이니, 삼가 이들로 하여금 양인(良人)이 되지 못하도록 하라. 만약 양인이 되도록 허용해둔다면 뒷날에는 반드시 벼슬길로 나아가 점점 요직(要職)을 차지하여 국가에 난리(亂離)를 도모하게 될 것이다. 만약 이 훈계를 어긴다면 사직(社稷)이 위태로워질 것이다"라고 하셨습니다. 이로 말미암아 소방(小邦)의 법으로는 호적(戶籍)에 8대를

11 『성종실록』 권236, 21년 정월 병자.

거슬러 올라가도 천류(賤類)와 관련됨이 없는 연후에야 비로소 벼슬길에 나아갈 수가 있습니다. 그리고 무릇 천류는 그 어미나 아비가 한쪽이 천민(賤民)이면 자손 모두가 천민이 되며, 비록 그 본주(本主)가 놓아주어 양인으로 된 자가 있다 할지라도 그가 낳은 자손들은 도로 천민이 되게 되어 있습니다. 또한 그 본주가 후손이 없는 경우에는 역시 본주의 동족(同族) 소유로 귀속하도록 되어 있습니다. 그렇게 하는 까닭은 그들로 하여금 양인이 될 수 없도록 하기 위함입니다'(『高麗史』 권85, 刑法志 奴婢).

그 같은 국가체제는 주자성리학을 유일한 배타적 국가 교학으로 운용하게 된 조선왕조에 와서는 주자학 명분론을 급기야 주(主)·노(奴) 관계에까지 적용하였고, 이에 주노지분(主奴之分)을 군신지분(君臣之分)과 같은 것이라고 해석하여 견고히 유지하였다.

대사헌(大司憲) 서거정(徐居正) 등이 상소하였다. … "우리 동방(東方)은 기자(箕子)가 수봉(受封)한 이래로 사족가(士族家)는 모두 노비(奴婢)를 소유하여 대대로 그 문서를 지켜오고 있으므로, 노(奴)는 그 주(主)에 대해서 군(君)·신(臣)의 분(分)이 있으니, 상(上)·하(下)와 존(尊)·비(卑)의 명분(名分)이 정연(整然)하여 문란할 수가 없는 것이다"(『성종실록』 권33, 4년 8월 계해).

기자(箕子)가 나라를 다스릴 때 백성으로서 도둑질한 자는 주가(主家)에서 노역(勞役)으로 갚아야 하며 그 자손에 이르도록 면제되지 못하게 하였다. 이것이 사노비(私奴婢) 제도가 시작된 유래이다. 그 후 사군(四郡)·이부(二府)·삼한(三韓)과 신라 백제를 경유하여 고려에 이르렀어도 변함이 없었다. 아조(我朝)가 개국한 후에는 법으로 정하여 사천(私賤)의 소생은 사대부(士大夫)의 자녀가 아닌 한 대속(代贖)할 수가 없도록 하였다. 이는 천민(賤

> 民)에게는 양인(良人)으로 되는 길이 없도록 해둔 것이니, 어찌 그 의도가 없다고 할 것인가. 우리나라가 유지되고 귀(貴)·천(賤)이 문란해지지 않는 까닭은 다만 구구한 명분(名分) 때문이다. 만약 이것마저 허물어진다면 몇 대 지나지 않아 노(奴)·주(主)의 자손들이 서로 더불어 혼인(婚姻)하기에 이를 것이니, 그리된다면 조종(祖宗)께서 법을 세운 본의와 너무 멀어지는 것이 아닌가(『명종실록』 권15, 6년 9월 계축).
>
> 우리나라의 법은 아무리 용렬한 자라도 선조(先祖)가 물려준 노비가 있기만 하면 편히 앉아 공후(公侯)의 즐거움을 누리니 어찌 이런 이치가 있을 수 있다는 말입니까(『선조실록』 권142, 34년 10월 기축).

그래서 조선 시기의 세가들은 대체로 자기 주거지를 중심으로 노비 노동력을 사역하여 광대한 농장을 경영하였으며, 외방(外方) 농장에도 그곳에 거주하는 노비 노동력을 동원하여 농장을 경영하며 장리를 통해서도 이식(利殖)행위를 벌이고 있었다. 물론 농장경영과 결부되지 않은 외거노비(外居奴婢)들로부터는 신공을 수취하고 있었다.

조선 전기까지는 아직도 전지보다 노비의 경제적 비중이 더 우세한 편이었다. 그래서 도망간 노비에 대해서는 국가 행정력의 도움을 받아서까지 도로 잡아올 수 있게 하는 노비 추쇄법(推刷法)을 운용하고 있었다.

> 도망간 노비를 잡아내기 위해서는 반드시 관청 위력에 의거하여 노비의 절린(切隣)과 일족(一族)들을 잡아다가 엄한 고문을 들이대어야만 찾아낼 수가 있다. 그러므로 벼슬하고 세력 있는 자들은 편지를 띄우고 사람을 보내어 팔방으로 다니면서 폐단을 일으킨다. 그러나 세력이 없는 자는 청탁을 하고 뇌물을 바쳐 권세가의 힘을 빌려서 천 리 구석까지 찾

아가지만 잡아오지 못하는 자가 많으며, 또한 중도에서 혹 살해를 당하는 경우도 있다(『반계수록』 권26, 續篇 下 奴隷).

그들은 적극적으로 노비의 획득과 유지에 골몰하였다. "우리나라의 의관 사족(衣冠士族)들로서 노비 때문에 친척 사이에 불화하는 자가 도처에 많다"고 하였다. 사족의 부자 형제가 "서로 다투어 불화하는 것이 서민만도 못한데, 이는 다른 까닭이 아니라 오로지 노비·재산 때문에 그렇다"고도 하였다.[12] "지금 사대부가(士大夫家)에서는 자녀의 나이가 겨우 5·6세 혹은 7·8세가 되면 먼저 납채(納采)하고서 나이 들기를 기다렸다가 혼인시키는데, 이는 바로 재리(財利)를 탐내어 그러는 것이다"는 것이며, "왕자군(王子君)의 혼례 시에는 그 선행을 보지 않고 먼저 벌열이며 호부가인지를 살피니, 재리(財利)를 탐내는 일을 임금이 먼저 보이고 있다"고도 하였다.[13]

노비와 전지를 가지고서야 곧 '공후의 낙'을 누리고 살 수 있는 처지였으므로 위로는 왕실로부터 일반 사족에 이르기까지 지배층은 될수록 그 같은 재산을 자손 대대로 오래 보존하려는 궁리도 하고 있었다. 가령 이 시기의 상속문서에는 자기 자손 이외의 다른 곳으로 전지와 노비가 매도(賣渡)되어 나가는 것을 막기 위한 간절한 당부의 말씀을 흔히 남기곤 했다.[14] 또한 "지금 세속에서는 비록 대부(大夫)의 지위에 오른 자일지라

---

12 『세종실록』 권72, 18년 5월 경진;『성종실록』 권172, 15년 11월 갑오.

13 『성종실록』 권81, 8년 6월 신해;『중종실록』 권33, 13년 6월 갑술.

14 가령 15세기 후기의 경상도 안동 양반 이우양(李遇陽)은 그 자녀들에 대한 상속문기에서 다음과 같이 당부했다. "바라건대 너희들은 무릇 내가 전해주는 조상(祖上) 전래의 적지 않은 전지(田地)·노비(奴婢)·가재(家財) 등을 자자손손 영구히 전하여 잃지 말도록 할 것이며, 만일 빈궁해져서 팔아먹지 않을 수 없게 되더라도 너희들 동종 족류(同宗族類) 가운데에서 팔도록 할 것이요, 타인으로 하여금 내 집에 들어와 내 전지를 경작하고 내 재물을 사

도 딸이 있는 경우에는 달리 양자를 세워 후사로 삼으려 하지 않는데, 그것은 그의 전지·가옥·노비가 타인에게 귀속될까 봐 걱정해서 그러는 것이다"라고도 하였다.[15] 그뿐 아니라 이 시기에는 이른바 종천법에 따라 노비 수를 늘리는 가장 손쉬운 방법으로서 자기의 노(奴)를 양녀와 결혼시키는 길이 널리 활용되었다. 이는 국법에 어긋나는 일이었지만, 그 소생이 가장 확실하게 자기의 소유로 귀속되는 길이었으므로, 가능한 한 사족층은 그 같은 혼인을 포상하면서까지 권장하고, 조선 후기에도 이를 강요했다.

> 노(奴) 막종(莫從)은 자녀(子女)를 많이 생산했을 뿐 아니라 그의 자식(子息)들이 모두 양인처(良人妻)를 얻었으므로 그 공(功)이 포상할 만하여 노역(勞役)에서 놓아준 지가 이미 오래되었다. 그래서 너의 상속 몫에 넣지 않았으니, 일절 침범하지 말지어다(『경북지방고문서집성』, 389쪽, 「李幸逸男妹和會文記」).

> (군역의 의무를 지고 있는) 양민(良民)은 족징(族徵)·인징(隣徵) 따위의 횡침(橫侵)으로 인하여 견딜 수가 없으므로 자원하여 양반가에 투속함으로써 다만 자기 자신이 노비가 될 뿐만이 아니다. 양반으로서 노복(奴僕)을 가진 자 또한 그들에게 엄중히 신칙하여 모두 반드시 양인처(良人妻)를 얻도록 한다. 그러므로 빈궁하고 잔약한 양인(良人) 군보(軍保)의 여식(女息)들은 태반이 사천(私賤)의 처(妻)로 되고 마니, 아들을 낳거나 딸을 낳거나 영구히 사천으로 떨어지게 된다. 양인 장정이 날로 줄어드는 것은 오로지 이에서 연유하는 것이다(『承政院日記』 716책 英祖 6년 〈1730〉 12월 26일).

용하지 못하도록 한다면 그보다 더한 다행이 있겠느냐"(李樹健 編, 1982, 『慶北地方古文書集成』, 영남대학교출판부, 128쪽, 「李遇陽許與文記」).

15 『중종실록』 권26, 11년 10월 기사.

도처에서 전지와 노비를 소유하고 '공후의 낙'을 누리면서 국가체제를 '유지'하고 있는 그 같은 사족층의 실체는 어디서 유래했을까.

2) 사족층의 농민 지배

이미 고려 말에 지배신분층은 사족과 이족(吏族)의 분화를 보이게 되었다. 무인정권 이후로는 과거를 통해 신흥의 사류층이 대거 진출하게 되었다. 더구나 고려 말기의 내우외환에 즈음하여 군공 등을 통하여 중앙에 진출함으로써 새로이 관품을 취득하게 된 자들이 대거 사족으로 성장할 기회를 갖게 되었다. 즉 관직에는 일정한 한도가 있으므로 그들은 일단 실제 관직이 아닌 첨설직(添設職) 등의 관품을 받게 되었는데, 국왕으로부터 수여된 관품이야말로 그들을 사족으로 정립시켜주는 계제가 되었다. 즉 관품을 부여받은 자는 비록 관직을 띠지 않고 향리로 돌아가 살더라도 '품관(品官)'이라고 하는 사족층을 이루게 되었다. 그래서 신흥 사족은 낙향한 후에도 향리의 개발에 적극적으로 착수하여 자신의 사회경제적 처지를 공고히 하고, 사족층으로 일찍 세력을 형성한 지역부터 먼저 그들 스스로 유향소(留鄕所)를 설치하여 향중(鄕中)의 지배층으로 행세하기에 이르렀다. 이와 같이 사족과 이족의 분화는 중앙의 왕권과 연결을 맺어 왕권이 부여하는 관품을 띠게 되었는가, 혹은 그런 기회를 갖지 못하고 각 지역에서 농민층을 토착적으로 지배하는 이족으로 그냥 남게 되었는가의 차이에서 유래했다.

일단 품관사족이 된 자들은 낙향해 살면서도 군현 단위로 스스로 유향소를 만들어 중앙의 경재소(京在所)와 연결되면서 점차 향리에 대한 인사권까지 행사하는 한편, 수령과의 협력 아래 수취 행정에도 간여함으로써 농민의 실제 생활에 큰 영향을 미치게 되었다. 사족층은 군현 단위로 향회(鄕會)와 향규(鄕規)·향안(鄕案)을 마련하여 향풍(鄕風)·향론(鄕論)을 주도하고, 16세기 이후 점차 향약을 시행하여 농민층을 그들의 교화권 아래 두었다.

16세기 후기에는 중앙 정치에도 오랜 훈척정치·권간정치의 행태가 지양되고 사림 세력의 진출이 현저해졌다. 그것은 곧 각 지역의 광범한 토호 품관이라고 하는 사족 세력의 성장을 바탕으로, 그 집중으로서의 중앙정치가 사림정치의 시대로 접어들었음을 의미한다. 왕권을 일차적으로 옹위하는 훈척으로부터 전국적으로 드러난 세가, 그리고 아래로는 각 군현의 토착 품관에 이르기까지 사족으로서 세가를 이루어 국가체제를 이끌어가고 있었다.

사족층은 우선 향약을 사실상 국가적으로 시행하기 위해 노력했다. 향약은 워낙 중국 송(宋)나라 사류층에서 개발된 사류들만의 자치규약이었으나, 조선왕조 사족층은 그것을 각 군현 단위로 시행하면서 주민 모두에게 규약을 적용하기에 이른 것이다. 동시에 배타적 국가 교학인 성리학 윤리 규범에도 독특한 해석을 가하면서 전국 향촌 사회에 적용시켜 갔다. 해석의 하나는 주(主)·노(奴) 관계를 군(君)·신(臣)의 분(分)과 같은 충(忠)으로 극단화하여 강조한 것인데, 이는 조선왕조 특유의 노비제도와 더불어 사족층의 노비 지배를 삼강오륜(三綱五倫)의 규범으로까지 보편화하여 정당화시킨다는 의의를 지닌다. 또 하나는 사족과 일반 농민의 관계를 역시 오륜 가운데 하나인 장(長)·유(幼)의 분(分)으로까지 확대해석하여 적용한 것이었다. 나아가 사족 신분 상호 간의 관계를 역시 오륜의 붕우(朋友) 관계로 해석함에 따라 종래 혈연·학연 따위의 좁은 유대 관계를 상대적으로 지양하여 국가체제를 주도해나가는 보편적 주체의 사류로서 자신들을 인식하고 정립하게 되었다.

그래서 비록 무관(無官)의 사족일지라도 수령과는 상호 예우해야 하는 등질의 사류인 사이로, 비록 나이가 많은 농민일지라도 어린 사족에 대해서는 공경해야 하는 처지로, 그리고 노비는 상전에게 충성을 다해야 하는 존재로 사회윤리를 정립하여 길들여갔다. 더구나 이 시기 소농민층의 영농생활은 국가의 환곡이나 지주사족의 장리에 많이들 의존하기 마련이었으므로, 농민 일반은 국가와 지주사족의 중층적 지배와 교화 아래 순응하도록 길들어졌다. 그것은 이데올로기상으로 소농민층이 국가적 수취와 사족지주의 수탈을 마침내 등질시하게 되는 생산 관계이자 지배 질서로 구현되고, 농민층은 그 같은 질서에 길들어가기에 이르렀다.

사족층은 실로 일반 농민층을 상대하는 실무직을 초월한 존재로 존속하고 있었다. "지금 사족들은 각기 전지와 노비를 제 뜻대로 함으로써 사가(私家)에서 안일하게 살면서 공후의 낙을 향유하는데, 온 나라를 두고 직접 백성을 상대하는 일을 맡은 것은 모두 못나고 용렬하여 제대로 사람 축에 들지도 못하는 자들이다"라고 하는 것이 이 시기의 보편적 실정이었다.[16] 중앙 지방의 그 같은 실무직을 맡아보는 것으로는 경아전(京衙前)과 외아전(外衙前), 그리고 군교(軍校) 등의 이서(吏胥)층이 따로 존속하고 있었다. 그 밑으로는 다시 잡역에 종사하는 광범한 복예(僕隷)층이 따로 있었다.

그뿐 아니라 사족층은 국가에 변란이 있더라도 의무를 다해야 하는 것은 아니었다. 가령 성종 22년(1491)에는 야인(野人)들이 압록강을 건너와 조산보(造山堡)를 침략하여 진장(鎭將)을 죽이고 농민들을 포로로 많이

16 『반계수록』 補遺 1 郡縣制.

잡아간 사건이 일어났다. 이에 조정에서는 거국적으로 2만 대군을 동원하여 10월에 야인을 정벌하기로 계획을 세워 추진하게 되었다. 이때 무재(武才) 있는 수령은 군사를 거느리고 참전케 하였는데 이에 동원되는 자들은 "사지에 나아가는 일이므로 살아서 돌아올 마음을 갖지 못할" 정도로 정세가 자못 험한 편이었다. 그러나 그 같은 정세 속에서도 '사족'들은 참전 군사의 보인(保人)으로 지정되어 다소의 물력(物力)을 부담하는 일조차 맡지 않도록 보호되었다.

> 임금이 병조(兵曹)에 전교하였다. "근래에 듣건대 북정(北征)에 참여하는 한량인(閑良人) 등이 보인(保人)이라 칭탁하고 평민(平民)뿐 아니라 심지어 사족(士族)까지도 역시 스스로 점유하기를 도모하여 소란을 피우는데, 이미 갑(甲)을 침해하고서는 다시 을(乙)을 침해하여 모든 군장(軍裝)과 마필(馬匹)을 모두 마련하도록 독촉하니, 사족들은 보인 되기를 면하려고 많이들 뇌물을 바친다고 한다. 지금부터 북정에 참여하는 한량인의 보인으로서는 사족을 제외할 것이며 정벌에 나가 있는 기한까지 각기 평민(平民) 1인을 지급도록 하라. 그리고 이미 사족을 보인으로 점거하고 있는 경우는 도로 제외시켜라"(『성종실록』 권255, 22년 7월 병자).

물론 각색 군사의 보인은 양민으로 구성한다는 것이 원래의 법제이기는 하였다. 그러나 거국적으로 대군을 동원하여 전쟁을 수행하는 경우에도 사족은 참전 군사의 물력을 보조하는 보인의 역할조차 면제받는, 전쟁에서도 열외의 존재로 보호되었다. 그 같은 체제는 확대 재생산되고 있었다.

> 우리나라에는 신분의 귀(貴)·천(賤)이 분명하여 사족(士族)의 자제(子弟)는 비록 학교에 나가고 있지 않더라도 오히려 한가로이 놀고 있을 수가 있다. 간혹 그사이에 사족이 아닌 자로서 또 학교에 안 나가면서도 스스로 사족이라고 하지만 남들이 사족이라고 쳐주지 않는 자가 많은데, 풍속이 이미 그렇게 되어가고 있으므로 다른 사람이 관(官)에다 고발하지도 않으며, 수령(守令) 된 자도 그들의 원성을 듣기 싫어서 군역에 충원하지 않고 있다. … 지금의 교생(校生)은 모두가 군역(軍役)을 피해서 들어가 있는 자들이다. 사족의 자제들은 이름은 업유(業儒)라고 하면서도 향교(鄕校)에 나가지 않는데, 향교는 하류(下流)들이 모여드는 곳으로 되었으므로 거기 들어가는 것을 수치로 여긴다(『중종실록』 권81, 31년 정월 정묘).

물론 임진왜란과 같은 장기적·전국적 국난에도 의병(義兵)으로는 많은 사족이 자발적으로 일어나 왜적을 물리치고 순국한 경우가 허다하였으되, 정작 법제적으로 사족이 군역의 의무를 수행한 것은 아니었다. 그들은 군역을 면제받는 지배층이 되어있었던 것이다.

그 같은 국가체제이고 보니 이미 임진왜란과 같은 미증유의 국난을 겪게 되자 무방비 상태의 나라와 백성이 말할 수 없는 고난 속에서 헤맬 수밖에 없었다. 그런데 이윽고 17세기에 들어서면서 다시 북로(北虜)의 침략을 목전에 둔 상태가 되고 말았다. 이때를 당하여 사족층의 자제 가운데 공부가 모자라 고강(考講)에서 떨어지는 자들에게 군역을 지우자고 하는 논의가 일어나게 되었다. 이른바 '낙강유생충군안(落講儒生充軍案)'은 이미 전대 이래 하나의 현안으로 되어왔으며, 외적의 침략을 목전에 둔 상태에서 다시 논의되기에 이른 것이다. 그러나 인조(仁祖)의 반정공신(反正功臣) 가운데 실세 중 한 사람으로 나중에 효종(孝宗)의 장인이자 대제학(大提學)·의정(議政)이 된 계곡(谿谷) 장유(張維, 1587~1638)는 "민심은 잃을 수 있지만 사심은 잃어서는 안 되는 것"이라고 하여 이에 대한 반대 상소를 올렸다.

> 나라 다스리는 길은 시세(時勢)를 살펴 아는 것만큼 긴요한 일이 없고 인심(人心)을 수습하는 것보다 급한 일이 없습니다. 인심은 나라의 근본이 되며 시세는 일의 기본이 됩니다. 전일의 역사를 살펴보건대, 반드시 옳다고 할 수는 없는 일이라도 만약 시세에 편리하고 인심에 순응하는 것이라면 시행하여 성공치 않는 것이 없으며 그로 인하여 나라가 안고(安固)하고 임금이 존영(尊榮)스러워졌습니다. 그렇지 못한 경우 비록 그 일이 반드시 옳은 일이라 하더라도 백번 시도해보았자 모두 실패하며 나라가 망하지 않으면 난리가 일어납니다. …
>
> 가만히 생각건대 명년부터 유생(儒生)을 고강(考講)한다는 것은 매우 쉬운 일이 아닙니다. 청컨대 임금님께 그것을 말씀드리고자 합니다. 우리나라의 이른바 사족(士族)이란 것은 실로 어떤 다른 나라에도 없는 제도입니다. 그들은 농사를 짓지 않으니 농민이 그 때문에 적어지고 군역(軍役)을 지지 않으므로 용사(勇士)가 그 때문에 드물어집니다. 나라가 가난하고 약해지는 까닭도 반드시 이들 사족 때문이라고 하지 않을 수 없습니다. 그러나 명분(名分)을 유지하고 나라의 명맥(命脈)을 붙들어가는 것은 역시 이들 사족에게 힘입고 있습니다. 사족은 없어서는 안 되는 존재인 것입니다. 일반 백성들이란 사족의 그림자나 메아리인 것입니다. 그러므로 신은 일찍이 이르되 '민심(民心)은 잃을 수 있지만 사심(士心)은 잃어서는 안 된다'고 하였습니다.
>
> 지난날 우리나라가 번성하였을 때는 이른바 사족이란 것도 스스로 나

아가 벼슬을 살거나 혹은 생원(生員)·진사(進士)가 아닌 한 전혀 군역을 지지 않는 자가 없었으니, 비록 공경(公卿)의 자제라도 모두 그 소속이 있었습니다. 그러므로 나라에는 놀고먹는 자가 없고 사람들은 뜻이 일정해져서 감히 요행스럽게 면역(免役)하려는 꾀를 내지 않았으며 군역을 싫어하는 마음을 품지도 않았습니다. 그로써 인심이 안정되고 시세(時勢)가 편의롭게 되었습니다.

그런데 세월이 지나고 세태가 쇠잔해지면서 기강이 풀어지고 사족(士族)은 게을리 놀면서 스스로 안일을 도모한 지가 벌써 오래되었습니다. 한번 군역에 얽매이면 향리(鄕里)에서 사족으로 쳐주지도 않으며 사족 집안과는 혼인도 할 수 없어집니다. 그러므로 군역 피하기를 죽음 피하듯 하는 것입니다. 대저 죽음을 피하려는 자들을 몰아다 죽을 자리로 나아가게 하니 이에 그 명령은 반드시 쉽게 시행되지 못하고 사족은 반드시 군역을 견뎌내지 못할 것입니다. 습속(習俗)이 오래되면 변하기가 어렵습니다. 사람들이 견뎌내지 못하면 강제하기가 어렵습니다. 국가에서는 거듭 이 일을 시행코자 하지만, 이 명령이 내려진 후로 원근에 있는 사족들이 의심하고 근심하며 두려워하면서도 오히려 기한(期限)이 자못 멀다고 하여 그럭저럭 지나왔는데, 지금은 고강하는 날짜가 이미 박두하였고 고강을 집행할 어사(御史)가 곧 길을 떠나게 되었으니, 모두 다 황급해하지만 이에 별다른 계책은 없으므로 기상(氣象)이 시름겨워 애처롭고 사정이 두렵고 급박한 형편입니다.

대저 대대로 문벌을 지켜온 사족의 자제들이 한 가지 책도 밝게 통하지 못하고 이같이 군색하고 급박하게 된 것은 실로 그들의 죄입니다. 그러나 나라 다스리는 자의 입장에서 고려한다면 아래에다 원망과 해독이 쌓이게 하는 일인 것입니다. 한 사람만 그러하여도 오히려 난처한데 하물며 많은 사람들의 경우이겠습니까. 어찌 이들을 구휼하지 않아서야 되겠습니까. 교생(校生)을 시험 보이는 것은 예로부터 있었던 사례이니 응당 행하여야 하는 일이지만 그것이 적절하게 되도록 조절하는 일이 절실히 필요합니다. 신(臣)이 삼가 사목(事目)을 살피건대 유생(儒生)이 응시(應試)해야 하는 책은 소학(小學) 및 사서(四書) 가운데 한 책이며, 그 가운데서도 문음(門蔭) 있는 자와 없는 자를 구별하여 시험 보이도록 되어있습니다.

지금은 문음의 유무를 불문하고 다만 사서(四書)·소학(小學) 및 사략(史略) 등의 책 가운데에서 한 책만을 시험 보임으로써 어린 학도들로 하여금 합격하기 쉽도록 할 것이요, 또한 고강(考講)할 적에도 차라리 너그럽고 후하게 할지언정 각박하고 준엄하게 하지 말고, 다소 허물이 있다 하더라도 차라리 도태시키기보다는 보호하는 쪽으로 할 것입니다. 사족을 아끼는 마음을 항상 넉넉히 가지며 그들을 군정(軍丁)으로 뽑아가려는 뜻을 항상 적게 가진다면 비록 재주가 없어 도태당하는 자라도 역시 감히 원망하는 말을 낼 수가 없을 것입니다. 거기 떨어져 도태되는 자에게도 또한 방편(方便)이 있어야 합니다. 혹 임시로 무학(武學) 같은 것을 정하여 재시(再試)의 기회를 부여하고 그가 다시 떨어지고 난 후에 비로소 군역에 충당하든가, 혹 곧바로 정식 군역에 붙이지 말고 별도로 한 가지 명호(名號)를 세워서 그 가포(價布)를 받도록 함으로써 군역에 충원하는 내실(內實)을 거두는 대신 군역(軍役)을 진다는 명목은 없애도록 할 것입니다. 사족들이 싫어하는 것은 그 명목이요, 국가에 이로운 것은 그 내실입니다. 아래에서는 그가 싫어하는 것을 면하게 되고 위에서는 그 이로움을 잃지 않으니 이는 양쪽에 다 편의한 것입니다.

또 생각건대 서울 세족(世族)의 자제와 먼 시골 교생들과는 응당 차별을 두어야 합니다. 교생(校生)을 고강(考講)하는 일은 예로부터 관례로 되어왔습니다만, 성균관에서 공부하는 선비들의 경우인즉 어찌 일찍이 도태시킨 적이 있었습니까. 지금 만약 공경(公卿)·시종가(侍從家)의 비단옷 입은 자제(子弟)들이 혹 재주가 없어 낙강(落講)한다 하더라도 또한 한결같이 교생의 예에 따라 군역에 충원할 것입니까. 신은 결코 그렇게 되지는 않을 것임을 알 수 있습니다. 이 한 조항만은 변통하지 않을 수 없습니다.

어떤 사람은 말하기를, '이는 지금 비로소 만드는 사항이 아니요 곧 조종(祖宗)의 구법(舊法)이다. 진실로 해야만 하는 일이라면 어찌 사람들의 말을 근심할 것인가. 비록 처음에는 떠들썩하겠지만 마침내는 응당 타결될 것이다'라고 할 것입니다. 신(臣)이 가만히 생각건대 이는 깊이 고려하지 않은 견해입니다. … 지금의 인심(人心)은 조종조(祖宗朝)의 인심이 아닙니다. 조종의 법이라는 것을 핑계 대고 시행하기 어려운 법을 시행하려 하니, 이것이 변통할 줄 안다고 할 수 있는 것입니까. 반정(反正) 이후로 국가는 정령(政令)과 사업(事業)에서 인심이 기쁘도록 크게 위안(慰安)한 적이 없고 한갓 공사를 일으키며 법령을 만드는 것을 정치의 급무(急務)로 삼아왔으니, 백성들은 덕을 보기는커녕 번거롭고 가혹한 일을 당해왔습니다. … 나라의 존망(存亡)은 인심(人心)에 뿌리를 두고 있는 것이지 빈부(貧富)라든가 강약(强弱)은 관계가 없습니다. 수천(數千)의 병정(兵丁)을 얻는 대신 거국(擧國)의 인심을 잃게 된다면 임금님께서는 어느 쪽이 이롭다고 생각하십니까(『谿谷集』 권17, 論軍籍擬上箚).

실로 사족이야말로 광범한 일반 백성들에게 영향을 끼치면서 국가의 '명맥'을 유지하는 기본 계층으로 인식되었다. 그들의 마음이 곧 '거국(擧國)의 인심(人心)'으로 인식되고 있었다. 그들은 군역 등의 노역에 동원되기보다는 학문이나 관직에 종사함으로써 길이 국가체제의 명맥을 유지하면서 백성들을 지배하여야만 했다.[17] 그것이 곧 현실적인 길이라고 강조하였던 것이다.

4. 중층적 수탈구조

1) 관인층의 할거적 수탈

조선왕조는 국왕과 더불어 직접 통치행위에 참여하고 있는 현직 관원(官員)들에게 제도적으로 충분한 생활대책을 보장해주지 않았다. 중앙기관에 재직하는 모든 관원에게는 녹봉이란 것이 지급되기는 하였으나, 그것은 생활비로는 태부족한 편이었다.

> 지금 백관(百官)의 녹봉은 극히 박하여 1품(品)의 녹이 1년에 60석이요 9품의 경우는 겨우 12석에 불과하다. 그러므로 생활을 지탱할 수가 없어서 으레 외방으로부터 뇌물을 받는데 이름하여 진봉(進奉)이라 한다. 그나마 청요직(淸要職)에 있는 자라야 진봉을 얻을 수 있으며 나머지는 얻

17 좀 특수한 경우의 표현에 속하는 것이지만 18세기 정조임금이 조정의 사대부(士大夫)를 두고 말한 다음의 견해 또한 참조할 만하다. "교목세신(喬木世臣)의 후예로서 왕실의 기둥이 될 의리를 맡아 완연히 원기(元氣)를 이루어 우리 400년 종국(宗國)을 지탱해온 것이 곧 사대부이다. 고상한 풍절(風節)을 이루어 조정의 법도가 되어온 것도 사대부이다. 청의(淸議)를 유지하고 정기(正氣)를 튼튼히 붙들어온 것도 사대부이다. 임금의 뜻과 거동을 돕고 받들어온 것도 사대부이다. 아조(我朝)가 나라를 세우면서 오로지 사대부를 숭상했으니, 인군(人君)이 나라를 다스리면서 이 사대부를 버리고 무엇을 어찌할 것인가"(『정조실록』 권13, 6년 5월 을축).

을 수가 없다. 또 각 관청에서 쓰다 남은 물건을 여러 관원들이 사사로이 나누어 먹는데 이름하여 분아(分兒)라고 한다. 이서(吏胥)들은 혹 녹봉이 있기도 하고 없기도 하여 기관마다 제각기 다르다. … 그 아래의 복예(僕隷)들은 거의 다 녹봉이 없기 때문에 모두가 남을 뜯어먹고서 사는 도리밖에 없다. 사세가 이렇게 되어있으므로 그 폐해는 이루 다 말할 수 없는 데까지 뻗어가기 마련이다(『반계수록』 권3, 田制後錄 上).

한편 지방관의 경우도 대개 마찬가지였다. 조선왕조는 원래 수령들에게 아록전이라는 수조지를 설정하여 녹봉에 대신하도록 하였으나, 그것은 명목뿐이었으며 그나마 유명무실해지고 말았다. 가령 16세기 당시에도 수령에게는 사실상 일정한 봉록 등이 없어서 각 군현마다 수령들은 제각기 관물(官物)을 자기 봉록으로 사용하는 실정이었다.[18] 더구나 감사(監司)라든가 혹은 병수사(兵水使) 이하 첨사(僉使)·만호(萬戶) 등의 진장(鎭將)들은 아예 봉록이 책정되어 있지 않고 군자곡(軍資穀) 등 관물을 쓰도록 되어있었다.

지금 지방관들은 모두 정상적인 봉록이 없다. 수령(守令)은 과외(科外)로 백성들로부터 거두어 먹고 감사(監司)는 각 군현(郡縣)으로부터 거두어 먹으며, 병사(兵使)·수사(水使)·첨사(僉使)·만호(萬戶)는 번상(番上)하는 군인을 내

18 가령 16세기 후기 자신이 직접 여러 곳 고을살이를 해본 도학자 퇴계 이황의 다음 말을 살필 일이다. "중원(中原)과 본국(本國)은 군현(郡縣)의 제도가 크게 부동(不同)한 것이 있다. 중원인즉 군현을 맡은 자는 모두 월봉(月俸)이 있어 비록 앙사부육(仰事俯育)이라든가 친척(親戚)에게 미치더라도 오히려 해(害)될 것이 없다. 지금 본국인즉 월봉의 제도가 있지 않으며 관물(官物)을 가지고서 자기의 용도로 하고 있으니, 자제(子弟)들을 많이 거느리고서 관사(官舍)를 번거롭게 하는 것이 어찌 의(義)에 맞는 일일 것인가"(『退溪先生言行錄』 권3, 居官).

보내는 대신 포(布)를 받아먹고, 찰방(察訪)은 역졸(驛卒)들로부터 거두어 생활하고 있다. 이는 모두 제각기 거두어 먹는 것이므로 그 액수가 많고 적은 한도조차 없다. 서리(胥吏)·복예(僕隸)들로 말하자면 온 나라를 두고 다 정상적인 먹이가 없기 때문에 서울의 경우와 마찬가지로 자기가 소관하는 부분에서 뜯어먹고 산다. 그러므로 전국의 모든 생민(生民)들이 어느 곳에서나 손해를 입지 않는 곳이 없게 되어있는 것이다(『반계수록』 권3, 田制後錄 上).

아국(我國)의 법제(法制)는 모자라는 데가 많다. 다만 병사(兵使)·수사(水使)·첨사(僉使)·만호(萬戶)·권관(權管) 등의 관원을 설치는 해놓고 그들을 봉록으로 생활하게 할 방법은 마련하지 않은 채 군졸들이 장만해오도록 하여 생활토록 해두었으니, 변방 장수(將帥)들이 침어(侵漁)하는 폐단이 이에서 비롯되는 것이다. … 게다가 관리의 임명이 공정하지 않으므로 빚을 진 장수들이 연달아 나오는데, '모진(某鎭)의 진장(鎭將)은 그 자릿값이 얼마이며 모보(某堡)의 권관(權管)은 그 가격이 얼마이다'라고 공공연히 말한다. 이따위 무리는 다만 군졸을 벗기고 뜯어냄으로써 자기가 출세하는 길을 뚫을 뿐이다(『율곡전서』 권5, 「萬言封事」).

지금 서리(胥吏)들은 중앙의 각 기관으로부터 지방 각 군현에 이르기까지 일정한 구전(口錢)이 전혀 없이 오래도록 관(官)의 일을 보고 있다. 아침저녁으로 먹는 식량이라든가 겨울 여름으로 해 입는 옷감이 백성을 침학하거나 공물(貢物)을 바치러 오는 지방 이서(吏胥)들을 등쳐먹지 않고는 나올 곳이 없다. … 서울 이서가 지방 이서에게 독을 피우면서 이르기를, "인정(人情)으로 바치는 물건들은 내가 다 먹는 것이 아니다. 양반 관원님들께 공궤하는 데 쓰는 것이다"라고 한다. 각 기관의 관원들도 이서들이 작폐하는 줄을 알지만, 고의로 놓아두고 금하지 않는다. 심지어는 이서들이 괜찮은 공물도 퇴짜를 놓고 사주인(私主人)으로 하여금 방납(防納)하게 함으로써 많은 이득을 챙기도록 만든다. 그 때문에 지방 이서들은 촌 백성들을 마음대로 침학하여 끝 간 데가 없지만, 수령은 어떻게 할 수가 없다. 밝다는 수령도 그러하니 물정에 어두운 수령이야 어찌할 것인가. 이는 모두 중앙 지방의 이서들이 서로 구조적으로 결탁하고 터전을 이루어 도적질을 하는 것이다(『重峰集』 권5, 擬上疏 壬午=선조15=1582 8月 報恩縣監時).

그러므로 조선왕조가 선 지 100년이 지나지 않은 15세기 말에 벌써, "지금인즉 윗사람을 범하는 풍조가 더욱 심해졌으니, 이서와 농민들은 수령을 가리켜 도적(盜賊)이라 하고, 수군은 만호(萬戶)를 가리켜 도적이라 칭한다"는 실정이 전개되었다.[19]

이 시기 이서층의 중간 농단과 부정은 구조적으로 극심해서 "조선은 이서 때문에 나라가 망한다"라는 말이 공공연하게 나돌고 있었다. 이서층은 농민들로부터 도적으로 치부되는 편이지만, 그 자체는 양반관원들을 '도적'으로 지목하고 있었다. 더구나 19세기 초 실학자 다산 정약용은 무엇보다도 각 도의 감사야말로 '큰 도적'이라고 지목하면서, 그것이 지방행정을 책임지고서 각 군현을 순찰하면서 벌이는 폐습을 다음과 같이 말하였다.

대저 감사(監司)가 순찰하는 법은 전혀 무의미한 것이다. 감사는 많은 수행원들을 거느리고서 양식을 소비한다. 지방 백성들은 굶주려도 먹지

19 『성종실록』 권159, 14년 10월 계해. "속어(俗語)에 만호(萬戶)를 지목하여 '목적(木賊)=목면(木綿)도적'이라 하는데, 그 도임하는 날부터 곧 군졸(軍卒)들로부터 징렴(徵斂)하는 일에 마음을 다하기 때문이다"고도 하였다(『명종실록』 권3, 원년 4월 정미).

못하고 피로하여도 쉬지 못하는데, 그들은 마시고 먹는 것이 물 흐르듯 하며 행락을 탐하여 여러 고을에 우환을 끼치니 생민(生民)의 큰 병통이 되고 있다. 오늘날 크고 심각한 병폐로는 이것보다 더한 것이 없다. 감사가 역마(驛馬)를 이용하는 데도 법전에 규정이 있으니 2·3품 봉명사신(奉命使臣)일지라도 모두 대마(大馬) 1필, 태마(駄馬) 1·2필뿐이다. 그럼에도 말을 점고(點考)한다는 명목을 내세워 여러 역(驛)의 말을 모두 징발해서, 안장한 말이나 안장하지 않은 말이 앞서거니 뒤서거니 갈기와 꼬리를 잇대어 수백 리에 뻗친다. 대략 한 역참(驛站)을 지나갈 적에 말이 수백 필이요, 상·중·하 세 등급의 주객(主客)과 한잡인(閑雜人)들이 1천여 명이나 된다. 매양 군현(郡縣)에 들어가면 감사(監司)는 큰 향응(饗應)을 받고 드디어 나른해져서 드러눕고 만다. 그러면 영리(營吏)들이 밖에서 백성들의 소장(訴狀)을 받아 판결문을 마음대로 쓰되, 묘지(墓地)의 소송에는 '사실을 조사해서 판결하라', 백성들이 폐막(弊瘼)을 호소한 데 대해서는 '사실을 조사해서 조처하라' 하여, 모두 그 고을 수령에게 일임해버린다. 밤에는 기생을 끼고 자며 해가 한낮이 되어서야 겨우 일어난다. 행차할 때는 꼭 횃불을 밝히며 행인들의 등짝을 두들기고 꽁무니를 차서 울부짖고 넘어지게 한다. 산사(山寺)에서 꽃놀이로 즐기고 강정(江亭)에서 달 아래 배를 띄우며 수령들을 불러서 행락을 일삼는다. 그리고 일체의 전조(田租)·부역(賦役)·옥송(獄訟)·군무(軍務)와 간활한 향임(鄕任)·이서(吏胥)들, 각 지방의 패악(悖惡)한 부류들에 대해서는 전혀 아랑곳도 하지 않는다. 감사의 행차가 지나가는 곳에는 오직 먼지가 치솟고 꽹과리와 피리 소리가 야단스레 울리는 것을 볼 뿐이다. 이것이 과연 무슨 일이며, 무슨 뜻이 있으며, 무슨 명분이 있으며, 무슨 이익이 있기에 사방의 뭇사람들을 동원하고 만민(萬民)의 힘을 짜내어 분주하고 허둥지둥하게 만드는 것인가. 이서의 수를 줄이지 못하는 것도 감사의 순력(巡歷) 때문이요, 계방(契房)을 혁파하지 못하는 것도 감사의 순력 때문이요, 연호잡역(烟戶雜役)이 날로 증가하는 것도 감사의 순력 때문이요, 점촌(店村)이 피폐해가는 것도 감사의 순력 때문이요, 사찰(寺刹)이 황폐해가는 것도 감사의 순력 때문이다. 감사의 순력하는 법을 고치지 않고는 목민(牧民)하는 정사는 논의할 여지가 없는 것이다(『목민심서』, 戶典 平賦).[20]

극단적으로 말하자면, 국가체제라는 것은 '도적'층 위에 다시 큰 '도적'층이 군림하는 중층적 '도적' 구조를 이루고 있었으며, 직접생산자 농민층으로부터는 완전히 유리된 채로 운용되고 있었던 셈이다.

2) 왕권과 결부된 수탈구조의 사례

이제 그 같은 중층적 수탈구조에서 가장 높은 지위에 있는 임금님에 대한 진상(進上)이란 제도는 어떻게 운용되고 있을까.

전근대의 유교문화권 국가에서 일반적으로 국토는 모두 왕토(王土)이며 그 위에 사는 주민은 모두 왕신(王臣)이라는 관념이 발달하였다. 그래서 왕실의 재용(財用)이 곧 국용(國用)이라고 하는 관념도 널리 발달해 있었다. 조선왕조로 말하자면 국가 전세의 일부와 특히 중앙재정의 주요 부분을 점하는 공물(貢物)의 대부분이 왕실용으로 배정되어 있었다. 국가재정 전체 가운데 막대한 부분을 차지하는 왕실 수용(需用)의 집행을 위

20 인용문 가운데 계방(契房)은 각 군현 이서(吏胥)들이 지정하여 각자의 사봉(私封)으로 삼고 있던 민호(民戶)이며, 연호잡역은 민호(民戶)에 부과하는 비정규의 잡다한 부담, 그리고 점촌(店村)은 광산촌(鑛山村)이라든가 도자기(陶磁器)를 굽는 촌(村)으로서 비정규의 특별세(特別稅)를 부담시키고 있었다.

하여 설치해둔 기관도 매우 다양하였다. 가령 국왕이 드는 음식, 즉 '어선(御膳)'을 마련하고 장만하는 기관으로 말하더라도 사옹원(司饔院)·내자시(內資寺)·내섬시(內贍寺)·사도시(司䆃寺)·사재감(司宰監)·사온서(司醞署)·의영고(義盈庫)·사포서(司圃署) 등 실로 다채로운 배치를 해두고 있었다.[21]

그뿐만이 아니었다. 우리나라 중세에는 국왕에게 각 지역의 특산 음식물을 날마다 혹은 달마다 바치는 소위 진상(進上)이라는 제도가 매우 발달하였다. 중국에는 전혀 없는 우리나라의 독특한 이 제도가 언제부터 운용되었는지는 자세히 알려지지 않았지만, 조선왕조의 경우 이미 국초부터 시행되고 있었다.

진상은 어선(御膳)을 위한 식품(食品)이 주종을 이루었는데 각 도의 감사(監司)·병사(兵使)·수사(水使)가 책임을 지고 바치게 되어 있었다. 경기 감사는 매일, 가까운 도의 감사는 매월 초하루와 보름의 두 차례, 먼 도의 감사는 매월 한 차례씩 바치도록 관례화하여 있었다. 그런데 그것은 임금님에게 전국의 특수 식품을 골고루 잡수시게 하기 위한 제도로 운용되는 것인 만큼 그야말로 산과 바다, 강과 육지에서 나는 생것·말린 것·가공한 것 따위의 온갖 음식물을 망라하고 있었으며, 더구나 저장과 수송이 불편한 당시로서는 매우 중요한 만큼 까다로운 행사로 거행되고 있었다.

그런데 진상제도는 원래가 국가재정상의 경상비(經常費) 항목에 책정되

21 가령 17세기 실학자 반계 유형원의 다음 지적을 참조할 것이다. "일찍이 한(漢)나라 관제(官制)를 보니 심히 간략한 편이었다. 대체로 모두가 실무를 처리하는 기관이요 어공(御供)을 맡은 것은 다만 한 기관이었기 때문이다. 옛날에만 그러하였던 것이 아니라 역대 이래 명(明)나라까지 다 그러하였다. 우리나라는 관청을 설치하되 여러 시(寺)니 감(監)이니 하는 것들의 수가 중국의 3배나 되는데, 그 태반이 어공에 관련된 기관이다. 제도를 만든 것이 이래서야 어찌 폐단이 일어나지 않을 것인가. 이는 모두 일이 없는 가운데 일을 많이 만들어 벌여놓은 것이다"(『반계수록』 권16-3, 職官之制 下).

지 않는 것으로 시행되고 있었다는 사실을 주의하지 않으면 안 된다. 정상적 재원(財源)을 마련해두지 않고 운용되는 것이니만큼, 그것은 객관적 기준에 따라 공적으로 규정된 제도가 아니라, 왕권을 대신하여 광역(廣域)을 다스리는 신료들이 임금님에게 바치는 사적 공헌(私的貢獻)에 속하는 관행(慣行)이었다. 다른 곳에는 유례가 없는 이 진상제도가 하필 우리나라 중세 국가에서 특별히 가중되어 시행된 것은 아마도 우리나라에는 다른 나라보다도 대대로 왕권과 휴척(休戚)을 함께하는 세족(世族)층이 존속해 오고 있었다는 사실과 관련지어 생각해볼 수 있다. 즉 왕권과 휴척을 같이하면서 그 두터운 은혜를 입어 대대로 지배층으로 행세하고 있는 이상, 공·사 할 것 없이 모든 것을 임금님께로 귀일시켜야 한다는 전일적 충성심이 진상(進上)이라는 구체적 정의(情誼)로 발현된 것이 아닌가 생각된다.[22]

군신(君臣) 간의 정의야 훌륭한 덕목임이 틀림없지만, 재원의 책정 없는 진상제도의 운용은 그 부담이 필경 전국 백성들의 고통으로 떨어지기 마련이었다. 이미 임진왜란 이전에 율곡(栗谷) 이이(李珥, 1536~1584;중종31~선조17)는 그 사실을 다음과 같이 지적하였다.

---

22 가령 경기감사가 매일 진상을 바치게 된 유래를 두고 16세기 말의 중봉 조헌(趙憲)이 기록해둔 다음의 기사를 참고할 일이다. "성종 만년에 손순효(孫舜孝)가 경기 감사로 있었는데, 마침 중국 사신이 나오는 때를 당하자 그 사신이 오래 머무를까 걱정하여 경기 백성들로부터 생선과 꿩을 많이 받아들여 사신을 영접하는 데 쓰기로 하였으나, 그 사신이 빨리 돌아가자 생선이 소용없게 되었다. 이에 임금님 수라간을 맡은 사옹원(司饔院)으로 날마다 물목(物目)을 기록하고 헤아려 들여보내어 어선(御膳)으로 올리도록 하였다. 물건이 거의 다해가는데 순효는 교체될 날이 장차 가까워지자 자기가 감사로 있는 동안에나 계속 올리리라 하고 다시 백성들로부터 거두어 바쳤다. 순효의 후임으로 온 자는 또 생각하기를, '순효도 그러하였는데 신이 어찌 감히 폐지할 수가 있으리오' 하고 그대로 계속하여, 그것이 드디어 구규(舊規)가 되어 오늘날에 이르게 되었다"(『重峰集』 권4, 擬上十六條疏). 여기서 무엇보다도 주목해야 할 것은 곧 사헌(私獻)이 공헌(公獻)으로 관행되어 제도화하였다는 사실이다.

지금 소위 진상(進上)이란 것은 반드시 임금님의 공궤에 합당한 것도 아닙니다. 잘디잘고 번거로운 물품을 바치지 않는 것이 없고 물과 뭍에서 나는 것을 모조리 거두어들이는데, 진실로 어선(御膳)에 적합한 것을 고르자면 몇 가지 되지도 않습니다. 옛 훌륭한 임금은 한 사람으로서 천하(天下)를 다스렸지 천하의 모든 물산(物産)을 가지고 한 사람을 받들게는 하지 않았습니다. 비록 바치는 물품이 하나하나 모두 임금님이 드시기에 합당하더라도 역시 덜고 생략하여 백성들이 힘을 펼 수 있도록 하여야 할 것이거늘, 하물며 긴요하지 않은 것을 요구함으로써 백성들을 잔해(殘害)해서야 될 일입니까. 이 폐단을 없애자면 마땅히 대신(大臣)과 당해 관사(官司)로 하여금 진상(進上)이란 명목(名目)을 모두 취하여 그 긴요한 것과 그렇지 않은 것을 가려내어 상공(上供)에 없어서는 안 되는 긴요한 것들만을 거두도록 할 것이요, 그 나머지 긴요치 않은 것은 모두 덜어 없앨 것이며, 비록 긴요한 것이라도 그 수량이 너무 많은 것들은 역시 감해야 할 것입니다(『栗谷全書』 권15, 「東湖問答」 右論安民之術).

그러나 폐단 많은 진상은 그 후 임진왜란이 일어나 나라가 거의 망할 뻔하고 다시 병자호란이 일어나 오랑캐에게 항복하는 변고를 겪으면서도 결코 바로잡지 못한 채 그대로 운용되었다. 17세기의 실학자 반계 유형원(柳馨遠, 1622~1673)은 그 실정을 가장 완곡하게 묘사했다.

지금 각 도(道)에서 바치는 진상(進上)이라는 것은 대체로 국왕(國王)의 식품(食品)에 속하는 것들인데 그 명색(名色)이 심히 번거로워서 자잘한 것들까지 빠짐없이 다 들어있다. 매월 바치기도 하고 혹은 한 달에 2·3차 바치기도 한다. 경기에서는 매일 바치는데 이는 국초부터 있은 일이 아니라 중엽부터 시작되었다고 한다[감사(監司)가 친히 진상물을 감정해 바칠 수 없으므로 처음에는 각 고을 수령(守令)들로 하여금 대신 감정해 바치도록 하였으나 수령 역시 모두 감정할 수가 없어서 지금은 경기지역의 6명의 찰방(察訪)이 번갈아 가면서 감정해 바친다]. 진상(進上)은 모두가 경상(經常)의 부세(賦稅) 이외에 받는 것으로서 감사가 각 고을에다 배정하면 각 고을에서는 또 민간에다 분정(分定)하여 거두는데, 그사이에 층층마다 많이 받아내고 마디마디 폐단이 늘어나는 것이 이미 이루 다 말할 수가 없다.

그것을 감정하여 올릴 때도 쓸데없이 중앙의 각사(各司)를 경유하여 바치기 때문에 그 이서(吏胥)들이 마음대로 농간을 부리도록 맡겨두는 결과로 된다[이서들이 중대한 일이라고 빙자하여 뇌물을 토색하기로는 진상(進上)의 경우보다 심한 것이 없다. 그러므로 지금은 진상물을 거둘 때는 반드시 수수료로서 인정포(人情布)를 먼저 거두고, 진상물을 실을 때는 반드시 먼저 인정포를 싣고 있다. 속담에 이르기를 '진상품은 산적 꼬치로 꿰어가고 인정(人情)은 바리로 가득 실어간다'고 하는데, 이를 보아도 그 폐단이 어떠한가를 알 수가 있다]. 이는 실로 도리로써 윗사람에게 바치며 예의로써 아랫사람의 것을 받는 본의가 아닌 것이다.

또 그 명색이 번거로우니, 날 것·진 것을 가리지 않고 춥고 더운 때를 불문하고 솜에다 싸고 얼음에 섞어 마바리에 싣고서 천 리를 운반한다. 임금의 눈앞에 한 번 오르지도 못하는 아무 맛없는 한 개 물품이 천 가(千家)를 파산(破産)시키고 만민(萬民)에게 해를 끼치면서 이 같은 일이 자행되는 것이다[진상물 마련을 가난한 마을에다 독촉하면서 남자 여자를 붙잡아 매어 매질하며, 백성들이 길바닥에서 추위에 얼고 더위에 헐떡이며 원통해도 하소연할 데 없는 정상을 진실로 임금이 한 번 본다면,

아무리 먹기 좋은 물건이라도 반드시 마음이 아파져 차마 목에 넘기지 못할 것이다. 하물며 이 비리고 냄새나는 물건은 원래가 싫증 나기 쉽고 몸에도 이롭지 못한 것인데, 온 백성을 피폐케 하고 상하게 한단 말인가. 이는 알기 어려운 일이 아니다. 임금은 깊은 궁궐 속의 비단 요 위에 앉아 '나는 임금이로다' 하고 있으니 어찌 그 폐단을 짐작이나 하겠으며, 즐거운 낯빛으로 눈앞에서 아첨하는 신하들은 이것을 가지고 자기만큼 임금을 받드는 자가 없다고 하면서 만약 한 마디라도 그것이 나라를 병들게 하고 임금의 덕을 손상시키는 일이라고 언급하는 자가 있으면 곧 임금에게 불경(不敬)한 짓이라고 지적한다. 그 때문에 해독이 온 나라에 뻗어가서 멈추지 않는 것이다.].

옛날의 훌륭한 임금들이 항상 근심하는 것은 혹 나라가 잘 다스려지지 않을까 하는 일이었지 일찍이 자기의 구복(口腹) 채우는 일을 가지고 천하에 명령하지는 않았다. 그런 의미에서 진상이란 과연 어떤 것이라 할 수 있을 것인가. 그러나 이 또한 우리나라의 제도가 바로 서 있지 못하기 때문에 그러한 것이다. 중국의 제도로는 국왕에게 공궤(供饋)하는 일을 맡은 전임(專任)의 기관이 있으며 국왕에게 바치는 물품도 모두 경상(經常)의 세입(歲入)이 배정되어있어 모두 사서 쓰도록 되어있으므로, 외방에서 진상한다는 말을 듣지 못하였다[옛 임금들은 어선(御膳)에 드는 물품을 담당 관리에게 맡겨서 규정에 따라 올리도록 하였으므로, 일찍이 그것을 가지고 천하에 명령하는 일이 없었다. 삼대(三代)는 그만두고 한(漢)나라·당(唐)나라 이래로도 모두 그것을 맡은 기관을 두고 경상(經常)의 세입(歲入)을 배정하여 국왕의 공궤(供饋)에 관한 일을 전담토록 하였으므로, 아예 진상이라는 것에 관한 규정이 없었다. 그러므로 역대의 역사기록에도 '진상(進上)'이라는 문자가 없는 것이다. 당(唐)나라 덕종(德宗)임금은 사사로운 것을 많이 챙기면서 거두어들이기를 좋아하였으므로 사관(史官)은 그가 사적 공헌(私的貢獻)을 요구하였다고 비판한 바 있지만, 그가 받아들인 것은 보화(寶貨)와 비단에 불과하였다. 매월 어선(御膳)을 위하여 생선(生鮮)을 바치도록 하는 일 따위는 있을 수 없는 것이었다. 명(明)나라에 이르러서는 그에 관한 제도가 더욱 치밀해졌다. 세입(歲入)으로 책정된 은전(銀錢)을 일체 광록시(光祿寺)에다 지정해줘서 무릇 진공(進供)하는 물품 일체를 모두 사서 쓰도록 하였으며, 각 지방에서 진상하는 일이 없었다. 그러므로 중국에서는 사방의 백성들이 편안히 자기 직업에 안착할 수 있으며, 모든 물산(物産)이 서울로 모여들어 서울이 날로 번성하고, 어선(御膳)도 풍성하고 정결하게 되었다.].

우리나라에서는 경상(經常) 세입(歲入) 중에서 임금의 수용비(需用費)를 지출하는 법이 없고 임금에 대한 공궤(供饋)도 전담(專擔)하는 기관이 없다. 중앙에서는 각 기관이 날마다 마련해 올리며[지금 중앙 각 기관에서 받아들이는 공물(貢物)은 임금에게 공궤하는 것이 3분의 2를 넘는다], 밖에서는 각 도(道)로 하여금 매월 진상하도록 하고 있다. 그래서 인부(人夫)가 짊어지고 역마(驛馬)에 실어서 운반하게 하니 사방의 역로(驛路)가 피폐하게 되었다. 우리나라에서는 국왕에게 공궤하는 규정에 원래 경상 세입의 배정이 없고 또한 그것을 전담하는 기관도 설치해두지 않았다. 그러나 날마다 마련하여 바치기 때문에 안으로 중앙의 각사(各司)로서 임금에 대한 공궤를 위해 설치해둔 것이 심히 많다. 또 달마다 진상하게 되어있으므로 밖으로 각 고을에서는 진상을 위해 분주하게 되는 자가 무수하다. 그래서 국가의 만사(萬事) 가운데 임금에 대한 공궤(供饋)와 진상(進上)에 관련된 것이 10분의 8·9나 된다. 일은 번거롭고 폐단은 극도로 심해져 백성은 견딜 수가 없이 되었다. …

우리나라의 경우는 자기의 사사로움을 기준으로 하여 명령을 내리므로 구복(口腹)을 채우는 것이 위주가 되어 온갖 폐단이 생겨나서 나라는 병들고 백성은 피폐하게 되며 마침내는 어선(御膳)도 또한 정결하거나 적절치 못하게 되었다. 진상 물선(進上物膳)은 명목은 비록 거창하지만 다만 외형뿐이요, 실상 정미(精美)한 것은 없다(『반계수록』 권3-23~24, 田制後錄 上 經費).[23]

여기서 진상이란 것도 국가체제 운용의 중요한 일부를 이루는 제도였다. 그러나 그 같은 통치행태는 객관적 운용의 근거를 가지고 제도화하여 있는 것이 아니었다. 그러므로 감사·병수사들이 각기 그 지역에서 생산되는 음식물을 임금님에게 바친다는 것이니, 좋게 말하면 예헌(禮獻)이지만 그것은 곧 군왕이 법제 이외에 사사로이 받아먹는 비리(非理)의 궤유(饋遺)에 속하는 것이었다. 진상에 관한 한 공·사의 구분은 극히 애매한 편이었다. 그러므로 제도적으로 설정된 재원이 없는 진상은 무수한 피해를 백성들에게 끼치면서 자행되는 사사로운 공궤의 범주를 벗어나지 못하는 사헌(私獻)이며 사적 뇌물의 행태이기도 하였다.

대동법 실시 이후로 진상 명목으로 드는 비용을 진상가미(進上價米)라 하여 환자(還上)의 이식곡(利息穀)으로 충당하도록 제도화하였지만, 그것은 의연 일반 전세로 충당되었으며, 오히려 '달마다 해마다 불어나고' 있었다. 그것이 불어나는 이유로는 두 가지가 있었는데, 하나는 감사가 임금이나 대신들에게 바칠 별도의 공물을 마련하는 일이며 다른 하나는 수령들이 감사의 순찰(巡察)을 두려워하기 때문이라고 하였다. 구체적으로 가령 19세기 초 일개 군현의 경우를 예로 들자면, 진상가미에 덧붙여 바

23 괄호 안의 글은 원주(原註)의 내용. 이하 『반계수록』을 인용할 경우는 마찬가지임.

치는 '진상첨가미(進上添加米)'라는 것이 90석인데 거기에 다시 덧붙여 바치는 '진상우첨가미(進上又添加米)'라는 것은 200석으로 책정되었다.[24] 그것이 전국적으로는 대체 얼마나 많은 액수가 되며, 그 가운데 어느 만큼의 액수가 실제 진상의 명목에 사용되는 것인지는 전혀 알 수 없게 되어있었다. 진상이란 것이 드디어 제도적으로 혁파된 것은 1894년 갑오경장에 가서의 일이었다.

위의 사료에서 "이서들이 중대한 일이라고 빙자하여 뇌물을 토색하기로는 진상의 경우보다 심한 것이 없다"고 하였거니와, 이는 곧 지배체제 말단에서 그것을 운용하는 자들이 중간 농단으로 사복(私腹)을 채우는 것이 전제왕권(專制王權)에 가탁하고 그것을 빙자함으로써 가능하였다는 현상을 말하는 것이었다. 그것은 곧 이 시기의 국가체제가 그 정점에 있는 왕권을 언제 어디서나 빙자하고 표방하면서, 또한 그 전제왕권을 의제적으로 닮아가고 있었다는 사실을 말해주는 현상으로 해석된다. "진상을 봉하여 바칠 적에는 거기 빙자하여 권문에 사사로이 바치는 뇌물과 자기 집에 보내는 물건이 넘치도록 많아서 진상보다 10배나 된다"는 사실이 그것을 말한다.[25]

그 같은 의제가 하필 어선의 진상 과정에서만 일어나고 있었을까. 가령 "제주(濟州) 관리는 진상을 빙자하여 개인이 사육하는 말(馬)에 대해서도 매매를 허락하지 않고 다만 세가에게만 팔도록 허락한다. 또 헐값으로 아마(兒馬)를 억매(抑買)하니, 참으로 공평하지 못하다"고 하였다.[26] 또 가령 "인삼의 공납 한 가지 일을 두고 보더라도 공납하는 백성은 이 일

---

24 『牧民心書』 戶典 稅法.

25 『명종실록』 권16, 9년 4월 정유.

26 『성종실록』 권232, 20년 9월 기축.

로 인하여 유리도산하고 방납하는 무리는 만 배의 이익을 챙긴다. 지금 조정에서 이 사실을 짐작하고 법제를 변통하여 이제 인삼을 사서 쓰도록 하는 규정을 새로 세웠다"고 하였으나, 일의 귀추는 그렇게 잘 되어가고 있지는 않았다.

> 인삼을 사서 쓰도록 한다는 규정을 설치함으로써 방납(防納)의 폐단을 없앤다는 것은 실로 좋은 정령이라 할 것이다. 그러나 소위 인삼 장사와 방납자들은 모두 의지하고 믿는 세력이 있으니, 곧 궁방(宮房)에 속한 경우가 아니면 반드시 권귀가(權貴家)에 의탁하고 있다. 비록 죄를 범하는 일이 있다 하더라도 달려가 작은 편지 하나만 얻어 보내면 공(公)으로 마감한 경우처럼 아무 탈도 없게 된다. 임금의 명령도 통행될 수가 없고 나라 법으로도 금할 수가 없으니, 서울 5부(部)의 관원(官員)이 능히 제압할 수 있는 일이 아니다. 그러므로 이르기를, "조정(朝廷)의 권세는 시정(市井)으로 귀속되고 시정의 이익은 권문(權門)으로 돌아간다. 이익을 가지고 권세를 바꾸며 권세를 가지고 이익을 바꾼다. 이익과 권세가 자리를 바꾸니, 임금의 형세가 외롭게 되었다"고들 말한다(『선조실록』 권211, 40년 5월 갑자).

궁방(宮房)이란 국왕의 혈육이요, 권귀가(權貴家)도 왕자·부마·훈척 등 왕권과 가장 가까운 거리에 있는 세력 이외의 것이 아니었다. 모두 왕권과 가장 가까운 처지를 이용하고 빙자하여 장사꾼과 결탁하고 이익을 챙긴다는 내용이다. 왕권은 규제할 수 있는 것이 아니었으므로, 왕권과 가까운 위치에 있는 존재에서부터 왕권은 의제적으로 가탁되고, 계층적으로 권세와 부가 향유되는 구조로 운용되었다. 그 의제와 가탁이 필경 할거적 구조로 작용하면서 오히려 그 정점에 선 왕권을 제약하고 있었다는 사실도 흥미롭다. 아마도 언제 어디서 그리고 어느 부면에서건, 무릇 농단을 통하여 사사로운 이익을 도모할 수 있는 경우라면 그같이 층위를 달리하는 의제와 가탁은 도처에서 할거적으로 자행되기 마련이었을 것으로 판명된다.

3) 수취·접대에 결부된 수탈구조 사례

이제 그같이 중층적인 수탈구조에서 국가가 가령 부세를 거두거나 별다른 용도가 생겨 농민층으로부터 이를 징수하는 사태가 있을 적에는 구체적으로 어떠한 행정 처리가 일어나는 것일까. 우선 부세 수취의 사례를 들어본다.

> 원래의 부세(賦稅)는 오히려 가볍지만 일이 있을 때마다 농민들로부터 징렴(徵斂)하는 것에 일정한 한도가 없는 것이 곧 지금의 규정이다. 지금 토지제도가 문란해져서 가령 전지(田地)가 만결(萬結)이나 되는 고을이라도 그 서원배(書員輩)들이 제 손바닥에서 마음대로 속이고 빼어버리며 수령이란 자들도 또 사사로이 숨기기를 예사로 하기 때문에[속칭 은결(隱結)이라는 것이다. 대체 처음에는 토지제도가 명확하지 못하고 국가에서 실지(實地)를 규명할 도리가 없기 때문에 탐욕스러운 관원들 중에 이와 같이 하는 자도 더러 있었다. 또 그 후에 국가에서 부역(賦役)을 시키는 일에 정상적인 규정이 없고 보니, 수령들은 은결을 두어 사사로 나누어 받는 것이 농민들에게 조금이라도 폐단을 적게 할 수 있으므로 아무리 선량한 수령이라도 이렇게 하지 않을 수 없게 되었다], 정상적으로 받아들이는 것은 천결(千結)에도 이르지 못하니, 무릇 무슨 일이 있기만 하

면 모두 별도로 농민들에게 분정(分定)한다.

가령 지금 경비로 포(布) 100필이 드는 경우가 있다고 치면, 그 100필을 덮어놓고 각 도(道)에다 배당한다[반드시 전결(田結)을 일일이 계산하여 비례대로 부과하는 것이 아니라, 일이 있으면 마음대로 나누어서 물리기 때문에 아무런 경(輕)·중(重)의 기준도 없고 각 곳 부담의 균등하지 못한 것이 아주 현저하게 다르기 마련이다]. 각 도에서는 또 마음대로 각 군현(郡縣)에 나누어 물리며, 각 군현에서는 또 만민에게 나누어 물리게 된다. 조정으로부터 각 도에, 각 도로부터 각 군현에, 각 군현에서는 그 호수(戶首)들에게, 각 호수들로부터는 그 농민들에게 나누어 물리는데, 그 사이에서 계층마다 붙어먹고 마디마다 농간질이 일어나 그 폐단이 한없이 많으니[계층마다 수량을 불리게 되는 것은 무슨 물건을 나누어 매길 때 일정한 수량과 규례가 없어서 농민들은 전연 그 액수를 알지 못하는 고로 탐욕스러운 관리들이 그 기회를 이용하여 마음대로 많이 받아낸다. 또 단계마다 거두어 실어다 바칠 때 여분(餘分)이 있어야만 되짜 맞는 것과 소모된 것을 보충해 채울 수가 있기 때문에 탐욕한 관리가 아닌 자라도 더 많이 거두지 않을 수 없게 되어있다. 이와 같이 마디마다 농간질을 할 수 있는 여지가 있기 때문에 함부로 받아들이는 일이 점차 많아져서 드디어 무한한 폐단이 생겨나게 하고 말았던 것이다], 만민(萬民)에게 끼치는 손해를 총계하면 수십만 필 이상으로 될 것이다.

이 조그마한 한 가지 일로 인하여 전국 인민이 모두 소란스럽게 되고 전국의 호수(戶首)들이 분주히 뛰어다니게 되고 각 군현의 관리들이 왕래하지 않은 자가 없게 되고, 문서의 번잡함이며 독촉하는 소란과 어디에나 따라붙는 뇌물질 등 이루 다 말할 수 없는 고통이 일어난다. 그러나

> 마침내 조정의 수요로 올라가는 것은 다만 100필의 포(布)뿐인 것이다. 한 가지 일이 이러하니 또 다른 일도 이같이 되기 마련이며, 오늘도 이러하니 내일 또한 이렇게 되기 마련이다. 그러므로 백성들은 하루도 쉴 날이 없으며, 그래서 인심이 날로 어지러워져 간악한 폐단이 날로 심하게 되어간다. 게다가 관원들은 봉록이 지극히 박하기 때문에 그들의 생활비도 공적인 일을 빙자해서 사사로운 이익을 도모하고, 이서(吏胥)들은 정식 먹이가 없으므로 농간질을 꾸미고 뇌물을 토색하여 살아간다.
> 그러므로 관원들로부터 이서들에 이르기까지 청렴한 자는 가난해서 살 수가 없게 되고 탐욕스러운 자는 날로 부유하게 된다. 가장 청렴한 자일수록 더욱 궁핍하게 되고 가장 탐욕한 자일수록 점차 부유해져서 실컨 놀고먹는다. 그러므로 비루(鄙陋)한 사람으로서 수령이 된 자는 항상 말하기를, '6년 임기 동안 고을살이 하기를 원치 않고 단 한 번 칙사(勅使) 대접하는 기회를 갖게 되기 바란다'고 하는 것이다(『반계수록』 권3, 田制後錄 上).

그와 같은 '칙사(勅使)'에 대한 접대는 어떠한 모습으로 운용되었을까. 조선왕조는 중국에 대하여 역대 '사대(事大)'의 의례를 다하여 왔으므로 그야말로 '칙사 대접'은 중요한 국가적 행사였다. 19세기에 이르러서도 가령 다산 정약용은 칙사에 대한 접대를 '국가적인 대사(大事)'로 인식하며 또 그렇게 거행하고 있었다.[27] 그런데 그 칙사가 한 번 나온다 하면 의

27 『목민심서』 禮典 賓客조에서 그 사정을 자못 소상히 밝혀두었다. "칙사가 온다고 미리 알리는 것을 칙기(勅奇)라고 이른다. 칙기가 한 번 당도하면 여러 고을이 소란스럽다. 일체 필요한 온갖 물건은 모두 부민(富民)에게 나누어 맡겨 사방으로 내보내어 주선토록 한다. 포진(鋪陳) … 교량(橋梁)에 이르기까지 그 수많은 명목은 이루 다 기록할 수가 없다. 이는 다 부민을 차출하여 감관(監官)으로 삼고 그들로 하여금 사재(私財)를 내놓아 기일 안에 구입해 들이도록 한다. 한 가지 물종에 대한 감관은 반드시 수명을 차출해야 하고 수명을 차출하기 위해서는 열 집을 괴롭혀야 한다. 먼저 지명된 자는 뇌물을 바치고 모면하고 뒤의 사람

주(義州)로부터 지나오는 연로(沿路)의 여러 참(站)에서 치르는 접대 일체를 멀고 가까운 여러 도·여러 군현에 나누어 맡겨 수행토록 하고 있었다. 그 같은 접대의 지리멸렬한 실상을 반계 유형원은 다음과 같이 곡진하게 서술해두었다.

> 먼 고을로부터 연로에 나와 접대하게 되는 경우 실상 배당되는 사람은 불과 몇 명이지만 그 몇 명을 보내기 위하여 인부(人夫)를 동원하고 물건을 멀리 운반하느라고 2·3일 혹은 5·6일이 걸리는데, 관부(官府)에서는 본래 직무를 전폐하고 온 고을이 소란하게 되며 모든 백성이 노력을 허비하고 손해를 보게 되어 심지어 닭·개까지도 온전히 있지 못하게 되니, 그 폐단이란 이루 말할 수가 없다. 본 고을에서는 한 참점(站店)에서 한 사람에게 맡길 일을 먼 고을에 맡기면 백 사람을 괴롭혀도 부족할 것이며, 본 참점에서 1석의 수요가 나는 것을 먼 곳으로부터 가져오면 100석을 사용하여도 부족한 것인데, 더구나 중간에는 탐욕스러운 관리들이 또 틈을 타서 농간질하는 자가 있으니, 그 폐해는 몇천 배 정도가 아니다.
>
> 그러므로 다른 고을로 나와서 접대하는 10석의 비용은 먼 고을 천(千) 사람의 가산(家産)을 파산케 하고, 먼 고을로 나가는 10명의 부역은 먼 고을 만(萬) 명의 일을 못 하게 하는 것이다. 국가에서 대로(大路) 연변에 있는 고을의 100석 세미(稅米)를 쓴다면 먼 데 여러 고을 만석(萬石)의 재물

은 차첩(差帖)을 받아 뇌물을 마련한다. 그 꼴이 마치 물고기가 파닥거리고 짐승이 놀라 뛰는 듯 그 눈을 두리번거린다. 수령(守令)이 뇌물 한둘을 받으면 이서(吏胥)는 열 배 백 배를 받으니, 백성으로서 울부짖고 도망치는 정상이 마치 난리를 만난 것같이 패가파산하여 백에 하나도 온전한 자가 없다. 이는 민생의 큰 폐막(弊瘼)이다. 칙기가 처음으로 당도하면 문무(文武) 이교(吏校)들은 문을 밀치고 당(堂)에 오르는데, 그 눈은 휘둥그레 겉으로는 절박한 근심이 있는 체하면서도 속으로는 실로 뛸 듯이 좋아한다."

을 허비하지 않게 하고 여러 고을 만민을 괴롭히지 않을 수 있을 것이니, 과연 그 이해가 어떠한가. 지금은 간략한 것을 버리고 번거로운 것을 택하며 쉬운 데를 버리고 어려운 데로 가게 하고 있다. 만일 외국 사신을 한 번 맞게 되면 전국의 인민으로 하여금 모두 패가파산하여 사방으로 흘러 다니게 하고, 전국의 관리로 하여금 모두 직무를 보지 못하고 길가에 나와서 방황하도록 하니, 이것이 무슨 짓인가. …

내가 일찍이 지평현(砥平縣) 사람들이 다른 고을로 가서 접대하는 일을 고찰한 적이 있다. 지평현에 분담시킨 것은 장정(壯丁)이 매 호(戶) 1·2명이요, 그 현(縣) 전체로 소 한 마리[청렴한 관원이면 다른 고을과 합해서 소 한 마리만을 부담할 터이지만 욕심 있는 관리는 참점(站店)에 도착할 때 한 마리, 갈 때 또 한 마리를 받는다. 다른 물건도 이와 같다], 노루 3~4마리, 닭 수백 마리, 꿩 60~70마리, 계란, 기름, 꿀, 각종 어물(魚物), 각종 채소, 소금, 장, 각종 과실, 각종 쌀, 가루, 각종 그릇, 그리고 초석, 빗자루, 남비, 솥, 바가지, 조롱박 등 여러 잡물들까지 그때 쓰고 안 쓰는 것을 불문하고 모두 요란스레 준비하여 소와 마바리에 싣고 수백 리 밖으로 운반해간다. 그 밖에 가져가는 것도 대단히 번잡하다. 심지어 돼지대가리, 실내 설비품, 크고 작은 차일(遮日), 방석, 병풍 등은 본 고을에서 내온 것이라고 하지만 그것을 운반하는 인부(人夫)·우마(牛馬)가 적지 않으며, 관원(官員)·이서(吏胥)·하인(下人)·노비(奴婢)·우마(牛馬)의 양식과 비용이 헤아릴 수 없을 정도이다. 그 물건들을 거두어 갈 때 온 경내를 채찍질하여 독촉하므로 열에 아홉 집은 통곡하게 된다. 막상 참점(站店)에 도착하더라도 손발이 잘 맞지 않아 큰 문제가 일어나지 않는 때가 드물다.

만일 칙사(勅使)가 서울에서 10일 동안 묵게 되면 그 참점에 유숙하는 인부(人夫)와 우마(牛馬)가 오래 머물 수 없기 때문에 이전에 왔던 자는 돌아가고 다른 자들이 와서 교대하는데, 양식과 물자가 부족하면 또다시 거두어 가지고 와서 계속하게 된다. 그래서 백성은 한 사람도 편안히 지낼 수 없어서 백 가지 천 가지 폐단이 끝이 없는데, 욕심 많은 관리들은 이 기회를 타서 농간질하는 것이 이루 다 말할 수가 없다. … 한 번 당해서 이렇게 곤란함에도 불구하고 1년에 2·3차를 당하더라도 매번 이렇게 된다(『반계수록』 권3, 전제후록 상).

이 같은 지리멸렬한 칙사 접대를 수백 년 동안이나 거의 변통 없이 계속해가고 있었다는 사실은 당로자가 중국 사신을 잘 접대해야 한다는 인습적 관행에만 주로 정성을 다하였지 그 체제를 지탱해주는 농민층의 고충이나 폐해에는 사실상 관심을 기울이지 않고 있었음을 나타내는 사례로 해석된다. 더구나 그 고통의 현장에 동원되는 관(官)·이(吏)들이란 것은 거개가 "한 번 칙사 대접하는 기회를 갖게 되기"를 바라는 비루한 자들이요, 그래서 "이 기회를 타서 농간질"하기에 주로 급급한 자들이기 때문에 현실 농민들의 고통이 제대로 전달될 리가 없었다.

그것은 칙사 접대의 경우만이 아니었다. 가령 각 군현이 신임 수령을 '영송(迎送)'하는 현장에서도 그 같은 사정은 역력히 노정되었다. 즉 이 시기에는 수령으로 발령이 나면 당해 군현 이서가 새로 발령 난 수령의 집에까지 가서 극진히 접대하여 모셔 오도록 하는 것이 영송의 관례였는데, 그 현실은 다음과 같이 운용되고 있었다.

영송(迎送)의 폐단은 이루 다 말할 수가 없다. 사람과 말을 조발하여 천 리나 되는 먼 길을 분주하게 달려가되 쌀과 반찬, 소반(小盤)과 기명(器皿) 등 온갖 물건들을 모두 마바리에 싣고 가서 객지에 묵으면서 새로 발령

난 신관(新官)을 접대하고 돌아오는데, 이는 형세상 도저히 행할 수 없는 일이다. 도저히 행할 수 없는 일을 억지로 하게 하면서도 마치 당연한 것처럼 여기고 있으니, 이는 본국의 풍속이 다만 상부의 세력만 믿고 하늘 같은 인민의 고통을 생각하지 않기 때문이다. 그러므로 영송을 한 번 행하고 나면 민생의 파탄이 얼마나 일어나는지를 알 수가 없다. 신관을 맞으러 가는 인부와 말이 서울에 얼마나 오래 머무를지 기한을 알 수가 없고 서울에서 기다리며 머무를 때의 고통과 비용이 막대하므로 반드시 많은 여비를 마련해간다. 그래서 민간에서 그 비용을 수합(收合)하는데 전(田) 1결에 몇 필씩의 포(布)를 거두기도 한다.

예를 들어 흥덕(興德)한 고을을 두고 보면 민호(民戶)가 1천(千)도 못 되는데 9년 동안에 10번이나 수령이 바뀌었다. 수령을 공궤(供饋)하는 데 든 비용 이외에 백성의 전지(田地)에서 마바리 삯으로 지출한 것이 700여 동(餘同)에 달하였다고 한다. 민간의 부담이 이와 같은데도 불구하고 조정에서 이에 대한 관심을 소홀히 하는 것은 사람들이 목전에 당하는 일이 아니면 흔히 쉽게 말하고 그 실정을 깊이 살피지 않기 때문이다. …

지금 대동사목(大同事目)에 의하면, 임기가 찬 수령의 마바리 삯은 대동미(大同米)에서 지급하지만, 자주 교체되는 경우는 그 고을 백성들의 불행(不幸)이라 하여 민간(民間)에서 징책(徵責)하도록 되어 있다. 대체 위정자(爲政者)가 관리(官吏)를 잘못 선발하여 자주 교체되게 하였으니 생민을 저버린 일이 이미 큰 것이다. 그런 것은 생각지 않고 도리어 핑계 대기를 '고을 백성들의 불행'이라고 하여 거듭 괴로움을 당하게 하고 있으니, 어찌 백성의 윗사람 된 자의 말이라고 할 수 있을 것인가(『반계수록』 권3, 전제후록 상).[28]

28 포(布) 1필의 값은 대략 미(米) 6두, 1동(同)은 50필이다. 또 민간의 고통은 지배층의 입장에서는 '목전(目前)'이 아닌 멀리 있는 일이어서 깊은 관심을 돌리지 않는다는 현실을 지적

소농민들이 국가체제를 위해서 일방적으로 동원되어야 한다는 그 같은 지배질서는 실상 이 시기에 구조적으로 얽혀있는 인습이었다. 법제가 그렇게 되어있는 것이 아니라 국가체제라는 것이 인습적 관행에 인습적 중간 농단을 더해가면서 운용되었던 것이다.

그러나 무엇보다도 간과해서는 안 될 사실은, 전혀 사리에도 맞지 않고 도저히 참고 견딜 수 없는 그 같은 지리멸렬한 중층적 수탈의 인습이 일상적인 통치행태(統治行態)의 일부이며 수취행정(收取行政)의 일환으로서 항구적으로 운용되고 있었다는 현실 그것이다. 민유방본(民惟邦本) 즉 '백성이 나라의 근본'이라는 위민(爲民)정치 이념은 유교 교학의 근원적 명제로서 이미 선진(先秦) 시대 이래 끊임없이 원용되어 표방되었다. 그러나 그 같은 이념은 이데올로기적으로 되풀이해온 정치 구호에 불과했다. 실로 "통치자가 백성을 위해서 존재하는 것인가, 혹은 백성이 통치자를 위해서 생겨난 것인가"라고 하는 근원적 물음은 아직도 단편적·관념적으로는 제기되고 있었지만, 현실에서 체계적으로 제기되지는 못하고 있었다. 그것은 드디어 실학(實學)의 시대를 맞이하고서야 비로소 체계화하기 시작했다.

한 것이다.

5. 국가체제와 소농민경영

1) 왕실의 전민 관리

조선왕조는 이전 시기보다 수취제도를 개선하여 전지에 대해서는 전세·공물·요역을 부과하는 한편, 양민(良民) 장정에 대해서는 군역을 부과하게 되었다. 그런데 이 시기에는 군현별로 전적에 따라 공납·요역의 액수가 일정하게 책정되어 운용되었다. 군역 또한 호적을 바탕으로 작성한 군적에 따라 군현별로 정액이 책정되어 있었다. 그러므로 전지와 노비를 다수 소유한, 따라서 응당 많은 부·역을 부담해야 하는 세가들이 오히려 부·역을 모면(謀免)해버리고 나면 나머지 양민과 공천 농민층은 저들의 부·역까지 중첩적으로 떠맡게 되어있었다. 양민과 공천이야말로 국가의 공민으로서 국가를 직접 상대하였던 것이다.

그러므로 거대한 국가체제가 소농민 개별 존재를 각기 상대하는 듯한 수탈 관계의 수취구조가 전개될 수밖에 없었다. 즉 영농(營農)을 비롯한 개별 생산활동 내부에서는 소농민의 경우가 노동 의욕이라든가 경제적 유인 면에서 가장 번영할 소지를 가진 존재였으나, 그것이 체제적으로 규정되었다는 사실과 관련해서는 쇠잔해질 수밖에 없는 것이 체제의 구조적 속성에서 유래하는 필연적 현상이었다.

국가의 일상적 통치행태라거나 수취행정 이외에도 그것과는 별다르게 국가체제를 구성하는 왕실이라든가 세가는 사적 경제영역을 크게 가지고 있었다. 이 부문이야말로 그들의 직접적인 사회경제 지반이기도 하였다. 이 시기 왕실은 내수사(內需司)라는 경제기구를 국가기관으로 포치해 두고서 전국적으로 광대한 전지와 노비를 사적으로 지배하며 장리라고 하는 식리(息利) 행위를 일삼고 있었다. 중앙의 훈척 세가로부터 각 지방의 품관 사족에 이르기까지 모두 나름대로 전지와 노비를 사유하고서 장리를 굴리면서 세력을 부릴 수 있었다.

우선 왕실 소속 노비의 경우부터 살펴보기로 한다. 왕권은 결코 점검되거나 규찰당하지 않는 전제적(專制的)인 것이었으므로, 그 직접적 경제 지반인 내수사라는 기관도 그 성격을 의제적으로 닮아가기 마련이었다. 그러므로 이 시기 내수사 노비는 자신이 노비 신분에 불과하면서도, "평시에 감사·수령도 업신여겨 보며, 평민인즉 초개(草芥)만도 못하게 여긴다"는 현상이 벌어졌다.[29] 그러므로 "내수사 노비는 수령을 능멸하고 부역을 바치지 않아도 수령이 제압할 수가 없다"는 것이며, 나아가 "관찰사도 역시 제압하기가 어려운" 상태였다.

그 같은 내수사 노비가 왕실을 위하여 장리를 도모한답시고 벌이는 거조(擧措)는 어떠하였을까. 좀 심한 사례에 속하는 것이지만 다음과 같은 일이 조정에서 논의되고 있을 정도였다. 즉 "연안(延安)에 사는 내수사 노벌개(伐介)는 간활한 것이 한 도(道)에 소문난 자인데 장리 문기를 위조하여 농민들이 바치기를 독촉하니 농민들이 그 고통을 견딜 수가 없다. 그뿐 아니라 항상 보행자 7·8인과 말을 탄 자 5·6인을 데리고 다니면서 사족가에까지 드나들면서 방옥(房屋)을 수색하고 재물을 표략(剽掠)한다. 그러므로 집을 비운 채 도산하는 자가 파다하고 소장(訴狀)을 내어 소원(訴冤)하는 자가 무리로 많으며, 사람마다 다투어 그 고기를 씹고자 한다."[30]

실상 이 시기 내수사 노비들에게는 요역이라는 잡역이 면제되는 복호

---

29 『訥齋集』 권4, 便宜三十二事 辛卯(성종2;1471) 12월 초4일 以知中樞府事上.

30 『성종실록』 권52, 6년 2월 신사;동 권210, 18년 12월 임진.

(復戶)의 특전이 주어졌다. 그 같은 특전이 법제적으로 확립되지는 않았지만, 사실상 그렇게 시행되고 있었다. 가령 이귀(李貴, 1557~1633)가 안산(安山) 군수로 나가 보니 그 경내 내수사 노비가 모두 법에 어긋나게 복호를 받고 있었는데, 그가 복호를 철회하자 노비들이 내수사에 호소하여 작은 도장을 찍은 문서를 가지고 '내지(內旨)'라 일컫고는 여전히 복호 받기를 획책했다는 사례는 그 같은 사정을 잘 말해준다.[31]

실로 "내수사 노비는 민간들이 추중(推重)하고 수령이 우대(優待)하며 이서(吏胥)·복예(僕隷)들이 침학(侵虐)할 수가 없고 그 신역(身役) 또한 무겁지 않으니, 사람마다 즐겨 투속하려고 한다"는 것이니, "각 기관 각 군현 노비로서 고역(苦役)을 꺼리고 피하려는 자는 많이들 내수사로 빠져들어 가는데, 부모의 세계(世系)를 억지로 만들고 멀리 연접시켜 부동(符同)하여 모아들이니, 1구(口)의 소생(所生)이 거의 백여 명이나 되며 한 사람이 진고(陳告)한 것이 거의 5·6백 명이나 된다"고도 하였다.[32] 뇌물까지 바쳐가면서 내수사에 투속하기를 도모할 정도로, 노비 신분에도 계층 아닌 계층이 엄존하였던 것이다.

도대체 '궁잔(窮殘)한 사족의 노비라든가 주현(州縣)의 고역에 시달리는 노비'가 모두 전 재산을 기울여 교묘한 길을 뚫어 일단 내수사로 투속하면 "담당 이서(吏胥)가 감히 물어볼 수가 없으며 담당 관원도 감히 구분해 낼 수가 없고 그 주가나 관(官)이 호소할 수도 없으니", 결국 사족은 "고증조(高曾祖) 이래의 세업을 앉아서 잃고 세력 없는 고아(孤兒)·과부(寡婦)가 원통함을 안고 호읍(呼泣)하며, 주현(州縣)의 노비로 말하자면 부자는 모두

31 『목민심서』 奉公六條 貢納.

32 『성종실록』 권10, 2년 6월 기유; 동 권12, 2년 10월 을미.

투속해 가버리고 나머지 빈잔(貧殘)한 자들만 남아서 전일 10인이 하던 일을 지금은 1인이 하고 있으며 그대로 유리(流離)하여 온 집안이 구렁에 빠져도 수령 된 자는 임시방편으로 세월만 보내고 있을 뿐, 그 폐단을 알고는 있지만 구제할 길은 없다"는 형세가 벌어지고 있었다.[33]

내수사는 초월적 왕권에 직접 연결된다는 특권으로 인하여 결국 일반 군현의 관노비라든가 사족 소유의 사노비 등 국가체제를 구성하는 하위 구성분자의 존립 지반마저 잠식해가며 존속하였다. 그것은 결국 이 시기 국가체제가 그 구성분자 사이에서도 현실의 정치적 권력과 사회세력에 따라 상호 간에 약육강식의 쟁탈전을 기본 바탕으로 하고서 운용되었다는 사실을 말해주는 것으로 해석된다. 그러므로 가령 왕자·부마와 같은 "귀척가(貴戚家)에서는 남의 전지와 노비를 빼앗고자 할 때 역시 내수사를 사다리로 삼고서 혹은 공사를 만들어 임금을 속이고 지시를 내려 각 도 각 군현으로 공문을 보내어 공연히 장적(帳籍)을 만들고 사람을 파견하여 압송해가는데, 세력이 고단한 자는 손이 묶인 채 빼앗기고도 위세가 겁이 나서 억울함을 품은 채 펼 수가 없다"고도 하였다. "왕자·부마가(駙馬家)에서는 백성으로서 노비와 전지를 가지고 있으면 그것이 원래 자기의 것이라는 보고가 들어왔다는 핑계를 내세워 모조리 빼앗고 거리낌이 없다. 간혹 문권을 가지고 관에 소송을 내어도 관리 된 자는 권세를 겁내어 미루기만 하고 판결을 내리지 않으면서 갈려가기를 기다리니, 그 때문에 빼앗긴 자는 도로 찾지를 못하고, 주가를 배신한 노비들은 다투어 달려간다"는 형세였다. "그러므로 세력 없는 사람은 비록 전지와 노비를 가지고 있다 하더라도 유세(有勢)한 자에게 빼앗기지 않으면 반드시 내수사에

---

33 『명종실록』 권17, 9년 8월 경진.

빼앗기고 만다"는 형세가 벌어졌다.[34]

2) 세가의 전민 관리

왕실 귀척가와 더불어 국가체제를 이끄는 세가 사족도 물론 예외가 아니었다. 우선 사노비가 세가의 사회경제 지반이었으므로 그들은 관인층 상호 간에 자신의 노비호를 '완호(完護)'해주는 인습적 관행을 보편적으로 공공연하게 자행하고 있었다.

> 지금 일반 백성 가운데에서 … 안부(安富)한 자는 모두 사천(私賤)이요, 빈곤(貧困)한 자는 모두 공천(公賤)이다. 공천(公賤)과 양민(良民)이 빈곤하게 되는 것은 까닭이 있다. 무릇 수령(守令)이 부임할 때 공경대부(公卿大夫)들이 아는 사이이건 모르는 사이이건 모두 주육(酒肉)을 가지고 나가 전별(餞別)하면서 자기의 노비를 완호(完護)해주기를 청탁하는데, 이것이 상하(上下)에 습속(習俗)을 이루었으니 이름하여 칭념(稱念)이라 한다. 수령 된 자는 모두 역시 그들에게서 많이 발신(發身)한 까닭에 그 청탁을 따르지 않을 수가 없다. 그래서 무릇 공역(公役)이 있으면 모두 공천과 양민으로 하여금 맡게 하고 사천(私賤)에게는 미치지 않으니, 양민과 공천은 지탱할 수가 없어 모두 다 도망가 숨어 사천에게서 고용살이하게 된다. 비록 대대로 지켜온 전지와 가옥인들 또한 보존하지 못하고 모두 권문(權門)으로 돌아가 버린다. 그런 까닭에 사천은 날로 안부(安富)해져가고 … 그런 까닭에 양민·공천은 날로 유리(流離)하게 된다(『성종실록』 권91, 9년 4월 기해).

---

34 『중종실록』 권90, 34년 5월 기묘;같은 책 권100, 38년 4월 갑오;『명종실록』 권13, 7년 5월 무자.

내외(內外) 관인들 사이에 '칭념(稱念)'이란 것은 서로 "아는 사이이건 모르는 사이이건" 보편적으로 자행하는 관행으로서의 청탁행위였다. 구체적으로 명망(名望) 있는 관인조차 자기 "노자(奴子)의 완휼(完恤)을 청탁(請託)하는 것은 법을 어기고 무엇을 요구하는 일이 아니다"라고 떳떳이 말하고 있으며, 성종임금의 말씀으로도 "노자의 완휼(完恤)을 청탁하는 것은 일상(日常)의 일"이므로 잘못이 아니라고 단언하였다.[35]

가령 『중종실록』을 보면, 각 지역 세가들이 부역을 바치지 않는다는 문제를 국왕 앞에서 대신 이하가 논의한 기사를 싣되, 사관(史官)은 "전고(前古)의 불부역지민(不賦役之民)"이라는 문자를 써두고, 그것은 곧 "세가의 노자"를 가리켜 말한 것이라고, 별도의 주석으로 사론(史論)을 달아 일부러 남겨둔 대목이 눈길을 끈다.[36] 부역에 불응하는 자라면 곧 세가의 노자를 가리키는 것이라는 통념은 대체 어떠한 역사적 실체를 반영하는 것이었을까. 무릇 그 같은 노자호(奴子戶)는 범주적으로 부역에 불응하는 존재라고 하는 사실을 의도적으로 전하고자 한 문자는 아니었을까. 그리고 유독 노자호만이 아니라 그 상전호(上典戶)는 범주적으로 더욱 그러하였다는 사실을 전해두고자 한 것으로 해석된다.

그런데 그 같은 현상은 곧 이 시기의 사노비들이 그 주가의 세력이 큰 쪽으로 많이들 투속해가고 있었다는 현실의 이면을 반영하는 것이기도 하였다. 실로 "노비의 도망은 해마다 일어나는" 항구적인 일이었으며, "도망간 노비는 여염의 세력 있는 집에 투속하지 않으면 반드시 권세가의 농장에 의탁한다"고 하였다.[37] 일시 투탁한 자는 또 기회만 있으면 더

35 『성종실록』 권65, 24년 6월 정축.

36 『중종실록』 권21, 9년 12월 정미.

37 『예종실록』 권3, 원년 2월 갑인.

나은 곳으로 투속하기 마련이므로 그것은 '해마다 일어나는' 항구적인 일이었다. 그리고 고된 신역(身役)을 피해 "공사천(公私賤)으로서 도망가고 숨어들어 은접(隱接)해 있는 자가 무려 백만(百萬)"이라고도 하였다. 또한 사족가의 노비가 내수사라든가 훈척가를 비롯한 더 큰 세가로 투속해가는 현상은 이 시기의 큰 사회문제로서 끊임없이 논란이 되고 있었다.[38] 16세기의 어느 관인은 "사천(私賤)은 날로 많아지고 양민은 날로 줄어들고 있으니, 이는 실로 고려 말기에 권신(權臣)이 집권하여 나라를 병들게 하고 사가만을 살찌게 하던 폐단이다"라고 지적하면서 노비 소유의 제한을 주장하기도 하였다.[39]

도대체 고려 말기 권신들에 의해 자행된 폐단이 16세기 조선왕조에서 되풀이된다는 비유는 무엇을 뜻하는가. 아마도 똑같이 되풀이되고 있었다고는 생각되지 않는다. 그것은 아마도 이 시기 세가층에 의하여 소유관계의 재편성이 극심하게 진행되고 있었다는 사실을 의미하는 것으로 풀이해야만 할 것이다.

> 한 고을 안에 거실(巨室) 수십 가(數十家)가 있으면 그 세력이 수령(守令)을 억누르고 시비(是非)를 전도(顚倒)시키기에 족하다. 권세(權勢)가 성(盛)하니 아무도 감히 제어할 수가 없다. 용렬한 관리는 또한 위세에 겁내고 오히려 거실(巨室)로부터 죄를 입거나 재상(宰相)에게서 꾸짖음을 당할까 봐 두려워하니, 어찌 그들에게 법을 집행할 수 있을 것인가. 백성을 부역에 동원할 때를 당하면 민호(民戶)를 낱낱이 짚어가면서, '모호(某戶)는 아무

38 『성종실록』 권170, 15년 9월 계축;『중종실록』 권100, 38년 4월 갑오;『명종실록』 권17, 9년 8월 경진.

39 『명종실록』 권12, 6년 9월 계축.

재상의 노호(奴戶)이니 부(賦)를 타인과 같게 할 수가 없고, 모호는 아무 재상의 노호이니 역(役)을 타인과 같이 부과할 수가 없다'고 한다. 이에 10가(家)의 부(賦)를 1가에 떠맡기고, 100가의 역(役)을 10가에 떠맡긴다 (『세조실록』 권46, 14년 6월 임인).

이와 같이 내수사라든가 세가 등 실로 막대한 전지와 노비를 옹유하고 있는 국가체제의 최상층부가 자신은 물론 자기 소유의 노비가 부담해야 하는 공부와 요역마저 공공연히 부담하지 않음에 따라 그것이 모두 사적 비호세력을 갖지 못한 양인과 공노비 등 소농민층의 부담으로 중첩 부과되고 있었으니, 이들의 몰락은 필연적인 일이었다. 즉 여말 선초 생산 관계의 재편에 따라 자영농으로 발돋움한 이들 소농민층은 이미 15세기부터 체제적으로 분해당하지 않을 수 없었다.

부역(賦役)을 부과할 때 균평히 분담시킬 수가 없으니 권세가는 모두 면제되고 호소할 데 없는 자만 홀로 당한다. 이로 말미암아 경기지역 백성으로서 농사지어 곡식을 먹고 사는 자는 모두 권세가의 노비(奴婢)·하인(下人)이요, 그 나머지는 모두 땔감과 채소를 팔아 겨우 먹고산다(『성종실록』 권44, 5년 윤6월 갑진).

백성으로서 항산(恒産)을 가지고 있는 자는 1·2년을 지나지 않아 모두 전지(田地)를 잃고 파산하게 되는데, 거기에는 까닭이 있다. 수령 된 자가 끝없는 욕심을 부려 잡역(雜役)을 번다히 시키는 것이 군역(軍役)보다도 10배나 되는데, 위엄으로 침해하고 책임지게 해 징수해가니 농민은 농사지을 생각도 못 하고 분주히 잡역에 동원된다. … 이로 말미암아 백성들의 비옥한 전지(田地)는 모조리 권세가의 노자(奴子)에게 팔아버리고 남은

> 것은 다만 척박한 땅뙈기뿐인데, 또한 봄농사 때를 당하면 종자와 식량이 다 모자라니, 오로지 국가 환곡(還穀)에만 의존하게 된다(『성종실록』 권203, 18년 5월 기유).

양인 농민은 실업 파산하고 세가의 노자호는 오히려 그 상전의 비호 아래에서 부유하게 되어가는 현실, 이것이 국가체제가 소농민을 체제적으로 유린해가는 실정이었다. 그 같은 사정은 16세기에도 물론 마찬가지였다. 말하자면 소농민층은 국가체제 전체와 대항하는 구도(構圖)로 존속하면서 구조적으로 체제의 침해를 당하고 있었던 것이다.

> 지금 백성의 산업(産業)을 제도적으로 다스림에는 무법(無法)한 지가 오래되었다. 그 때문에 호강(豪强)한 자는 전지(田地)를 겸병(兼幷)할 수 있고 탐폭(貪暴)한 자는 다취(多取)할 수 있게 되었으니, 소농민은 송곳 꽂을 땅도 없게 되었다. 그러므로 지금 백성들은 비록 풍년이 들더라도 역시 종신(終身)의 괴로움이 있다(『중종실록』 권51, 19년 9월 임신).
>
> 군액(軍額)에 허다한 결원이 생겨도 이를 보충할 계책이 없는 것은 오로지 각 고을의 토호(土豪)들이 양민(良民)을 많이 점거하여 수다히 속이고 숨겨 사역하는데도 수령 된 자가 인정(人情)에 구애되어 감히 수괄(搜括)하지 못하기 때문이다(『중종실록』 권103, 39년 5월 계해).
>
> 대저 토호(土豪)가 완고하여 교화(敎化)에 복속지 않음은 8도(道)가 다 그러하지만 하삼도(下三道)는 우심하다. 수령(守令)은 왕명(王命)을 받들어 한 지역을 통치하는 관원인데도 토호는 스스로 호활(豪猾)함을 믿고서 수령을 경멸하고 겁주어 제약하며 제 뜻을 조금만 어기면 문득 비방(誹謗)과 훼척(毁斥)을 해대니, 겁 많고 어두운 수령은 머리와 꼬리가 다 두려워 감히

누구도 어찌하지 못한다. 한 고을의 권한이 모두 품관(品官)의 손에 쥐어지게 되었으니, 전지와 노비를 겸병하고 양정(良丁)을 많이 점거하며 환곡(還穀)을 갚지 않고 요부(徭賦)를 담당치도 않으며 산림(山林)을 할탄(割呑)하고 천택(川澤)의 이익을 오로지 하기에 이르렀다. 흉한한 병통을 마음대로 자행하는 것이 이적(夷狄)보다 심하다. 이 폐풍(弊風)을 개혁하지 않고서는 장차 통치(統治)라는 것을 할 수가 없을 것이다(『명종실록』 권4, 원년 12월 임진).

3) 소농민경영의 체제적 분해

조선 전기에는 실로 오랫동안 훈척이 발호하는 시기가 지속되었다. 그래서 국가체제는 더욱 다층적 수탈구조를 이루어 공민인 농민층을 유린하였다. 그러나 그 같은 권간(權奸) 통치의 시대가 드디어 지나가고 이른바 사림정치의 시대가 오고 나서도 훈척 권귀(權貴)를 빙자한 비리는 여전히 저질러지고 있었다. 그 같은 국가체제는 항구적으로 확대·재생산되었다. 더구나 토호 품관의 세력이 강한 삼남(三南)지역뿐 아니라 소위 사족의 세력이 거의 형성되지 않은 평안·황해도의 경우도 체제적 인습은 마찬가지로 의제가 되며 횡행하고 있었다.

(공납제를) 변통하려고 하는 뜻은 실로 백성들의 부담이 균평치 않음을 익히 살펴본 결과 나온 것이다. 품관(品官) 등 행세하는 가호(家戶)는 전지(田地)가 잇닿아 있어도 공부(貢賦)·요역(徭役)에 응하는 자가 거의 없고 가난하고 천한 하호(下戶)들은 송곳 꽂을 땅이 없는데도 괴로운 침해와 해독을 입고 있다. 게다가 수령으로서 욕심 많은 자는 백성들로부터 징렴(徵斂)하는 것이 한도가 없으니, 서로(西路)의 민생(民生)이 날로 쇠잔하고 피폐

하게 되었다(『광해군일기』 권157, 12년 10월 정미).

권세가(權勢家)와 호활(豪猾)한 자들은 모두 역(役)에 불응(不應)한다. 대저 한 고을에서 부(賦)를 수취(收取)하는 것은 그 수(數)가 줄어들지 않는데, 그 가운데 불응자(不應者)가 있으니 소농민(小農民)에게서 더 많이 징수하는 것은 필연이다. 농민이 폐해를 입는 것이 이같이 다단한데, 국가의 재용(財用)인즉 세입(歲入)이 적으므로 매양 부족(不足)을 우려하고 있다. 폐조(廢朝, 광해군)의 정사(政事)야 족히 말할 것이 못 되지만, 비록 폐조 이전에도 백성이 곤궁하고 나라가 가난함은 실로 마찬가지였다. … 그 끝에 가서는 병통스러운 폐단이 온갖 형태로 나오게 되니, 상하(上下)가 모두 궁곤(窮困)하고 잘못되어 구제할 수 없게 되었다(『浦渚集』 권2, 論宣惠廳疏 癸亥;仁祖 元年;1623).

대저 부세(賦稅)가 균평치 못한 폐단은 전결(田結)이 실제의 형상을 파악하지 못하고 있음에서 유래한다. 당초 양전(量田)할 때에 일을 맡은 관원이 능히 자세히 살피지 못하는 까닭에 이서(吏胥)와 품관(品官)들이 연유를 따라 농단을 부리니, 전지(田地)가 비록 비옥하더라도 혹 5~6등으로 잡아 양전하고 전지가 비록 척박하더라도 혹 2~3등으로 기준을 삼으며, 혹은 전연 빠져버리는 경우까지도 있다. 이미 양전한 후에는 타인(他人)의 결부(結負)를 끌어다가 자기 이름으로 합하여 편입해놓고는 이름하여 양호(養戶)라 한다. 이 때문에 고헐(苦歇)이 균평치 않고 억압과 탈락이 폐습(弊習)을 이루게 되었다. 소민(小民)들의 곤궁(困窮)은 실로 이에서 말미암은 것이다(『沙溪遺稿』 권1, 辭執義仍陳十三事疏 甲子=仁祖 2년 6月).

사헌부(司憲府)가 교지(敎旨)에 응하여 차자(箚子)를 올렸는데 특히 농민을 잃게 되는 폐단을 논하였다. … "이른바 세가(勢家)가 부역(賦役)에서 빠지는 것은 다음과 같습니다. 사대부(士大夫)로서 향리(鄕里)에서 세력을 가진 자는 마땅히 바쳐야 하는 부세와 응당 내어야 하는 역(役)을 일찍이 봉행

(奉行)한 적이 없이 시일을 끌며 지나가는데, 소민(小民)은 감히 1부(負) 1속(束)도 탈루할 수가 없습니다. 세가의 무리는 온갖 꾀를 써서 남까지 은루(隱漏)시키는데 삼남(三南)지방이 우심합니다. 울타리 아래 양호를 거느리되 많은 경우는 100여 명이요, 적은 경우도 수십을 밑돌지 않으며, 양민 천민을 막론하고 자기의 소유로 만들어 사사로이 사역(使役)하면서 보호해주며, 국가의 부역에는 일체 응하지 않도록 합니다. 소민(小民)들만 치우치게 곤궁(困窮)하게 되는 것은 바로 여기서 말미암는 일입니다"(『숙종실록』 권12, 7년 11월 무인).

국가체제라는 것이 양인과 공천이라는 공민 농민층을 그 존립 지반으로 하여 운용되면서도 농민층을 개별로 상대하여 이와 같이 체제적으로 침학하고 있었다. 그것은 곧 사료에서 볼 수 있듯이 조선 전기와 후기를 막론하고 항구적·체제적으로 일어나는 일이었다. 이미 임진왜란이 일어나기 전에 국가체제의 지반은 무너져가고 있었다. 왜란 이전에 체제 변통론(變通論)을 가장 구체적으로 제시한 이로는 율곡 이이를 들 수 있다. 그는 군역의 족징(族徵)·인징(隣徵)이라는 중첩 부담으로 몰락해가는 양인층과 선상(選上)이라는 과중한 부담으로 몰락해가는 공천층의 참상에 대해 다음과 같이 말하였다.

일족(一族) 절린(切隣)의 폐단이란 무엇을 이르는가. 지금 여기 군역을 피해 도산(逃散)하는 백성이 있으면 반드시 그 일족 및 절린을 침책하는데, 일족 절린이 지탱할 수가 없어 또 유산(流散)하면 다시 그 일족의 일족과 절린의 절린에까지 미쳐간다. 한 사람이 도망가매 그 우환이 천 집에까지 미치니, 그 형세가 반드시 백성이 하나도 남지 않게 된 연후에야 그

칠 것이다. 그 때문에 전일에는 백 집이 있던 마을이 지금은 열 집도 안 남고 작년에 열 집 있던 마을이 지금은 한 집도 없이 되었다. 고을과 동네가 쓸쓸하고 사람과 연기가 끊어지지 않은 곳이 없다. 이 폐단을 고치지 않으면 나라의 근본이 무너져서 나라 꼴을 간직할 수가 없다. … 지금 민생(民生)의 곤궁한 것이 마치 거꾸로 매달린 듯하니 만약 급급히 구제하지 않으면 온 나라가 텅 비고 말 것이다(『栗谷全書』 권15, 『東湖問答』 論安民之術).

소위 선상(選上)제도를 변통하여 공천(公賤)의 고통을 구제하자는 것은 다음과 같다. 원래 선상의 참뜻은 면포(綿布)를 많이 받아들이자는 것이 아니다. 서울에 있는 복예(僕隸)들이 사역하기에 부족하므로 외방에 사는 공천들로 하여금 번갈아 서울에 와서 노역(勞役)을 맡아 하도록 한 것을 일러 선상이라 한 것이다. 그러나 빈천한 공천들이 양식을 싸가지고 와서 서울에 머물며 일하는데 그들을 고통스레 침학하는 길이 너무 다단하니, 견딜 수가 없다. 처음에는 면포를 바치고 노역을 때우는 관행이 열렸으나, 지금인즉 다만 면포를 징수할 뿐이요 한 사람도 올라와 노역하는 자가 없다. 민생(民生)은 날로 곤궁해지고 호구(戶口)는 날로 줄어드는 판국인데, 공천 또한 백성이니 어찌 홀로 온전하겠는가. 이리저리 뒤채며 유망(流亡)하게 되니 생식(生息)할 수도 없는데, 한 번 선상의 값을 갚고 나면 패가(敗家)를 면하는 자가 드물다. 2년 동안 신공을 바치고는 1년 동안 선상을 해야 하니, 대략 3년에 한 번씩 패가하게 된다. 공천의 고통은 극단한 것이다. 게다가 당해 조색리(曹色吏)의 농간으로 선상의 배정이 균평치 않다. 비록 공천이 많은 고을이라도 뇌물을 바치면 적게 배정하고, 겨우 몇 사람 남은 고을이라도 뇌물을 바치지 않으면 많이 배정한다. 힘을 지탱할 수가 없으면 그 일족까지 침책하니 일반 백성 또한 그 고통을 입게 된다. 이미 곤궁해지고 나면 비록 공평하게 배정하더라도 구제할 길이 없다. 만약 변통하지 않는다면 후환이 무궁하게 될 것이다 (『율곡전서』 권5, 萬言封事 甲戌=宣祖7:1574).

그 같은 체제적 침책으로 인하여 공민 농민층의 소유 관계·생산 관계는 범주적으로 점차 분해되고 재편성될 수밖에 없었다.

우리나라에서는 군역(軍役)이 가장 고통스러우므로 양민(良民)은 이를 감당하지 못하여, 자식이 있는 자는 산승(山僧)에게 주어버리지 않으면 천비(賤婢)를 맞아서 처(妻)로 삼고 딸 가진 경우는 천노(賤奴)에게 시집보내고 값을 받음으로써 일변일족(一邊一族)의 비용을 면제받기를 도모한다 [대체로 사노(私奴)는 1년의 신공(身貢)이 많아야 2필이며 족징(族徵)의 폐해는 받지 않는다. 군사(軍士) 보인(保人)의 경우는 한 해의 신역(身役) 값이 거의 5필을 넘는 데다 그 처 역시 양인(良人)인 경우는 부(夫)·처(妻) 양쪽이 족징(族徵)의 고통을 당하기 때문에 얼마 못 가서 파가(破家)하게 된다]. … 하물며 내수사 노비(內需司奴婢)는 국가에서 특별히 완휼(完恤)해주기 때문에 궁민(窮民)으로서 쇠잔·파산하게 된 자들이 더욱 다투어 투속한다. 지금 나라 안의 사람이 살 만한 땅은 개간되지 않은 곳이 없고 민호(民戶)도 늘어나지 않은 곳이 없다. 그런데 그같이 새로 개간한 전지(田地)와 새로 자립하게 된 민호를 조사해보면 모두가 양반(兩班) 및 사노(私奴)·내수사노(內需司奴)의 전(田)·호(戶)요, 양민의 전·호는 날로 줄어들고 있다. … 중국의 제도로는 비록 공경(公卿)·재상(宰相)에 이른 자라도 감히 사인(私人) 수십 명을 둘 수가 없는데, 우리나라는 천얼(賤孽)의 붙이조차 혹 사노를 백(百) 명씩 가진 자가 있으며 훈신(勳臣)·귀척가(貴戚家)는 비록 천(千) 명씩이나 소유하고 있으면서도 국세(國勢)가 외롭고 약한 것을 앉아 바라보고서

나라에 충성할 생각은 하지 않는다(『重峯集』 권4, 擬上十六條疏 十二曰卒伍之選).

즉 국가체제의 기본 지반을 이루는 양인·공천 등 공민 농민층은 몰락하는 쪽으로 분해되었으며 세가와 그 비호 아래 있는 사노비층은 점차 부유해지는 현상이 이 시기의 일반적인 대세였던 것으로 판단된다. 그 같은 대세는 전기뿐 아니라 왜란을 지난 조선 후기에 가서도 한동안 지속되었던 것으로 보인다.

6. 조선 후기 사회구조의 변동과 국가체제의 대응

1) 하부구조의 변동과 체제의 대응

조선 전기에는 15세기로부터 16세기로 내려올수록 '종천법'에 따라 노비호가 증가하였던 것으로 나타난다. 그런데 노비의 도망이라든가 탈루·은접 현상은 일상적·항구적으로 일어나는 일이었으므로 그 비중에 대한 관찰은 매우 구구한 것으로 나타났다. 15세기 후기의 기록으로, "지금 제민(齊民) 가운데 사천이 10에 8~9요, 양민은 겨우 1~2"라고 하는 주장은 당시 훈척정치의 횡포로 인하여 양민이 사천으로 대거 투속해가는 현실을 좀 과장되게 표현한 것으로 해석된다.[40] 더 평이하게 "우리나라의 인물은 노비가 절반쯤 된다"라거나, 이 시기 공사천은 "평민의 절반인데, 탈루(脫漏)와 피역(避役)으로 찾아낼 수 없는 자가 한없이 많

40 『성종실록』 권91, 9년 4월 기해, 경자.

다"[41]고 보는 편이 아마도 더 온당하지 않았을까 생각된다. 그리고 사노비의 비중은, 그것이 상전의 비호 아래 번영의 길을 걷고 있었다는 여러 정황 기록으로 보아, 16세기로 내려올수록 점차 더 크게 증가하였던 것으로 판단된다.

그래서 세가의 노비 소유에 제한을 가하자는 논의가 조선 전기부터 더러 제기되고 있었다. 그러나 그것이 제대로 이론을 갖추고 등장하는 것은 조선 후기의 실학에 와서였다. 조선 후기의 실학은 그 갈래와 방법이 다양하지만, 궁극적 목표는 국가체제의 개혁에 있었던 것으로 이해된다. 국가체제를 개혁하지 않고서는 전제건 노비제건 그 비리와 저효율성(低效率性)을 결코 불식할 수 없다는 깊은 성찰이 실학에 와서 본격적으로 제기되었다. 가령 실학의 선구자 반계(磻溪) 유형원은 토지제도로 균전론을 주창하였거니와, 노비제에 대해서는 다음과 같이 말하였다.

> 우리나라 노비법(奴婢法)은 죄가 있거나 없거나를 막론하고 오직 노비의 세계(世系)만을 따져서 백 대(百代)를 두고 노비로 삼는다. 그렇기 때문에 혹 무지하고 비루한 자라도 남의 생사(生死)를 좌우하는 권한을 가지며, 혹 그사이에 현명한 인재가 나더라도 역시 남의 노비로 고착될 수밖에 없으니, 이것이 어찌 이치에 맞는 일인가. 이 법이 어느 시기에 생겨났는지 알 수 없지만 대개 고려 초기부터 점차 성행하였고, 본조(本朝)에 이르러서는 노비법을 만들되 사람을 몰아다 노비로 끌어들여서 노비로 들어가는 자만 있고 면제되는 자는 없게 되었다.
>
> 그러므로 천민(賤民)은 점차 많아져 10에 8·9나 되고 양인(良人)은 점점 줄

41 『慵齋叢話』 권9; 『성종실록』 권210, 18년 12월 무진.

어들어 겨우 1·2가 남게 되었다[지금의 법에는 천인(賤人)이 어미의 신분을 따르게 되어있는데, 아비가 천민이요 어미가 양인일 때는 또 아비의 신분을 따라 노비로 만드니, 이는 사람들을 몰아다 전부 노비로 만드는 것으로서, 노비로 되는 자는 있어도 면제되는 자는 없다. 또 군역(軍役)이 너무 고통스러우므로 양민으로서 자녀를 둔 자도 많이들 사천(私賤)과 결혼을 시키니, 양민이 점차 줄어든다. 이 법대로 하면 수백 년 못 가서 반드시 온 나라에 양민이 없어질 것이다. 지금 10에 겨우 1·2 남아있는 양민도 대체로 도망가 숨은 노비이거나 양반의 서얼(庶孽) 중에서 아주 잔약하게 된 자들이다].

그러므로 다만 나라에 공민(公民)이 없고 모두가 사노비(私奴婢)로 되었을 뿐 아니라, 노비 한 사람에 대한 소송(訴訟)이 혹 10년을 다투어도 결판이 나지 않으며[노비가 재산으로 되어있기 때문에 그것을 소유한 족친(族親) 사이에도 소송으로 다투는 자가 아주 많다. 또 노비와 그 상전(上典)이 서로 송사하는 경우, 상전이 말하기를 '저 자가 내 옛날의 노(奴) 아무개의 자손이다'라고 하면 노비로 지목된 자는 '나의 선조는 아무개이니 그 이름이 아니다'라고 한다. 소민(小民)들의 세계(世系)는 남이 다 알 수 없고, 또 문기(文記)의 진위는 밝히기가 어렵다. 그러므로 한 사람의 소송 사건에 백 명의 증인을 심문하고 십 년을 끌어가도 결판이 나지 않는 경우가 있다], 노비 한 명을 잡아내는 데도 혹 도망간 노비의 구족(九族)까지 침해하고 뒤흔들어도 해결 나지 않는 일까지 있게 되니[무릇 도망간 노비를 잡아내자면 그 족속(族屬)까지 침범하지 않고서는 일이 되지 않는다. 그러므로 잡아 가두는 해독이 만백성에까지 미치는데, 형편상 그렇게 되지 않을 수가 없다], 이는 노비법의 폐단이 극도에 도달한 것으로서 변통하지 않을 수 없는 것이다. …

만약 왕정(王政)이 시행되어 온갖 법도가 바로잡히며 편벽되고 누추한 습속을 씻게 된다면 노비법은 반드시 혁파해야 하는 것임이 확실하다. … 지금 나라가 가난하고 군사는 적어서 스스로 떨치지 못하는 것은 노비법이 나쁘기 때문이다. 강한 자가 약한 자를 집어삼키고 송사가 번거롭고 많으며 혈육(血肉) 간에 서로 시기하고 풍속이 패악하게 되는 것도 모두 노비법이 나쁘기 때문이다. 수령 된 자가 송사 처리하느라고 관정(官庭)에 채찍과 매가 가득하고 문서가 구름처럼 쌓여 있으매 땀을 흘리고 정신이 피로해져서 정사와 교화에 관한 일은 생각조차 해보지 못하는 것도 모두가 노비(奴婢)와 전지(田地)에 관한 문제 때문이다. 가령 고을마다 참다운 수령을 얻어 신통하고 명확한 판결을 내리게 된다고 하더라도 그것이 천하 국가의 치란(治亂)에 무슨 도움을 줄 수 있을 것인가. 그러므로 이 폐단을 없앤다면 나라는 잘 다스려지고 집집마다 넉넉하게 될 것이며 백성은 안착하고 물산은 풍부해져서 삼대(三代)의 지치(至治)를 이룩하기가 어렵지 않을 것이다. …

우리나라 노비법은 그 사리(事理)의 시비(是非)가 본래 알기 어려운 것이 아닌데, 범인(凡人)들은 각기 목전(目前)의 사사로운 뜻에 가려져 있으므로 모두가 개혁하기 어려운 것으로 여긴다. 인군(人君)의 경우인즉 천(天)을 대신하여 인간(人間)을 다스리니, 나라도 내 나라요 백성도 내 백성이다. 어찌 그사이에 다시 별도로 노비라는 것을 만들어내 백성을 해칠 것인가. 이로 말미암아 침해(侵害)가 이웃과 족류(族類)에까지 미치고 그 병폐가 뭇사람들에게 퍼져가니, 이는 제 나라를 스스로 병들게 하는 것이다. 그 이해득실(利害得失)이야 말하지 않더라도 알 수가 있을 것이다(『반계수록』 권26, 續篇 下 奴隷).[42]

그러나 물론 실학은 국가정책에 반영된 것이 거의 없었다. 그런데 조선 후기에 가면 국가정책에 따라서가 아니라 사회의 변동에 따라 노비제도에도 미증유의 큰 변동이 일어났다. 즉 이 시기에는 농업생산력을 비롯한 사회생산력이 크게 발전하고 한편으로는 상품화폐 경제가 발전했는데, 그에 따라 사회신분제에도 질적인 변화가 일어났다.

즉 조선 후기 약 200년간의 호적이 남아있는 대구(大邱)·울산(蔚山)·산음(山蔭) 등지의 호적을 분석한 연구에 따르면, 17세기까지는 대체로 10% 미만이던 양반사족호(兩班士族戶)가 1850년대에는 대략 50~70%로 파격적 증가를 보였다. 그리고 양민호(良民戶), 즉 상민호(常民戶)는 격감하며, 노비호는 사실상 소멸되고 있었다. 물론 자연적 증감이 아니라, 호적과 족보의 위조, 모칭(冒稱), 공명첩(空名帖)의 취득 등 여러 가지 방법을 통한 사회적 증감 현상이었다. 국가에서도 18세기 이후로는 노비를 될수록 양민으로 만들어가는 방향으로 정책을 유도하지 않을 수 없었다. 물론 노비 종량(從良)의 정책은 여러 차례 번복되기도 하였지만, 사회구조의 변동으로 이제 무엇보다도 양민의 군역자를 많이 확보하는 것이 가장 절실한 문제가 되었다. 그래서 영조 7년(1731)에 가서는 신분은 그 어미 쪽만을 따르도록 하는 노비종모법(奴婢從母法)을 확정하게 되었다. 그 같은

---

42 전지(田地)·노비(奴婢) 소송의 번다함으로 인하여 국가 행정력이 마비될 지경에 이르는 현상은 고려 말의 난세(亂世)와 매우 유사한 바 있다. "중앙에서는 판도사(版圖司)·전법사(典法司)와 외방에서는 수령(守令)·안렴사(按廉使)가 그 본직(本職)을 폐한 채 날마다 전지(田地) 소송(訴訟)을 처리하는데 추위나 더위를 무릅쓰고 땀을 씻고 붓을 녹여가면서 문권(文券)을 조사하고 증거를 검토하며 전호(佃戶)에게 물어보고 고로(故老)에게 물어본다. 무릇 관련된 사람들이 감옥(監獄)과 관정(官庭)에 가득 차서 농사를 폐하고 판결을 기다린다. 여러 달의 문건(文件)이 산언덕처럼 쌓여있고 한 이랑의 쟁송(爭訟)이 수십 년을 끌어가니 침식(寢食)을 잊고 처리하여도 부족하다. 이는 모두 사전(私田)이 쟁단(爭端)으로 되어 소송(訴訟)이 번잡해진 까닭이다"(『고려사』 권78, 식화지 田制 우왕 14년 7월 대사헌 趙浚等上書).

시대적 조류에서 드디어 순조 원년(1801)에는 내수사와 각 궁방 및 각급 관청 소속 약 66,000명의 노비문서를 소각함으로써 그들을 양민화하기에 이르렀다.

그럼에도 불구하고 이 시기 양민호의 급격한 감소는 양민의 신역(身役)인 군역 담당자의 급격한 감소로 직결되기 마련이었다. 그래서 남아있는 양민 장정이 중첩적으로 군포(軍布)를 물지 않으면 안 되었다. 이른바 백골징포(白骨徵布)·황구첨정(黃口簽丁)·족징·인징의 현상이 범람하게 되었던 것이다.

그러나 남아있는 양민호만을 상대로 군역을 중첩으로 부담시킨다는 것은 이치에 닿지 않을 뿐 아니라 국가체제의 지반을 직접 유린하는 일이었다. 이에 다시 사족층도 군포·군전 혹은 호전(戶錢)이란 명목의 군역가(軍役價)를 부담토록 하자는 논의가 크게 대두하기에 이르렀다. 그러나 역시 국가체제로서는 사족층에게 그 같은 명목의 부담을 지워서는 안 된다는 입장이 우세하였다.

> 사대부(士大夫)의 마음을 잃는다는 것은 무엇을 뜻하는가. 우리나라는 가난한 나라이다. 중앙·지방의 사서인(士庶人)으로서 토지를 가지거나 녹(祿)을 먹는 자를 제외하고는 대체로 가난하고 굶주리는 자가 많은데, 그 가운데서도 양반(兩班)이 숫자가 제일 많고 또 제일 가난하다. 공경(公卿)의 자손인 사대부와 각 지역의 교생(校生) 이상을 양반이라고 통칭하는데, 그 수(數)가 거의 모든 국민의 절반을 넘는다. 조선의 양반은 한 번 공장(工匠)이라든가 상인(商人)이 되면 당장에 상한(常漢)으로 떨어지고 마니, 공상(工商)은 할 수가 없다. 생계를 꾸려갈 길은 다만 농사짓는 일뿐인데, 만약 양반이 몸소 밭갈이하고 그 처가 들밥을 이고 오는 일을 농부가

하는 그대로 한다면, 한정(閑丁)이니 권농(勸農)이니 하는 공문(公文)이 발걸음도 돌이키기 전에 도착하니, 이 또한 죽어도 못 할 노릇이다. 공·상·농업을 모두 할 수가 없는데, 외면으로는 관복(冠服)을 갖추어야 하며 혼인(婚姻)과 상장(喪葬)에 그래도 양반의 체모를 잃지 않으려고 하니 어떻게 가장 가난해지지 않을 수 있겠는가.

안으로는 서울에서부터 밖으로는 8도 모두에 이르기까지 비뚜름히 기울어진 초라한 가옥에 쑥대가 자라 무성하고 눈바람 에이는 추위 속에 밥 짓는 연기마저 끊어진 것은 물어보나 마나 가난한 사족(士族)의 집이요, 심지어 과년한 딸을 두고 남에게 시집도 못 보내고 있는 경우도 대체로 모두 양반 부스러기이다. 세상에서 생계마저 궁상스럽기로는 실로 양반에 비길 자가 없는 것이다. 양역(良役)을 지는 일반 백성이 비록 매우 애처로운 처지이지만 힘써 농사짓고 땔나무함으로써 오히려 군포(軍布)를 마련해낼 길이 있는데, 만약 이들 양반에게 군전(軍錢)·군포를 바치라 하면 돈 한 푼, 실 한 오라기인들 어떻게 마련할 수 있겠는가. 그런데 입으로는 술지게미나 쌀겨라도 마다할 수가 없고 몸은 베옷으로 다 가릴 수가 없으면서도 평소 손뼉을 쳐가면서 조정(朝廷)과 수령(守令)의 정사를 따지는 것이 그들의 기량(伎倆)이니 실로 매우 가증스럽다.

그러나 오래된 일은 변하기가 어렵다는 것이 성인(聖人)의 가르침이다. 우리나라의 풍습은 중국과 현저히 달라서 저 신라 고려 적부터 가장 명분(名分)을 중시해왔으니 그것을 하루아침에 개혁할 수가 없다는 것은 명백하다. 식자(識者)는 생각하되, 우리나라 양반은 모두 옛날의 봉건 제후와 같아서 그들이 민심(民心)을 유지함으로써 감히 변란을 일으키지 못하게 하니, 국가에 도움이 되지 않는다고 할 수가 없다. 그들은 환곡(還穀)조차 오히려 받지 않으려 하는 터인데 하물며 군포(軍布) 대신 호전(戶錢)

을 냄으로써 서민(庶民)과 차별이 없게 되라고 한다면 명령에 따라 기꺼이 바치려고 할 것인가. 비록 바치려 한들 돈을 마련할 길이 없는즉 그 처자식까지 잡아 가두게 된다면 그들의 원망과 비방이 어디까지 뻗쳐 갈 것인가(『영조실록』 권71, 26년 6월 계사, 知敦寧李宗城上書).

이 시기 양반호가 대폭 증가하였다고 하지만, 그 양반호가 사실상 모두 양반으로 행세할 수는 없는 일이었다. 호적상으로만, 혹은 명목만으로 양반인 자들이 더 많았다. 그러나 이후로도 양반호는 결코 군포 같은 군역가의 명목을 부담하지는 않았으며, 19세기에 대대적 민란을 겪으면서도 명분상 그대로 지켜지는 편이었다.

그보다도 이 시기 노비호가 사실상 소멸해가고 있었다는 사실은 매우 큰 사회적 변화를 동반했다.

생산력의 발전, 상품화폐 경제의 전개에 편승하면서 노비층도 이제는 주가의 속박을 벗어나 사회경제적 자립체(自立體)로 성장했다. 주가의 비호 아래 부유해진 사노비층일수록 이제 멀리 떠나거나 공명첩을 사고 속신(贖身)하여 지주사족으로 등장하기도 하고 혹은 양민이 되기도 하였지만, 요컨대 이제는 자영(自營)의 생산 주체로 범주적인 성장을 보이게 되었다. 생산력의 발전과 사회 신분의 변동은 상호 인과관계를 이루어 이 시기 사노비층을 범주적으로 해체시켰다. 사노비로서 아직도 당분간 남아있는 것은 허드렛일을 맡아 하는 사실상의 하인이며, 사족가의 경제적 지반으로서 농장경영에 동원되던 노비제도는 사실상 거의 전면적·범주적으로 해체되고 말았다. 마치 서양의 농노(農奴)제도가 사회경제적 비효율성 때문에 해체된 현상과 마찬가지였다.

따라서 조선 후기에는 양반 사족(兩班士族)가의 농장경영도 범주적으로 해체되지 않을 수 없었다. 이 시기에는 농업생산력의 발전에 따라 노비보다도 전지의 경제적 비중이 더 커지게 되었다. 이제 양반 지주는 그들의 소유지를 농장으로 경영하는 대신, 빈농들에게 대여하여 1/2전조를 수취하는 병작반수라고 하는 생산 관계를 경제적 지반으로 하고서 그나마 버틸 수 있었다. 이 시기에 기본적 생산 관계가 농장제로부터 병작제로 변동했던 것이다. 다산 정약용은 19세기 초기 호남지역의 경우 자기 소유지를 병작지로 대여하고 1/2전조를 수취하는 지주가 대략 5%, 자작농은 대략 25%, 남의 전지를 병작하여 1/2전조를 바치는 병작농이 대략 70%라고 하였다.[43]

그런데 특이한 것은, 이전부터 사족층을 지탱하는 기본 인력이 노비 노동력이었는데, 이제 노비층은 사실상 범주적으로 해체되었지만, 양반 사족층은 여전히 존립하여 끝까지 버티고 있었다는 사실이다. 자신을 지탱시켜준 하부구조는 해체됐는데도 오히려 그 상부구조는 기승을 부리면서 증식을 거듭하고 있었던 셈이다. 농업도 상공업에도 종사하지 못하는 양반이 전체 주민의 절반 이상으로 도처에 즐비했다는 것은 나라 전체를 두고 볼 때 어떠한 결과를 초래했을까. 18세기의 실학자 성호(星湖) 이익(李瀷, 1681~1763)은 이 시기의 국가체제와 농민층의 동향을 다음과 같이 묘사하였다.

> 우리나라 습속(習俗)이 문벌(門閥)을 숭상하여 일가(一家)에 벼슬아치가 나면 그 구족(九族)이 가래와 호미를 놓아버린다. 노비는 세전(世傳)의 법이 있으므로 문(文)도 무(武)도 않으면서 고(高)·증조(曾祖)가 무관(無官)일지라

43 『與猶堂全書』 제1집 9-200;擬嚴禁湖南諸邑佃夫輸租之俗.

도 노비를 부리면서 편히 앉아 취식(取食)한다. 진실로 몸소 농사를 지을라치면 쉬쉬하고 부끄러이 여기며 혼인이 통하지 않는 고로 유식(遊食)하는 자가 태반(太半)이 된다. 하물며 녹(祿)을 먹는 집도 그 녹이 농사를 대신할 수가 없으며, 서인(庶人)으로 관(官)에서 일하는 이서(吏胥)류는 봉록(俸祿)도 없이 구실을 맡는다. 그러니 뇌물을 받지 않고서는 살길이 없는데, 뇌물이 나오는 곳이란 민력(民力)에서 나오는 것이니, 민력은 이미 꺾어질 수밖에 없다. 또 공경(公卿)의 자식은 항상 공경이 되며 귀현(貴顯)한 집은 모두 한미(寒微)한 자와 종사하지 않는다. 나아가 소민(小民)들의 어려움을 모르는 채 부(富)를 대대로 이어받아 사치스러움이 날로 늘어나는데, 그것을 보고 본받는 자가 도도히 흐른다. 사치(奢侈)를 한즉 재화(財貨)가 부족하게 되고 부족한즉 탐욕을 내게 되며 탐욕을 가지면 부득이 백성을 침학하게 된다.

그러므로 농민층은 즐거이 사는 길을 잃어버리고 능히 농사일에 힘을 다하지도 않는다. 그래서 재화는 사가(私家)에도 저장되지 않고 공가(公家)에도 저장됨이 없어 천하의 빈국이 되었으며, 국가가 빈곤하매 백성은 더욱 빈곤하게 되었다. …

국가에 관직을 설치한 것은 백성을 위해서 둔 것이다. 그 직책을 따져본다면 백성의 부모라고 하지만, 그 행적을 살펴볼라치면 원수(怨讐)이다. 농민층은 지혜와 힘을 다 짜내어 곡식을 심고 기용(器用)을 만들어, 감히 스스로 자기 부모(父母) 처자(妻子)를 봉양하지도 못하고 손을 접은 채 모두 그 원수에게 바쳐야만 하는 것이다(『星湖僿說』 권8, 人事門 生財).

그런데 성호는 당쟁(黨爭)의 와중에서 부(父)·형(兄)이 희생되고, 평생을 재야 학자로서 그같이 지리멸렬한 국가체제의 개혁을 위해 실학에 전념

한 처지였다. 그러나 그는 아직도 국가체제라는 것의 효용성을 굳이 부정하려고는 하지 않았다.

> 나는 무관(無官)의 사(士)이지만 척박한 전지(田地)와 잔약한 노자(奴子)가 있어 일찍이 경목(耕牧)하거나 땔나무하고 물 길어오는 수고로움을 들인 적이 없다. 거처함에는 하인(下人)이 있고 길을 나섬에는 탈 마필(馬匹)이 있으니, 저 뭇 완민(頑民)과 더불어서는 비교할 수가 없는 형편이다. 가만히 생각해보면 이것이 과연 누구의 덕인가. 조선(祖先)이 음덕(蔭德)을 세워 그 남은 혜택이 전해오기 때문이다. 나의 조선은 몸을 일으켜 현관(顯官)에 오름으로써 가도(家道)를 일으켰다. 그런데 국가의 평치(平治)와 군은(君恩)의 두터움이 없었더라면 또 한 가업(家業)을 대대로 전하여 지금에 이를 수 없었을 것이다. 또 그 근본을 추구해보면 황천(皇天)이 순조로이 운행하고 사시(四時)의 조화(調和)에 만물(萬物)이 생성(生成)하므로 인간이 그 힘을 입어서 목숨을 부지할 수가 있다. 그렇지 않으면 비록 성군현신(聖君賢臣)이 있다 하더라도 어떻게 그 공적을 이룰 수가 있겠는가. 그러므로 자기를 알고 조선(祖先)을 알지 못하면 효(孝)를 말할 수가 없고, 조선을 알고 국가를 알지 못하면 충(忠)을 말할 수가 없으며, 국가를 알고 천(天)을 알지 못하면 도(道)를 말할 수가 없는 것이다. 천명(天命)을 알지 못하는 것을 '완(頑)'하다고 하는데, 완민(頑民)의 삶이란 역시 구차스럽기 마련일 것이다(『성호사설』 권12, 인사문 知國知天).

여기에는 국가의 혜택과 임금의 은혜에 대한 일방적 앙모(仰慕)의 염(念)을 지양하기 위하여 황천(皇天)과 사시(四時)의 개념을 도입함으로써 제3의 객관적 시각을 정립하려는 노력이 있어 보이기는 한다. 그러나 어디까지나 국가의 혜택, 임금의 은혜와 일정한 연결성이 있는 사족으로서 성호 '자신'과, 그 같은 혜택을 전혀 입지 못한 '완민(頑民)'과의 사이에는, 실생활과 사유 양면에 걸쳐 결코 등질(等質)적일 수가 없다는 엄연한 인식이 실재했다는 사실이 확인된다. 실상 성호와 같은 실학자를 두고 말할지라도, 그가 과연 그 같은 이질적 간격을 어느 만큼이나 적극적으로 타파하는 선에서 그의 실학을 구상하고 있었는가에는 많은 문제가 남을 것으로 고찰된다.

그런데 아마도 우리나라 역사에서는 처음으로 체계적인 국가체제 개혁론을 제시한 것이 조선 후기 실학의 경우가 아니었던가. 실학은 실로 현실 국가체제의 구조적 모순과 갈등을 그 역사적 유래에서부터 객관적 이치(理致)에 비추어 구체적으로 관찰하고, 그것의 궁극적 개혁안까지 구체적으로 제시하였다.

그런데 실학은 어떠한 사회적 실체를 바탕으로 하고서 그 같은 체제 개혁론을 내놓을 수 있었던 것인가. 가령 실학이 그려낸 농민상(農民像)으로 말하자면 곧 자립적 자영농에 해당하는 것이라고 할 수 있다. 하필 농민의 경우만을 두고 그러하였을까. 그것은 아마도 이 시기 각 분야에서 자립적 사회 주체로 광범하게 성장하고 있는 직접생산자 계층을 바탕으로 하고서 그 같은 체제 개혁론을 전개하였던 것으로 고찰된다. 그들은 자립적 사회 실체로 발돋움하기 위해 한편으로는 인습적 억압과 수탈의 기제로부터 벗어나지 않으면 안 되는 존재로, 한편으로는 자기 자신의 적극적 노력을 통하여 자립하는 사회 성원으로 정립되고 다른 성원과 더불어 새로운 국가체제의 건설에도 적극적으로 참여하는 존재로 그려졌다. 따라서 구체제의 온갖 인습적 관행도 실학에 와서야 그 비리성(非理性)이 제대로 해석되고 이에 개혁의 대상으로 체계화할 수 있었다.

2) 구조적 모순의 심화

이미 17세기의 실학자 반계 유형원은 모든 국가사회의 폐막의 근원인 노비법을 두고, "이것이 어찌 이치에 맞는 일인가", 혹은 사노비의 소송이 신통하게 판결되더라도 "그것이 천하 국가의 치란(治亂)에 무슨 도움을 줄 수 있을 것인가"라고 하여, 객관적 이치에도 맞지 않고 국가론적으로도 그 법은 용납될 수 없는 것이라고 명백히 주장하였다. 18세기 실학자 성호 이익도 국가 통치권을 독점적으로 장악하고 있는 벌열 세가(勢家)들이 곧 농민층의 '원수(怨讐)'로 되어있는 수탈구조의 국가체제를 비판한 바 있다.

19세기의 실학자 다산 정약용은, 조선왕조의 법제란 것은 나라를 세우면서 무슨 새로운 것을 만들어 국가체제를 꾸린 것이 아니라 워낙 "고려의 옛 법을 따른 것"에 불과하였는데, "세종 때 와서 조금 줄이고 보탠 것이 있었으나" 그나마 "한 번 임진왜란을 겪은 후로는 온갖 법도가 무너지고 모든 일이 어수선해졌다"고 진단하였다. 그래서 마침내 19세기 초 당시에 국가체제 전체가 "터럭 한끝에 이르기까지 병들지 아니한 것이 없으니, 지금에 와서 고치지 않는다면 반드시 나라를 망치고 말 것이다"라고 하는 우려에서 그의 국가개혁론인 『경세유표(經世遺表)』를 구상하게 되었다.[44] 그 같은 병폐스러운 현상이야 가지가지로 다양하고 심각하였겠지만, 여기서는 조선 초기부터 19세기 초 당시까지 거의 조금도 고쳐지지 않고 그대로 반복되고 있는 인습적 수탈체제를 가령 과물(果物)의 수취 관행 사례에서 들어보기로 한다.

---

44 『經世遺表』 引.

좌정승 하륜(河崙) 등이 제거해야 할 민폐(民弊) 몇 가지를 상소하여 아뢰었다. "전조(前朝)의 말기에 민폐가 다단하였는데 아조(我朝)에 들어와 점차 개혁하였지만 아직도 민간에는 몇 가지 남은 폐단이 있습니다. … 과물(果物)을 두고 말하자면 아직 익지 않은 때에 관리(官吏)가 나와서 과일의 개수를 헤아려 나무 둥치에 표시해놓고는 익기를 기다려 따가는데, 떨어진 것이 있으면 억지로 그 숫자를 채우도록 핍박하여 괴롭히니, 나무 가진 본호(本戶)는 고의로 그 나무를 손상(損傷)시켜 버리기에 이릅니다. … 집터 이외의 산이나 들판에 심긴 과일나무는 10분의 1세를 매겨서 호주(戶主)로 하여금 스스로 바치도록 할 것이요, 개수를 헤아려 둥치에 표시해놓고 본호를 괴롭히는 일은 없도록 조처하기 바랍니다." … 임금이 그렇게 하도록 했다(『태종실록』 권12, 6년 7월 기묘)〈1406년〉.

내전(內殿)으로부터 제주(濟州)의 감자(柑子)와 유자(柚子)를 내어와 승정원에 하사하고는 임금이 이어 전교하였다. "누가 일러 이 물산(物産)이 우리나라 땅에는 맞지 않다고 하였는가. 내가 듣기로는 제주 사람으로서 감귤(柑橘)나무를 가지고 있으면 수령(守令)이 그 결실(結實)의 유무를 막론하고 매우 괴로운 징렴(徵斂)을 해대니, 이로 인하여 백성들이 편히 살 수가 없어 오히려 나무를 베고 뿌리까지 잘라버리는 일이 있다고 한다. 이는 다른 까닭이 아니다. 다만 해독만 입고 이로움은 없기 때문이다. 만약 이들 나무를 심는 자가 있으면 모두 복호(復戶)시켜 줄 것이요, 혹 후한 상을 주기도 한다면 백성들이 기꺼이 심고 가꿀 것이다. 당해 기관으로 하여금 의논하여 아뢰도록 하라"(『성종실록』 권225, 20년 2월 임자)〈1490년〉.

"우리나라 산협(山峽) 지대의 땅들은 백성들에게 이로움이 극히 적어서 대개가 버려져 있다. 성읍(城邑)이라든가 촌락들도 대개가 산기슭에 있으므로 이런 땅을 과원(果園)으로 만들 수가 있다. 여기에 만일 대추·밤·

감·배·뽕나무·닥나무·칠·대나무 등을 토질에 맞추어 매호 수십·수백 주씩 심는다면 그 이익이 전답(田畓)의 수입보다 못지않을 것이다. 그런데도 백성들이 나무들을 심지 않는 것은 무슨 이유인가. 그것은 역시 관리(官吏)들이 닥치는 대로 침해하기 때문이다. 지금 혹 어느 고을에 밤나무밭이 있으면 농민들로 하여금 번을 서서 지키게 하고는 열리는 것보다 갑절을 징렴하니, 심지어 먼 곳에 가서 사사로이 사다가 바치기도 한다. 그러므로 백성들은 밤나무밭 미워하기를 마치 원수처럼 미워하는 것이다. 남방의 민가에 유자(柚子)나무가 있으면 관(官)에서는 반드시 대장(臺帳) 등록을 하게 하고 징납을 해대니, 자기 신역(身役) 외에도 이 나무를 지키고 열매를 바쳐야 하는 노역(勞役)까지 덧붙여서 해야 하고 만다. 비록 유자나무가 썩어버린 뒤에도 그 징납은 자손에게까지 전해 내려가고 해독은 이웃 마을에까지 미친다. 그러므로 그 나무의 싹이 돋는 것을 보면 서로 경계하면서 뽑아버린다. 심지어 벌통에 이르기까지 등록을 시키니, 산골 백성들이 양봉(養蜂)하기도 어렵게 되었다. 말이나 매를 길러도 대장에 등록하게 하니 세력 없는 자는 말도 매도 사육하기가 어렵다. 무엇 한 가지 명목만 있으면 모두가 백성들에게 해독이 되는데, 그사이 억지와 독촉이며 이서(吏胥)들의 농간과 작폐는 또 이루 다 말할 수가 없다"(『반계수록』 권2, 田制 下 田制雜議附)〈17세기〉.

"남쪽 해변의 예닐곱 고을에는 모두 귤과 유자가 생산되는데, 거기 딸린 여러 섬에는 그 생산이 더욱 풍성하다. 그런데 수십 년 이래 날마다 쇠퇴하고 달마다 줄어들어 지금은 오직 귀족 집에나 혹 한 그루가 있고 섬 가운데 수령이 직접 관리하는 네댓 그루가 있을 뿐이다. 그 까닭을 물으니 다음과 같이 말한다. 매년 중추(仲秋)가 되면 저졸(邸卒)이 이서(吏胥)의 대장(臺帳)을 가지고 나와 그 과일의 개수를 세고 나무 둥치에 표시를 해두고 갔다가 그것이 누렇게 익으면 비로소 와서 따가는데, 혹 바람에 몇 개 떨어진 것이 있으면 곧 추궁하여 보충하게 하고 그렇게 하지 못할 것 같으면 그 값을 징수한다. 광주리째 가지고 가면서 돈 한 푼 주지 않는다. 저졸을 대접하느라 닭을 삶고 돼지를 잡게 되니 그 비용이 많이 들고 이웃이 떠들썩하게 모두 이 집을 나무라고, 들어간 비용을 이 집에서 받아낸다. 이에 몰래 그 나무에 구멍을 뚫고 호초(胡椒)를 집어넣어 나무가 저절로 말라 죽으면 대장에서 빠지게 된다. 그루터기에서 움이 돋으면 잘라버리고 씨가 떨어져 싹이 나면 보이는 대로 뽑아버리니, 이것이 귤과 유자가 없어지는 까닭이다. 근래에 듣기로는 제주(濟州) 또한 이 폐단이 있다 하니, 이같이 해서 그치지 않는다면 몇십 년 안 가서 우리나라에 귤과 유자가 없어질 것이다"(『목민심서』, 工典 山林)〈19세기 초〉.

가령 수공업의 경우를 살펴보면 다음과 같다.

『경국대전』에는 서울 안의 공장(工匠)들에게서도 역시 세(稅)를 받는다고 되어있다. 그러나 지금(17세기)인즉 서울 안의 공장들은 모두 일정한 세가 없고, 다만 관(官)에서 일을 시킬 경우가 생기면 닿는 대로 잡아다 일을 시키는데 그 대가로 주는 삯은 매우 적다. 더구나 외방의 경우는 세(稅)가 있고 없고를 막론하고 소문나는 대로 잡아다 억지 일을 시킬 뿐이다. 관부(官府)가 이미 이같이 하니 세가(勢家) 양반(兩班)들 또한 그 본을 받아 함부로 일을 시키고는 삯을 제대로 주지 않는다. 그러므로 공장을 업으로 하는 자는 오히려 그 재능이 소문날까 봐 두려워한다. 그 때문에 온갖 공장의 기예에 법도가 없어지고 거칠어져 모양새를 이루지 못하게 되었다. 그것이 온 나라의 습속으로 되고 말았으니, 사람들은 거기에 마음과 눈이 익숙해져서 그것이 거칠고 조잡하다는 것을 알지도 못하게 되었다(『반계수록』 권1, 田制 上).

"우리나라 풍속에는 목수라든가 대장장이가 나무를 다듬고 쇠붙이 다루는 법을 좀 알고 있으면 관장(官長)이 불러다 사역(使役)을 시키고는 삯은 주지 않고 매질만 빈번하다. 그러므로 팔뚝을 잘라버리고 손가락을 쪼개버리면서 그 자손들에게 타일러 금지시키니, 다시 공장(工匠)이란 것이 있을 수 있겠는가. 농구(農具)라든가 직기(織機), 배와 수레 등이 아직도 원시시대의 옛 제도를 지키고 있으니, 전야(田野)는 날로 황폐해지고 재용(財用)은 날로 줄어든다. 한 번 수해(水害)나 한재(旱災)를 만나면 하늘을 원망할 뿐이요, 백성은 근심으로 가득하고 나라는 가난해져도 도무지 어찌할 도리가 없다"(『여유당전서』 제2집, 「中庸講義」 1).

그러니 19세기에 와서도 왕권과 가까운 세가일수록 체제적으로 할거적 농단을 자행하고 있었던 것은 조선 전기의 경우와 마찬가지였다. 다만 노비제도는 스스로 해체되고 있었으므로 그 농단의 대상이 전지, 유통경제 부문 등으로 몰리게 되었다.

"이세화(李世華, 1630~1701)가 경상감사로 있을 때 내수사(內需司)에서 전지(田地)를 절수(折受)한다고 경상도에 공문이 잇달아 내려왔던바 그 결과 절수지가 여러 고을에 걸쳐 연이어 있어서 나라에서 거두는 전세(田稅)가 크게 줄어들었다. 또 내수사에서 파견한 차인(差人)들은 소란을 피우며 사납게 굴어 그들이 한 번 지나가면 마치 전쟁을 치른 것 같았다. 그는 차인들에 죄를 따져 장형(杖刑)을 가하고 장계(狀啓)를 올려 극론하였다. 국왕의 꾸중이 엄하여 다른 이가 감히 아뢸 수 없었고, 조정에서는 그로 인하여 떨고 있었는데, 정승 남구만(南九萬, 1610~1680)이 그를 구원하여 무사할 수 있었다"(『목민심서』, 奉公六條 貢納).

"궁방전(宮房田)이 날로 늘어나서 여러 궁방(宮房)과 척족(戚族)들이 광대한 농장(農莊)을 차지하고 사람을 파견하여 조(租)를 징수하는데 그 사람을 일러 도장(導掌)이라 한다. 공부(公賦)는 면제시키고 사가(私家)의 수입만을 늘리는데도 수령(守令)은 팔짱을 끼고 감히 이를 단속하지 못하니, 도장은 백성을 멋대로 착취하여 재물을 긁어내는 데 끝이 없다. 그래서 궁가(宮家)로 들어가는 것은 10분의 1이고 사복(私腹)을 채우는 것이 10분의 9가 되니, 위로는 왕토(王土)가 날마다 줄어드는 셈이요 아래로는 백성의 고혈(膏血)이 날로 짜이는데 중간으로 궁가에는 별 보탬이 없다. 오직 빈둥거리며 무뢰하고 간악한 자들만이 살찌고 기름지게 된다"(『목민심서』, 刑典 禁暴).

"입안(立案)이란 무엇인가. 거친 산, 첩첩 봉우리, 먼 갯벌, 작은 섬들은 천지개벽 이래 한 번도 나라 다스리는 영역 안에 들어와 본 적이 없는 것인데, 문벌(門閥) 높은 집에서 스스로 문권(文券)을 만들어내니 이를 입안이라 한다. 풀 한 포기, 나무 한 그루, 고기 한 마리, 게 한 마리도 모두 내 것이라 하여 앉아서 조세(租稅)를 거두어들인다. 나뭇길도 끊어지고 도끼질도 엄중히 금지된다. 고기잡이 통발은 국가 대장에 실리지 않고 염분(鹽盆)은 사사 취렴(聚斂)에 바닥이 난다. 혹은 공신(功臣)·척신(戚臣)의 먼 후손들이 매양 민전(民田)을 잡아서 사패지(賜牌地)라 하는데, 구릉을 포함하고 벌판까지 뻗쳐있는 것을 모두 내 땅이라 하여 마음대로 강탈하여도 아무도 말을 못 한다. 소농민들은 파산하여 드디어 쇠잔하고 멸망한다"(『목민심서』, 刑典 禁暴).

그뿐만 아니라 국가체제라는 것은 드디어 조선 후기에 새로이 전개되기 시작한 상품화폐 경제의 발전에도 촉수를 늦추지 않고 있었다. 그것은 유통경제 행위를 통해서가 아니라 체제적인 권력의 행사를 통하여 새로 성장하는 유통이익을 약탈적으로 유린하는 방법이었다.

"물종(物種)의 도고(都賈)란 곧 이른바 이익을 매점매석하는 행위인데 소민(小民)으로서 조그만 이익을 다투는 자들이 왕왕 이와 비슷한 명색을 내걸어 왔다. 그런데 지금인즉 위로는 궁방(宮房)·사족가(士族家)로부터 외방의 향반(鄕班) 토호(土豪)에 이르기까지 모두 다 도고를 능사(能事)로 삼지 않는 자가 없다. 무릇 물건의 매매(買賣)라고 이름 붙은 것이면 비록 채소 다발, 땔나무 짐과 같은 작은 물건이라도 모두 관리하고 조종하는 곳이 있으니, 물가가 날로 치솟아 떨어지지 않으며 민생의 일용(日用)이 점점 어렵고 군색해지는 것이 모두 도고(都庫)로 말미암아 일어나는 것이다"(『備邊司謄錄』, 哲宗 12년 12월 10일).

"저점(邸店)이란 무엇인가. 오늘날의 이른바 선주인(船主人)이 그것이다. 포구에 배가 닿는 곳이면 어디나 호민(豪民)이 점포를 차려놓고 무릇 장삿배가 와서 정박하면 그 물화(物貨)를 주관하면서 감히 이동을 못 하게 하고 스스로 거간꾼이 되어 임의로 그 값을 올렸다 내렸다 조종한다. … 창원(昌原) 마산포, 진주(晋州) 가산포 등에 있는 저점의 수익은 수천수만 냥이나 된다. 갯마을의 호민들이 다투어 점거하고 서로 작당하여 상대편과 분란을 일으킨다. 뇌물을 싣고 서울로 올라가서는 재상(宰相)에게 결탁하고 감사(監司)에게 청(請)을 넣어 임명장을 얻어내어 그 권세를 믿고 횡포를 자행하여도 수령이 규제할 수가 없으니, 그들이 행상(行商)들을 벗겨 먹는 일이 어찌 끝이 있겠는가. 연해의 여러 갯마을에서도 모두 수령에게 뇌물을 바쳐 임명장을 얻어내는데, 수령이 이미 뇌물을 먹었으니 그들의 횡포를 어찌 금할 수 있을 것인가"(『목민심서』, 戶典 平賦 下).

우리나라 역사에서 처음으로 전개된 상품화폐 경제는 전통적·봉건적 토지경제 범주와는 매우 이질적인 것으로서, 조선 후기 여러 방면에서 사회생산력이 발전한 결과 비로소 지속적 전망을 지니고서 성장해갔다. 그것은 결코 양반 사족층이 개발해낸 경제범주가 아닌, 이 시기 하부 구성의 변동에 따라 새로 전개되는 유통경제 현상이었다. 그러나 사료에 보이는바, 국왕의 혈족인 궁방, 그리고 재상·감사·수령·사족·호민 등 무릇 이전부터 국가체제를 끌어오던 모든 세가적 존재들이 새로운 상품화폐 경제를 체제적으로 농단하면서 그 이익을 약탈해가고 있었다.

이 강인한 국가체제의 흡인력 앞에서 가령 일부 논의된 소위 자본주의 맹아 같은 현상이 과연 발생할 기미라도 생겨날 수 있었을까. 농민층이건 상인층이건 혹은 새로 성장하는 자영 수공업자층을 막론하고 그가 자립적 자영의 주체로 자신을 정립시키기 위해서는 그 같은 체제적 약탈 앞에서 그저 참고 순응하는 길을 걸을 것인가, 혹은 차라리 힘을 모아 민란의 길을 택하고 말 것인가를 두고 여간 고심하지 않을 수 없는 상황이 전개되고 있었다.

드디어 철종 13년(1862) 임술에 전국 70여 군현에서 민란이 일어났는데, 당시 왕명으로 파견되어 현장을 조사한 한 관원은 다음과 같이 양반과 상민, 관리와 농민의 중층적 모순구조를 관찰했다.

"백성이 관리(官吏)에게 원망을 쌓은 것은 원수(怨讐)를 이루게 되었으며,

대민(大民, 양반)이 소민(小民)을 침해(侵害)하는 것은 더욱 난감(難堪)한 지경이 되었다. … 촌민(村民)은 읍리(邑吏)에 대하여, 소민은 대민에 대하여 오래도록 혐의와 원망을 쌓아온 터인지라, 항상 이를 갈고 있다. 이같이 난리가 일어나는 때를 타서는 드디어 원수 갚을 뜻을 내어 한 무더기 불붙은 횃불을 가지고 집을 불태워 없애는데, 모두가 이서(吏胥)들과 양반(兩班)들의 집이다"(『壬戌錄』, 「鍾山集抄」, 嶺南宣撫使 李參鉉 書啓).

'근대'적 개항을 통하여 세계체제에 편입된 후 개화파 정치인 김옥균(金玉均)은 갑신정변(1884)을 일으키게 된 당시의 사정을 다음과 같이 고종에게 말하였다.

"다만 작년의 일(갑신정변)은 세간(世間)에서 혹 너무 급격한 것이었다고 논의하는 자가 있으나, 폐하(陛下)는 시험 삼아 그윽이 성찰(省察)해보소서. 우리나라의 민씨 척족(閔氏戚族)으로 말하자면, 민(閔)으로 성(姓)을 가진 자는 그 사람의 현(賢)·불초(不肖)를 불문하고 모두 신중하여 고굉(股肱)과 복심(腹心)을 삼은 지 20년의 오랜 세월에 이르렀으나 민족(閔族)으로서 능히 폐하의 성의(聖意)에 답하여 생민(生民)에게 혜택을 끼칠 만한 정사를 베풀고 국가를 부강하게 할 만한 계책을 세운 자가 과연 몇 사람이나 있나이까. 그 다수는 매국(賣國)하는 죄인으로서 혹은 청국(淸國) 관리의 세력을 빙자하여 우리 국권을 업신여기는 자도 있으며 기타 허다한 죄는 일일이 들기도 어렵습니다. 더욱이 간신(奸臣)이 곤전(坤殿)의 총애를 믿고 성명(聖明)을 옹폐(壅蔽)하여 국사(國事)를 파(破)하고자 하는 자도 또한 적지 아니하오이다. … (淸國도 日國도) 족히 믿을 수 없습니다. 그러하온즉 장차 어떻게 하여야 하오리까. 오직 밖으로는 널리 구미(歐美) 각국과 신의(信義)

로써 친교(親交)하고 안으로는 정략(政略)을 개혁하여 우매(愚昧)한 인민(人民)을 가르치되 문명(文明)의 도(道)로써 하고 상업(商業)을 일으켜 재정(財政)을 정리하고 또 군대를 양성하는 일도 어려운 것이 아닙니다. … 아방(我邦)이 중고(中古) 이전에 국운(國運)이 융성하였을 때는 일체의 기계(器械) 물산(物産)이 동양 이국(二國)에 으뜸이었는데 지금에 와서는 모두가 폐절(廢絶)된 상태여서 다시 그 흔적도 남아있지 아니함은 다른 까닭이 아닙니다. 양반(兩班)의 발호(跋扈)와 전횡(專橫)으로 인하여 그렇게 되었나이다. 인민(人民)이 한 가지 물건을 제작하면 양반 관리의 무리가 이를 횡탈(橫奪)하고, 백성이 온갖 힘을 다하여 조금의 재물을 쌓게 되면 양반 관리 등이 와서 이를 약취(掠取)하는 고로, 인민은 말하되 자력으로 자작(自作)하여 의식(衣食)을 마련하고자 하는 때는 양반 관리가 그 이익을 흡수할 뿐만 아니라 심지어는 생명까지 잃는 경우가 있으니, 차라리 농상공(農商工)의 여러 산업을 포기함으로써 생명의 위태로움을 면함만 같지 못하다 하여 이에 놀고먹는 민(民)이 전국에 꽉 차서 국력(國力)이 날로 소모(消耗)되어 감에 이르렀나이다"(아세아문화사 간, 「池運永事件糾彈上疏文」, 『金玉均全集』, 142~147쪽).

즉 우매한 인민은 아직도 국가개혁에 동참할 수 있을 정도로 사회정치적으로 성장하지 못하였다는 인식이요, 완미(頑迷)한 척족(戚族) 정권은 집권을 계속 유지하기 위해서 매국(賣國)의 길도 마다하지 않을 정도로 아무런 정책을 펴지도 못하면서 흔들려 가는데, 그 비호하에 엄존하는 인습의 양반체제는 강인하게도 농·상·공업에서 생산되는 경제이익을 주구적(誅求的)으로 약탈하고 있었다는 내용이다. 그래서 그 같은 국가체제를 개혁하는 길은 위로부터 정권을 탈취하는 정변(政變)의 방법밖에 없었다는 결론이다.

결국 한국사에서는 민란도 정변도 성공하여 사회변혁을 이룩해내지 못하였다. 전통적인 강인한 왕권도, 그것을 일차적으로 옹위하면서 통치권을 독점적으로 행사해온 척족 정권도 결국 근대에 와서는 나라를 지켜내지 못했다.

7. 맺음말

세계사적으로도 그러하였겠지만 같은 유교문화권 안에서도 우리나라처럼 국가체제를 위주로 하는 역사를 전개해온 나라는 없었을 것으로 이해된다. 가령 중국의 송나라에서는 사류들이 스스로의 자치규약으로서 향약이란 것을 세워 시행해본 적이 있었는데, 그것이 우리나라에 수용되면서 조정에서 논의되고 곧이어 각 군현을 단위로 사족층이 주도하면서 그 지역의 모든 주민에게 적용하는 강제규약으로 변하여 전국적으로 시행되기에 이르렀다는 사실이 그 적실한 사례였다. 중국에는 일찍이 당나라 이후 없어져버린 문벌로서의 사족층이 국가 법제의 보호 아래 중세 말기까지 국가체제의 일부를 이루어 그 명맥을 '유지'하는 역할을 담당했다는 사실도 같은 사례에 속한다. 그 같은 지배층을 사적으로 떠받쳐주는 노비제도를 국가 법제로 강제하여 중세 말기까지 존속시켜오고 있었다는 사실도 마찬가지였다. 그 위에 용립하고 있는 왕권도 다른 나라에 없는 진상과 같은 사헌을 받아먹으면서 국가체제의 명맥과 함께 다른 어떤 나라보다도 오래오래 버틸 수 있었다는 사실도 결코 다른 사례였던 것으로는 이해되지 않는다.

한국사에서는 특이하게도 국가체제의 주요 구성요소인 양반 사족을 일차적으로 지탱해온 노비제가 드디어 조선왕조 후기에는 사실상 해체되었지만, 양반 사족층 자체는 끝까지 존속하였다. 그것은 왕권을 정점으로 하는 국가체제의 일부를 이루고 그 '명맥'을 유지하면서, 중세 후기 농민층이 자립적 사회 주체로 성장하는 것을 대체로 억압하는 기제로 끝까지 작용하였다.

국가라는 것이야 없을 수가 없는 법이지만, 그것을 끌어가는 법과 제도, 그리고 그것을 계급적·체제적으로 운용하는 과정에서 그 체제는 언제나 공민인 농민층을 억압하고 수탈하는 기틀로 작용했다. 그리고 그 체제는 실로 강인하게 구조화하여 항구적으로 작동했다.

그러므로 조선 후기 사회 내부에서 생산력의 발전에 따라 자생적으로 전개된 갖가지 근대 지향적 사회 현상들, 가령 상품화폐 경제의 발전, 독립 자영수공업의 전개, 이른바 서민문화(庶民文化) 현상의 개화 같은 것도 비록 전통적인 사회 현상과는 질적으로 좀 다른 양상을 나타내기는 하였으나, 국가체제를 해체시키거나 별다른 생산양식을 창출해내기는 어려웠다. 이른바 자본주의 맹아 현상이라고 한때 논의된 상품화폐 경제의 여러 측면도 이미 개항(開港) 이전에 많이들 국가·왕실·세가, 하다못해 각 지방 토호들의 수중에서 농락되었다. 국가체제가 워낙 완고하고 강인하게 버티고 있었기 때문에, 자본주의 맹아 현상조차 제 나름의 경제법칙을 관철하기는 너무나 벅차고 어려운 일이었다. 중세 말기의 민란, 가령 1894년의 갑오농민전쟁(甲午農民戰爭)조차도 이제는 외세(外勢)와 결탁한 국가체제의 진압으로 인하여 모조리 패망할 수밖에 없었다. 농민군을 일선에서 잔해(殘害)한 것은 '정부'군과 '일본'군 말고도 각 지역 '사족'층에 이끌려온 향군(鄕軍)이 아니던가.

특히 근대의 문턱에서 국가체제가 외세와 결탁하여 농민군을 잔해한 것은 한국 근대사의 중대한 분수령을 그어놓는 획기적 사실이었다. 그것은 국가체제가 외세보다도 자기 농민층을 더 적대시(敵對視)하고 있었다는 사실을 객관적으로 드러내는 증거였다. 그같이 자기 농민층을 적대시하고 있는 체제 내부에서 봉건적인 자기 체제의 청산이라든가 정리가 이루어질 수는 없는 일이었다. 결국 봉건적 인습은 체제적으로 남겨지게 되었다. 양자의 적대의식은 청산될 기회가 없어지고 말았다.

1910년 대한제국(大韓帝國)이 합병되자 구한말의 귀족으로서 일제의 작위를 받은 자가 76인인데, 그 가운데 거의 70명이 조선 후기 수백 년 동안 집권해온 노론당(老論黨) 사람이었다. 일제강점기의 여타 지주층으로 말할지라도, 그 성분은 대체로 이전의 사족 신분과 연결되는데, 일제의 기만적 유화(宥和)정책에 반대하고 나서지 않는 한, 이 시기야말로 단군(檀君) 이래 가장 살기 좋고 안전한 생활을 보장받아 누릴 수 있었다. 나라가 망하고서도 왕은 살아남아서 천수(天壽)를 누리고 죽었다. 많이 변하였지만, 지주사족도 사실상 체제적으로 존속할 수 있었다.

한국은 전근대에서 근대로 오면서 지배·피지배층이 서로 대응하고 재편성됨에 따라 자체의 주체적 역사를 전개시키지 못하였다. 그래서 지배층과 피지배층이 근대 민족으로 결집(結集)하지 못하고 모두가 패자(敗者)인 채 식민지 근대로 넘어오게 되었다. 결집을 해내지 못하였을 뿐 아니라 사족층도 농민층도 결코 근대 시민으로 성장하지 못하고 식민지 신민이 되고 말았다. 그러므로 보편적 농민층이 근대 민족으로, 그리고 근대 시민으로 주체적으로 성장하는 길은 실로 험난한 과제를 떠안게 되었다.

그뿐만 아니라 그 과정에서 체제의 인습으로 지녀온 봉건적인 속성들을 어떤 형태로든 정리하고 근대로 넘어올 기회를 잃고 말았다. 전근대 봉건적 사회구성이 거의 재편되지 않은 상태인 채로 '근대(近代)'로 접어들어 연속되었다. 특히나 근대라고 하는 미증유의 역사적 격변의 시대로 접어들면서 그 같은 정리와 정립의 기회를 놓치고 말았다는 사실에서 한국의 역사는 결정적으로 엄중하고도 심각한 시련의 국면을 맞지 않을 수 없게 되었다.

(『인문학연구』 창간호,
경희대학교 인문학연구소, 1996)

제2장

세종 시대 부세제도 개편

1. 머리말

우리나라는 고려 시대까지는 휴한농법(休閑農法)을 위주로 하는 농업사회였다. 고려 말기에 이르러서야 대세상으로는 휴한농업의 단계를 극복하고 연작농법(連作農法)의 단계로 들어설 수 있게 되었다. 물론 조선 초기에 들어서도 아직 휴한농업을 영위하는 지역이 상당히 널리 남아있었다. 그러나 고려 말·조선 초기의 농업생산력은 대체로 휴한농법의 단계를 극복하였다. 조선왕조의 성립은 기본적으로 연작농법이라는 새로운 사회생산력을 바탕으로 이루어졌다.

연작농법을 생산력적 기초로 하고서 정립된 조선왕조는 당연히 그 부세 수취기준을 새롭게 조정하지 않을 수 없었다. 토지생산력이 상대적으로 낮은 단계인 고려 시대의 휴한농업에서는 전지를 얼마나 더 보유하는가의 사실보다도 오히려 살아있는 노동력으로서의 인정(人丁)을 얼마나 소유하는가가 더 중요한 경제적 비중을 차지하기 마련이었다. "민호(民戶)를 편적(編籍)할 때는 인정의 많고 적음에 따라 9등으로 나누어 그 부역(賦役)을 정한다"고 하였다.[1] 실제로도 "제도(諸道)의 백성이 병란 이래 유망하여 생업을 잃게 되었으므로, 원종 기사년(1269)에 민호를 계점(計點)하여 그 공부(貢賦)를 다시 정하였다"고 하였다.[2] 고려 시대에는 대체로 부

---

1 『고려사』 권84, 刑法志 1 戶婚.

2 『고려사』 권79, 식화지 2 戶口 충렬왕 18년 10월.

세의 수취가 인정의 다소를 기준으로 하여 실시되었던 것이다.

그런데 연작농업을 바탕으로 정립된 과전법체제에서는 부세 수취의 기준이 전지를 얼마나 소유하고 경작하는가, 즉 소경전의 다소를 기준으로 새롭게 책정해야 하는 사회적 요청에 직면하게 되었다.

더구나 조선왕조가 배타적인 지배이념으로 수용한 성리학(性理學)은 이른바 '왕도정치' 즉 왕정(王政)을 그 이상으로 표방하고 있었으므로, 객관적 현실에 맞는 수취제도의 정립은 왕정의 실현을 위해서도 반드시 구현되지 않으면 안 되는 것이었다. 실상 고려왕조를 뒤엎고 조선왕조를 개창한 개혁파 사류들이 곧 성리학적 왕정을 표방하는 신흥 사대부층이었다. 그들이 역성혁명을 기획하게 된 사회적 배경은 토지제도와 그것을 바탕으로 하는 여러 수취제도의 극단적인 문란과 그로 인해서 야기되는 사회적 대혼란이었다. 고려 말기에는 권세가의 무제한적인 사전의 확대와 중첩적인 수탈로 인하여 국고와 민생이 지탱할 수 없는 극단적인 파탄상태로 내몰리게 되었다. 그러한 사전을 개혁하여 과전법을 정립하고, 그 바탕 위에서 조선왕조의 개창을 보게 되었다. 과전법은 전국의 전지를 국가 수조지로 편성해두고, 그 위에다 과전·공신전 등 관인·직역자의 신분 직역에 따라 수조지를 차등 있게 설정하였다. 그리고 전국의 모든 전지에 대해서는 1결당 조미(糙米) 혹은 잡곡 30두를 한도로 하는 조세법을 정립하였다.

과전법의 정립을 바탕으로 조선왕조는 성립될 수 있었지만, 새로운 국가는 아직도 부세제도에 많은 복잡한 문제점들을 안고 있었다. 우선 고려 시대와는 달리 연작농법을 기본으로 하는 이 시기에는 부세의 수취 기준을 이전과는 다르게 설정하지 않을 수 없었다. 그 가운데 전세제도는 세종 대에 공법전세제로 개혁되어 정립되기에 이르는데, 그것을 이

장의 제3절 이하에서 자세히 검토할 것이다. 전세 이외의 공물이라든가 요역의 수취기준에 대해서는 제2절에서 별도의 항목으로 고찰하기로 한다.

물론 공법전세제도 부세 수취제도의 하나임이 틀림없다. 그런데 공물이라든가 요역은 세종 대에 온전히 정립된 제도가 아니었다. 그것은 고려의 옛 제도를 이어받아 신왕조 초기에 다소 정비되었으며, 세종 대에 더 주요한 기준이 마련되고, 이후 계속 정비되어 성종 대에 가서야 제도로 확정되어 『경국대전』에 법령으로 정립되었다. 그러나 공법전세제는 세종 당시에 이미 확고히 정립되었으며, 이것이 여타 공물과 요역의 수취제도에도 바탕을 이루었다는 점에서, 여기서는 일단 여타 부세제도와는 독립시켜 독자적인 항목으로 서술하기로 한다.

2. 조선 초기 부세 수취기준의 변천

조선 초기 국가가 수취하는 부세의 항목으로는 전세·공물·요역의 3가지가 있었다. 군역 또한 일반 양인의 큰 부담으로서 사실상 일종의 부세처럼 되어있지만, 부세라기보다는 하나의 신역(身役)에 가까웠다.

이 가운데 전세는 전대 이래 전지를 대상으로 하여 부과하는 것이었는데, 과전법에서는 소경전에다 부과하는 것으로 규정하였다. 그러나 공물과 요역은 고려 시기 이래 인정의 다과(多寡)를 기준으로 하여 각 민호에 부과하는 것이었다. 가령 신왕조 개창 초기 도평의사사(都評議使司)의 건의로, "10정(丁) 이상은 대호(大戶)로, 5정 이상이면 중호(中戶)로, 4정 이하이면 소호(小戶)로 삼도록 하되, 정(丁)의 수를 헤아려 민호를 등록시킨다"[3]고 하여, 요역을 부과할 민호의 기준을 설정한 사실이 그것을 말해 준다.

그런데 그러한 기준은 곧이어 변천하기 시작하였다. 가령 태종 대에 가서는 의정부(議政府)에서 이른바 연호미(烟戶米)를 민호의 등급에 따라 거두도록 건의하되, "전지 15결에 남녀 15구 이상을 상호로, 전지 10결에 남녀 10구 이상을 중호로, 전지 5결에 남녀 5구 이상을 하호로 하고, 전지 1·2결에 남녀 1·2구는 불성호(不成戶)로서 3호를 합하여 1호로 삼는다"는 기준을 제시하였다는 사실[4]이 주목된다. 이미 단순한 인정의 수가 아니라, 전지 소유의 다과가 주요 기준이 되었던 것이다. 그런데 그와 같이 수취기준이 변천하기는 하였지만, 실제로는 아직도 여전히 인구수에 따라 역을 부과하는 관행이 한동안 지속되었다. 가령 태종 15년 당시에는 "각 민호에 역(役)을 부과하는 것은 전지와 인구의 다소에 따라 상고해서 균등하게 정하라고 일찍이 교지(敎旨)가 있었는데도 관리들이 다만 호패(號牌)에 의하여 인구수에 따라 역을 부과한다"고 하여, 다시금 이를 바로잡도록 규정한 데서 나타나는 바와 같다.[5] 그러나 조세라든가 공물 등의 부세는 소경전의 다소를 기준으로 부과하고, 역군(役軍)은 인정의 다소를 따라 부과한다는 원칙은 이제 『속육전(續六典)』에 등재하여 항구적인 법전으로 시행하고자 하였다.[6]

그런데 세종 대에는 백성을 요역으로 동원하는 일수(日數)에 일정한 제한을 두자는 논의가 국왕 자신의 발의로 일어났다. 즉 "우리나라는 예로

---

3 『태조실록』 권2, 원년 9월 임인.

4 『태종실록』 권12, 6년 11월 계유.

5 『태종실록』 권29, 15년 6월 경인.

6 『태종실록』 권33, 17년 윤5월 계미; 『세종실록』 권10, 2년 11월 기사.

부터 백성을 사역시킴에 일정한 한도가 없어서 열흘, 한 달에까지 이르기도 하니, 백성의 고통이 매우 심하다"는 역사적 반성에서 이 논의는 출발했다.[7] 그래서 정부와 육조가 모두 의논한 결과, "고제(古制)에 의거하여 10월에 공사를 시작하여 20일간을 기한으로 정하되, 풍년에는 10일간을 연장하고, 흉년에는 10일간을 단축하며, 봄철에는 백성을 동원하지 말도록 한다"는 법제를 정립하기에 이르렀다.[8]

그리고 세종 17년(1435)에는, 외방의 경우 전지 소유의 다과를 기준으로, 서울의 경우는 가옥의 간수를 기준으로 하는 호등(戶等)을 편성한다는 규정을 다시금 조정하였다.

> 호조에서 아뢰었다. "각 도 각 고을의 호적(戶籍)은 전토(田土) 50결을 대호(大戶)로 삼고, 30결 이상을 중호(中戶)로, 10결 이상을 소호(小戶)로, 6결 이상을 잔호(殘戶)로, 5결 이하를 잔잔호(殘殘戶)로 삼도록 법식을 정하여 차등 있게 부역을 부과하고, 서울의 5부(部)는 가옥의 칸수로 구분하여 40칸 이상을 대호로, 30칸 이상을 중호로, 10칸 이상을 소호로, 5칸 이상을 잔호로 삼고, 4칸 이하를 잔잔호로 삼아 차등을 두어 호적을 시행하게 하소서."[9]

이 기사에는 새로운 기준의 호등제도를 채택하였다는 내용이 나타나 있지 않지만, 이는 국왕의 윤허에 따라 그대로 시행되었다.[10] 그런데 여

7 『세종실록』 권50, 12년 11월 임자.

8 『세종실록』 권50, 12년 12월 신미.

9 『세종실록』 권67, 17년 3월 무인.

10 다음 해에 강원도관찰사 황희(黃喜)는 이 호등제의 시행을 전제한 위에, 강원도의 특수성을 고려하여 "20결 이하와 10결 이상으로써 중호(中戶)로 삼고, 6결 이상으로써 소호(小戶)로

기서 편성한 호등은 공물의 부과 기준을 새로 규정한 것이었다. 좌찬성 황보인(皇甫仁)이, "대호·중호·소호·잔호·잔잔호로 나누어 공물의 수를 정하였다"[11]고 말한 것이 그 사실을 증거한다. 각 민호의 전지와 인구의 다소를 부세 수취의 기준으로 삼는다는 규정은 이미 태종 대의 『속육전』 이래의 법제로서, 이후 계속 준행되었다.

> 호조(戶曹)에 전지(傳旨)하였다. "속육전에 규정하기를, '각 도의 감사는 부세를 분정(分定)할 때 (각 민호의) 전지의 광협과 인구의 다소에 따라 차등을 두어 부과할 것이며, 그중에 환과고독(鰥寡孤獨)과 피륭잔질(疲癃殘疾)한 자로서 집에 다른 장정이 없는 경우는 전면(全免)한다' 하였고, 또 '각 군현의 수령이 무릇 부세를 부과할 때는 인구의 많고 적음과 소경전의 실수(實數)를 참작하여 정한다'고 하는 성문(成文)의 법이 이미 갖추어져 있다. 그런데도 각 도의 감사나 수령들은 성헌(成憲)을 준수하지 아니하여, 부세의 부과가 균평치 못하니, 폐해가 잔약한 백성에게 미치는 일이 혹시나 있지 않을까 염려된다. 지금부터 각 도에 깨우쳐 타일러 일체 육전(六典)의 규정을 준행하게 하여, 잔약한 백성들로 하여금 제 살 곳을 잃는 일이 없도록 하라."[12]

세종임금은 세종 27년(1445) 공법전세제의 확립을 계기로 공물·요역 등 여타 부세제도에 대해서도 대대적 개편을 추진했다.

삼고, 4결 이상으로써 잔호(殘戶)로 삼고, 3결 이하로써 잔잔호(殘殘戶)로 삼도록" 계청하고, 임금이 이를 윤허하였다는 사실에서 그것을 알 수 있다(『세종실록』 권74, 18년 7월 임인 참조).

11 『세종실록』 권112, 28년 4월 정묘.

12 『세종실록』 권105, 26년 윤7월 계미.

우선 공물은 공안이라는 원장부에 따라 각 도·각 군현 단위로 부과하고, 각 군현이 재정을 운용하는 중앙 각사에다 직접 수납하면, 중앙 각사는 이를 직접 공용으로 소비하거나 혹은 수납한 자료를 바탕으로 장인(匠人)이 물건을 제작하게 하여 사용하는 방식을 취하였다. 그래서 국초 이래 공안의 정비에 힘을 기울여왔는데, 세종 대에도 여러 차례 관심을 두어 정비해오다가, 세종 28년(1446)에는 근본적인 조정에 착수하였다. 즉 한편으로는 공물을 수납하여 사용하는 중앙 각사의 식례(式例)를 완비하는 일이며, 다른 한편으로는 군현마다 민호로부터 공물을 수취하는 공안의 운용을 개선하는 방식이었다. 이하 당해 기사를 차례로 제시한다.

> 의정부에서 호조의 정문(呈文)에 의거하여 아뢰었다. "지난 경신년(세종 22: 1440) 5월 아무 날 사헌부의 수교(受教)에, '공안(貢案)에 등재되어 각 군현이 (중앙) 각사에 갖다 바쳐야 하는 공물은 모두 민간으로부터 나오는 것이니 마땅히 씀씀이를 절약해야 할 것이다. 이전에는 식례(式例)가 없는 각사가 자못 많았으므로, 여러 가지 공용(供用)하는 물건을 다만 장인(匠人)들의 말만을 듣고서 한때 제작한 수량으로써 전례라고 일컫고 그대로 따라 시행하게 되었다. 비록 식례가 있다 하더라도 한 가지 모양의 물건을 제작하는 법식이 혹은 많기도 하고 혹은 적기도 하여, 수납하게 되는 수량이 기관에 따라 같지 않으며, 1건(件)의 조작 비용이 2·3건보다 갑절이 되기도 한다. 우리나라에서 생산되지 않는 금·은·주홍(朱紅)까지도 또한 지나치게 많이 지용(支用)하게 되니, 다만 국가의 소용이 넉넉지 못할 뿐만 아니라, 아마 장래에도 계속 이어대기가 어려울 것이다. 식례가 있고 없고를 막론하고 모두를 다 고쳐 상정(詳定)하여 시행하라' 하였습니다. … 물건마다 시험하여 소용하는 수량을 참작 결정하고, 또 1분(分)의

여유를 더 두어 결손 나는 자료에 대비할 것이며, 일마다 의정부에 알려서 의정부가 계문하여 (임금의) 윤허를 받아 안적(案籍)을 정리하여 만들게 하되, 무릇 43사(司)가 기관마다 각기 3건을 만들어, 1건은 호조에, 1건은 가각고(架閣庫)에, 1건은 각기 그 기관에 간수하여 영구한 출납(出納)의 법식으로 삼게 하소서."[13]

이때 헌의(獻議)하는 사람들이 각 군현의 공안(貢案)에 올라있는 공물은 그 시가(時價)를 계산하여 각 민호의 소경전의 다소에 따라 차등을 두어 균평하게 분정(分定)하는 장부를 비치해두고 징렴(徵斂)에 증빙을 삼고자 하였다. … 우의정 하연(河演)·좌참찬 이숙치(李叔時)·우참찬 정인지(鄭麟趾) 등이 의논하기를, "…각사(各司)에 공물을 바치는 수량은 본디 남고 줆이 없는데도, 때가 되매 수령이 임의(任意)로 분정하는 것은, 반드시 백성들로 하여금 원래의 수량을 알지 못하여 그 단서를 잡지 못하게 함으로써, 고소(告訴)할 길이 없게 하는 술책인 것입니다. 또 장사치와 서로 결탁하여 공물(貢物)을 대신 바치게 하고는 과도하게 징수하여 이익을 나누기도 하고, 혹은 공공연히 방납(防納)하기도 하며, 혹은 비록 그것이 옳지 않은 줄을 알면서도 관가(官家)를 부유하게 하고자 하는 사람도 있으니, 백성의 근심하고 탄식함이 이 때문입니다. 수령으로서 적임자를 얻게 된다면 진실로 이런 폐단이 없을 것이지마는, 300이 넘는 군현에 모두 적임자를 얻을 수야 있겠습니까. 금방(禁防)을 명백하게 세워 수령들로 하여금 본디 책정된 공물을 각 민호의 소경전의 차등에 따라 분정하되, 민호(民戶)마다 증거 문서를 주는 안적(案籍)을 만들게 하고, 감사는 또 그 편부(便否)를 상고하도록 할 것입니다. 또 각 민호가 바치는 기일을 정하여

---

13 『세종실록』 권111, 28년 정월 정해.

월령(月令)으로 삼고 타일러 예비토록 하며, … 안적에 의거하여 징수하고 마음대로 더 징수하지 못하게 하여, 백성의 고통을 구휼해주는 것만 같지 않습니다." 하니 임금이 말하기를, "장차 도(道)마다 각기 몇 고을씩 시험하여 전제상정소(田制詳定所)로 하여금 마감하여 아뢰게 하라." 하였다.[14]

세종 대에는 이와 같이 부세제도의 법제화를 애써 추진하였지만, 관련 사료의 미비로 인하여 그 결과는 과연 어느 정도로 성취되었는지에 관한 구체적 사실을 밝혀낼 수가 없다. 세종 대에는 공법전세제의 제정과 시행에 수십 년 세월의 노력을 기울였으며, 그것의 전국적 시행은 앞으로 성종 20년(1489)에 가서야 일단 완료되는 크고도 어려운 사업이었다. 그런데 공법전세제는 각 민호의 소경전의 실수(實數)를 기준으로 운용하는 것으로 확립되었던 만큼, 위의 사료에 나오는 대로 여타 부세제도에 관한 법제화 또한 소경전을 기준으로 계속 추진했던 것으로 이해된다. 그리고 마침내 국왕의 일상 용도(用度) 자체에도 일정한 한계를 두어 집행해야 한다는 개혁론을 세종임금 자신이 발의했다.

임금이 소용하는 데에도 한도가 있어 마음대로 할 수 없어야 하는 것인데, 지금은 그렇지 아니하다. 거두어들이는 데에 제한이 없고 용도에도 한정이 없기 때문에, 혹 어떤 일로 인하여 더 거두어들이고 혹은 몇 해의 공물을 인납(引納)하기도 한다. … 내가 생각건대, 백성으로부터의 수취에 제한이 없으면, 임금의 소용이 끝이 없다. … 마땅히 당(唐)나라 제

14 『세종실록』 권111, 28년 정월 경인.

도에 의하여 조용조(租庸調)의 법을 세우고, 그 수량은 시의(時宜)에 따라 더하거나 줄이도록 하되, 일정한 법 이외로는 털끝만큼이라도 더 거두지 못하도록 해야 한다. 만약 부득이한 용도가 있으면 마땅히 정한 법 안에서 남는 물건은 감(減)하고, 부족한 물건은 더할 것이다. 이렇게 하면 백성의 뜻이 일정하게 되고, 용도에 제한이 있으며, 관리로서 탐오한 자도 그 악한 짓을 방자히 하지 못할 것이다. … 지금 전날에 세운 외방 군사의 번상(番上)의 법에 의하여, 성(城) 쌓는 데 백성의 힘을 동원하는 일도 연분(年分)의 구분에 따라 상년(上年)에는 며칠, 중년(中年)에는 며칠, 하년(下年)에는 며칠을 역사하고, 아무 등(等) 이하의 해에는 전혀 동원하지 않으며, 도로(道路)에 가고 오는 날은 3일마다 1일의 역사에 해당하도록 정할 것이요, 역군(役軍)의 차출도 마땅히 소경전의 수(數)를 기준으로 삼아 시행하고자 한다.…[15]

즉 국왕의 용도에도 일정한 제한을 두는 법식을 마련하는 일,[16] 그에 따라 공물의 수납에도 일정한 제도를 확립하는 일, 요역 또한 전세제도에서 마련한 9등의 연분법(年分法)을 따라 민력(民力)을 동원하는 일, 그리고 요역에서도 마땅히 소경전의 다과를 기준으로 하여 역군을 차출토록 하는 일 등의 법제화를 추진했다. 이는 모두가 이전에는 아예 없거나 혹은 매우 애매하게 책정하여 시행해오던 수취제도의 인습을 대대적으로

15 『세종실록』 권112, 28년 4월 정묘. 인용문 가운데 상년(上年)·중년(中年)·하년(下年)은 각기 공법전세제의 연분 9등 가운데의 상상·상중·상하년, 중상·중중·중하년, 하상·하중·하하년을 가리킨다.

16 "이전에는 각사(各司)에서 사용하는 물건이 일정한 법례가 없었던 까닭에 혹은 많기도 하고 혹은 적기도 하니, 청컨대 식례(式例)를 정하기로 하소서"라고 하는 호조의 계청에 따라 이제부터 식례를 세우기로 하였다는 사실도 참조된다(『세종실록』 권34, 8년 10월 임오 참조).

개혁한다는 내용이라는 점에서 매우 주의할 만한 역사적 현상이었다.

그래서 아마도 세종 말기 일련의 법제화 과정에서 이미 전세·공물·요역의 3가지 기본 부세는 모두 각 민호가 현재 소유·경작하고 있는 소경전의 다소를 기준으로 부과·수취되는 것으로 법제화하였다고 이해된다. 가령 다음 문종 대의 경연에서 검토관 하위지(河緯地)가, "무릇 백성의 요역과 부렴(賦斂)이 다 전지에서 나온다"[17]고 말했다는 사실을 주의할 필요가 있다. 여기서 '부렴'이란 말은 '공물과 전세'를 가리키는 것으로 풀이된다.

성종 초년의 기록을 보면, "무릇 공부와 요역은 민호의 소경전의 결부(結負) 수에 따라 부과한다"고 하는 객관적인 법제가 이미 확립되어있음을 볼 수 있다.[18] 여기서 '공부'란 곧 공물과 전세를 가리키는 것으로 해석된다.

그리고 같은 무렵에 요역을 동원해서 백성을 사역시키는 일수(日數)도 "한 해에 6일을 초과하지 못한다"는 규정을 확립했다.[19] 그러한 과정을 거쳐 드디어 『경국대전』에는 "전지 8결마다 1부(夫)의 역군을 차출하되 한 해에 역(役) 6일을 초과하지 못한다"는 규정을 정립하게 되었다.[20]

한편 세종 대에 시작한 공안의 상정(詳定)은 단종(端宗) 대에 가서 의정부의 추진으로, "각 도의 공물 가운데 마땅히 감면해야 할 것과 연한(年限)을 정하여 감면해야 할 것을 … 공안에 의거하여 고쳐서 상정(詳定)"하였

---

17 "凡民之徭役賦斂 皆出於田"(『문종실록』 권7, 원년 5월 갑진).

18 『성종실록』 권4, 원년 4월 병자.

19 『성종실록』 권13, 2년 12월 병자.

20 『경국대전』 권2, 戶典 徭賦.

다.[21] 그리고 성종 초기에 가서는 다시, "각 도의 공안은 그 안적(案籍)이 이루어지는 대로 원상(院相)들로 하여금 고정(考定)하게 하고, 각기 본도(本道)로 내려보내어 편리한가 아니한가를 알아서 임금에게 계문한 후 다시 실상대로 인쇄하여 간행하도록" 하기에 이르렀다.[22]

그리고 세종 대에 이미 임금 자신의 발의로 추진되기 시작한 국가 재정지출의 정식화 또한 이후 계속 추진되었다. 즉 국왕의 용도를 비롯하여 중·외의 각 관서의 경상비를 일정하게 한정하여 지출하도록 하는 법식인 이른바 식례횡간(式例橫看)의 정립은 세조 대부터 더욱 본격적으로 착수하고 추진했다. "궐내(闕內)로부터 모든 군현에 이르기까지 사용하는 일체의 경비(經費)에는 남김없이 일정한 법식을 정하여, 우리 백성으로 하여금 전세·공부·군역 이외로는 하나도 간여하는 일이 없이 온전히 생업을 다스리도록 한다"는 원칙을 추구했다.[23] 그 결과 식례횡간은 드디어 성종 초기에 이루어졌다.[24]

3. 과전법에 구현된 양전 · 수조제도

고려의 전시과(田柴科) 체제에서는 전지의 등급을 구분하는 전품의 기준이 대체로 그 휴한의 빈도에 의거했다. 즉 휴한하지 않고 연작(連作)으로 해마다 경작하는 전지를 상등전(上等田), 1년을 휴한하고 다음 해에 경

21 『단종실록』 권10, 2년 정월 정묘.

22 『성종실록』 권2, 원년 정월 신축.

23 『세조실록』 권5, 2년 10월 병인. 여기서 '공부(貢賦)'는 공물과 요역을 일컫는다.

24 『성종실록』 권2, 원년 정월 신축; 2월 갑자; 같은 책 권3, 원년 2월 정묘; 같은 책 권44, 5년 윤6월 신축·기유.

작하는 전지를 중등전(中等田), 2년을 휴한한 후 그다음 해에 경작하는 전지를 하등전(下等田)으로 파악했다.

전시과에서도 결부제라는 방식을 통하여 전국의 전지를 파악하기는 하되, 동일한 기준 척도를 사용하여 상·중·하등전을 통틀어 양전함으로써 각등전에서 결부의 실적을 동일한 것으로 파악했다. 그리고 수전(水田)과 한전(旱田) 모두 각기 상·중·하등의 전품에 따라 수조액(收租額)에 차등을 두어 수취하였다. 즉 고려의 전시과 체제에서는 동적이세(同積異稅)의 양전제도·수조(收租)제도가 운용되었다.[25]

그런데 전시과 체제가 무너진 고려 후기의 어느 시기부터 그와 같은 양전·수조의 법식에 중대한 변화가 일어났다. 그 변화는 두 가지 면에서 일어났다. 첫째로는 전품을 파악하는 기준이 전지의 휴한의 빈도가 아니라 그 비척의 정도에 따라 상·중·하의 3등전으로 파악하게 되었다는 사실을 들 수 있다. 둘째로는 각등의 전지는 그 양전의 기준 척도를 다르게 설정[隨等異尺]하여 각기 실적을 차등 있게 파악하는 한편, 수조를 동일하게 하는 동과수조(同科收租)의 방식으로 바뀌었다는 사실이다. 좀 뒷날의 기록이지만 다음의 사료를 살펴본다.

> 우리나라는 토지의 품질이 동일하지 아니하여 경상·전라도 등의 연해지대의 논은 1·2두의 볍씨만 뿌려도 그 소출이 거의 10석에 달하는데, 경기·강원도와 같은 산골의 논들은 1·2석의 볍씨를 뿌려도 소출은 겨우 7·8석에 불과하다. 토지의 품질이 동일하지 않음이 이 정도인데도,

25 金容燮, 1976, 「高麗시기의 量田制」, 『동방학지』 16집;2000, 『韓國中世農業史 硏究』, 지식산업사에 재수록;姜晉哲, 1980, 『高麗 土地制度史 硏究』, 고려대학교출판부의 제3장 「田結制의 문제」.

> 전조(前朝)에서는 단지 농부의 손가락 둘을 10번 더하여 상등전척(上等田尺)으로 삼고, 손가락 둘을 5번·셋을 5번 더하여 중등전척(中等田尺)으로 삼고, 손가락 셋을 10번 더하여 하등전척(下等田尺)으로 삼아 3등전을 정하고 1결의 수조(收租)는 모두 30두씩을 정수(定數)로 하였다. 고제(古制)와 어긋남이 있으나, 개국 이래 그대로 이 법을 써서 다시 양전(量田)하고 있다.[26]

여기서는 전품을 평가하되 당해 전지의 휴한의 빈도가 아닌 그 비척의 정도를 기준으로 하여 상·중·하등전으로 구분하였으며, 그 양전의 척도도 각등전을 통틀어 동일한 것이 아니라 상·중·하등전에다 20:25:30의 차등을 둔 각기 다른 척도를 사용하여 양전했다. 그러한 수등이척의 제도에 의거함으로써 그 실적에 차등이 생겨난 각등의 전지에 대하여 수조는 모두 동일하게 하는 이적동세의 동과수조 제도로서 1결당 최고 30두로 규정하고 있었다는 사실이 판명된다. 사료에서는 그냥 '전조에서'라고 하였지만, 그것이 전시과 체제에서가 아니라 고려 후기에 와서 그렇게 변천하였다는 사실은 앞서 말한 그대로다.

그와 같은 수등이척의 양전제와 이적동세의 수조제는 물론 과전법이 제정되는 당시에 현행되고 있던 것이며, 따라서 그것은 과전법에서 다시 확인되고 재규정되기에 이르렀다. 과전법 시행의 바탕이 된 기사양전(己巳量田;1388)은 그 같은 수등이척제에 의거한 양전이었다. 그에 따라 실적(實積)을 각기 달리하는 상·중·하의 각등 전결(田結)에 대하여 과전법 조문에서는 "무릇 공·사전(公私田)의 전조는 수전 1결마다 조미 30두로 하며

26 『세종실록』 권49, 12년 8월 무인.

한전 1결마다 잡곡 30두로 한다"고 하여 이적동세의 동과수조 제도를 다시금 규정해두었다.[27]

농부의 손가락 폭의 크기를 근거 척도로 하는 양전 방식은 과전법 시행의 바탕이 된 기사양전 이후에도 조선왕조 때 한동안 계속 시행되었다. 기사양전에서 서·남쪽의 연해지역과 북방의 동·서 양계(兩界)지역은 전혀 양전하지 못했을 뿐 아니라, 조선 초기에는 사회의 안정과 더불어 새로 개간되는 전지가 점차 증가했다. 양전은 계속해서 필요 불가결한 일이었다. 그래서 태종 5년(1405)에는 다시 남부 6도(道)를 양전하고, 동 13년(1413)에는 동·서 양계지역을, 그리고 세종 원년(1419)에는 제주 지방을 양전함으로써 과전법 성립 28년 만에 수등이척의 양전제와 이적동세의 수조제가 전국적으로 시행되기에 이르렀다. 그래서 『세종실록』「지리지」에 등재된 전국의 전결 수는 무려 1,632,006결이나 되었다. 고려 말기보다 갑절 이상의 다수 전결을 파악하게 되었던 것이다.

그런데 과전법 성립의 바탕이 된 양전법은 그 시행의 과정에서 다음과 같이 고쳐야 할 문제점들을 간직하고 있음이 드러났다.

첫째, 조선 초기 농업경영은 실제로 중부지역에서도 보리-콩으로 이어지는 1년 2모의 윤작 방식이 상당히 보편화되어 있었고, 하삼도의 경우는 더욱 그러하였다. 물론 북부지역은 말할 것도 없으려니와 중부지역이라 하더라도 산간지방에서는 아직도 휴한농법의 단계에 머무르고 있는 지역이 상당수였다. 이렇게 지역을 따라 농업생산력의 수준이 서로

27 金泰永, 1983, 『朝鮮前期 土地制度史 硏究』, 지식산업사의 제4장 「科田法 체제에서의 土地生產力과 量田」 및 제5장 「과전법상의 踏驗損實과 收租」 참조. 과전법에 와서 다시 규정된 이 사실은 결부법(結負法)을 기초로 하는 양전(量田)·수조(收租)의 제도가 고려 후기의 어느 시기에 와서 실로 중대한 변동을 겪게 되었다는 사실을 일깨워주지만, 그 변동의 시기나 배경을 추찰할 만한 구체적 관련 기록을 현재로서는 찾을 수가 없다.

다른데도 불구하고 과전법은 남부 6도의 경우를 통틀어 1결당 최고 30두의 수조를 규정하였으며, 동·서 양계지역은 수조액이 너무 과중하다는 논란이 일어난 끝에 태종 15년(1415)에 가서 1결당 20두씩으로 책정하게 되었다.[28] 더구나 이 시기에는 "상등전은 오직 경상·전라도 등의 1천 결 가운데에서 겨우 1·2결, 중등전은 1백 결에서 1·2결이 있을 뿐이요, 그 나머지 각 도는 다만 중등전이 1천 결에 겨우 1·2결뿐이니, 이는 대개 지품(地品)의 비옥함과 척박함을 나누지 아니하고 모두를 하등전으로 잡아 양전하고 있는"[29] 상태였다. 즉 당시의 구체적 농업생산력 수준에 맞는, 좀 더 세분한 전품제도를 도입해야만 할 필요성이 절실한 과제로 판명되기에 이르렀다.

둘째, 상·중·하 3등전 각기의 실적이 그 생산력에 비례하는 것으로 책정된 것이 아닐 뿐 아니라 전품의 등급을 나눈 것 자체가 각 도 단위로 난립하여 전국적 통일성이 없었다. 즉 "본국은 고려의 구습을 따라 3등전 각기를 양전하면서 모두 각기 1면(面)의 수치를 썼을 뿐 그 실적을 비례적으로 계산하지 아니하였고, 또한 전지의 비옥함과 척박함은 남·북이 동일하지 아니함에도 불구하고 그 전품의 등급이 8도를 통틀어 균평하게 나뉘지 못하고 단지 각 도 단위로 나누었으므로, 3등 전지의 비옥함과 척박함이 균평하게 동일하지 않고 납세(納稅)의 경중이 크게 다르니, 부자는 더욱 부유해지고 빈자는 더욱 빈궁하게 되는"[30] 현상이 벌어졌다. 양전은 실로 토지 한 면의 등차(等差)가 아니라 그 한 면을 평방한

---

28 "平安·永吉兩道…自今 每一結收二十斗 以爲恒式"(『태종실록』 권26, 15년 정월 을묘)에서 보이는 바와 같이, 태종 대에 양계지역을 양전한 후 남부 6도에 비하여 1/3을 경감한 1결당 20두의 수조액으로 조정하여 규정하였다.

29 『세종실록』 권49, 12년 8월 무인.

30 『세종실록』 권106, 26년 11월 무자.

전지의 면적을 예상 수확량에 비례하는 것으로 차등을 두어 책정해야만 했다. 더구나 전품의 분등이 전국적으로 통일되어 있지 않으면 수세를 균평하게 실현할 수 없었다. 과전법에 구현된 양전제는 전국 일률의 통일된 전품 분등법에 따라 각등 전지의 실적을 실제의 생산량에 비례하는 것으로 책정해야 하는 필수적 과제를 안고 있었던 것이다.

한편 과전법에 규정된 수조법도 그 시행 과정에서 개선하지 않으면 안 될 많은 문제점이 드러났다. 조세의 수취율은 수확량의 10분의 1로서 1결당 최고 30두라고 하는 액수를 규정해두었지만, 당시의 불안정한 농업생산력의 사정에서는 다시 해마다 농사의 작황(作況)에 따라 더 구체적으로 수조액을 산정(算定)하는 절차를 거치도록 해두었는데, 그 절차가 곧 수손급손(隨損給損)이라는 것이었다. 과전법에서는 "10분을 율(率)로 하여 손(損)이 1분이면 1분의 조(租)를 감(減)하고 손이 2분이면 2분의 조를 감하며, 이같이 비례적으로 감하여 손이 8분에 이르면 그 조를 전면(全免)한다"[31]고 규정하였다. 이 규정은 조선 태조 대에는 "1결 안에서 손이 20부(負) 이하인 경우는 전수(全收)한다"고 하여, 10분의 2 이하의 손을 인정치 않는다는 것으로 부분적으로 바꾸고, 태종 대에는 "비록 1분의 실(實)이 있더라도 1분의 조를 거두고, 1분의 손이 있더라도 1분의 조를 감한다"고 다시 부분 변경하였다.[32] 수손급손의 원칙은 그대로이되, 경작자에게는 더 엄밀하고, 수조권자에게는 더 유리한 규정으로 바뀌었던 것이다.

'수손급손'을 실현하기 위해 각 전지를 필지(筆地)마다 구체적으로 답사

31 『고려사』 권78, 식화 1 답험손실.

32 『용비어천가』 제73장 주. 이에 대한 자세한 해석은 김태영, 앞의 책, 240~241쪽 참조.

하면서 그 손과 실을 점검하는 일을 답험손실(踏驗損實)이라 한다. 답험손실의 책임자는 공전의 경우 현지의 수령이었으며, 사전의 경우는 그 수조권자인 전주로 규정되어 있었다. 고려 후기의 관행을 따르고 있었던 것이다. 그런데 공·사전을 막론하고 그 같은 답험손실에 의거하는 수손급손의 제도는 일찍부터 많은 폐단을 그 자체로 내포하고 있었다.

우선 사전의 경우는 고려 시기 이래 항상 자행되어온 전주의 과중한 수탈을 불식할 도리가 없었다. 수조액은 1결당 최고 30두로만 규정하였을 뿐이요, 해마다 그 구체적 수조액의 책정은 답험손실의 과정에서 이루어지는 것이므로, 그것이 수조권자인 전주에게 위임된 사전의 경우에는 "단지 중렴(重斂)에 그치지 않고 횡렴(橫斂)까지도 일어나기 마련일"[33] 정도로 과중한 수탈이 자행되는 것은 필연적인 일이었다. 그런데 과전법에서의 사전은 유독 경기지역에만 설정되어 있으므로, 이 지역 농민들의 불만과 저항은 실로 커지게 되었다. 경기지역 농민들의 원한으로 인하여 혹심한 한발(旱魃)과 같은 자연재해가 엄습한다는 물의가 들끓자, 경기 사전의 절반을 외방으로 이전한다는 결정이 내려지기도 하였다.[34]

그런데 과전법은 이미 토지에 대한 개별적 소유권의 보편적 성장이라는 역사적 사실을 전제로 하고서 운용되는 국가적 토지법제였다. 이른바 과전법에 규정된 소경전이란 것 자체가 당해 전지의 소유와 경작을 겸하는 개념으로써, 수조권보다도 소유·경작권을 더 중시하는 법제적 개념으로 정립된 것이었다. 그러므로 수조권을 분급하여 토지를 지배하도록 하는, 구래의 인습에 따른 자의적 관행은 이제 이미 구조적으로 용납

33 『태종실록』 권30, 15년 8월 갑술.

34 『태종실록』 권31, 16년 5월 신해.

하기가 어려워지고 있었다. 그래서 세종 원년(1419)을 기점으로 하여 드디어 사전의 답험손실권은 여타 공전의 경우와 마찬가지로 소재지 수령의 책임으로 이관함으로써 공적(公的) 답험의 방식으로 전환하였다. 그것은 강인한 수조권적 토지지배의 역사에서 일대 변천이 일어난 일이었으며, 과전법 자체를 부분적으로 부정하는 내용이기도 했다.

한편 공전의 경우도 답험손실은 제대로 운용되지 못하였다. 답험의 절차 자체가 산과 들에 널리 흩어져 있는 전답의 필지마다 일일이 답사하면서 그 경작 농민을 상대해야 하는 일이었다. 또한 그것은 객관적 기준의 설정이 극히 모호하고, 답험하는 자의 눈대중에 맡겨져 그 자의(恣意)에 일임된 채로 운용되기 마련이었다. 그래서 그 자의성을 배제하기 위해서 이미 태종 2년(1402)부터 중앙에서 왕명을 받든 경차관(敬差官)을 파견하여 점검하게 하는 제도를 도입했다. 또 수령 혼자서는 자기 관내의 모든 전지를 답험할 수 없는 실정이므로 현지의 공평하고도 청렴한 품관사족이 그 실무를 분담하게 하는 이른바 답험위관의 제도를 역시 태종 대부터 도입하였다.

그러나 경차관 제도는 오래 시행해보아도 별 효과가 없는 것으로 판명되었다. 그 제도가 생긴 지 40년 뒤에도 "경차관의 직임을 띤 자는 먼저 책임만 모면할 꾀를 품고 모두 공사의 양편을 공정하게 하지는 못한다"고 하는 실정이 보고되었다.[35] 그리고 답험 위관의 경우는 더욱 많은 폐단을 구조적으로 자아냈다. 우선 '공평하고도 청렴한' 품관사족은 실제로 답험의 위관(委官)이 되는 것을 꺼려 극력 모피하는 경향이 있었다. 그래서 사실상 답험의 위관으로 파견되는 자는 대개 '향리 출신자'라든

35 『세종실록』 권101, 25년 7월 임오.

가 '항곡에 항상 거주하는 자' 등이었으며, 심지어 '일수(日守)·서원(書員)의 무리' 등이 그것을 담당하는 편이었다.[36] 그들은 답험의 과정에서 허다한 부정을 자행할 뿐 아니라, 문서상의 집계 과정에서도 향리 등과 함께 손실을 임의로 조작하고 있었다. 소위 토호·향원과 향리·서원들의 중간 부정이 끝없이 널리 만연하기에 이른 것이다. 필경 그들의 중간 부정은 한편으로는 소농민경영을 침해하면서 또 한편으로는 국고에 막대한 손실을 끼쳤다.

이미 연유가 오래된 사전에서 전주의 답험손실권을 국가로 귀속시킬 수 있게 된 조선 초기의, 특히 세종 대의 안정된 국가권력은 공·사전을 막론하고 수조액을 구체적으로 산정하는 절차인 답험손실의 실제 행정을 향리·토호의 자의적인 사정(私情)에 맡겨 운용할 수는 없었다. 그들의 오랜 중간 부정을 막고 국고의 충실을 기하기 위해서도 구래의 양전·수조제도에 대한 근본적 개혁이 불가피한 과제로 떠오르고 있었다. 그래서 조선 초기 왕정을 추구하는 세종임금에 의해 공법전세제의 제정이 착수·추진되었다.

4. 공법전세제의 구상과 그 절목의 마련

널리 알려져 있듯이 공법이란 것은, 원래 여러 해 동안 토지생산량의 평균치를 기준으로 잡아 그 10분의 1에 해당하는 일정한 액수를 과세하는 일종의 정액세법으로서, 중국 고대의 하후씨 때에 시행하였다는 전설

36 『세종실록』 권49, 12년 8월 무인; 같은 책 권75, 18년 10월 정묘 기타.

적 부세법이다. 조선 초기의 과전법체제에서는 당해 전지의 수세액을 결정하는 답험손실의 과정에서 워낙 실무자의 자의성이 개입할 여지가 많았다. 그러한 중간 부정을 근원적으로 배제하기 위해서 세종 대에는 온전한 정액세법의 정립을 시도하면서 이를 '공법(貢法)'이라고 칭하게 되었다. 그 결과, 비록 온전하지는 못하지만 정액세법의 원리가 다소 도입된 전세제도를 정립하게 되었으므로, 착안할 당시부터의 명칭인 '공법'전세제가 이후 길이 사용되기에 이르렀다.

과전법에서는 소경전의 영농자가 국가 혹은 사전의 전주에게 바치는 1결당 최고 조미 혹은 잡곡 30두를 조(租)로, 그리고 사전의 전주가 수납한 조 가운데에서 다시 국가에 바치는 1결당 백미(白米) 혹은 황두(黃豆) 2두를 세(稅)로 개념을 구분하여 규정하였다.[37] 세종 대에 공법전세제가 확립되기 이전인 조선 초기에도 이 개념은 그대로 통용되었다. 그런데 태조 대부터 이미 조 대신에 세를 공식으로 거론하고 있었다. 가령 기사양전(1388)에서 빠뜨려둔 여타 지역의 양전을 요청하면서, "바라건대 조관(朝官)을 나누어 보내어 각 군현의 수령과 함께 답험하고 관찰사로 하여금 고찰하게 해서, 천자문(千字文)의 자호(字號)로써 작정(作丁)하여 그 세를 거두도록 하소서"[38]라고 하는 사례에서 보이는 바와 같다.

그런데 세종 대에 공법에 의거한 전세제도가 논의되면서 오히려 조보다도 세라는 말을 더욱 빈번히 거론하였다. 공법전세제는, 이미 세종 원년(1419)을 계기로 사전의 답험손실권을 국가로 귀속시킴으로써 개인의 수조권적 토지지배의 관행을 크게 퇴세시킨 상태에서 토지의 소유·경작

37 『고려사』 권78, 식화지 1 전제 과전법 ; 이에 관한 자세한 해석은 김태영, 앞의 책, 81~83쪽 참조.

38 『태조실록』 권14, 7년 7월 기해.

자 즉 소경전의 영농자와 국가의 수취관계를 새로이 규정하는 것이었으므로, 과전법에서 '조'의 개념에 해당하는 것을 일반적으로 '세'로 칭하기 시작한 것으로 이해된다.[39]

그런데 과전법에서 답험손실 제도에 대한 폐단이 극도에 달한다는 인식이 깊어지면서, 정액세법으로서의 공법을 구상하게 된 것은 세종임금의 즉위 초기부터였던 것으로 이해된다. 세종 21년(1439) 당시 임금의 말씀으로서, "내가 공법을 시행하고자 한 것은 지금에 이르기 20여 년이 된다"[40]고 토로하는 데서 그 같은 사실을 알 수 있다. 그런데 공법에 관한 구상을 공개적으로 표면화한 것으로서 현재 남아있는 기록은 세종 9년(1427), 문과 중시(重試)에서 책문(策問)의 제목이 처음이었다.

> 예로부터 제왕(帝王)이 통치를 함에는 반드시 한 시대의 제도를 수립하는 것이니, 방책(方册)에서 살펴보면 이를 알 수 있다. 전제(田制)를 제도화하는 법은 어느 시대에 시작하였는가. 하후씨(夏后氏)는 공법(貢法)을 쓰고, 은(殷)나라 사람들은 조법(助法)을 쓰고, 주(周)나라 사람들은 철법(徹法)으로

---

39 최초로 공법전세제에 가까운 형태의 전세제도를 서술해둔 『세종실록』 권39, 10년 정월 기해조의 "農事豐歉 分爲三等以聞 因之收稅可矣"라는 기록에 보이는 '세(稅)', 역시 최초로 정액세법으로서 공법의 형태를 갖추어 공표한 동 19년 7월 정유조의 이른바 상정공법(詳定貢法) 절목의 "以各道與田品之等第 定收稅之數"라는 호조의 계문에 나타난 '세(稅)', 그리고 전제상정소가 확정한 공법의 원리를 설명한 세종 26년 11월 무자조의 "一結五十七畝收稅 亦依此二十分而稅一 上上年一等田稅 三十斗"라는 표현에 등장한 '세(稅)', 나아가 특히 공법을 확정 반포한 후 수세 방법의 과도기적 변통을 규정한 세종 27년 7월 을유조의 "京中各司及外方田稅貢案 其道田品 畢分揀後 以九等年 田稅多寡 更加磨勘成籍"이라고 서술해둔바 '전세(田稅)'를 독립 술어로 사용하게 된 사실 등을 참조할 것이다. 물론 이후로도 '조'와 '세'는 한동안 혼용되고 있지만, 이윽고 '세' 혹은 '전세'라는 표현으로 관행되었다. '전세'라는 술어는 특히 공법의 성립 이후에 관용된 말이다. 또한 공법절목의 논의 과정에서는 수조권자가 아닌, 과전법에 규정된 '전객(佃客)', 즉 소경전(所耕田)을 영농하여 납조(納租)하는 자를 '전주(田主)'라고 표기하게 되었음을 주목할 일이다(『세종실록』 권78, 19년 7월 정유 참조).

40 『세종실록』 권85, 21년 5월 경인.

했다는 것이 겨우 전기(傳記)에 나타나 있는데, 삼대(三代)의 법을 오늘날에도 시행할 수 있겠는가. 진(秦)나라가 정전(井田)을 폐지하였는데, 한(漢)나라에서 그대로 따랐으나 그 문제(文帝)·경제(景帝)의 치세는 거의 삼대에 가깝게 되고, 신(新)의 왕망(王莽)은 옛 제도를 회복했으나 백성들이 근심하고 원망하였다. 그 까닭은 무엇인가. 당(唐)나라의 조용조(租庸調)는 어느 시대의 법을 취한 것인가. 백성이 거기에 힘입어 넉넉해졌으므로, 선유(先儒)가 고대의 치세에 가깝다고 하였으니, 그것도 또한 뒷세상에 시행할 만한 것인가. … 답험손실의 법은 구차하게도 (실무자의) 애증(愛憎)에 따라 조세의 높고 낮음이 그 손에 달려 있으므로, 백성이 그 해를 입는다. 이 폐단을 구하려면 응당 공법이나 조법에서 찾아야 할 것이다. 조법은 반드시 정전을 시행한 뒤라야 시행할 수 있으므로, 역대 중국에서도 오히려 불가능했다. 하물며 우리나라는 산천이 험준하고 언덕과 진펄이 뒤섞여 있어 그것을 시행할 수 없음이 명백하다. 공법은 하서(夏書)에 실려있고 주(周)나라 역시 조법(助法)을 썼다고 하나 향수(鄕遂)에서는 공법을 썼다. 다만 그것은 여러 해 (농사 작황을) 비교하여 평상치(平常値)를 정하는 고로 좋지 않다고 이르는 것이다. 공법을 쓰면서도 소위 좋지 않다는 점을 없애는 길은 어떠한 것인가. … 맹자(孟子)가 말하기를, "인정(仁政)은 반드시 경계(經界)하는 일로부터 시작한다"라고 하였으며, 유자(有子)는 말하기를, "백성이 유족(裕足)하면 임금이 어찌 부족하겠는가"라고 하였다. 내 비록 덕이 적은 사람이지만, 여기에 간절히 뜻이 있다. 그대들은 경술(經術)에 통달하고 정치의 대체를 알아 평일에 이를 익히 강론하였을 것이니, 숨김없이 다 진술하라. 내가 장차 채택하여 시행하리라.[41]

41 『세종실록』 권35, 9년 3월 갑진.

여기서 '좋지 않다'고 하는 측면은 공법이 정액세제이므로 농업생산이 불안정한 당시로서 풍년에는 관계없지만 흉년에는 정액에 구애되어 반드시 과도한 수렴이 자행되기 마련이라는 점이었다. 그런데도 현실상 답험손실제가 안고 있는 인습적 병폐를 극복하기 위해서는, 결국 유교 경전에서 이상적 제도의 하나로 간주하는 공법을 개선하여 새로운 '한 시대의 제도를 수립'하고자 시도하였음이 주목된다. 옛 경전이 제시한 이념적인 부세제도를 새롭게 회복하여 '제왕의 통치'로서의 이른바 '왕정'을 실현하고자 하였던 것이다.

문과 중시(文科重試)는 워낙 실직의 경력을 쌓은 문관 가운데서도 학술에 자신이 있는 당하관이 참여하는 10년 1차의 시험이었던 만큼[42] 이때 공법의 시행에 관한 어떤 새로운 방안이 제시되었음 직하다. 또한 앞으로 공법의 추진 과정에서 크게 기여하게 되는 정인지(鄭麟趾) 등이 응시한 바 있는데,[43] 그 대책이 어떤 내용이었는지는 기록상 보이지 않는다.

그런데 비록 현전하는 기록에는 남아있지 않더라도, 인습의 답험손실법을 지양하는 새로운 수세제에 대한 검토가 이때부터 시작되고 있었다는 사실만은 확실하다. 중시로부터 10개월 후인 세종 10년(1428) 정월에 다음과 같이 공법에 대한 확실한 논의가 진척되었다. 세종임금이 "공법이 비록 좋은 법이라고는 하지만, 수손급손의 제도는 조종(祖宗)이 세운 법이므로 가벼이 고칠 수가 없다. 만약 일률로 공법을 시행한다면 풍년에는 비록 과다한 수취를 면할 수가 있겠지만, 흉년에는 반드시 백성의 근심과 원망을 면할 수가 없을 것이다. 어떻게 하면 좋은

42 "文科十年一重試 堂下官許赴 額數及試法 臨時科旨 武科同"(『經國大典』 권3, 禮典 諸科).

43 『세종실록』 권112, 28년 6월 갑인.

가" 하고 묻자, 좌의정 황희는 종래 답험손실제의 공정치 못한 면을 말한 뒤 이어서, "원컨대 공법을 모방하여 수확의 다소를 비교하여 전지 몇 부에는 세미(稅米)가 몇 두인지 미리 그 액수를 정하여 해마다 가을이 들면 각 도 각 군현으로 하여금 농사의 풍흉을 심사 점검하여 3등으로 나누어 계문토록 하고, 그에 따라 수세함이 좋습니다"라고 하였다. 호조판서 안순(安純) 등도 역시 "그 밖에는 다른 길이 없습니다"라고 대답하였다.[44]

새로운 전세법으로의 개혁 논의에 참여한 좌의정 황희는 공법의 논의가 진행되는 세종 10년 이래 좌의정에서 영의정으로 계속하여 의정부의 수반으로 있으면서 시종일관 공법의 시행을 반대하는 견지를 피력했다. 그러한 그가 공법 논의의 초기에 위와 같이 공법의 구체적인 내용을 계문하고 있었다는 것은, 그 논의가 이미 상당히 오래 그리고 구체적으로 진척되고 있었다는 사실을 명백히 전해준다. 이 논의에서 주목되는 것은 세종이 생각한 공법은 정액세법으로서의 내용이었음에 비하여, 황희 등 중신들이 피력한 견해는 정액세법에다 답험법을 가미한 내용으로 나타났다는 점이다. 해마다 가을에 각 도 각 군현이 "농사의 풍흉을 심사 점검하여 3등으로 나누어 계문토록" 한다는 것은 역시 종래의 상·중·하 3등전에 대한 구체적 답험손실의 연장에 지나지 않았다. 공법의 명칭은 동일했지만 논의의 벽두에서부터 이와 같이 내용을 달리한 것 때문에 논란이 되었다.

이후로도 공법의 논의는 계속 진척되었다. 세종 12년(1430)에는 호조의 제안을 받고 세종임금 자신이 다음과 같은 안을 내놓기에 이르렀다.

44 『세종실록』 권39, 10년 정월 기해.

호조에서 아뢰었다. "매양 벼농사를 답험할 때를 당하면, 혹은 조관(朝官)을 보내기도 하고 혹은 감사(監司)에게 위임하기도 하며, 또 많은 전답(田畓)을 기한 안에 모두 조사하여 끝마치고자 하므로, 향곡(鄕曲)에 늘 거주하는 품관(品官)으로 위관(委官)을 삼았습니다. 그런데 위관과 서원(書員)들이 혹은 보는 바가 밝지 못하고 혹은 사정(私情)에 끌리어 제 마음대로 늘리기도 하고 줄이기도 하며, 덜기도 하고 채우기도 합니다. 또 마감할 때를 당해서는 문서가 호번하므로 관리들이 이루 다 살필 수가 없는 틈을 타서 간활한 아전들이 꾀를 부려서 뒤바꾸어 시행하게 되니, 비단 경중(輕重)이 적중하지 못할 뿐만 아니라, 그 지대(支待)하는 비용과 분주히 내왕하는 수고 등 폐단이 적지 않습니다. 청컨대 이제부터는 공법에 의거하여 전답(田畓) 1결마다 조(租) 10두를 거두게 하되, 다만 평안도와 함길도만은 1결에 7두를 거두게 하여, 예전부터 내려오는 폐난을 덜게 하고, 백성의 생계를 넉넉하게 할 것입니다. 그리고 풍재(風災)·상재(霜災)·수재(水災)·한재(旱災)로 인하여 농사를 완전히 그르친 사람에게는 조세를 전부 면제하게 하소서."

(임금이) 명하였다. "정부·육조와 각사(各司)와 서울 안의 전함(前銜) 각 품관과, 각도의 감사·수령 및 품관으로부터 여염(閭閻)의 소민(小民)에 이르기까지 모두에게 가부(可否)를 물어서 아뢰게 하라."[45]

여기서 호조의 안은 답험손실에서의 갖가지 폐단을 말한 후, 바로 그러한 폐단을 극복하는 방안으로 답험손실제를 폐지하고 1결 10두(평안·함길도는 7두)라는 완전한 정액세법으로서의 공법을 제시했다. 이것이 아마도

45 『세종실록』 권47, 12년 3월 을사.

세종이 원래 구상한 공법의 내용에 가까운 것이었으리라고 생각된다.[46]

그래서 세종임금은 자신이 구상한 원안에 가까운 이 호조의 안을 가지고서 중·외의 관민에게 널리 물어 그들의 견해를 청취하기로 하였다. 정액세법으로서 공법의 시행은 실로 유구한 역사상의 인습을 탈피하는, 워낙 전세제도에 있어서 큰 변천을 의미하는 것이었던 만큼 그것을 소수 관료들만의 견해로 단정하는 것은 다분히 모험적일 수밖에 없으며, 따라서 널리 관민의 여론을 참작할 필요가 절실하였다. 가장 절실한 일의 추진에서야말로, 역사상 유례가 없는 일반 소농민의 여론까지 들어서 국정에 반영한다는 절차를 취하는 길로 나서게 하였던 것이다.

이때 전국적으로 조사한 여론은 그 5개월 후인 세종 12년(1480) 8월에 집계되었는데, 그 내용을 정리하면 대략 다음과 같다.[47]

[가1] 전국적으로 공법의 시행을 찬성하는 자가 관민 98,657명이요 반대하는 자는 관민 74,149명이었다. 그 가운데 토지생산력이 높은 경상·전라도의 경우는 65,846 대 664로 찬성 편이 절대 우세하였으며, 생산력이 낮은 함길·평안도의 경우는 1,410 대 35,912로 반대편이 절대 우세하였다.

[가2] 서울 안의 전·현직 3품 이하의 관인은 702 대 510으로 찬성이 다소 우세하였지만, 공신(功臣)을 비롯한 다수의 전·현직 고위 관료가 반대하였다. 특히 좌의정 황희·우의정 맹사성(孟思誠) 등의 현직 대신들이

46 공법 시행에 관한 호조의 이 같은 안이 제시되기 전 해인 세종 11년(1429)에 『농사직설(農事直說)』이 편간되어 그에 의거하는 농법이 이미 전국에 반포·권장되었던 사실을 참고할 필요가 있다. 『농사직설』의 편찬에 대해서는, 농업생산력 면에서 공법 시행의 가능성이 반드시 점검되기도 하였을 것으로 이해된다.

47 『세종실록』 권49, 12년 8월 무인 참조.

반대하였다.

[가3] 중앙·외방을 막론하고 공법에 반대하는 의견을 집약하면 다음과 같다.

㉮ 종래의 1결당 30두와 답험손실법은 10분의 1세 제도의 원칙에 근거한 것이지만, 전지의 비옥하고 척박함, 농사의 풍·흉에 관계없이 1결당 10두로 획정함은 현실과 어긋나는 불공평한 일이며 아무런 근거도 없는 부당한 것이다.

㉯ 관인들에게 절급한 사전은 그만두고라도 풍저창(豊儲倉)·광흥창(廣興倉), 내자시(內資寺)·내섬시(內贍寺)·봉상시(奉常寺), 인수부(仁壽府)·인순부(仁順府), 의영고(義盈庫), 그리고 군자감(軍資監) 등 중앙 각사 소속의 전지와 외방 각 군현의 아녹전(衙祿田)·늠급전(廩給田), 참역전(站驛田) 등에 대한 위전(位田)은 기관마다 그 수조지를 일정하게 분속시켜 왔는데, 이제 공법에 따라 일률로 1결당 10두씩 수조한다면 반드시 전지를 더 늘려 지급해야 하고, 그렇게 되면 군자전(軍資田)이 크게 줄어든다.

㉰ 1결당 10두는 답험손실법에서 6분 이상의 손(損)에 해당하는데, 그러한 연분은 지금까지 거의 없었다. 그러니 장차 10두로 획일한다면 국고의 허갈(虛竭)을 면치 못할 것이다. 또 함길·평안도는 이미 타 도보다 3분의 2로 감수(減收)해오고 있는데, 이제 다시 7두로 감수한다면 군수·흉황에 대비할 길이 없어진다.

㉱ 1결당 10두를 획일적으로 적용하는 것은 양전이 많은 경상·전라도와 부유한 자에게는 상대적으로 적게 수취하는 것이 되고, 척박한 전지가 많은 여타 지역과 가난한 자에게는 많이 수취하는 것이 되어, 결국 빈익빈 부익부의 현상이 더욱 현저해질 것이다.

[가4] 중앙·외방을 막론하고 찬성 편에 서는 의견의 경우, 답험손실법

은 이미 너무나 큰 인습의 폐단이 되어왔으므로 어차피 전세법에서 어떤 변천이 일어나야 할 것임을 전제하고, 그러기 위해서는 정액세법으로서의 공법 이외의 다른 길이 없다는 사실은 긍정하였다. 그러면서도 위의 호조의 안 그대로보다는 많은 수정안을 제시하였는데 대략 다음과 같은 것이었다.

㉮ 전지의 비옥하고 척박함에 관계없이 1결당 10두로 획일함은 부당하니, 전지의 비·고(卑高), 건·습(乾濕), 고수(膏腴)·척박(瘠薄)에 따라 전품을 9등으로 세분하되, 종래와 같이 수등이척의 법으로써 양전할 것이며, 다시 국고의 수조지를 고려하여 상상년 16두에서 하하년 8두에 이르기까지 세액을 체감(遞減) 조정한다.

㉯ 혹은 전지를 비척에 따라 상·중·하의 3등전으로 새로 등급을 나누어 정하고 풍·흉에 따라 풍년·중년·흉년으로 나누어 풍년 상등전 1결 20두에서 흉년 하등전 1결 3두까지로 전품·연분을 통합 9등으로 조정한다.

㉰ 종래 3등 전품제라고 할지라도 상등전은 경상·전라도의 1,000결에서 겨우 1~2결, 중등전 역시 100결 정도에 1~2결이며, 기타 지역에는 기껏 중등전이 1,000결쯤에 겨우 1~2결이다. 이는 곧 전지의 비척을 불문하고 대개 하등전으로 잡아서 양전한 것이다. 그러니 이제 상등·중등전을 모두 하등전척(下等田尺)으로써 고쳐 양전하되, 역시 비척에 따라 9등 전품으로 세분하여 상상전 30두에서 하하전 5두까지로 조정한다.

㉱ 또 공법을 채택하되 갑자기 전국을 획일적으로 시행하기가 어려우니, 우선 몇 개의 군현에 시험해본 후에 평지(平地)와 산지(山地)로 나누어 점차 널리 시행해가도록 한다.

㉲ 그런데도 재손(災損)은 역시 어쩔 수 없으니, 이는 별도로 심사 점검

하여 응분의 급손(給損)을 시행토록 한다.

이때 전국적으로 제시된 이상과 같은 여러 의견은 정액세법으로서의 공법을 시행하기 위해 모두가 미리 점검하고 정비해야 하는 문제점들이었다. 공법 논의의 초두에 그러한 문제점들이 다수 제시되었다는 사실은 그러한 논의가 이미 오래전부터 계속되고 있었음을 반영한다고 해석되기도 한다. 그러나 세종 12년(1430) 당시로서는 그러한 문제들이 비로소 표면화한 것에 지나지 않으며, 그러한 상태에서 공법을 시행하기란 어려운 일이었다. 그래서 이때에는 좌의정 황희 등의 반대 의견을 좇아 일단 종래의 답험수세법(踏驗收稅法)을 당분간 그대로 시행하기로 하였다.

그런데 답험수세법은 결코 계속 시행할 수 없는 것으로 거듭 확인되었다. 특히 세종 17년(1435)은 흉년이 아니었으며 수전 농사의 경우는 "근래에 없었다"고 할 정도로 작황이 좋은 편이었다. 그런데도 가령 충청도의 답험손실장(踏驗損失狀)에 나타난 바로는 수전·한전을 통틀어 222,394결 가운데 수전은 겨우 6,969결, 한전은 겨우 10,763결만이 실전(實田)이요, 나머지 절대다수가 재상전으로 보고되었다. 이는 심한 흉년이었던 전년도보다도 훨씬 많은 재상(災傷)의 수치를 나타낸 편이었다. 그 중에서도 충주(忠州)에 있는 "내자위전(內資位田)은 원래가 고유(膏腴)한 전지를 택정한 것이었는데도 한전 156결 가운데 실전은 4결, 수전 147결 가운데 실전은 14결"에 불과하였다. 인습의 답험손실법이 그 폐단의 극한을 달리고 있었던 것이다. 그래서 마침내 "충청도 감사와 수령들이 답험에 임하여 확실하게 점검하지 않은 소치이므로 불가불 징벌(懲罰)해야 한다"는 논의가 일어나고, 결국 충청도 도사(都事)를 의금부에서 추국(推鞫)하는 사태에까지 이르렀다.[48]

이 사태를 계기로 하여 다음 해인 세종 18년(1436)의 공법 논의가 다시 추진되었다. 먼저 이해 2월에 충청도 감사 정인지(鄭麟趾)가 상언(上言)하기를, 지난가을에 답험손실의 규모와 계획을 치밀하게 세우지 않은 것이 아니며 배치와 시행을 구비하지 않은 것이 아닌데도 손실이 적중하지 못한 군현(郡縣)이 너무 많게 된 까닭은, 답험이 범용(凡庸)한 자들의 손에서 시행되어 경·중(輕重)이 임의로 조작되었기 때문이라고 하면서, 종래의 답험손실법의 폐단을 다시 한번 지적하고, 여기에 새로운 답험의 방법을 제시하였다. 즉 당해 군현 수령의 책임 아래, 전지 50결마다 경작자 대표로서 지심(指審) 1인을 두고, 500결마다 권농 1인을 두는 방식으로서, 현지의 근실한 영농 책임자가 답험손실의 실제 책무를 맡게 한다는 내용이었다.[49]

그러나 충청감사 정인지가 제시한 새로운 방법이 아무리 개선된 것이었다 하더라도 그것 역시 수세액의 산정 실무를 담당하는 개별적인 인간의 자의에 따라 좌우되기 마련인 답험손실 제도의 한계를 벗어나는 것은 아니었다. 그래서 그러한 제도적 인습 자체를 구조적으로 지양하는 방법으로서의 공법에 대한 논의가 다시 표면화하기에 이르렀다. 조신(朝臣) 사이에서 "근래에 답험손실법의 폐단이 우심하니, 공법을 시행함만 같지 못하다"는 논의가 다시금 일어나고, 세종임금은 "지금 그 폐단이 이와 같으니, 공법을 1·2년 시행해봄이 어떠한가. 그러나 수세가 많아서는 농민이 감당할 수 없으니, 흉년을 만나면 액수를 경감함이 옳다. 그리고 1결 20두는 너무 많으니 15두로 규정함이 어떤가"를 물었다.[50] 20두니

48 『세종실록』 권70, 17년 12월 신해·갑인.

49 『세종실록』 권71, 18년 2월 무오.

50 『세종실록』 권71, 18년 2월 기미.

15두니 하는 구체적인 세액이 거론되고 있었다는 사실로 보아 그동안에도 공법에 대한 논의가 구체적으로 진행되었음이 밝혀졌다. 그리고 동년 5월에는 영의정 황희 등이 '공법절목(貢法節目)'을 논의케 하였는데, 이때 결정된 내용은 다음과 같다.[51]

[나1] 토지생산력의 차이에 따라 각 도를 3등으로 구분하되, 경상·전라·충청도를 상등으로, 경기·강원·황해도를 중등으로, 평안·함길도를 하등으로 정한다.

[나2] 각 도의 전품을 일체로 종래의 도행장(導行帳)에 따라 상·중·하 3등으로 구분한다.

[나3] 세액은 종래의 손실의 수 및 국가경비의 수를 참작하여 결정한다.

5. 공법전세제의 상정과 수정

세종 18년(1436) 2월에 규정한 '공법절목'은 비록 3등도·3등전의 원칙을 세운 것이었지만, 그것은 아직도 공법을 시행하기 위한 원칙을 밝힌 '절목'에 불과했다. 그것은 아직도 전품과 수세액을 종래의 '도행장', 즉 양안을 바탕으로 하여 답험손실의 관례를 참작한다는 것이었다. 아직도 새로이 규정해야만 할 많은 과제를 안고 있었다.

그래서 같은 해 윤6월에는 '공법상정소(貢法詳定所)'라는 기구를 설치하

51 『세종실록』 권72, 18년 5월 병술·정해.

고,[52] 여기서 구체적인 보완책을 강구하기로 하였다. 그사이 공법의 추진에 적극적으로 힘써 온 참찬(參贊) 하연(河演)의 건의로 3등도 각기에 9등 연분법을 시행하자는 논의가 있었지만, 그것은 각등 도 내에서의 각기 전분 3등([나2])을 무시하는 것이며, 또 연분의 조정이 답험손실의 경우와 다를 것이 없다는 이유로 채택되지 않았다.[53] 그러고는 같은 해 10월에 호조의 안에 따라 의정부가 각 도의 토지생산력에 따라서 전국을 3등도로 구분하고 다시 종래의 상·중·하등전에 따라 전품을 6등으로 구분하여 상등도(上等道)·상등전에서 하등도(下等道)·하등전에 이르는 9등의 수세법을 제안하여 1·2년 시험해본다는 결정이 내려졌다.[54] 그러나 그것이 미진한 점이 있다 하여 호조에게 다시 보완케 하여,[55] 세종 19년(1437) 7월에 일단 공포하기에 이르렀다. 이때 상정(詳定)된 절목의 내용은 다음의 〈상정공법 세액표〉와 같다.[56]

상정공법 세액표

구 분	상전(上田) 1결	중전 1결	하전 1결
상등도(경상·전라·충청)	20두	18두	16두
중등도(경기·강원·황해)	18두	16두	14두
하등도(함길·평안)	15두	14두	12두

52 『세종실록』 권73, 18년 윤6월 기묘.

53 『세종실록』 권73, 18년 윤6월 갑신.

54 『세종실록』 권75, 18년 10월 정묘.

55 『세종실록』 권77, 19년 4월 임신.

56 『세종실록』 권78, 19년 7월 정유.

[다1] 토품(土品)에 따라 전국을 3등 도로 구분하고 다시 각등 도를 종래의 전품에 따라 3등전으로 구분하되, 수세액을 위의 〈상정공법 세액표〉와 같이 정한다. 단 수전은 조미, 한전은 황두로 수납한다.

[다2] 전진전(全陳田) 및 1호(戶)의 소경전이 전손(全損)된 경우는 전주[57]가 고하면 수령이 친히 심사하여 그 조세를 면제한다.

[다3] 천반포락전(川反浦落田)도 전주가 고하면 수령이 친히 심사하여 그 전적(田籍)에서 감한다.

[다4] 원적(元籍)에 기재된 수전·한전 이후에 번경(反耕)으로 지목(地目)이 변경되는 경우라도 다시 양전하기 전에는 원적대로 수조한다.

[다5] 가경전(加耕田)은 수령이 해마다 친히 심사하여 전적에 속록(續錄)한다.

[다6] 무고하게 2년 동안 전진(全陳)한 전지는 타인에게 허급(許給)한다.

[다7] 진전(陳田)·손전(損田)·천반전(川反田) 따위의 점검과 심사가 부실하거나 가경전을 때맞추어 합록(合錄)하지 않은 수령은 법으로 다스린다.

이상 상정공법의 절목은 세종 18년(1436)의 '공법절목'을 기본으로 하고 거기에 구체적인 시행 요목을 첨가한 것으로서, 지역적인 토지생산력과 전지의 비척도(肥瘠度)를 함께 고려한 정액세법으로서의 골격을 대강 갖춘 것이었다. 정액세법이었던 만큼 그것은 전진전 및 1호의 소경전이 전손된 경우 [다2]를 제하면 복잡한 답험의 절차를 요하지 않았다. 그러므로 "이 제도가 한번 세워지면 사람마다 납조의 수를 미리 알아서 스스

57 여기서 '전주(田主)'는 과전법에서의 수조권자를 가리키는 것이 아니라 그 '전객(佃客)' 즉 소경전을 경작하여 조(租)를 납부하는 자를 가리킨다. 새로운 전세법의 논의에서 이미 납조자(納租者)를 '전주'로 표기하고 있음이 주목된다.

로 바칠 것이요, 서리(胥吏) 하나가 (독촉하러) 나가는 번거로움이나 종이 한 장의 비용도 없어져 이 세법이 만세토록 행할 것이다. 비록 흉년에는 적이 세수(稅收)가 무거운 듯하지만, 풍년의 수세가 가벼우므로 역시 서로 보상될 것이며, 종래 답험손실 때의 난잡한 폐단이라든가 이름 없던 비용이 영구히 없어질 것"이라고 인식하고, 백성의 이로움이 크고 지금의 형세에 적의한 편이라 하여 "이를 항식(恒式)으로 삼는다" 하였다.[58]

이와 같이 상정공법은 우리나라 역사에서 처음으로 등장하는 정액세법이었던 만큼 그에 대한 기대는 매우 큰 편이었다. 그것은 실로 수세법에 있어서 폐단 중의 폐단으로 누적되어 온 답험손실제에서의 수세액 산정이 그 실무자의 개별적인 사정에 의하여 임의로 조작되며 농단되어 온 오랜 인습을 지양하게 될 새로운 전세제도의 수립에 해당했다. 그것은 세종 19년(1437) 7월에 기본 골격이 정해지고, 그해부터 시행하기로 하였다.

그럼에도 불구하고 이 새로운 공법은 그대로 시행될 수 없었다. 정액세법으로서의 상정공법은 전 세제에 있어서 하나의 획기적인 의미를 갖는 만큼, 그것을 시행하지 못한 연유 또한 중대한 의미를 갖는다. 이제 사료가 허락하는 대로 그 배경을 살피면 다음과 같다.

첫째, 이해에 상정공법을 수립하면서 함길도 지방은 특수성을 고려하여 3분의 1을 경감하여 1결당 8두씩만 수세하기로 하였음에도 불구하고, 그렇게 하더라도 전일의 답험손실법에 비하면 크게 증수(增收)하는 결과가 되어 군수(軍需)에 대한 대비와 환자(還上)의 수납이 불가능해질 것이므로, 새로 설치 중인 여러 변진(邊鎭)이 완고해지고 전지를 다시 양전할

58 『세종실록』 권78, 19년 7월 정유.

때까지 공법의 시행을 연기해야 한다는 현지 감사의 계청(啓請)이 들어왔다.[59]

둘째, 새로운 공법을 상정한 이해 7월 이후로 자연적인 재해가 계속되자 이 새로운 세법의 강행에 대한 우려가 생겨났다. 그래서 "금년에 각 도의 풍·흉이 고르지 않은데 새 법을 세운 처음부터 일체로 강행하면 백성의 근심과 탄식을 자아내지 않을까 두렵다" 하여, 경상·전라도는 상정 공법을 그대로 시행하고, 충청도는 4분의 1을, 경기·강원·황해·평안도는 3분의 1을, 함길도는 2분의 1의 세율(稅率)을 경감하며, 함길도의 신설 중인 제진(諸鎭)과 함길·평안도의 새로운 사민에게는 3분의 2를 경감한 세율의 공법을 적용한다는 결정을 내렸다.[60]

셋째, 다시 동년 8월에 평안도 거주민 15인이 글을 올려, "지금 규정한 공법은 허수(虛數)의 전지에서도 아울러 수세하게 될 것이니 백성이 모두 민망히 여기는" 터이므로 종래의 수손급손 제도를 그대로 시행할 것이며, 혹 전지를 다시 양전한 연후에 공법을 시행하든지 혹은 야인(野人)에 대한 방어가 완고해질 때까지는 반진반손(半陳半損) 된 전지의 세를 감면하도록 요청하였다. 특히 이해에는 이 지역의 벼농사에 흉년이 들어 "내년의 볍씨가 염려"되는 처지였으므로 군자(軍資)와 환자곡(還上穀)의 묵은 곡식을 새 곡식으로 개색(改色)하지 않으면 안 되는 실정이었다.[61]

넷째, 경상도에서도 벼농사에 재상(災傷)이 많이 들었으므로 본도의 감사가 계청하되, 만약 모두를 상정공법대로 수세하면 폐단이 클 것이니, "비록 1호 소경전이 전손(全損) 된 경우"(앞의 [다2])가 아니더라도 재상(災

59 『세종실록』 권78, 19년 8월 기미.

60 『세종실록』 권78, 19년 8월 갑자.

61 『세종실록』 권78, 19년 8월 무인.

傷)의 보고를 받아들여 수령이 친히 심사하여 면세토록 하자고 요청하였다.[62]

이상과 같이 각지에서 올라온 공법 그대로의 시행이 어렵다는 계청들은, 물론 거기에 나타난 그대로 여러 어려운 과제가 쌓여있음이 사실이라 하더라도, 새로 시행될 이 공법전세제 자체에 대한 예측하기 어려운 두려움이 가세하였으므로 더더욱 거센 반대 의견으로 증폭되었으리라고 이해된다. 그러나 일단 전국적인 반대 의견이 계속 집중되자, 드디어 조정에서도 그에 대한 새로운 논란이 일어나지 않을 수 없었다. 우선 국왕을 가장 가까이서 모시는 승정원(承政院)의 계청을 살펴보면 다음과 같다.

> 연년 기근이 들어 백성들은 축적이 없는데, 갑자기 공법을 획일하여 시행하자니 민간의 곤궁함과 괴로움을 염려하지 않을 수 없습니다. 근자에 듣건대 중외(中外)가 흉흉(洶洶)하여 이 법을 좋아하지 아니하며, 심지어 격고(擊鼓)를 통해 상언(上言)하는 자까지 있습니다. 대개 이 법은 풍년에는 백성에게 편의하지만 흉년에는 해로운데, 금년은 흉년입니다. 우선 공법을 그만두고 답험손실법을 다시 시행하되, 만약 시험해보고자 한다면 다시 풍년을 기다려야 함이 옳습니다.[63]

국왕의 비서기관인 승정원의 견지부터가 이러하고 보니, 세종임금으로서도 공법의 시행을 도저히 강제할 처지가 못 되었다. 부득이 공법 시

62 『세종실록』 권78, 19년 8월 기묘.

63 『세종실록』 권78, 19년 8월 갑신.

행의 여부를 조신들의 첨의(僉議)에 붙여보았는데, 찬·반이 엇갈려 의견이 분분하였다. 이에 세종임금도 그 시행을 단념하여, "각 도의 조세는 공법을 폐지하고 이전대로 손실법에 좇아 민생을 편하게 한다"고 결정하였다. 그러나 그는 또한 다음과 같이 말하였다.

> 공법은 옛일을 상고하고 현재를 참작해서 대신들과 더불어 의논하여 정한 것이니, 본래 백성에게 편리하게 하고자 한 것이었다. 내가 부덕(不德)하여 재위 20년에 일찍이 한 해의 풍년도 없이 해마다 흉년이 들었다. 뒷날의 풍년 또한 반드시 기약할 수가 없으니, 이 법은 단연코 시행할 수가 없다. 그러나 이 법을 이미 확정하여 중·외에 반포하였으니, 후세의 자손이 반드시 시행할 때가 있을 것이다.[64]

실로 오랜 검토의 결과 전품의 등급을 더 세분하고 연분의 등급도 더 상밀해진 이 상정공법은, 답험손실법에 내재된 인습의 폐단을 지양할 수 있는 새로운 대안(代案)의 수세법이었다. 세종임금은 그것이 장차 시행될 것임을 믿어 의심치 않았다.

객관적으로 보아, 오랫동안의 논의 끝에 겨우 확정된 세종 19년(1437)의 상정공법이 그것을 중외에 반포한 바로 당해 연도에도 시행할 수 없었던 최대의 직접적인 원인은 세종임금 자신의 말에 잘 나타나 있는 것으로 이해된다.

> 금년 6월 이전은 비 오고 가뭄이 적중하여 풍임(豊稔)이 들어가므로 이

64 『세종실록』 권78, 19년 8월 을유.

> 법을 시행할 수 있다고 생각하고 중외에 반포하여 시행토록 하였는데, 다시 생각하니 7월 이후로 비 오고 가뭄이 고르지 못하여 각 도의 농사가 부실(不實)하고 혹 풍손(風損)이나 충재(蟲災)가 들어 백성이 편안히 살 수 없게 되니, 아마도 이 법은 갑자기 시행할 수 없을 것이다.[65]

즉 초가을에 닥치는 태풍을 비롯한 자연재해에 대한 예비가 허술하여, 아직도 농업생산력 일반의 수준이 불안정한 상태에 있었다는 현실이 정액세법으로서 공법의 시행을 어렵게 하는 배경이 된다. 그래서 그다음 해인 세종 20년(1438)에는 여러 가지 찬·반의 논의를 거친 끝에 우선 토지생산력이 상대적으로 가장 높은 경상·전라도 지역에서 상정공법의 절목([다1~다7])에 따라 공법을 시험 삼아 우선 시행해보기로 하였다.[66]

그러나 이때에도 낙동강 좌우 연안에 벼농사가 물에 잠긴 곳이 많다는 경상 감사의 장계가 들어오고, 또 전라도에서는 익산(益山) 등의 5개 군현 백성 600여 명이 여러 달 동안의 홍수로 인한 수재를 탄원해왔으므로, 논란 끝에 "공법을 설치한 본의가 아니"기는 하지만 각기 조관(朝官)을 파견하여 그 재상전만을 집중적으로 답험하는 절차를 밟도록 하였다.[67] 그 결과 경상도의 재상전이 1,800여 결, 전라도의 재상전이 1,570여 결인 것으로 보고되었는데, 그래도 공법의 원래 뜻을 참작하여 10결 이상이 연달아 재상(災傷)을 입은 곳에 한해서만 면세한다는 방침으로 결정하였다.[68]

---

65 『세종실록』 권78, 19년 8월 갑신.

66 『세종실록』 권82, 20년 7월 임신.

67 『세종실록』 권83, 20년 10월 계해·병인.

68 『세종실록』 권83, 20년 11월 경자. 앞에서 살펴본 상정공법절목 [다2]의 "전진전(全陳田) 및 1호의 소경전이 전손(全損)된 경우"에만 면세한다는 규정의 원칙을 참작한 것이다.

우리나라 역사상 최초로 시행되는 상정공법은 세종 20년(1438)에 비로소 우선 생산력이 상대적으로 높은 경상·전라의 양도에만 종래의 손실답험의 관행을 다소 활용해가면서, 그것도 어디까지나 시험 삼아서 시행해보는 정도에 이르렀다.

그런데 그와 같이 어려운 과정을 거쳐 시험 삼아 추진된 공법도 시행 첫해에서부터 갖가지 반대 여론에 부딪치게 되었다. 우선 경상도에서 "공법을 시행해보니 과렴(科斂)하는 수량이 전일보다 많아졌다"는 반론이 들어왔다. 그러나 이에 대한 세종임금의 조처를 살펴볼 필요가 있다.

> 경상도 관찰사 이선(李宣)에게 전지(傳旨)하였다. "이제 올린 계본(啓本)의 뜻이 본래 백성을 위하는 일에 관계되므로 나는 지나치다고는 생각하지 아니한다. 다만 애초에 공법을 의논해 정할 때 조세가 이전의 수량보다 증가할 것을 미리 헤아리지 못하고 처리한 것이 아니었다. 그러나 비교해보면, 위관(委官)이 답험(踏驗)할 즈음에 그 종자(從者)들까지를 접대하는 명색 없는 비용이 정상의 부렴(賦斂)보다 갑절이나 되었다. 하물며 우리 동방은 산천이 험하고 막히며, 평지와 언덕이 감돌고 굽이돌아서 조철(助徹)의 법은 시행할 수 없고, 오직 공법만이 거의 행할 수 있는 것이다. 그러므로 내가 공법을 행하고자 한 것이 이제 20여 년이나 되고, 대신들과 모의한 것도 이미 6년이 되었다. 공법을 이제 정하였으나 오히려 백성에게 불편이 있을까 염려하는 까닭으로, 이제 전라·경상 두 도에만 행하여 편리한지 여부를 시험하게 하였다. 이제 겨우 1년이 지나 이해(利害)가 아직도 판명되지 않았는데, 경(卿)이 문득 … '공법을 시행해보니 과렴하는 수량이 전일보다 많아졌다'고 하여, 중지하고서 행하지 아니하고자 하니 어찌 잘못이 아니겠는가. 경은 순행하여 교화를 펴는 직책

으로 한 도(道)를 거느리면서도 오히려 이처럼 말하는데, 하물며 저 시골의 무지한 백성들이겠는가. 경의 말한 바는 비록 옳다 할지라도 실상은 대체에 어긋나니, 경은 그리 알지어다."[69]

이로써 본다면 공법의 시행은 이전의 답험손실에서보다도 세수의 증대가 일어날 것을 전제하고서 단행된 것이었다. 다만 답험 위관이라는 실무자들에 대한 이름 없는 접대비와 그들의 중간 농단을 근절하게 된다면, 결국은 농민에게도 이롭고 국고의 증수(增收) 또한 기할 수 있다는 의도에서 추진된 것이 명백하다. 특히 우리나라의 지세를 고려해볼 때, 이상적인 조법(助法)과 철법(徹法)은 도저히 시행이 불가능하고, 오직 공법만이 그래도 시도해볼 수 있는 것이라는 판단에서 이를 추진하고 있었다는 사정도 짐작할 수 있다. 어디까지나 길고도 높은 안목에서, 이상적인 왕정에 접근해보려는 노력을 기울이고 있었던 것이다.

또 다른 반대 의견을 강력하게 제시한 것은 사간원이었다. 이때 사간원의 상소에 대한 세종임금의 해답을 살펴보면 다음과 같다.

사간원에서 상소하였다. … "'(공법을 시행하는 경우) 비록 흉년을 당하면 혹시 조금 중(重)하게 된다는 의논이 있기는 하나, 풍년에 거두는 것이 경(輕)하니, 또한 이것으로 저것을 보충할 수 있다'고 합니다. 그런데 신 등이 매양 보건대, 백성의 생업은 비록 풍년을 만나더라도 전해의 꾼 것을 다 갚고 나면 겨우 그해의 굶주림을 면하는 정도인데, 무슨 남는 곡식이 있

69 『세종실록』 권85, 21년 5월 신해.

어서 다음 해의 빈핍(貧乏)을 보충할 수 있겠습니까. 하물며 근년 이래 수재와 한재가 서로 겹쳐서 풍년은 적고 흉년은 많은 경우이겠습니까. 엎드려 생각건대, 전하께서는 한결같이 조종(祖宗)의 성헌(成憲)을 좇으시어 일국의 백성들을 기쁘게 하소서." 임금이 해답하기를, "지금 큰 법을 세우고자 하는데 너희들이 어찌 이렇게 번거롭게 청하는가" 하고, 드디어 윤허(允許)하지 아니하였다.[70]

사간원의 공법 반대는 집요하게 전개되었다. 즉 상정공법에서의 "전진전 및 1호의 소경전이 전손된 경우"에만 조세를 감면한다는 규정([다2])은 전혀 현실에 부합하지 않으므로, 부분 진황(陳荒)이 일어나거나 부분 재손이 있는 경우에도 마땅히 조세를 감면해야 한다는 주장을 다시 펼치게 되었다.[71]

그러나 인습의 폐단을 지양하여 옛 경전에 따른 이상적인 전세제도의 실현을 추구하는 세종임금은 결코 그러한 반대 의견에 흔들리지 않았다. 공법의 시행은 계속 추진되었다.

그리고 경상·전라도에 공법을 시행한 지 2년이 지났는데도 "별로 큰 폐단이 없다"고 하는 호조의 계청에 따라, 세종 22년(1440)부터는 이 양남(兩南) 지방 전체에 정식으로 상정공법을 시행하기로 하였다.[72] 이제 공법은 남부지역에서나마 정착되었던 것이다.

양남지역에서의 정착을 계기로 세종은 공법이 지닌 미비 사항을 더욱 검토해나갔다.

---

70 『세종실록』 권86, 21년 7월 정묘.

71 『세종실록』 권86, 21년 9월 계해.

72 『세종실록』 권89, 22년 5월 기유.

> 임금이 사정전(思政殿)에 임어하여 좌승지 성염조(成念祖)를 인견하고, 명하여 의정부에 가서 공법을 의논하게 하였다. 또 성염조로 하여금 공법을 감독하고 관장할 사람[監掌貢法者]을 선택하여 아뢰도록 하였다. 성염조가 의정부사인(議政府舍人) 이인손(李仁孫)과 동부지돈령부사(同副知敦寧府事) 이보정(李補丁)을 천거하니, 명하여 그 일을 맡게 하고, 이인손 등에게 이르기를, "공법을 행함에 있어서 싫어하는 자가 많다. 그러나 이미 세워진 법을 고칠 수는 없다. 우선 여러 도로 하여금 그 지품(地品)의 높고 낮은 것을 상고하여 나누어 3등을 만들어서 아뢰도록 하라." 하였다.[73]

'싫어하는 자'들이 많음에도 불구하고 세종은 공법의 시행을 '감독하고 관장할' 전담기구까지 설치하면서 이를 적극적으로 추진했다. 그리고 이전에 전국을 3등 도(道)로 구분한 바 있지만([다1]), 다시 의정부의 계청에 따라 이를 세분하기로 하였다. 즉 "지금 경상·전라 양도에서 공법을 시행해보니 그 전품이 다만 한 도가 동일하지 않을 뿐 아니라 군현마다 현저히 다른데, 그것을 일률로 수세한다는 것은 타당치 않고, 또 각자의 진언(陳言)이 모두 공법을 시행하려면 전품을 9등으로 나누어야 한다"고 하니, "우선 각 도 관찰사로 하여금 그 예하 각 군현의 전품을 등제(等第)토록 하되 아무 군현은 상등, 아무 군현은 중등, 아무 군현은 하등 따위로 3등으로 구분한다"는 방침을 세우게 되었다.[74]

이는 종래의 양전에서 상·중·하 3등 전품의 구분이 실상과는 매우 달랐으므로([가4]의 ㉰항 참조), 그것을 토대로 규정한 현행의 공법세액(사료 [다

73 『세종실록』 권89, 22년 6월 갑술.

74 『세종실록』 권89, 22년 6월 계미.

1])이 토지생산력의 실제와는 많은 차이가 난다는 반성에서 우러난, 새로운 전품 조정의 시작이었다는 점에서 주목되는 바다.

그사이 "전품의 상하(上下)와 연분(年分)의 풍흉이 한꺼번에 다 밝혀질" 수 있는 연분제도의 도입에 대한 강력한 주장이 일어나기도 하였지만,[75] 그것은 아직 채택되지 못하였다. 그리고 세종 22년(1440) 8월에는, 앞서 동 19년에 규정한 상정공법의 규정([다1]~[다7]) 가운데 미진한 조항들을 다소 수정(修正)하였는데, 그 절목의 내용은 다음과 같다.[76]

[라1] 각등 도의 구분을 재조정하고 또 각등 도를 각기 토지생산력의 차이에 따라 상등·중등·하등의 군현으로 세분하여, 수세액을 다음의 〈수정공법 세액표〉와 같이 새로 규정한다.

수정공법 세액표

구 분	각 군현 등급	상·중등전 1결	하등전 1결
상등도(경상·전라)	상등 군현	20두	17두
	중등 군현	19두	16두
	하등 군현	18두	15두
중등도(충청·경기·황해)	상등 군현	18두	15두
	중등 군현	17두	14두
	하등 군현	16두	13두
하등도(강원·함길·평안)	상등 군현	17두	14두
	중등 군현	16두	13두
	하등 군현	16두	12두

75 『세종실록』 권90, 22년 7월 계축.

76 『세종실록』 권90, 22년 8월 기해.

[라2] 상등·중등전은 지품(地品)에 큰 차이가 없고 따라서 그 양전척수(量田尺數)도 크게 차이가 나지 않는다.[77] 그래서 상등·중등전을 동과수조해 온 유래가 오래되었다. 하등전은 종래 양전 척수를 크게 하여 동과수조해 왔으나, 지품이 척박하여 진손(陳損)이 항상 많았다. 그래서 공법에서는 상등·중등전을 위와 같이 동과수조하기로 하고, 하등전은 차감(差減)해서 수조한다.

[라3] 진전은 경작자의 고장(告狀)을 받아들여 수령이 사실을 조사하여 그 시기(時起)의 수(數)대로 수세한다.

[라4] 모든 사람이 재상전으로 인정하는 곳은 감사가 계문하고 경차관(敬差官)을 파견하여 실제를 조사한 후 그 재상의 분수(分數)대로 감수(減收)한다.

[라5] 기타 조건은 이전의 규정([다1]~[다7])대로 시행한다.

이번에 수정된 위의 조항들을 세종 19년의 상정공법 규정([다1]~[다7])과 대조해보면 다음과 같이 달라졌다는 사실을 알 수 있다.

첫째, 강원도가 중등도에서 하등도로 이관되었으니, 이는 산전이 많은 본도의 토지생산력이 하등에 들어야 한다는 실정을 고려한 것이었다.

둘째, 각등 도마다 각기 상등·중등·하등의 군현으로 다시 구분하고 그에 따라 수세액을 차등 있게 규정하였으니, 이것도 자연적인 토지생산력의 차이를 고려한 것이었다.

셋째, 상등·중등전은 동과수조하고 하등전은 차감하여 수조한다고 하

77 종래의 상등·중등전의 양전척(量田尺)의 비례는 4:5였으며, 따라서 그 면적 비례는 16:25였다. 이에 비해서 중등·하등전의 그것은 각기 5:6에다 25:36이었다(김태영, 앞의 책, 제4장 「과전법체제에서의 토지생산력과 양전」 참조).

였으나, 공법의 시행이 어려웠던 가장 큰 배경의 하나가 척박한 하등전에서 생산력의 불안정성에 있었다는 사실을 고려할 때, 그 차감한 액수에 아직도 큰 차이가 없었다는 사실을 살펴볼 수 있다.

넷째, 진전과 재상전에 대한 답험손실의 여지를 다소 크게 해두었다. 그런데 이는 정액수세법으로서의 공법 본래의 취지에서 다소 어긋나는 방향을 설정한 것으로 해석된다.[78]

세종 22년(1440) 8월의 이 수정공법(修正貢法)은 이미 상정공법을 시행하고 있는 경상·전라도에는 바로 이해부터 적용하기로 하였으며, 토지생산력이 상대적으로 높은 하삼도의 하나인 충청도에는 다음 해인 세종 23년부터 적용하기로 하였다.[79]

6. 공법전세제의 경정

오랜 논란 끝에 수정공법 초안을 적용하게 되었음에도 아직도 보완해야 할 많은 과제를 안고 있음이 점차 판명되기에 이르렀다.

첫째, 그것은 종래의 답험손실법에서의 3등 전품제를 그대로 계승한 바탕 위에 공법이라는 새로운 정액세법을 적용하는 것이었기 때문에, 세법의 기준 지반과 그 법제 사이에는 원래부터 모순이 내재했다. 이때 공

---

78 그 단적인 예는 다음의 사료에 보이는 사실과 같다. "의정부에서 호조의 첩정(牒呈)에 의거하여 아뢰기를, '공법을 처음 시행한 이후로는 각 군현의 이속(吏屬)들이 (답험으로) 인연(因緣)한 간사한 짓을 할 수가 없어졌습니다. 지난해에 한재(旱災)로 인하여 조관(朝官)을 보내어 재상(災傷)을 살펴보게 했더니, 성주호장(星州戶長) 이흘(李屹)과 서원(書員) 전유선(全由善) … 등이 손(損)으로써 실(實)로 삼고 실로써 손으로 삼아 마음대로 가감(加減)하여 자못 도용(盜用)한 것이 많습니다. …' 하였다"(『세종실록』 권96, 24년 6월 경인).

79 『세종실록』 권93, 23년 7월 신축.

법의 시행을 적극적으로 찬동하여 추진한 이가 우의정 신개(申槩)였다. 그는 경상·전라도에 그것을 시행해본 결과 그곳 "농민들의 말과 뭇사람들의 논의를 참작하건대, 상·중등전의 동과수조는 농민들이 고통스레 여기지 않지만 하등전의 경우는 농민들이 많이 고통스레 여기는바, 왜냐하면 상·중등전은 흉년을 만나더라도 완전 실농(失農)에는 이르지 않지만, 하등전은 비록 수한재(水旱災)의 재손이 들지 않더라도 항상 손(損)이 많고 실(實)이 적으며, 혹은 전손에 이르기 쉽기 때문"이라고 하였다. 그는 다시 지나간 연간의 각 도에서 답험손실법에 따라 수세한 것 중에서 실수(實收)가 가장 많은, 따라서 수조액이 가장 많았던 연도의 것과 수정공법의 결정에 따라 실현될 수조액을 수치로 비교하여 설명하였는데, 그 내용을 간단히 정리하면 다음의 〈답험 수세시와 공법 수세시의 세수 대비표〉와 같다.[80]

답험 수세시와 공법 수세시의 세수 대비표(단위 石)

구 분	연 도	답험 수세시의 경우	공법 수세시의 경우	증가비(%)
경상도	세종 16(1434)	미·두 169,811	미·두 87,918	51.8
전라도	〃	〃 158,185	〃 110,803	70.0
충청도	세종 22(1440)	〃 90,452	〃 97,839	108.2
황해도	〃	〃 41,574	〃 101,757	244.8
강원도	〃	〃 20,100	〃 11,308	56.3
경 기	세종 16(1434)	〃 37,390	〃 12,811	34.3
함길도	세종 22(1440)	〃 29,245	〃 26,988	92.3
평안도	〃	〃 54,747	〃 87,593	160.0

80 『세종실록』 권93, 23년 7월 기해.

대비표에 따르면 답험손실법의 경우는 이미 왕년에 실현된 확실한 수치였다. 공법 실시의 경우도 경상·전라도에서는 이미 수정공법의 시행에 따라 그 수세가 실현된 확실한 수치였다. 여타 각 도의 경우를 보더라도 답험손실법의 경우는 이미 수세가 실현된 확실한 수치요, 공법의 실시로 증가할 것은 종래의 전품을 환산하여 계산한 것인 만큼 그 실현이 확실시되는 수치였다. 그러므로 공법을 실시하면 이전의 답험손실법에 비해서 수조액이 많이 증가한다는 사실이 객관적 수치로 계산되어 나오기에 확실했다.

그런데 그와 같은 증수(增收)는 원래부터 예상하지 못한 것이 아니었다. 앞에서 살펴본 것처럼, "애초에 공법을 의논해 정할 때, 조세가 이전의 수량보다 증가하는 것을 미리 헤아리지 못하고 처리한 것이 아니었다." 그러나 이전의 답험손실에서 익히 보아온 갖가지 인간의 자의적인 사정에서 야기되는 온갖 명색의 중간 농단을 근원적으로 제거하는 길이 공법 이외에는 달리 없다는 절박한 현실에서 이 새로운 전세법을 강구하지 않았는가. 과연 "공법을 처음 시행한 이후로는 각 군현의 이속(吏屬)들이 (답험으로) 인연(因緣)한 간사한 짓을 할 수가 없어졌다"는 것이 객관적 사실로 드러났다. 위의 대비표에 나타난 세수의 대폭 증가는 그 같은 중간 부정분이 국고로 회수된 현상이기도 하였을 것으로 이해된다.

그런데 그러한 증가의 이면에는 또 다른 사정이 개재하고 있었음을 간과해서는 안 될 것이다. 즉 공법에 따른 수조액은 상·중등전의 경우 최고 20두여서 종래의 30두보다 감소하였으나, 앞에서 살펴본 바와 같이 상·중등전은 워낙 1,000결에 1·2결 혹은 100결에 1·2결 정도였으므로, 그것이 전체 수조액에 미치는 영향은 지극히 미미한 편이었다. 따라서 세수의 증가가 위와 같이 크게 일어난 것은 전반적으로 하등전에서였다. 이 절대적인 비중을 차지하는 하등전은 워낙 평상년(平常年)에도 재상(災傷)을 크게 받는 것이었을 뿐만 아니라, 같은 하등전 안에서도 자연적인 토지생산력의 차등이 여러 가지로 다른 것이 사실이었다. 그럼에도 불구하고 이제 응분의 재상을 인정해주지 않고 공법에 따라서 1결당 일률적으로 17두~12두를 정액으로 부과하였기 때문에 그렇게 증액된 것이었다. 그것은 종래의 경우에 비추어볼 때 사실과는 전혀 부합하지 않는 무리한 증수일 뿐이었다. 그러므로 우의정 신개는 "공법을 행하되 영세토록 폐단이 없게 하려면 하등전을 다시 3등급으로 나누어 시행"하기를 주장하고,[81] 사간원은 아예 전품을 9등으로 나누어 시행해야 한다고 거듭 주장해 마지않았다.[82] 그것은 이 당시 공법의 가장 큰 미비점을 명백히 들어 말한 것이었다.

둘째, 이것도 하등전과 보다 깊은 관계가 있지만, 공법이 영농의 실제에서 불가항력으로 일어나는 재손을 거의 무시하고 있었다는 점을 들 수 있다. 비록 재손의 산정에 있어서의 중간 부정을 근절시키기 위한 제도로 마련한 것이 정액세법으로서의 공법이기는 하였지만, 세종 22년(1440)의 수정공법에서조차 진전은 면세한다고 하면서도([라3]) 재상전의 경우 "모든 사람이 다 재상전으로 인정하는 곳"만을 "감사가 계문하고 경차관을 파견하여 실제를 조사한 후 그 재상의 분수대로 감수한다"고 한 것([라4])은 결국 현실적으로는 "손(損)을 실(實)이라고 하여 반드시 수취액을 채우려는 것"으로 나타나기 마련이었다.[83] 그래서 "1호 소경전의 재손이 8분에 이르는 경우"에는 수령이 조사하여 조세를 면제한다든가, 혹은 해

---

81 『세종실록』 권93, 23년 7월 기해 ; 권101, 25년 7월 계해.

82 『세종실록』 권101, 25년 8월 정해.

83 『세종실록』 권100, 25년 5월 경오.

마다 농사의 풍·흉을 몇 등급으로 구분하여 각기 그해의 연분에 따라 적절하게 감세해야 한다는 주장이 누누이 제기되기도 하였다.[84] 이러한 주장은 현실적인 농업생산력 수준과 공법의 기본 취지의 불일치를 말해주는 것으로서, 공법을 길이 시행하기 위해서는 반드시 보완하고 넘어가야 할 성질의 내용이었다. 또한 그것은 당시의 생산력 수준과 수취구조 아래에서 주로 하등전을 소유·경작하고 있는 소농민의 경제적인 자립도가 매우 불안정해서 답험수세제라는 공동체적·임의적 수취의 오랜 관행조차 불식하기가 어려웠다는 실정을 말해준다.

공법의 시행은, 양남(兩南)지역에서는 이미 4년이 지났고 충청도에서는 2년이 지난 세종 25년(1443)에도 위와 같이 본질적으로 미해결된 문제점들을 아직도 안고 있었다. 그것은 사간원의 말대로 "답험손실에 있어서는 잘못이 일을 맡은 사람에게 있었지만, 공법을 시행함에 있어서는 잘못이 국가의 입법(立法)에 있는 것"[85]이기도 하였다. 그뿐만 아니라 "수손급손(隨損給損)은 조종의 성헌(成憲)이니 공법을 혁파하고 답험손실법을 시행함만 같지 못하다"는 공법의 전면 반대 주장도 만만치가 않은 실정이었다.[86] 이제 당시 논의의 일단을 살펴보기로 한다.

> 임금이 말하였다. "내가 명철(明哲)하지 못하여 일의 시비(是非)를 꿰뚫어 볼 수가 없으므로 이와 같이 남의 웃음 살 일을 하게 되었다. 이전에 공법을 의논해 세울 때 (우의정) 신개(申槩)가 사실상 그 일을 주관했는데, 지

84 『세종실록』 권101, 25년 8월 정해.

85 『세종실록』 권101, 25년 8월 정해.

86 『세종실록』 권101, 25년 7월 계해;9월 임술. 특히 영의정 황희(黃喜) 등의 반대 주장이 끈질기게 제시되고 있음을 볼 수 있다.

> 금은 또 말을 바꾸어 (하등전의) 조세를 감면하고자 청하니, 공법의 불편함을 알 수 있겠다. 지금의 수조액을 보면 이전보다도 갑절이나 되니, 백성이 원망하고 한탄함을 또한 알 수 있다. 내가 공법을 시행함으로써 더 많이 거두어 나라를 부유케 하고자 하는 것이 아니다. 다만 답험손실법의 폐단을 염려해서 이 법을 세운 것이다. 그런데도 이렇게 되고 보니, 더 많이 거두어들이려고 한다는 조롱을 면하기 어렵게 되었다. 그러나 법이란 것은 아침저녁으로 고쳤다 변했다 할 수는 없다. 공법을 그대로 시행하면서도 백성에게 편의할 길이 무엇인지를 대신들과 더불어 익히 생각하여 찾아 계문하라." 이에 (조신들이) 첨의(僉議)로 아뢰기를, "하등전의 조세를 감하는 것이 편의합니다"라고 하였다.[87]

아무리 왕정을 실현할 이상적인 전세법을 마련하고자 하는 세종임금으로서도 영농의 현실을 바탕으로 하여 말한다는 다수의 논의를 무시할 수는 없었다. 그래서 세종 25년(1443) 이해에 한해서, 공법을 시행하는 하삼도의 상·중등전에서는 결당 1두씩을, 하등전에서는 4두씩을 각기 감액해서 수취하기로 하였다.[88] 그리고 지금까지 보완해야 할 현안으로 제기된 전품제의 재조정과 연분법의 도입을 본격적으로 논의하기 시작하였다.

이때 우선적으로 제시된 안은 주로 5등 내지 9등의 전품제와 9등의 연분법이었다. 전자는 상·중등전을 그대로 두고 하등전을 다시 상·중·하 3등으로 나누어 도합 5등 전품제를 택하거나,[89] 현재의 3등 도 3등 군현

87 『세종실록』 권101, 25년 7월 계해.

88 『세종실록』 권101, 25년 7월 갑자;25년 10월 기축.

89 『세종실록』 권101, 25년 7월 계해.

제도를 폐지하고 전국의 전품을 통틀어 상상(上上)에서 하하(下下)까지의 9등 전품제로 통일하여 조정해야 했다.[90] 그런데 전품의 새로운 조정은 각 지역 산과 들에 흩어져 있는 전지의 현장에서 이루어져야 하는 만큼 워낙 어려운 일이었을뿐더러, 그러기 위해서는 전국의 전지를 새로 양전하지 않으면 안 되는 어려움이 따랐다. 그리고 후자는 해마다 농사의 풍·흉에 따른 각등전의 손·실이 판이하게 다르므로, 연분을 상상에서 하하까지의 9등으로 나누어 해마다 각 전지의 작황에 상부하는 수세제를 채택하자는 것이었다.[91] 그렇지만 이는 곧 답험손실제의 부분적인 계승을 의미하므로, 역시 단행하기가 어려웠다.

그런데 가장 문제시되고 논란이 많은 것은, 전국 전지의 대다수가 하등전으로 파악되어 있으며, 같은 하등전이라 할지라도 그 비척의 차이가 천차만별인데도 불구하고 수세는 동일하게 하고 있는 현 공법의 불합리한 점이었다. 그래서 하등전을 다시 3등으로 세분하여 상·중등전과 함께 모두 5등의 전품제를 수립한다는 계획을 세웠다. 그리고 이왕 전품을 세분할 바에야 지금까지 상·중·하등전의 실적을 달리 파악해온 결부법(結負法)을 고쳐서 전지의 절대면적을 파악하는 방식으로서 중국이 역대로 사용해온 경묘법(頃畝法)을 채택한다는 계획을 추진하였다. 이는 모두가 세종임금 자신의 계획과 발의로 시작된 안으로서, 대신으로부터 일반 조관에 이르기까지 그 가부를 물어 토의를 거치게 하고, 일부 격렬한 반대 의견이 제시되었음에도 불구하고 임금 자신이 채택한 새로운 공법의

90 『세종실록』 권101, 25년 9월 임술.

91 『세종실록』 권102, 25년 10월 갑진. 이 밖에 연분 3등과 6등의 주장도 있었다. 같은 책 권101, 25년 8월 정해;권102, 25년 10월 신해 참조.

추진안이었다.[92]

그런데 여기서 새로운 경묘법을 채택하게 된 배경은 무엇인가. 실상 종래에 농부의 손가락 마디의 폭이라는 이른바 수지척(手指尺)을 근거 척도로 하고서 양전해온 결부법은, 상·중·하 3등 전지 각기의 1면 길이는 비례적으로 그럴듯하게 책정되었지만, 그것을 평방한 실적의 비례는 객관적 실상에 맞지 않는다는, 산학(算學)을 통한 구체적이고도 새로운 사실이 밝혀졌기 때문이다.

여기서 결부제가 각등 전지의 실적을 비례적으로 균평하게 반영하지 못하고 있다는 사실은 곧 조선 초기 세종 대의 과학기술, 특히 산학의 발전에서 얻은 수확이었던 것으로 이해된다. 그 사실을 깨닫게 된 세종임금은 왕세자가 중신과 산학에 밝은 관인인 이순지(李純之)·김담(金淡) 등을 거느리고 궁궐의 후원(後苑)에 나아가 실제로 양전을 실험해보게 함으로써 그 사실을 확인하기도 하였다.[93] 또한 공법에 찬동하는 다른 중신들과 산학에 밝은 관인들을 동원하여 경기 안산에 나아가 경묘법에 의거한 양전을 시험하도록 한[94] 결과를 두고 세종임금은 다시 말하였다.

> 근일에 (경묘법으로) 고쳐 양전할 때, 만약 이순지·김담 등의 무리가 아니었더라면 어찌 쉽사리 고쳐 양전할 수가 있었겠는가. 이제 산학(算學)을 미리 학습시키고자 하노니, 그 방법이 무엇인지 모두 논의하여 계문하라.[95]

---

92 『세종실록』 권102, 25년 10월 갑진;동 무신;동 11월 계축.

93 『세종실록』 권102, 25년 10월 병오. 자세한 해설은 김태영, 앞의 책, 284쪽 참조.

94 『세종실록』 권102, 25년 11월 갑자.

95 『세종실록』 권102, 25년 11월 무진.

공법전세제의 추진과정에서 밝혀진 산학의 효용을 확인하고서 세종 임금은 더더욱 이를 발전시킬 방도를 강구하는 정도였다. 세종 대 산학이 일정한 발전의 경지에 이르러서야, 인습의 결부제 양전에 내재한 각등 전지의 비례적 실적이 균평치 못하다는 사실을 비로소 발견해내어, 이른바 '고제(古制)'를 따라 경묘법을 채택하고, 다시 수지척이 아닌, 객관적 타당성을 가진 주척(周尺)을 양전의 근거 척도로 활용할 수 있게 된 것이다.

이와 같이 경묘법을 채택하기로 한 후, 다시 이를 5등 전품제 및 9등 연분제의 시안(試案)과 함께 의정부·6조와 양사(兩司)·집현전(集賢殿)에 각기 회부하여 토의를 거친 다음,[96] 세종 25년(1443) 11월에는 경정(更定) 공법의 골격을 수립하게 되었는데, 그 내용을 요약하면 다음과 같다.[97]

[마1] 종래의 수지척을 근거로 한 결부제를 폐지하고 주척을 근거로 하는 경묘제를 채택한다. 즉 "종전에는 상·중·하 3등전의 양전척의 길이를 길고 짧게 함으로써 3등의 전지 각기 한 면의 길이 차이는 비례상 균평하였지만, 그 실적의 차이는 균평하지 못하였다. 이제 각등(各等)의 한전·수전을 한 가지로 고쳐 양전하여 각등 전지의 실적을 동일하게 하고 전품에 따라 조세를 가감함으로써[同積異稅] 고제(古制)를 좇으려 한다. 이미 고제를 좇을 바에야 종전의 수지척에 의거한 결부속파(結負束把)의 제도가 고제와 맞지 않는데도 그대로 답습하는 것은 불편하니, 마땅히 주척을 써서 고쳐 양전하기로 한다. 그러나 1·2년 안에 고쳐 양전하기가

96 『세종실록』 권102, 25년 10월 무신.

97 『세종실록』 권102, 25년 11월 계축.

쉽지 않으므로, 우선 구전안(舊田案)에 따라 먼저 5등 전품으로 나누고 결·부·속·파를 경묘법으로 개작하여 5등의 조세를 거두기로 한다.

[마2] 종전에는 각 도를 3등으로 구분하고 각 군현을 3등으로 구분하며 각 전지의 전품을 3등으로 구분하였는데, 실은 정밀하지 못하였다. 대개 수전은 하삼도가 많이 비옥하고 경기·황해도가 그다음이며 강원·함길·평안도가 또 그다음이다. 한전의 고척(膏瘠)은 8도가 대개 비슷하지만, 한전의 생산은 수전에 미치지 못한다. 이제 수전·한전을 각기 5등 전품으로 구분하여 한전의 제1등을 수전의 제2등에 준하게 하고, 한전 제5등을 수전 제5등의 아래에 두기로 하되, 각 도 각 군현의 전품을 각각 나누어 정할 것이 아니라, 8도의 전지를 통계하여 다만 전품을 보아 등급을 나눈다.

[마3] 해마다 농사의 작황을 상·중·하 3등으로 나누는 현재의 실상을 또다시 각기 3등으로 구분하여 모두 9등이 되게 한다. 단지 3등으로만 구분하면 상·하의 사이에 조세의 경중(輕重)이 현저할 것이요, 만약 9등으로 구분한다면 비록 적중하지 않을지라도 서로 멀리 어긋나지는 않을 것이다. 해마다 늦가을에 각 군현의 수령은 화곡(禾穀)이 결실한 상태를 살펴서 감사에게 연분의 등급을 보고하고, 감사가 다시 검토·조사하여 수전·한전의 연분을 나누어 계문한다. 만약 각 군현의 화곡의 상태가 크게 다를 경우에는 각 군현을 나누어 분등하여 계문한다.

위의 경정공법 절목 가운데 [마1]은 기준이 모호한 수지척이라는 것을 근거로 하여 실로 오랫동안 인습이 이루어진 수확(收穫) 단위이자 수조 단위로서의 결부제도를 지양하여, 이제 객관적으로 명백한 절대면적을 단위로 하는 경묘법을 채택한다는 것이었다. 결부제는 수확량에 따라 결부의 실적을 달리하는 것이었으므로 생산력의 변동에 따라 양전을 다시 실시해야 하는데, 그 양전은 실로 막대한 경비와 노력을 요할 뿐 아니라 그 전품의 조정과 결부의 산출에는 자의성이 개입할 여지가 현저한 편이었다.[98] 결부제는 마치 손실답험제와 마찬가지로 그 운용 실무자의 손에 맡겨져 좌우되는 경향을 결코 불식할 수 없었던 것이다. 이제 경묘법은 전지의 절대면적을 단위로 하는 제도이므로, 그러한 중간 부정을 극복하여 누구에게나 객관적인, 전지의 실적 위주의 양전제를 채택할 수 있었다.

[마2]는 전지의 자연적인 생산력에 따라 상·중등전을 그대로 두고 그 아래의 절대다수인 하등전을 다시 상·중·하의 전품으로 더욱 세분함으로써 지금까지의 공법에 고유한 치명적인 결함을 보완하고자 했다. 더구나 결부제하에서 "전품의 분등은 8도를 통일석으로 헤아리지 아니하고 다만 각 도 단위로 분등"[99]해왔을 뿐만 아니라, 종래의 공법에서조차 3등 도 3등 군현제의 지역적인 애매한 3등 전품제([라1])를 채택해왔으므로, 이제 이를 극복하고 전국을 통일하여 단일 기준에 따르는 5등 전품제를 실시한다는 것이었다. 더구나 지금은 결부제를 지양하고 경묘법을 채택함으로써 전지 파악의 근본적인 개혁을 동반하는 공법의 신기원을 시작하는 만큼, 객관적인 생산력에 상응하는 객관적인 전품제도의 설정은 필수 불가결한 과제였다.

[마3]은 수조에 있어서 해마다 농사 실황을 세분하여 구체적으로 참작한다는 매우 절실한 규정이었다. 더구나 이제 경묘법이 도입되어 전지

98 조선 초기 양전에 있어서의 여러 가지 농간과 폐단에 대해서는 김태영, 앞의 책, 제4장 「과전법체제하의 토지생산력과 양전」 참조.

99 『세종실록』 권106, 26년 11월 무자.

의 절대면적을 단위로 하는 세법이 운용되는 만큼, 연분의 세분은 반드시 필요한 것이었다. 물론 이때의 연분 9등제는 특수한 경우를 제외하고는 한 도 혹은 적어도 각 군현 단위의 연분을 적용함으로써 종래와 같이 "필지마다 조세를 매긴다"[100]라고 하는 답험손실제의 폐단을 극복하고, 정액세법의 원리를 도입하기 위한 것이었다. 그런데 그 연분의 산정이 군현별로 보고된 것을 기초로 작성되며, 다시 군현별 연분의 산정은 필경 중간 실무자의 방만한 처리와 그 농단에 맡겨지기 마련임을 고려하지 않을 수 없다.

7. 경묘법과 5등 전품제의 추이

결부제를 폐기하는 대신 경묘법을 채택하고 이를 바탕으로 전국의 전지를 5등 전품제로 통일하여 파악하며, 다시 상상(上上)에서 하하(下下)에 이르는 9등 연분제를 채택한다는 것을 내용으로 하는 세종 25년(1443) 11월 경정공법(更定貢法)의 골격은 당시까지 가장 큰 논란이 되어온 공법상의 결함을 보완한 것이었으며 앞으로도 길이 시행할 공법의 원칙들을 비로소 갖추게 된 것이었다. 그 가운데 연분 9등제는 그 상세한 절차만 정해지면 즉각적으로 시행할 수 있었다. 그러나 경묘법과 5등 전품제는 새로운 양전과 전품의 분등을 거쳐야만 비로소 시행할 수 있었는데, 양

100 가령 뒷날에 가서 세조가 답험손실제의 폐단을 다음과 같이 회상하고 있음을 참고할 것이다. "전에는 필지마다 조세를 매겼기 때문에 하나의 들[野] 안에서도 분주히 뛰어다니면서 뇌물을 바친 자는 조세가 감면되고, 능히 뇌물을 주지 못하는 자는 면하지 못하였다. 이미 그러한 폐단이 명백하였으므로, 뒤에 공법(貢法)을 세워서 한 도(道)와 한 군현을 단위로 하여 조세를 매기도록 하였다"(『세조실록』 권8, 3년 8월 갑오).

자는 각기 조선 초기에 와서 처음 시도되는 것인 만큼 많은 어려운 과정을 내포하고 있었다. 그 가운데서도 경묘법은 우리나라에서 최초로 전지의 절대면적 파악을 바탕으로 하고서 그 실적 위주의 조세 수취 단위를 새로 설정하는 제도였으므로 그것을 실시하기 위해서는 많은 준비가 필요하였다. 그래서 세종 25년(1443) 11월 경정공법이 마련된 직후, 진양대군(晉陽大君; 뒷날의 世祖)을 도제조(都提調)로, 공법에 적극적인 하연(河演)·박종우(朴從愚)·정인지(鄭麟趾) 등 중신을 제조(提調)로 하는 전제상정소(田制詳定所)를 설치했다.[101] 그다음 날에는 하연·정인지 등의 제조와 산학에 능한 판서운관사(判書雲觀事) 이순지(李純之) 및 주부(注簿) 박윤창(朴允昌)·김담(金淡) 등이 경기 안산(安山)에 나가 경묘법을 따르는 양전을 시험케 하였다. 이때 양전사목(量田事目)의 핵심은, "주척 4방 5척을 평방한 면적인 25평방척(平方尺)을 1보(步)로 하고, 240보를 1묘(畝), 100묘를 1경(頃), 5경을 1자정(字丁)으로 한다"는 내용이었다.[102]

한편 세종 25년(1443)의 경정공법이 규정한바 종래의 상·중·하 3등의 전품제를 5등의 전품제로 고친다는 내용도 그 시행에 있어서는 구체적인 세칙이 필요하였다. 그래서 5등 전품제를 확정한 다음 날에는 미리 불러올린 하삼도 관찰사들을 임금이 직접 상대하여 전품의 분등과 양전의 방식을 직접 타일러 가르치고,[103] 다시 그 이틀 뒤에는 전품을 분등할 경차관 20인을 하삼도로 나누어 파견하였다.[104] 5등 전품제의 채택을 확정한 지 3일 미만에 이미 수정공법을 시행하고 있는 지역에 대하여

101 『세종실록』 권102, 25년 11월 갑자.

102 『세종실록』 권102, 25년 11월 을축.

103 『세종실록』 권102, 25년 11월 갑인.

104 『세종실록』 권102, 25년 11월 병진.

이와 같은 신속한 조처가 취해지고 있는 사실로 미루어 보면, 경묘법과 5등 전품제의 채택은 실로 오랫동안의 숙의 끝에 이루어졌다는 것을 짐작게 한다. 이때 마련한 하삼도의 전품 분등 사목, 즉 '분전품사목(分田品事目)'의 핵심은 다음과 같다.[105]

[바1] 하삼도의 수전은 비옥한 것이 많고 척박한 것이 적으며, 경기·황해도의 수전은 비옥하고 척박함이 서로 절반씩이요, 강원·함길·평안도 수전은 척박한 것이 더 많다. 일찍이 하삼도의 한전과 수전은 수재(水災) 한해(旱害)를 막론하고 화곡이 무성한 것으로써 상·중등전을 삼아왔다. 지금은 연분을 9등으로 나누고 연분과 재상에 따라 수세하게 되는 것이니, 이전의 상등 수한전(水旱田)을 제1등전으로 삼고, 중등 수·한전을 제2등전으로 삼을 것이요, 그중에서 상등·중등의 분등이 적중치 못하였던 것은 혹은 1등으로 올리고 혹은 2등으로 내린다.

[바2-1] 종전의 하등 수전 가운데에서 비록 수원(水源)이 없다 하더라도 지품(地品)이 비옥한 것은 제1·제2·제3등전으로 적의하게 개정한다.

[바2-2] 또 지세가 비록 높다고 하더라도 모래와 흙이 절반씩이어서 물을 끌어다 관개(灌漑)하면 화곡이 풍성하게 되는 것은 역시 적절히 헤아려 제2·3등전으로 정하고, 그다음 가는 것은 제4등전으로 한다.

[바2-3] 그 가운데에서 척박한 사석지(沙石地)로서 강원·함길·평안도의 최하등 수전과 다름없는 것은 제5등전으로 한다.

[바2-4] 천방(川防)을 하여 관개할 수 있는 경우는 제5등전으로 낮추지 못한다.

---

105 『세종실록』 권102, 25년 11월 병진.

[바3] 산전(山田)은 비록 산요(山腰)·산하전(山下田)이라 하더라도 흙이 깊어 화곡이 무성한 경우는 역시 적의하게 헤아려 분등한다.

위의 '분전품사목'에서 이전의 상등전은 모두 새로운 제1등전으로, 이전의 중등전은 모두 제2등전으로, 그리고 이전의 "상등·중등의 분등이 적중치 못하였던" 전지는 제1등 혹은 제2등으로 파악되어, 전체적으로는 이전보다도 제1·2등전의 비율이 커졌다.

새로운 5등 전품제에서 가장 변동이 크게 일어나는 것은 종래의 하등수전(下等水田)의 경우를 규정한 [바2]의 여러 항목이었다. 그 내용을 다시 [바1]의 총괄적인 규정과 대비해보면 다음과 같은 전품의 변동이 일어날 것으로 짐작된다. 즉 하삼도에는 1·2·3등전이 많게 되고 4·5등전은 적을 것이며, 경기·황해도에는 1·2·3등전과 4·5등전이 절반씩 될 것이요, 강원·함길·평안도는 1·2등전은 드물고 3·4·5등전이 더 많아질 것이 확실했다. 그것은 앞으로 9등의 연분과 재상을 참작하여 전세를 수취한다는 전제 아래 그와 같이 변동시키기로 조처한 것이었다. 그러나 그와 같은 전품의 변동은, 상·중등전이 극히 희소하고 전국의 대부분이 하등전으로 파악되어 있던 종래의 객관적 사실에 비하면, 전반적으로 1·2·3등전의 비중을 크게 높이는 결과를 초래하기 마련이었다.

위의 '분전품사목'에 따라 전국의 전지가 새로운 5등의 전품으로 분등될 때 특히 큰 문제를 남길 것으로 예상되는 점은, 이전에는 상등전이 극히 미미하였으므로 전혀 문제시된 적이 없었음에 비해, 장차 제1·2등전으로 분등되는 전지의 비율이 심각한 정도로 과다하게 책정될 것이라는 사실이다.

그런데 이 '분전품사목'은 장차 전국의 전품을 통일적으로 분등할 새로운 준칙으로 설정한 것이었다. 이미 세종 25년(1443) 11월에 하삼도로 경차관 20명을 파견하면서 이 사목(事目)에 따라 전품을 등제하도록 명하였으며, 전제상정소 제조 정인지를 도순찰사(都巡察使)로 삼아 하삼도의 전품 등제를 총괄적으로 책임지고 수행하도록 하였다.[106] 그리고 경차관 20명을 경기지역에 나누어 보내 전품을 분등케 하였으며, 역시 전제상정소 제조 하연(河演)을 이 지역에 파견하여 그 일을 총찰토록 하였다.[107]

그러나 이미 예상된 바와 같이 새로운 전품 분등에 대한 반대 여론도 거세게 일어나고 있었다. 가령, 하삼도의 경우는 공법을 이미 시행하고 있으므로 새로운 전품 분등을 실시함이 마땅하지만, 경기지역의 경우는 심한 흉년이 들었으므로 급하지 않은 전품 분등은 불가한 일이라고도 하였다.[108] 또 가령 사신의 평가로도, 전제상정소 제조인 "하연·정인지 등이 국정을 담당한 대신으로서 풍년·흉년을 헤아리지도 않고 급하지 않은 일을 강행함으로써 임금의 뜻을 앞질러 찬성하니, 백성이 많이 원망하고 탄식하며 식자들이 비웃는다"고 하였다.[109]

그뿐 아니라 하삼도에 파견된 경차관들에 의해서 전품의 분등이 너무 고중(高重)하게 실시되었기 때문에, "중외(中外)가 떠들썩하다"는 실정이었다.[110] 이에 대하여 세종임금 자신은 "원래 하등전이던 것이 이제 올라가 1·2등전으로 되는 경우가 비록 많을 것이지만, 원래 하등전이던 것이 내려와 4·5등전으로 되는 것도 역시 많을 것이다. 1·2등전으로 올라간 경

106 『세종실록』 권102, 25년 12월 을사.

107 『세종실록』 권102, 25년 12월 병신;같은 책 권103, 26년 정월 신유.

108 『세종실록』 권102, 25년 12월 정유.

109 『세종실록』 권102, 25년 12월 정유.

110 『세종실록』 권103, 26년 정월 경신.

우는 연분 9등을 고려하지 않았기 때문에 백성이 원망한다"고 해석했다.[111] 그러나 워낙 이번의 전품사목(田品事目)은 [바2]의 여러 항목에 나타난 대로 하등전이 많이 1·2·3등전으로 책정될 것을 예상하고서 규정한 것이었다. "중·외가 떠들썩"하게 되어있었다.

그런데 세종 26년(1444)은 혹심한 한발을 맞게 된 대흉년이었다. 혹심한 흉황을 배경으로 새로운 전품 분등에 대한 반대 의견이 점점 더 거세졌다. 그 가운데에는 공법을 전면 혁파하고 다시 수손급손법으로 되돌아가야 한다는 주장이 조관 사이에서도 일어났다.[112]

세종 26년(1444) 6월 전제상정소에서는 경묘법, 5등 전품제, 9등 연분제에 관한 그동안의 여러 견해를 종합하여 국왕에게 계문하고, 국왕은 그것을 의정부·육조에 회부하여 토의케 하였다. 이에 전제상정소가 종합한 의견의 요지는 다음과 같이 [사] 편과 [아] 편으로 대별하여 살필 수 있다.[113]

[사1] 경묘법이 비록 고제라고는 하지만 백성에게는 큰 이해가 없고, 듣고 보기에 놀라운 것이다. 또 전분 5등, 연분 9등은 총계 54항이나 되는 복잡한 제도이므로 그것을 인연하여 간리(奸吏)의 농간이 일어날 것이며, 역군을 내고 부세를 바침에도 번거로움이 많을 것이다. 구례대로 결부법을 행하되 전지의 실적의 광협(廣狹)을 헤아리고 자세한 규정을 정하여 동과수조할 것이요, 연분만을 각각 달리하도록 한다면 간편하여 시행하기 쉬울 것이다.

111 『세종실록』 권103, 26년 정월 경신.

112 『세종실록』 권104, 26년 5월 정사.

113 『세종실록』 권104, 26년 6월 갑신.

[아1] 상·중·하 3등의 전척(田尺)을 달리하여 양전함으로써 결·부를 파악하고 동과수조한 것은 전지의 실적의 다과를 알지 못하고 시행해온 것이니, 전혀 한결같지 아니하다. 지금은 전제를 크게 바로잡아서 영세(永世)토록 전해가려 하면서도 어찌 근거 없는 법을 그대로 준행할 것인가. 또 경묘법이 한번 정해지면 지품의 고하를 바꾸려 하더라도 다만 조세의 수를 개정하면 되는 터이요, 양전의 수는 그대로인 것이다. 결부법은 지품에 따라서 결부의 수를 개정해야 하는데 그 개정에 있어서는 자정이 모두 흐트러지니, 번거롭기가 이를 데 없다. 이제 경묘법이 비록 번거롭다고 하나 개별 농민이 알고 있어야 하는 것은 200여 글자일 뿐이므로 삼척동자라도 다 알 수 있으며, 200여 자도 다 필요 없으니 다만 "내 전지는 어떤 연분에는 몇 두를 바치면 된다"는 것인즉 불과 수십 글자의 말일 따름이다. 간리(奸吏)의 농간은 농민이 반드시 알 수 있을 것이니, 이미 공법을 시행하고 있되 극히 간편한 하삼도의 경우로 보아 그러하다. 부역·역군의 일은 이미 정해진 조세의 수(數)에 따라 시행하면 무슨 어려움이 있겠는가.

[사2] 그 설이 그럴듯하지만, 그러나 법에 크게 이해가 없으면 시속(時俗)을 따르는 것이 옳다. 하필 일일이 중국의 옛 법을 행하고자 하는가.

[아2] 이는 막대한 일인데도 구례를 따라 근거 없는 전척을 사용해서야 될 것인가. 옛 성인의 법을 따르는 것만큼 올바른 길은 없다. 사람들이 항상 말하기를, 종래 상·중등전의 전품의 차이는 크지 않고 중·하등전의 전품의 차이는 크다고 하였지만, 지금 3등전 각기에서 바치는 조세의 수를 살펴보면 상·중등전의 차이는 크고 중·하등전의 차이는 적다. 종래 3등 전척의 준거가 될 수 없음이 이와 같은 것이다.

[사3] 만약 이전의 하등전의 결수(結數)가 근거가 없는 것이어서 기준으로 삼을 수가 없다면, 이제 마땅히 경(頃)으로써 준거로 삼아 제6등전의 결수로 정하되, 그 결부속파(結負束把)의 이름을 이전대로 하고 각등 전지의 결부수를 차등 지어 규정한다면 경묘법을 쓰지 않아도 될 것이다.

이상의 여러 가지 견해를 토대로 하여 세종임금은 다시 의정부와 육조에 대하여 어떠한 안이 가장 좋은 것인가를 의논해서 계문하라고 명하였다. 이에 제시된 주요한 논의를 들어보면 다음과 같다.[114]

[자1] 한성부윤 윤경(尹烱): 5등의 전지는 각각 100묘로 경(頃)을 삼을 것이요, 오직 산전만은 옛 법대로 시행함이 편리하다.

[자2] 지중추원사 정인지(鄭麟趾): 마땅히 성인의 법제를 좇아 경묘법을 쓸 것이요, 수전과 한전은 차등을 두어 수세함이 옳다.

[자3] 좌찬성 하연(河演): 경묘법은 고치지 말 것이요, 5등전의 경우는 100묘로 경(頃)을 삼되 그 사이의 각등전은 묘수(畝數)를 조금씩 더하여 바로 이웃 등전에 붙여 전체로서는 3과(科)라든가 2과로 수세함이 옳다. 또 9등의 연분은 1·2년을 시행해본 뒤에 다시 논의함이 좋다.

[자4] 공조참판 이견기(李堅基): 전날에 이미 분등한 전품에 1등이 너무 많으니 옳지 못한 듯하다. 바로잡고자 한다면 가을에 가서 화곡의 상태를 다시 살펴보아 3·4년 이상 손실된 다과를 고찰하여 거기 알맞은 전품을 정할 것이며, 주척을 써서 결부를 표준 잡아 정할 것이며, 이미 시행하고 있는 공법(즉 수정공법)에 따라 차등을 두어 조세를 거둠이 옳다.

114 『세종실록』 권104, 26년 6월 갑신.

[자5] 좌참찬 권제(權踶): [사1]의 견해대로 결부제를 그대로 써서 지품의 비옥하고 척박함에 따라 전지의 광협(廣狹)을 정하고 연분의 상하를 따라 동과수조함이 옳다. 다만 이미 분등한 전품에는 1등이 너무 많으니 아마도 백성에게 해가 될 것이다.

[자6] 병조참판 신인손(辛引孫)·예조참판 정분(鄭苯)·이조참판 민신(閔伸): 주척을 써서 양전을 고쳐서 하되 전품은 그대로 5등으로 구분하여 결부의 수를 정하고 동과수조함이 좋다.

[자7] 형조판서 안숭선(安崇善)·호조참판 조혜(趙惠): 주척을 써서 개량하고 결부수를 산정하여 동과수조(同科收租)하되, 먼저 1·2의 큰 군현을 정밀히 고쳐 양전하여 현행의 공법(수정공법)을 시험해보아 백성의 편의 여부를 알아본다.

[자8] 호조판서 박종우(朴從愚)·좌찬성 황보인(皇甫仁)·공조판서 최부(崔府)·병조판서 정연(鄭淵)·이조판서 박안신(朴安臣)·예조판서 김종서(金宗瑞)·우참찬 이숙치(李叔畤): 주척을 써서 5등의 전품의 결부를 산정하여 동과수조함이 좋다. 또 이전의 양전은 정밀하지 못하여 이미 분등한 전품은 1등이 너무 많다. 이제 마땅히 결부법으로 고쳐 양전하되, 전품의 분등을 겸행해야 할 것이다. 또 9등의 연분은 너무 번거로우니 마땅히 주례(周禮)를 따라 연분의 상하(上下) 제도에 다소 손익을 가해야 할 것이다.

[자9] 우의정 신개(申槩): 사료 [사1]의 견해대로, 이미 공법을 시행하고 있는 하삼도에도 다시 전품을 분등하고 전지의 모양이 둥글거나 곧은 형태에 따라 양전척(量田尺)을 넓힐 것은 넓히고 줄일 것은 줄여서 조세의 경중(輕重)을 다시 상세하게 규정할 것이다. 또 모든 일에 등급이 현저하게 다르면 비록 크게 간활한 자라도 그 간계(奸計)를 쓰기가 어려운데, 지금의 연분 9등은 너무 자세하여 등급이 서로 가까우므로, 여기에

농간이 일어날 수 있으니 모름지기 다시 의논해야 할 것이다.

[자10] 영의정 황희(黃喜): 경묘법은 한갓 보고 듣기에 놀라울 뿐이요, 9등 연분은 절목이 또한 번거롭다. 마땅히 결부제에 의거해서 한결같이 이미 시행하고 있는 공법(수정공법)대로 할 것이요, 그 미진한 곳은 다시 상정할 일이다.

이상의 논의를 살펴보면, 의정부·육조의 당상관으로서 경묘법의 채택을 찬성하는 자는 극소수인 2·3인일 따름이요, 절대다수가 종래의 결부제를 그대로 시행하자는 주장이었다. 지금까지 공법의 시행을 적극적으로 주장해온 중신으로는 우의정 신개, 좌찬성 하연, 지중추원사 정인지 3인이 고작이었는데, 이 '경정공법'의 경묘법에 대해서는 신개마저도 찬성하지 않는 입장이었다.

그런데 여기서 경묘법을 반대하고 결부제를 지지하는 주장도, 이제는 근거 없는 수지척을 지양하고 주척에 근거를 두는 새로운 양전을 통해서 결부제를 확립하고 그에 의거하는 동과수조제의 공법을 시행하자는 주장이 압도적이었다. 또한 5등의 전품등제에 있어서 1등전이 과다하다는 사실이 많은 논란이 되고 있었다. 결국 경묘법은 어디까지나 세종임금 자신이 주도하였고 거기에 정인지 등 극소수의 중신이 찬동하여 임시로 채택한 것에 지나지 않았다. 그런데 의정부·6조 회의에서의 논란이 위와 같으므로, 국왕 자신도 이제 경묘법의 채택을 더 이상 강행할 수 없었다. 그래서 그는 박종우·하연·황보인·이숙치·정인지·윤형 등의 중신을 불러 다음과 같이 일렀다.[115]

---

115 『세종실록』 권104, 26년 6월 갑신.

지금의 전품을 5등으로 해보니 백성은 1·2등전이 너무 많다 하여 원망하고 한탄하며, 또 근일 대신들이 논의를 모아 말하기를, 지금 전품의 상정(詳定)에는 1·2등이 옛날에 비하여 많다고 한다. 내가 생각건대, 새로운 공법(경정공법)은 실시할 수가 없는 것이요 구공법(舊貢法, 즉 수정공법)이 편의할 듯하다. 그러나 구공법 또한 민폐가 있는 터이니 어떻게 하면 전법(田法)이 적의(適宜)하여 백성의 원망을 일으키지 않겠는가.

이에 대하여 위의 여러 중신은 신공법은 시행할 수 있지만, 전품의 1·2등이 옛날에 비해서 너무 많고, 경묘법이 듣고 보기에 놀라울 따름이라고 계문하였다. 그래서 국왕 세종의 의사를 따라 중신들이 논의로 기꺼이 찬동한 '경정공법(更定貢法)'의 절충안은 다음과 같은 내용으로 확정되었다.[116]

[자11] 경묘보법(頃畝步法)을 고쳐서 이전대로 결부속파(結負束把) 제도를 쓴다.

[자12] 5등의 전품 가운데서 제1·2등전을 추이(推移)하여 6등 전품제로 한다.

[자13] 6등의 전지는 모두 주척을 근거 척도로 써서 양전하여 전지의 결적(結積)에 광협(廣狹)의 차등을 두고, 동과수조한다.

이로써 경묘법을 포함한 '경정공법'은 세종 25년(1443) 10월에 발의되어 8개월의 논란을 거친 후 이듬해 6월에는 경묘법을 폐기하여 이전의

116 『세종실록』 권104, 26년 6월 갑신.

결부법으로 환원하면서 새로운 공법의 골격을 탄생시키기에 이르렀다.

여기서 경묘법은 시종일관 세종임금 자신이 주도한 것이었으며, 정인지 등 소수의 중신이 그것을 지지·찬성하기는 하였으나 맨 마지막에 가서는 그들 또한 첨의(僉議)를 따르는 경우가 많았다. 그러면 세종임금이 그렇게 열망하면서 강행하고자 하였음에도 불구하고 경묘법을 끝내 폐기할 수밖에 없었던 배경은 어디에 있는가. 그것을 폐기할 수밖에 없는 이유로 표면상 거론된 것은 한결같이 "듣고 보기에 놀랍다", 즉 관습에 익숙지 않아 듣고 보기에 놀라운 해괴한 법이라는 것이었다. 그것은 백성에게만 놀라운 법일 뿐 아니라 관인들 자신의 행정 처리에 있어서도 우선 번잡한 일이었다. 아마도 이것이 경묘법을 폐기할 수밖에 없는 가장 큰 이유였던 것 같다.

그러나 여기서 우리는 경묘법의 채택을 적극적으로 반대하고 나선 조신(朝臣)들의 입장을 다시 추찰해볼 필요가 있다. 당시의 조신들이라면 과전 같은 수조지로서의 사전을 절수받았음은 물론이요, 개인적으로도 과전법 실시 이래 점차 소유권이 안정되어가는 사유지로서의 민전을 적지 않게 소유하고 있었음이 틀림없다. 또 그들이 그러한 민전의 소유 규모를 점차 확대시켜 가는 추세에 있었던 사실도 충분히 짐작이 간다. 그들의 사전이나 민전이 결부제에 따른 토지 단위로 지배 혹은 소유되고 있었던 것임은 말할 필요가 없다.

그런데 여기서 경묘법이 채택되고 그에 따라 양전이 행해지는 경우 첫째, 종래 결부법에서의 동과수조가 소멸하고 경묘법에서의 동적이세가 채택됨으로 말미암아 그들이 절수한 사전의 수조에 과소·과다의 대혼란이 일어날 것이 충분히 예상되는 일이었다.

둘째, 그보다도 더 큰 혼란이 예상되는 것은 그들의 민전 소유지에서의 일이었다. 종래 결부 단위로 소유되어 온 그들의 민전에 경묘법이 실시될 경우, 그들의 소유 단위가 파탄되어 새로운 경(頃)·묘(畝)·보(步) 단위로 이행해가야 함은 물론이요, 그 과정에서 그들의 소유지가 표면상으로 노출될 것도 명백한 일이었다. 과전법 실시 이후 그나마 안정되고 있는, 그리고 점차로 확대되고 있는 그들의 민전 소유지가 이제 다시 경묘법의 실시에 따라 그 소유 단위의 변동을 겪게 된다는 것도 지주관인(地主官人)들이 원치 않는 귀찮은 일이거니와, 그들의 소유 규모가 노출된다는 것도 그들이 원치 않는 일이었다. 아직도 과전법상 병작반수의 금령(禁令)이 유효하기도 하거니와, 전지의 과다한 소유자는 무전인(無田人)에게 소경전을 균급해야 한다는 과전법상의 토지점유 원칙도 가끔 거론되는 유효한 원칙이었기 때문이다. 공법제도의 논의 가운데서도 그 같은 견해가 제시되었던 것이다.[117]

셋째, 위에 제시한바 경묘법 반대의 여러 입장을 살펴보면, 그것이 5등전품제에 있어서 1·2등전이 과다하게 책정되었다는 논의와 함께 주장된 것임을 알 수 있다. 기실 공법의 발의 초두 정액세법의 타당성 여부를 논의할 적에 구체적으로 드러난 것은, 부강한 자가 비옥한 전지, 빈약자가 척박한 전지의 소유자라고 하는 사실이었다. 여기서 경묘법을 반대한 자들은 물론 부강한 자에 속하는 관인지주들이었다. 그런데 그 관인지

117 "오늘날 당면한 문제는 농작물의 손실(損實)에 대한 위관들의 불공평한 심사만이 아닙니다. 그 집의 식구를 참작하여 농경지의 다과(多寡)를 정하고, 권력 있고 부강한 자가 밭두둑을 연접해서 많은 전지를 강점하는 폐단을 없애 외롭고 약한 소농민에게 생활을 영위할 산업을 얻게 한 후에, 손실법(損實法)을 거듭 밝혀 불평의 탄식 소리가 없게 한다면 실로 국가의 무궁한 이익이 아닐까 합니다"(『세종실록』 권103, 26년 정월 정축).;"원컨대 권과(勸課)하는 법을 거듭 밝히시어 원전(元田) 결부의 수량에서 몇 결 이상을 묵힌 자는 속(贖)을 거두지 말고 곤장을 쳐서 통징(痛懲)하도록 하고, 또 전토를 많이 차지한 자를 조사하여 전토가 없는 사람에게 골고루 나누어 주도록 함이 옳을 듯합니다"(『세종실록』 권49, 12년 8월 무인). 이 방면에 관한 연구로는 김태영, 1989, 「朝鮮前期의 均田·限田論」, 『國史館論叢』 제5집 참조.

주들이 1·2등전이 과다하게 책정되었다고 논란을 일으키면서 경묘법의 시행을 적극적으로 반대하고 나섰다는 것은 새로운 전품제에 따라 그들의 전지가 많이 1·2등전으로 책정되고, 경묘법에 따라 그 조세 수취 단위가 이제는 고정된 지적(地積)으로 항구화한다면 그들의 부담이 상대적으로 강화된 것으로 고정될 수밖에 없음을 의미한다. 지주관인들의 경묘법 반대는 여기서 연유하였을 것으로 보인다. 즉 경묘법은 이상과 같은 배경으로 지주관인들의 연합적인 반대세력 앞에서 마침내 폐기되지 않을 수 없었던 것이다.

이제 6등 전분제(田分制)는 어떻게 채택되기에 이르렀는가. "5등의 전품 가운데서 제1·2등전을 추이하여 6등 전품제로 한다"는 규정은 제1·2등전을 제1·2·3등전으로 적절하게 안배하고, 제3·4·5등전을 제4·5·6등전으로 추이한다는 내용이다.

앞에서 살펴본 바와 같이 경기와 하삼도에 5등의 전품 분등을 시험해본 결과 1·2등전이 지나치게 많다는 물의가 관민 사이에서 비등해졌다. 사실인즉 세종 25년(1443)부터 '분전품사목'에 따라 새로이 5등 전품을 분등하기 시작한 경기와 하삼도에서는 실제로 경차관들이 제조의 속마음에 영합하기 위해서 종래의 중·하등전을 많이 1·2등전으로 높여 등제하였는데, 1·2등을 많이 책정한 자는 근무 성적의 전최(殿最)에서 우위에 오르고, 그렇지 않은 자는 파출(罷黜)되기에 이르자, 조정의 여론이 흉흉해졌다는 것이다.[118] 그러나 종전의 결부제 아래서 상·중등전이 극히 희소하였던 사실에 비추어, 그리고 관인층의 거센 반발 앞에서는 경묘법조차 철회할 수밖에 없는 당시의 사정에 비추어 그

118 『세종실록』 권105, 26년 윤7월 경자.

것은 결코 간단히 지나칠 문제가 아니었다. 그러한 이유로 "제1·2등전을 추이하여" 1·2·3등전으로 배정할 수밖에 없었으며, 따라서 3·4·5등전을 4·5·6등전으로 다시 추이할 수밖에 없었던 것이다. 이 경우 수전·한전의 전분에 차등을 두지 않았다는 사실도 주의를 요한다. 즉 '경정공법'에서 규정한바 한전의 각 전등(田等)을 수전의 그것에 각기 1등씩 낮추어 적용하기로 하였던 규정이 바뀌어, 이제 여기서는 수전·한전을 모두 각기 6등의 전품제로 한다고 규정하게 되었다.

한편 양전의 근거 척도로서 주척을 채용하게 되었다는 사실도 주의를 요하는 것으로, 한국 중세의 결부제 운용에 있어서 하나의 획기적인 의미를 갖는 일이었다. 즉 전통적인 결부제의 단위 양전척이 거의 아무런 준거도 갖지 못한 '농부의 손가락'을 근거로 하고 있었음에 비하여, 이제 이것은 객관적 근거를 가진 주척이라는 하나의 보편적인 근거 척도를 기초로 하고서 운용하게 되었다. 그뿐 아니라 전통적인 결부제에서는 양전척의 장단(長短)에 따라 전지의 한 면의 길이는 비례상 균평하였지만, 그 실제 면적은 비례적으로 균평치 못했음에 비하여, 이제는 그 실적의 광협을 계산하여 결부수를 파악하기로 하였다는 사실이 주목된다. 그것은 조선 초기 과학기술의 일정한 발전을 토대로 하고서, 경묘법의 채택을 논의하는 과정에서 새로이 얻은 사실 인식이었다고 생각된다. 그것을 계기로 결부제는 이제 비로소 각등 전지의 실적의 광협(廣狹)에 따른 객관적인 타당성을 갖출 수 있었다. 그것은 결부제가 운용된 지 실로 수백 년 만인 세종 대에 와서야 성취될 수 있었던 비교적 객관적인 타당성이라고 해석된다.

8. 공법전세제의 정립

세종 26년(1444) 6월에 확정된 새로운 공법을 위한 세 가지 원칙([자11]~[자13])은 모두 구체적인 토지생산력에 바탕을 두고서 전지의 실적과 농사의 풍흉을 헤아려서 실현해야 하는 새로운 것이었다. 세 원칙은 모두 동시적으로 실현되는 것을 전제한 위에라야 새로운 공법이 운용될 수 있는, 서로 깊이 연관된 것들이었다. 그래서 전제상정소는 우선 다음과 같이 토지생산력을 기준으로 하는 6등전의 결부제를 확립한다는 안을 작성하여 국왕의 윤허를 얻었다.[119]

가령 이전의 하등전 1결의 전지 면적이 제1등 전품인 경우와 제6등 전품인 경우, 각기의 상상년(上上年)에서와 하하년(下下年)에서의 소출이 각각 얼마씩인지를 사정(査定)해서 6등 전지 각기의 결부 실적을 새로이 규정한다는 방법을 세우게 되었다. 이 방법은 앞에서 말한 새로운 결부제의 원칙을 실현하기 위한 기본 전제의 수립에 해당하는 것이었다. 그런데 위의 방법을 실현하기 위해서는 무엇보다도 우선 당시의 토지생산력을 정확하게 파악하는 것이 필수 불가결한 요건이었다. 그러기 위해서 전제상정소는 국왕의 윤허 아래 다시 다음과 같은 절차를 밟기로 결정하였다.

> 각 도(道)의 수전·한전의 소출(所出)의 다소를 자세히 알 수가 없으니, 공법에서의 수세액을 규정하기가 어렵다. 종래의 하등전 1결의 실적(實積)을 기준으로 할 때, 상상(上上)의 수전에서는 몇 두(斗)를 파종하고 한전에

119 『세종실록』 권104, 26년 6월 신축.

서는 무슨 곡종(穀種) 몇 두를 파종하며, 상상의 연분에는 수전은 몇 석(石), 한전은 몇 석을 수확하며, 하하 연분에는 수전은 몇 석, 한전은 몇 석을 수확하는지, 하하(下下)의 수전에서는 몇 두를 파종하고 한전에서는 무슨 곡종 몇 두를 파종하여 상상 연분에는 수·한전 각기의 수확이 얼마이며 하하 연분에는 수·한전 각기의 수확이 얼마인지를 각 군현의 이치를 알 만한 품관(品官) 및 노농(老農)에게 자세히 물어보고, 또 각 군현의 관둔전(官屯田)에 대해서도 과거 5년간의 파종 및 수확의 다소를 위와 같이 조사하여 보고토록 한다.[120]

어느 일정한 지적(地積)이 제1등전일 경우와 제6등전일 경우에 각기 상상년과 하하년 연분에서 토지생산력의 정확한 숫자를 파악하여 그 생산력에 비례하는 6등의 전적을 비례적으로 배분함으로써 새로운 결부제를 수립한다는 원칙을 실현하기 위한 기초 작업에 대한 내용이었다. 그런데 이와 같은 작업은 결코 순조롭게 진행될 수 없었다. 새로운 결부제의 수립을 추진하던 세종 26년(1444)을 전후한 당시에는 북방에 대한 사민(徙民) 정책과 남북의 연변 각지에서의 축성(築城) 사업이 동시에 진행 중이었다.[121] 그뿐만 아니라 세종 25·26년은 지난해에 이은 계속되는 한발로 흉황이 심하여, 그동안 경기와 하삼도에서 실시해오던 전품 분등마저 중지할 수밖에 없는 형편이었다.[122] 그래서 세종임금도 "금년은 가

120 『세종실록』 권102, 26년 7월 신해.

121 『세종실록』 권105, 26년 윤7월 경자 및 같은 책 권112, 28년 5월 경오. 북변으로의 사민(徙民) 및 연변 각지의 축성사업은 공법의 수립과 함께 세종 일대의 대대적인 사업으로 추진되었다.

122 가뭄으로 인하여 제도(諸道)의 전품등제(田品等第)를 정지하였다(『세종실록』 권105, 26년 7월 임술).

물고 흉년이 들어 신공법을 두루 시행할 수가 없으니, 우선 1·2군현에만 시행하기로 한다"고 결정하지 않을 수 없었다.[123]

이해 윤7월에 세종은 안질을 치료하기 위하여 청주(淸州)의 초수(椒水)로 내려가 있었는데, 새로운 공법의 확정을 추진하기 위해서 김종서(金宗瑞)·이숙치(李叔畤)·정인지(鄭麟趾) 등의 중신을 불러 우선 하삼도 1·2군현에서 신공법의 시험을 당부하는 한편, 세자에게 이들과 전품의 개정을 논의하게 하였다.[124]

한편 당시의 행재소(行在所)에서 가까운 충청도 청안현(淸安縣; 지금의 괴산군 청안면)을 택하여 여기에다 새로운 공법의 표본적 시험을 해보기로 하고, 경차관을 파견하여 그곳의 전품을 새로운 6등제로 분등케 하는 한편, 다시 김종서·이숙치·정인지 등을 파견하여 그곳의 토지생산력을 관찰토록 하였다. 그리고 다시 세자가 이들 대신과 새로운 공법에 있어서 수세의 다과를 검토하게 하였다.[125]

그런 과정을 통해서 세종 26년(1444) 윤7월에서 8월 초에 이르기까지 청안현에서의 심사 결정을 토대로 토지생산력과 전품 분등에 있어서 신공법의 기준을 정하게 되었다. 세종임금은, "지금 청안현에서 정한 전품은 여타 모든 군현의 준칙(準則)이 된다. 행재소에서 가장 가까운데다 3대신이 친히 심사하여 이미 정하였으니, 반드시 지나치거나 모자라는 잘못은 없을 것이다"라고 확신해 마지않았다.[126] 그리고 이 기준을 다시 하삼도의 몇 개 군현에 확대 적용키로 하였다. 즉 충청도의 비인(庇仁), 경상도

123 『세종실록』 권105, 26년 7월 임술.

124 『세종실록』 권105, 26년 윤7월 임진.

125 『세종실록』 권105, 26년 윤7월 병오 및 8월 무오.

126 『세종실록』 권105, 26년 8월 경오.

의 함안(咸安)·고령(高靈), 전라도의 광양(光陽)·고산(高山) 등 각 군현에 대해서 도순찰사 정인지가 청안에서의 그것을 표준 삼아, 새로운 공법의 원칙과 기준에 따른 전품의 분등을 계속하도록 하였다.[127]

그러는 한편, 의정부에서는 이때 충청도 청안에서 실험한 표본적인 여러 조사를 근거로 하여 수조액의 기준, 나아가서는 토지생산력의 표준을 동시에 의정(議定)하기에 이르렀는데 그 핵심은 다음과 같다.

[자14] 57묘(畝) 되는 지적(地積)[128]에서 상상년(上上年) 제1등전의 소출은 쌀 40석이요, 제6등전의 소출은 쌀 10석이다.[129]

이러한 표준 토지 소출에 따라 이즈음 전품 분등이 끝난 충청도 청안과 비인에 있어서 앞으로 신공법을 실시할 때의 수조액과 이전의 답험손실 및 현행 공법(즉 수정공법)의 각각의 수조액을 산출해서 비교해보면, 청안현에서의 새로운 공법으로 산출한 기준 액수가 다소 많았다는 사실로 판명되었다. 국왕 세종 자신도 이것이 다소 과다한 산정인 듯하다고 이해하였다.[130] 이와 같이 토지의 표준 소출을 다소 과다하게 산정한 것이야말로, 장차 공법의 시행 과정에서 결국 연분(年分)이 가장 낮은 하하(下下)로 책정되기에 이르는 궁극의 요인으로 작용하게 된 것이 아닌가 한다.

---

127 『세종실록』 권105, 26년 8월 기미. 앞서 한발(旱魃) 때문에 각 도의 전품 분등을 중지시켰으며, 이때 그 중지를 다시 확인하였으나, 여기서 표본적으로 선정한 군현들에 대해서는 예외로 하였다.

128 이는 이전의 하등전(下等田) 1결의 실적(實積)이다.

129 『세종실록』 권105, 26년 8월 경오.

130 『세종실록』 권105, 26년 8월 경오. 이때 산정된 자세한 계산과 수치에 대해서는 金泰永, 앞의 책, 304~306쪽 참조.

그런데 토지생산력의 표준 산정이 비록 다소 높은 것으로 나타났다 하더라도 그 때문에 새로운 공법의 추진을 주저할 여유가 없었다. 청안에서 표준 소출의 산정은 이미 오랜 논의를 거친 후에 이루어진 것이며, 특히 공법에 열의를 가진 3대신의 심사를 통한 결정, 그리고 의정부의 검토를 거쳐서 확정한 것이었다. 더구나 새로운 공법을 시험적으로 시행해볼 하삼도 6개 군현의 전품 분등이 거의 완료 단계에 와 있고, 특히 9등의 연분 등 여러 원칙이 설정되어 있는 만큼 새로운 공법의 기본 골격을 확정하는 일이 시급한 문제였다. 그래서 세종 26년(1444) 11월에는 전제상정소가 지금까지 검토해온 원칙에 따라 "토지의 결부를 개정하고 전품을 분등하여 연분의 고하에 따라 분간 수세하는" 새로운 공법을 수립하고, 국왕의 윤허를 얻어 확정 반포하였으니, 그 내용을 축조 해설하면 다음 [차1]에서 [차15]까지의 내용과 같다.[131]

[차1] 본국은 고려의 구습(舊習)을 따라 3등의 전지 각기에다 모두 1면의 수(數)만 쓰고 그 실적을 계산하지 않았으며, 토지의 비척은 남북이 같지 않은데도 전품은 8도를 통틀어 분등하지 아니하고 다만 1도 단위로 분등하였다. 그러므로 3등전은 비척이 동일하지 않아서 납세의 경중(輕重)이 크게 다르니, 부자는 더욱 부유해지고 빈자는 더욱 빈궁하게 되어 심히 불가하다. 이에 각 도의 전품을 통일적으로 고찰하여 6등으로 분등하면 거의 전품이 바로잡히고 수세가 균평해질 것이다.

[차2] 종래의 하등전 1결은 실적이 57묘인데, 이를 기준으로 하여 먼저 소출의 수를 정하되 대체로 상상년 제1등 수전의 소출을 80석으로,

131 『세종실록』 권106, 26년 11월 무자.

제6등전의 소출을 20석으로 규정한다.[132] 그 사이에 4등 전지의 소출을 균평하게 배분하면 각등전의 소출은 다음 표와 같다.[133]

제1등수전	제2등수전	제3등수전	제4등수전	제5등수전	제6등수전
80석	68석	56석	44석	32석	20석

한전의 소출은 수전의 절반으로 규정한다. 가령 상상년 수전의 세미가 20두이면 한전의 세는 황두로는 20두, 전미(田米)로는 10두 등으로 한다.[134]

[차3] 1결의 지적(地積) 57묘의 전세는 역시 위에서 산정한 생산량의 20분의 1로 정한다. 그래서 상상년의 각등 전지의 전세는 다음과 같다.[135]

제1등전세	제2등전세	제3등전세	제4등전세	제5등전세	제6등전세
30두	25두 4승	21두	16두 5승	12두	7두 5승

132 여기서 80석, 20석은 쌀이 아니라 벼를 가리킨다. 이것을 쌀로 환산하면 각각 그 절반이 된다. 앞의 사료 [자14] 참조.

133 제1등 수전(水田) 80석, 제6등 수전 20석으로 정해놓고 그 사이의 제2·3·4·5등 수전의 소출을 균등히 배분하면 1개 전등(田等)의 차이가 각 12석씩이다.

134 여기서 '세(稅)'라든가 '세미(稅米)'라고 표기된 것은 곧 답험손실 수세(收稅) 때의 '조(租)'를 뜻한다. 이미 '조(租)'와 '세(稅)'는 구분 없이 쓰이고 있다는 사실이 주목된다.

135 여기서 30두에서 7두 5승(升)까지의 단위는 미(米)이다. 가령 57묘(畝) 지적(地積)의 상상년 제1등전의 소출은 피곡(皮穀) 80석=미 40석으로서 그 1/20은 곧 2석, 즉 30두이며, 제6등전 소출은 피곡 20석=미 10석으로서 그 1/20은 1/2석, 즉 7두 5승이 된다.

[차4] 연분은 9등으로 나눈다. 전실(全實)을 10분실(分實)로 표준하여 다음 표와 같이 정한다.

10분실	9분실	8분실	7분실	6분실	5분실	4분실	3분실	2분실
상상년	상중년	상하년	중상년	중중년	중하년	하상년	하중년	하하년

그래서 각 연분에 따른 각등 전지 1결의 전세는 다음 표와 같다.[136]

구분	1등전	2등전	3등전	4등전	5등전	6등전
상상년	30두	25두 4승	21두	16두 5승	12두	7두 5승
상중년	27두	22두 9승	18두 9승	14두 8승	10두 8승	6두 7승
상하년	24두	20두 4승	16두 8승	13두 2승	9두 6승	6두
중상년	21두	17두 8승	14두 7승	11두 5승	8두 4승	5두 2승
중중년	18두	15두 3승	12두 6승	9두 9승	7두 2승	4두 5승
중하년	15두	12두 7승	10두 5승	8두 2승	6두	3두 7승
하상년	12두	10두 2승	8두 4승	6두 6승	4두 8승	3두
하중년	9두	7두 6승	6두 3승	4두 9승	3두 6승	2두 2승
하하년	6두	5두 1승	4두 2승	3두 3승	2두 4승	1두 5승

[차5] 6등의 전지를 모두 57묘의 지적(地積)으로써 1결을 삼아 거기에 따라 수세를 각각 달리한다면,[137] 다만 절목이 번쇄할 뿐 아니라 과전

136 상상년(上上年)=전실(全實)=10분실(分實) 제1등전의 전세가 30두이므로, 상중년 곧 9분실은 그 9/10인 27두가 되며, 상상년 제6등전 전세는 7두 5승이므로, 하하년 즉 2분실은 그 2/10인 1두 5승이 된다. 다만 이 표 가운데 하하년 제2등전의 전세는 25.4×2/10=5.08두가 되지만, 승(升) 이하는 사사오입한 것이다.

137 57묘(畝) 지적(地積)이란 구(舊) 하등전(下等田) 1결의 면적으로서 상상년 제1등전 벼 80석, 하하년 20석을 생산해낼 수 있다고 심사 결정한 기준 지적이었다(앞의 [자14] 참조). 6등전 모두의 1결의 실적을 57묘로 고정시킬 경우, 그 수조액은 [차3] 및 [차4]의 규정에 따라 상상년에서 하하년까지의 54종으로 나타난다.

의 절수라든가 군역과 부역의 산출에 있어서 계산이 심히 어려워진다.[138] 마땅히 전례를 따라 6등전 결부의 광협(廣狹)을 각각 다르게 배정하여 동과수조하도록 한다. 그런데 제6등전 상상년의 전세 7두 5승을 표준으로 하여 결(結)의 실적을 정한다면 제1·2등전의 실적이 너무 좁아지고, 또 제1등전 상상년의 전세 30두를 표준으로 하여 결의 실적을 정한다면 제5·6등전의 실적이 너무 넓어지므로, 광협이 적절치 못하다.[139] 그러므로 57묘의 지적에 규정된 세액인 30두를 미루어 안배하여 20두 세액을 표준으로 하고서 동과(同科)로 6등전 각기의 1결의 실적을 묘분(畝分)으로 정하여 표시하면 다음 표와 같다.[140]

제1등전	제2등전	제3등전	제4등전	제5등전	제6수전
38묘	44묘 7분	54묘 2분	69묘	95묘	152묘

그리고 9등 연분에 따른 각등 전지의 수세액은 상상년 20두에서 하하년 4두이니, 곧 다음 표와 같다.

상상년	상중년	상하년	중상년	중중년	중하년	하상년	하중년	하하년
20두	18두	16두	14두	12두	10두	8두	6두	4두

138 이것이 앞서 경묘법(頃畝法)을 반대하고 결부제(結負制)를 그대로 사용하자고 주장한 표면적인, 그리고 첫째의 이유였다.

139 7두 5승의 전세의 20배를 생산하는 제6등전 1결은 57묘(畝)이지만, 그만큼을 생산하는 제1·2등전일 경우는 지나치게 협소한 결적(結積)이 될 것이요, 또한 30두 전세의 20배를 생산하는 제1등전 1결은 57묘이지만 그만큼을 생산하는 제5·6등전인 경우는 그 1결의 실적(實積)이 지나치게 넓어진다는 뜻이다.

140 1등전의 경우:30두:20두=57묘지(畝地):몇 묘지 → 몇=38묘
6등전의 경우:7.5두:20두=57묘지(畝地):몇 묘지 → 몇=152묘.

[차6] 6등 전결의 각기 실적을 개평(開平)하면 그 한 면의 길이가 각기 촌분(寸分)의 나머지 자릿수가 있어 계산이 심히 번거로우므로, 각등 전결의 각 한 면을 100으로 나누어 그것으로써 각등 전결의 양전척으로 삼기로 하는데, 주척으로는 다음 표와 같다.[141]

제1등전척	제2등전척	제3등전척	제4등전척	제5등전척	제6등전척
4척 7촌 7분	5척 1촌 8분	5척 7촌	6척 4촌 3분	7척 5촌 5분	9척 5촌 5분

이와 같이 정하면 양전척에는 장단(長短) 6등의 것이 있고, 그 수의 100척이 각등 전지 1결의 1면의 길이이며 10,000평방척이 각기 1결의 실적이 되니, 산법에 미숙한 자도 계산하기에 어렵지 않다.

[차7] 각 도의 감사(監司)는 그 관하 각 군현이 심사 산정한 연분을 보고하되, 재상 이외의 화곡의 실부실(實不實)이 비록 동일하지 않더라도 군현별로 종합하여 10분을 기준으로 전실(全實)을 상상년, 9분실을 상중년 … 2분실을 하하년으로 잡아, 수전과 한전을 각기 연분 등제하여, 아무 현(縣)의 수전은 무슨 연분이며 한전은 무슨 연분이라고 계문한다. 1분실은 9등 연분에 미치지 못하므로 면세한다.

[차8] 각 도 감사의 계본(啓本)은 의정부 혹은 6조에서 논의·계문하여 그 연분을 정하고, 혹은 조관을 파견하여 다시 심사한 후 계문하여 연분을 정하되, 그때마다 의논하여 왕지(王旨)를 받아 시행한다.

141 경묘법은 주척(周尺)을 기준으로 "1면 5척(尺)의 평방 25척을 1보(步)로 하고, 240보를 1묘(畝)로 하며, 100묘를 1경(頃)으로 한다"(『세종실록』 권102, 25년 11월 기축). 그러므로 1묘는 25×240=6,000평방주척(平方周尺)이다. 그래서 제1등전의 양전척은÷100=4.77주척이다. 또 제6등전의 양전척은÷100=9.55주척이다. 단, 단위는 척(尺)-촌(寸)-푼(分)까지만 표시하고, 그 이하는 사사오입한다.

[차9] 정전 내의 진황전(陳荒田)은 모두 매년 경작할 만한 땅인데, 혹은 전지를 많이 점유한 고로 번갈아 진황시키거나, 혹은 게을러서 경작하지 않는 고로 전지가 많이 진황되니 심히 불가하다. 부분 진전이거나 전진전이거나 마땅히 모두 수세한다.

[차10] 속전(續田) 내의 진황지는 수령이 경작자의 고장(告狀)을 받아 친히 심사하여 감사에게 보고하고, 감사나 수령관(首領官)이 다시 그 수를 실제 조사한 후에 계문하여 면세한다.

[차11] 정전이나 속전 내의 수재(水災)로 인한 수몰전(水沒田)은 역시 수령이 경작자의 고장을 받아 친히 현지에 가서 그 수량을 헤아려 감사에게 보고하고, 감사나 수령관이 다시 그 수를 실제 조사하여 경관(京官)의 고험(考驗)을 기다리되, 우선 당해 수령으로 하여금 그 결부수를 문서로 기록하여 계문하여 면세토록 한다.

[차12] 재상전의 경우, 부분 재상은 제외하고 뭇사람들이 다 인정하는 10결 이상 잇따른 전손전(全損田)은 수령이 친히 심사하여 감사에게 보고하고, 감사가 계문한 후 다시 경차관을 파견 조사하여 재상의 분수(分數)를 계문하여 왕지를 받아 감세한다.

[차13] 위의 진황·수몰·재상전에 있어서 당해 군현의 수령이 유고(有故)하여 친히 심사할 수 없는 경우에는, 감사가 다른 사람을 파견하여 친히 심사토록 한다. 수령이 게을러 친히 심사치 않는 경우 및 기경전(起耕田)을 진전으로, 혹은 진전을 기경전으로 하거나 재상·진황·수몰전을 거짓으로 보고하는 경우에는 『원전(元典)』의 “실(實)을 손(損)으로 파악한” 조문에 따라 치죄(治罪)한다.

[차14] 잡위전(雜位田)은 앞으로 고쳐 상정(詳定)해서 절급(折給)할 때까지 우선 종래의 절수지의 결수를 그대로 다 분급한다.

[차15] 1자정(字丁) 5결의 법은 종래의 격례(格例)대로 시행한다.

이상의 조항들이 세종 26년 11월에 확정되고 이후 길이 시행되는 공법전세제의 기본 규정이다. 그런데 그 가운데 [차1]~[차4]까지는 가령 새로운 공법을 수립해야 할 타당성, 당시 기본적 토지생산력, 그리고 그 생산력을 근거로 20분의 1세(稅) 및 연분 9등의 원칙을 적용할 때의 수세액 산정 등을 규정한 것으로서, 공법이 운행되는 표면에는 나타나지 않는 기본적인 원리의 규정이었다.

그 같은 원칙 아래서 나타난 것이 [차5] 이하 공법전세제의 현실적인 제 규정이다. 우선 [차5]는 앞으로 동과수조할 6등전 각 1결의 실적을 전분에 따라 새로이 규정하고, 또 연분 9등제에 따른 각 연분의 수세액을 규정한 것이었다. 이 두 규정에 따라 종래의 수지척을 근거로 하였던 애매하고 균평치 못한 각등 전지의 실적이 이제 주척을 근거로 하는, 더욱 비례적으로 균등한 것으로 변천하였다. 이는 조선 초기 과학기술의 진전에 따라 성취된, 더욱 합리적인 결적(結積)의 설정이었다.

[차7]·[차8]은 연분의 사정(査定)에 관한 규정인데, 그것이 종래의 손실답험제에 비해서 매우 큰 단위인 각 군현을 기본 단위로 하여 운용된다는 점에서 일종의 정액세법으로서 공법의 원칙적인 측면을 반영시킨 것이었다. [차9]에서 [차13]까지는 진황전·수몰전·재상전에 관한 규정인데, 그것들의 조정이 매우 까다로운 절차를 거쳐야 함을 명백히 해두었다. 이 규정에 따라 앞으로 공법의 운용에 있어서 그러한 면세, 감세의 조처가 어려워질 것임은 명백한 일이었다.

그런데 이때 공법은 아직도 전세제도로서 보완해야 할 많은 사항을 남겨두고 있었다. 그 가운데 세세한 것들은 공법의 시행 과정에서 부분적으로 개선되었지만, 특히 종래의 산전을 새 공법의 몇 등전으로 파악하는가의 문제, 또한 신공법의 [차14]에 규정한 잡위전의 처리 문제는 우선적으로 정리하지 않으면 안 되는 사항이었다. 그래서 이 두 가지는 세종 27년(1445) 7월에 가서 새로이 규정하게 되었다. 먼저 구래의 산전이 어떻게 규정되었는가를 살펴본다.

> 호조의 첩정(牒呈)에 의거해서 의정부가 품신하기를, "지금 전제(田制)를 상정(詳定)하는 일과 또한 개혁해야 할 사항들을 마감하여 다음과 같이 올립니다. … '이전에는 전품을 3등으로 한정하였기 때문에, 산상(山上)·산요(山腰)·산하전(山下田)은 상전(常田)에 비하여 배수(倍數)로 계산하였습니다. 지금은 3등전 아래 또 3등을 더 두었으므로, 가령 산상전으로 6등을 삼는다면 이전의 10결 55부의 땅이 지금은 1결이 되니, 그 넓이가 대단히 큽니다. 또 하삼도는 비록 산상전이라 하더라도 혹 배수로 계산하지 않았으니, 그 법이 일정치 않습니다. 위의 산전(山田)들은 이제 배수로 계산하는 법을 없애고 그 전지의 결부의 원래 수대로 좇을 것이며, 그 전품의 고하(高下)를 따라 등급을 나눔이 옳습니다.'" … 임금이 윤허하였다.[142]

즉 지금까지 산전은 구 하등전 1결 57.6묘의 지적을 각기 배수(倍數)로 체가(遞加)하며 산하전 115.2묘·산요전 172.8묘·산상전 230.4묘의 지적으로 파악해왔는데, 그러한 방식으로 공법의 제6등전 152묘 지적의 배수를 체가하여 각각 304묘·456묘·608묘로 파악한다면 산상전 1결의

142 『세종실록』 권109, 27년 7월 을유.

608묘는 구 하등전 1결 57.6묘의 10결 55부의 지적에 해당하는 넓이가 된다는 것이다.[143] 그렇게 한다면 면적이 너무나 커질 뿐 아니라, 하삼도의 산전은 그와 같은 배수 체가의 방식을 써오지 않은 경우도 있었으므로, 이제 공법에서 그와 같은 산전에 대한 체가 방식을 폐지하고, 산전 원래의 결부의 수 그대로 6등전 안으로 편입한다는 내용이다. 물론 이때의 산전은 새 공법의 제5·6등전으로 파악되겠지만, 전국 전지의 대부분이 한전(旱田)이었다는 사실[144]을 고려할 때, 이 공법의 시행에 따라 전국 한전의 결수가 크게 증대될 것임은 더 말할 필요가 없다. 더구나 그것이 하삼도 이외의 토지생산력이 저급한 지역일수록 더욱 그렇게 되었을 것이라는 사정도 짐작하기 어렵지 않다.

이제 앞서 검토한바 세종 25년(1445) 11월의 '분전품사목'과 동 26년(1444) 11월의 새로운 공법 규정 및 동 27년(1445) 7월의 산전에 관한 규정을 종합하여, 수전·한전을 막론하고 과전법 원래의 답험손실 수세 때의 각 전품 및 그 실적과 신공법에서의 변동 상황을 점검해보면 대체로 다음과 같이 변천하였음을 살펴볼 수 있다.

[카1] 이전의 상등전(1결은 25.4묘)·중등전(1결은 39.9묘)은 각기 새 공법의 제1등전(1결은 38묘)·제2등전(44.7묘)으로 규정된다. 이 경우는 오히려 결적(結積)이 확대되는 것이지만, 이전의 상·중등전이 워낙 희소하므로, 전체적인 영향력은 미미한 정도로 나타날 것이다.

[카2] 전국 전지의 대다수를 점하고 있던 이전의 하등전(1결은 57.6묘)의

143 608÷57.6≒10.55.

144 김태영, 앞의 책, 제4장 「과전법체제하의 토지생산력과 양전」 참조.

변동이야말로 매우 크고도 심각한 영향력을 미치게 된다. 즉 이전의 하등전은 새 공법에서 제1·제2·제3·제4·제5등전이라는 5개 등급의 전분으로 등제되어 나타난다. 그런데 새 공법의 제1·2등전으로 파악될 때는 말할 것도 없고 제3등전(1결은 54.2묘)으로 파악되더라도 이전의 하등전이었을 때보다는 결수가 증대되는 결과를 초래함을 주의할 필요가 있다. 단지 제4등전(1결 69묘)·제5등전(1결 95묘)으로 파악될 때만 이전보다 결수가 줄어드는 결과가 될 것이다.

[카3] 이전의 산하전(1결 115.2묘)·산요전(1결 172.8묘)·산상전(1결 230.4묘)은 모두 제5등전(1결 95묘)·제6등전(1결 152묘)으로 파악되기 마련인데, 여기서도 이전보다 결수가 대폭 증가하는 결과를 초래할 것이다.

전체적으로 살펴보자면, 이전의 답험손실 수세시의 전국 전지의 절대다수를 점하고 있던 하등전이 신공법에서는 많이 제1·2·3등전으로 편입된다. 그리고 넓은 결적의 산전이 배수로 체가되는 혜택에서 제외되어, 상대적으로 축소된 결적의 제5·6등전으로 편입되기 마련이다. 그래서 새 공법이 실시되면, 결국 전체적으로 볼 때는 결(結)의 실적을 축소시킴으로써 결총이 대폭 증대할 것임이 확실하다.[145] 그러므로 손실(損實)

145 주척 1척의 길이를 약 20cm로 잡아, 이전의 상·중·하등전 1결의 실적을 소위 척관법(尺貫法)에 의한 평수(坪數)로 표시하면 각기 1,846평강(坪强)·2,897평약(坪弱)·4,184평약이 된다(朴時亨, 1941, 「李朝 田稅제도의 성립과정」, 『진단학보』 제14집). 그리고 위의 연구가 새 공법 6등전 각기 1결의 실적을 환산한 평수와 함께, 주척 1척을 20.81cm로 잡아 6등전 각기 1결의 실적을 평수 및 미터법(m^2)으로 환산한 연구(朴興秀, 1967, 「李朝尺度에 관한 研究」, 『대동문화연구』 제4집)의 수치를 차례로 대비시켜 보면 다음과 같다.

제1등전	제2등전	제3등전	제4등전	제5등전	제6등전
2,753.1	3,246.7	3,931.9	4,723.5	6,897.3	11,035.5(평)
2,986.6	3,513.2	4,259.8	5,423.0	7,466.5	11,946.4(평)
9,873.7	11,614.6	14,083.0	17,928.5	24,684.2	39,494.7(m^2)

수세시의 수조율이 생산액의 10분의 1을 기준으로 하여 결당 30두였음에 비해, 새 공법에서는 결당 20두로 낮추면서 이를 생산액의 20분의 1이라고 규정한다는 것은, 전체적으로 보아 결의 실적이 줄어들게 되었으므로, 문자 그대로 사실이었다고는 할 수 없다. 평상년을 기준으로 할 경우 공법을 실시하면 수세액이 대폭 증대하여 전체적으로 국고의 수입이 크게 증대하는 사실은 이미 통계적으로 살펴본 그대로이다. 그 1차적인 원인은 새 공법에서 표준으로 잡은 토지생산액의 산정이 과다하였다는 사실([자14])에서 기인하는 것으로 해석된다. 한편으로는 이전의 하등전을 새로이 제1·2·3등전으로 많이 편입시키게 되었다는 사실이 그 부차적인 배경을 이루게 되었을 것으로 이해된다. 그러한 문제점을 이면에 간직하고서 새로운 공법이 시행되었다는 사실을 유념해둘 필요가 있다.

한편 산전의 분등과 함께 새 공법은 그 시행에 앞서 [차14]에 규정한 바 잡위전에 관한 여러 조목도 조정할 필요가 있었다. 6등 전품의 분등과 거기에 따른 새로운 각등 결적의 편성에 따라 국가 각 기관의 기능 유지에 적의한 규모로 각 위전의 조정이 불가피해진 것이다. 그뿐 아니라 전국적으로 통일되는 수세제에서는 국가기관마다 수조지를 나누어 받아 재정을 운용하는 방식이 극히 불편해졌기 때문이다. 그래서 이때까지 잡위전이라는 명목으로 각 기관에 분속시켜 각기 수조(收租)하여 저마다 독자적 재정을 운용해온 각사의 위전들을 중앙 각사의 것에 관한 한 국용전(國用田)이라는 이름으로 호조에서 일괄 운용하는 제도를 채택하였는데, 그 주요 내용은 대체로 다음과 같다.[146]

146 『세종실록』 권109, 27년 7월 을유. 이에 관련한 연구로는 金泰永, 앞의 책, 제2장의 4절 「國用田制의 시행」 참조.

[타1] 이전에는 각 도의 전지를 경중(京中)의 각사(各司)와 지방의 군자위전(軍資位田)으로 나누어 소속시켜 경상비로 충당해왔는데, 해마다 손실이 동일하지 않은 까닭에 부족한 경우에는 지방의 군자곡(軍資穀)을 끌어다 보충해왔다. 그래서 계산이 심히 번거로웠다. 이제 역·관전과 아록전·공수전 이외에는 경중의 양창(兩倉, 풍저창·광흥창) 및 각사의 위전을 일체 혁파하여 모두 국용전이라 칭한다. 외방 각 군현은 그 경중 각사에 납부하는 경상비의 수를 민호에 분담시켜 수납케 하고, 나머지는 모두 각 군현의 국고에 납입한다. 이렇게 하면 계산이 심히 간편할 뿐만 아니라, 민간에서 미곡(米穀)·밀랍(蜜蠟)·포화(布貨) 등으로 바치는 부담의 어렵고 쉬움과 힘들고 헐(歇)함이 거의 균평해질 것이다.

[타2] 이전의 각사 위전(各司位田)에서 납세한 수량을 상고해보면, 두(斗)·승(升)·홉(合)·작(勺)까지 계산하였는데, 심히 번쇄하므로 홉·작의 수는 이제 없앤다.

[타3] 전국 각 역의 위전은 새로운 공법의 6등 전품으로 양전하면 각기 늘어나고 줄어듦이 많을 것이므로, 우선 원래의 결부수 그대로 지급하고, 새로운 양전을 기다려 마감 처리한다.[147]

[타4] 전국 각 향교의 위전은 일정한 제도가 없어 다과가 한결같지 않으므로, 각 군현의 등급에 따라 20결에서 2결까지 절급한다.

[타5] 각 군현 아록전은 유수부(留守府)는 60결, 목(牧)·대호부(大護府)는 55결, 도호부(都護府)는 50결, 군(郡) 및 목(牧)의 판관(判官)은 45결, 현관(縣官)은 40결로 정한다.

---

147 역(驛)의 위전은 각 역마다 비치된 상(上)·중(中)·하등마(下等馬)를 사육하는 마위전(馬位田)과 역의 공수전(公須田) 및 역리(驛吏)·역노(驛奴)의 인위전(人位田)을 포함한 것이다. 『세종실록』「지리지」에 등재된 역의 수는 480이요, 『경국대전』의 그것은 540이다. 국용전제 이후 그 구체적 절급 내용에 대해서는 김태영, 위의 책, 109~110쪽 참조.

[타6] 각 군현 공수전은 대중소로(大中小路)로 나누어 유수부·대도호부·목관(牧官)의 대로는 30결, 중로는 25결, 도호부·군의 대로는 25결, 중로는 15결, 소로는 10결을 절급하고, 각 군현 임내(任內)의 공수전은 모두 다 혁파한다.[148]

[타7] 원전(院田)으로는 대로의 원에는 1결 50부, 중로의 원에는 1결, 소로의 원에는 50부로 정하고, 모두 원 옆의 가까운 전지로 절급한다.

[타8] 한강도(漢江渡)·삼전도(三田渡)·노도(路渡)·양화도(楊花渡)·임진도(臨津渡)의 도승(渡丞)의 늠급위전(廩給位田)은 본래 각기 모두 8결 50부인데 이제 8결씩을 절급한다. 진척(津尺)의 위전으로서는 한강도는 본래 32결인데 이제 20결을 주고, 노도는 본래 32결 50부인데 이제 15결을 주고, 삼전도는 본래 11결인데 이제 10결을 절급한다. 양화도는 본래 19결 50부요, 임진도는 본래 22결이며, 벽란도는 본래 33결인데, 이 3도(渡)는 대로(大路)로 하여 이제 10결씩을 주고, 광진(廣津)·낙하(洛河)는 본래 3결이요, 조강(阻江)은 본래 12결이며, 금강(錦江)은 본래 12결인데, 이들 4도(渡)는 중로로 하여 이제 3결을 주고, 그 나머지 진도(津渡)는 소로로 하여 모두 1결씩을 절급한다.[149]

[타9] 각 수참(水站)의 수부위전(水夫位田)은 본래 한 사람에 2결씩이었는데, 지금 6등 전법으로 결부를 고치면 반드시 감축될 것이니, 이제 각기 1결 50부씩을 절급한다.[150]

---

148 아록전은 각 군현 수령의 녹봉(祿俸)에 해당하는 것이요, 공수전은 사객(使客)의 접대를 비롯한 각 군현의 운영 경상비에 해당한다. 자세한 내용은 김태영, 위의 책, 106~109쪽 참조. 또 임내(任內)란 종래의 속현(屬縣)·부곡(部曲) 등을 지칭한다.

149 도승(渡丞)은 각 도진(渡津)의 행정관원이요, 진척(津尺)은 거기 소속된 뱃사공이다.

150 수참(水站)은 한강(漢江) 상류지역의 조세(租稅)를 서울로 수운(水運)하는 요참(要站)이요, 수부(水夫)는 거기 소속된 뱃사공이다.

[타10] 전주(全州)의 경기전(慶基殿) 및 각 도의 진전과 사직(社稷)·문선왕(文宣王)에 대한 제위전, 그리고 사전(祀典)에 실려 있는 악(嶽)·해(海)·독(瀆)·산천(山川)·성황(城隍)의 제위전은 다과가 일정치 않으며 혹은 있기도 하고 없기도 하니, 이제 제위전은 모두 혁파하고, 모두 국고에서 경비를 내어 이바지하도록 한다. 종묘간(宗廟干)과 봉상시(奉常寺)의 제단직(祭壇直)의 위전도 혁파하고, 각기 그 소속 노비를 역사시키도록 한다.

[타11] 경기 각 군현의 인리위전은 1결마다 세(稅) 2두씩을 광흥창에 납부하였다. 그리고 충청·전라·경상·강원·황해도 각 군현의 인리위전은 각 5결 내에서 2결은 광흥창에 납조하고 3결은 구분전으로 하였는데, 광흥창에 2결의 조(租) 60두를 납부하면 매년 부족하여 구분전의 소출로써 보충하니, 위전이 이름은 있으나 실상이 없었다. 하물며 다른 간고(艱苦)한 군역에 종사하는 사람도 모두 위전이 없으니, 이제 인리위전은 모두 혁파한다. 병정(兵正)·창정(倉正)·옥정(獄正)·객사정(客舍正)·국고직(國庫直)·지장(紙匠) 등의 위전도 또한 아울러 혁파한다.

[타12] 경기의 수원(水原)·양주(楊州)·진위(振威)에 있는 약점위전(藥店位田) 8결 78부 1속은 다른 도에는 없는 것이니, 또한 아울러 혁파한다.

[타13] 동서요(東西窯)의 와장위전(瓦匠位田) 17결은 원래 망새기와를 전습(傳習)하기 위해 절급한 것인데, 여타의 와장(瓦匠)과 여러 종류의 장인(匠人)은 모두 위전이 없으니, 이제 이것 또한 혁파한다.

[타14] 교동(喬桐) 수군(水軍)의 구분전은 428결 52부이고, 강화(江華) 수군의 구분전은 350결 25부 8속으로서, 처음에 전라도 백성을 옮기어 수군으로 삼았기 때문에 전지를 절급하여 구휼하도록 한 것인데, 지금 그들의 생업이 안정된 지 이미 오래고, 또 다른 선군(船軍)에게는 전지를 절급하지 않았으니, 이제 이것을 모두 혁파한다.

[타15] 이에 앞서 각사 공해전을 모두 다 혁파하고 오직 부마부(駙馬府) 250결, 치사기로소(致仕耆老所) 100결, 도화원(圖畵院) 30결, 충호위(忠扈衛) 100결, 혜민국(惠民局) 20결, 제생원(濟生院)·전의감(典醫監) 각 30결, 동활인원(東活人院) 25결, 서활인원(西活人院) 30결, 사역원(司譯院) 80결은 예전과 같이 두었다. 이제 무릇 각사의 점심(點心)은 모두 일의 긴요하고 할 만한 것을 구분하여 국고에서 지급하고, 부마부와 기로소 이외의 각사의 공해전은 모두 혁파한다.[151]

위와 같은 국용전제의 시행에서 나타난 특징은 다음과 같이 요약할 수 있다. 첫째, 역위전(驛田)·학교전·각 군현의 아록전·공수전·원전·도전·참전 등의 지방 행정·교통기관의 기능을 수행하기 위한 각 기관의 절수지(折受地)는 중앙에서 일괄 처리하기 어려우므로 존치시키도록 하되, 이를 다소 축소 조정하게 되었다. 둘째, 위전이라는 명색으로 각종 잡다한 직역자(職役者)들에게 절급해온 것들을 대대적으로 정리하여 혁파하고, 그 기능의 수행은 국고의 경상비를 재원으로 하여 집행하도록 하였다. 특히 연원이 오래되고 전국적 규모가 매우 컸으리라고 짐작되는 인리위전을 전면 혁파하였는데, 이들이 수행하는 각 군현의 지방행정 실무에 대한 보수는 전혀 책정되지 않았다는 사실이 주목된다.

국용전제의 시행은, 고려시기 이래 전국의 전지를 국가기관별로 분속시켜 두고 각 기관이 독자적으로 수납하여 재정을 운용함에 따라 농민들이 바쳐야 하는 세납(稅納)의 물종(物種) 자체까지 난립되어온 번거로운

151 공해전(公廨田)은 고려의 전시과 체제에서부터 설정되어온 연원이 오랜 지목인데, 세종 대의 국용전제 실시로 거의 전면 혁파되고, 세조 대에 가서는 완전 혁파되기에 이른다. 金泰永, 앞의 책, 103~104쪽 참조.

수취제도를 지양하고, 전지 일반을 더더욱 보편적인 국가 수조지로 편성함으로써 국가 중앙 재정의 일원화를 실현하였다. 조세에 관한 한 수납 기관과 수납 물종의 난립에서 야기되는 부대적인 부담까지를 고려한다면, 이제 농민층의 부담은 크게 경감될 수 있었다. 이것이 국용전제 시행의 기본 의의였다고 할 수 있다.

그뿐 아니라 국용전제는 한국사에서 오래된 인습이었던 국가 직역과 그 위전, 즉 직역전과의 결부 관계를 이제 거의 전면적으로 해소함으로써, 이후 수조권적 토지지배 관계가 대폭 줄어드는 대신, 소유권에 입각한 토지지배의 길을 더욱 크게 열어두기에 이르렀다. 국용전제는 일차적으로 국가재정의 일원적인 운용을 기한다는 데서 시도한 것이지만, 그것은 또한 수조권(收租權)을 나누어 절급하는 관행이 점차 퇴화하고 토지의 지배관계가 소유권에 입각한 것으로 보편화해가는 당시의 실정을 반영해서 취해진 조처이기도 하였다.[152] 그렇게 볼 때 공법은 워낙 전국 전지를 보편적으로 국가 수조지로 파악하는 이면에, 그 바탕에서 성장하고 있는 소유권에 입각한 토지지배 관계의 보편화라는 현실을 반영한 이후에야 비로소 논의되고 시행되었다고 말할 수 있다.

그런데 공법전세제는 각 군현 단위로 수전·한전별로 연분을 9등 가운데 하나로 단일하게 책정함으로써 일종의 지역 단위 비정법적(比定法的) 정액세법(定額稅法)의 원리를 도입하게 되었다. 이른바 중간 농단·중간 부정이 크게 줄어드는 전기가 마련된 셈이었다. 정전이나 속전을 막론하고 이제 진황은 용납되기가 매우 어렵고, 재상전은 전세를 감면받기가 매우 까다롭게 되었다. 그것은 물론 권농정책의 한 가지로 해석되긴 하지만,

152 이 시기 분급수조지제의 퇴세에 관한 사실은 김태영, 위의 책, 제2장 참조.

자연재해에 취약한 당시의 생산력 수준으로는 결국 농민의 부담이 가중되기 마련이었다.

9. 공법전세제의 전개

공법전세제는 이와 같이 까다롭고 말썽 많은 곡절을 거쳐서 확정되었지만, 그 표면에 드러나는 조목은 전분 6등의 양전제와 연분 9등의 수세제가 대표적이었다. 공법은 이제 새로운 기준에 따라 전분을 6등급으로 세분하는 한편, 주척이라는 새로운 척도에 따르는 양전을 통하여 각등 전결을 파악한 다음에야 시행할 수 있었으므로, 처음의 의도보다는 시행이 늦어지게 되었다.

그뿐 아니라 공법을 확정한 세종 27년(1445) 이후로도 "수재와 한재가 서로 겹치는" 흉년이 자주 들어, 가까스로 정립한 이 전세법 자체를 폐기해야 한다는 주장이 일어났다. 가령 사간원에서는 "태조(太祖)의 성헌에 의하여 손(損)에 따라 손을 주는 제도를 써서 민생을 편안하게 하소서"라고 하였다. 또한 집현전에서는 "처음에 이 법을 세울 때, 첫째는 시험하는 것이라 하였고, 둘째는 백성을 이롭게 한다 하였는데, 입법한 이래로 백성이 근심하고 원망하는 것이 이와 같으니, 어찌 만세토록 오래 시행할 수 있는 법이겠습니까. … 공법이 본래 좋지 못한데, 우리나라의 전지에는 더욱 불편하기 때문에 절목(節目)이 비록 매우 상세하나 마침내는 백성을 병들게 합니다. 만일 그대로 인습하고 고치지 않으면, 생민(生民)이 곤궁해지고 병폐 입음이 장차 끝이 없을 것입니다"라고도 하였다.[153]

그래서 세종 26년(1444) 공법의 확정으로부터 많은 논란과 수정을 거쳐 45년이나 지난 성종 20년(1489)에 가서야 전국적인 시행을 보이게 되었다. 그 경과를 표로 나타내면 다음과 같다.[154]

공법전세제의 시행 경과표

구 분	공법에 의거한 양전 연도	공법의 실시 연도
전라도	세조 8년(1462)	세종 32년(1450)
경 기	세조 7년(1461)	세조 7년(1461)
충청도	세조 8년(1462)	세조 8년(1462)
경상도	세조 9년(1463)	세조 9년(1463)
황해도	성조 2년(1471)	성종 2년(1471)
강원도	성종 7년(1476)	성종 9년(1478)경
함길도	성종 17년(1486)	성종 18년(1487)
평안도	성종 19년~20년(1488~1489)	성종 20년(1489)

공법에서 규정한 6등 전품의 분등과 그에 따른 수등이척의 양전법은, 원리상으로는 더욱 객관적 타당성을 띠게 된 것임에 틀림없다. 또한 그 절차에는 이전보다 한층 더 복잡한 층절(層節)이 많아서 까다로워졌기 때문에, 착오라든가 중간 농단이 개입할 여지 또한 커졌다. 가령 공법을 시행한 후 처음으로 실시된 전라도 양전(성종 24년;1493)의 경우를 보면, "1개 군현의 전지가 혹 2·3천 결이 늘어나고, 1개 주부(州府)의 전지는 혹 3·4천 결이 늘어났으니, 그 작성된 전적을 살펴보면 명백히 알 수 있는 일"[155]이라고 할 정도로 실착이 커졌다. 그리고 "각 군현의 전적이 모두

---

153 『세종실록』 권112, 28년 4월 정묘;28년 6월 갑인.

154 김태영, 앞의 책, 314~321쪽 참조. 전라도의 경우 전품의 분등만을 먼저 끝낸 내용을 가지고 이전의 전결(田結)을 환산하여 새 공법을 적용한 것이므로, 새로운 양전에 앞서 공법이 시행되었다.

155 『성종실록』 권293, 25년 8월 신사.

다 억지로 넘쳐나서" "부강자는 경전(耕田)이 많은데도 전적에 올라있는 것은 적고, 빈약자는 경전이 적은데도 전적에 올라있는 것은 많다"고 하는가 하면, "빈약자는 요역을 모면하기 위해 호강(豪强)한 자의 이름 아래 몰래 올려둔다"는 등의 논란이 일어났으나, 국왕은 오히려 "비록 바로잡아 고치더라도 폐단은 다시 여전할 것이다"라고 하는 애매한 태도를 보였다.[156] 또 가령 16세기 중종 대에 가면 이미 의정부 3대신이 "양전의 일로 말하자면, 비록 최선을 다하고자 하지만 그렇게 되지 못합니다. 그러므로 (새로 만든 양안이) 오히려 이전의 양안만 같지 못하며, 또한 정안(正案)도 없다고 합니다"라고 하는 애매한 논의를 국왕에게 계달했다.[157]

한편 공법에서는 권농정책의 일환으로 진전에 대한 면세 절차를 매우 까다롭게 규정해두었다. 『경국대전』에서는 "전재상전(全災傷田) 및 전진전은 면세"하고 "속전·가경전은 기경하는 대로 수세한다"[158]라고 다소 고쳐 두었지만, 실제로 면세 절차는 까다로웠으며, 면세되기는 매우 어려웠다. 가령 16세기 명종 대의 대사간 강사필은 당시 농민들이 "유리도산하여 그 생명을 보존치 못하는" 세 가지 근본 요인으로서 군역, 각사선상과 함께 진전수세 때의 일족에 대한 침해 현상을 들었다.

> 오래된 진전(陳田)도 그 전세를 감하지 않고, 비록 유망하여 절호(絶戶)되거나 푸나무가 수풀을 이루어도 또한 반드시 일족절린(一族切隣)에게서 징렴(徵斂)한다. … 농민으로서 기경(起耕)하는 자가 있으면, 겨우 몇 이랑의 토지를 갈아엎자마자 그에 대해서 100결의 전세를 독촉한다. 그러므로

156 『성종실록』 권57, 6년 7월 계유.

157 『중종실록』 권62, 23년 7월 임오.

158 『경국대전』 권2, 戶典 收稅.

> 호미를 메고 익히 바라보면서 땅을 일구려 하지 않으니, 그 때문에 진지(陳地)가 점점 넓어져 끝없이 쓸쓸해지게 되었다.[159]

즉 농사를 권장하기 위하여 설정된 진전수세에 대한 고식적인 정책이 오히려 전지를 점점 더 진전으로 만들어가는 악순환의 확대를 야기하였다. 그리고 진전에 대한 수세 문제는 조선 전기 전 기간을 통하여 끊임없이 물의를 빚으면서 논의가 이루어졌지만, 실상 각 군현에는 진전에 관한 문안(文案)조차 갖춘 것이 없을 정도로[160] 방만한 권농정책이 펼쳐지고 있었다.

한편 공법에서 재상전은 앞에서 살펴본 대로, "부분 재상은 제외하고, 뭇사람들이 다 인정하는 10결 이상 잇따른" 현저한 재상에 한하여, 그것도 까다로운 절차를 거치고서야 면세 혹은 감세하도록 규정하였다. 그런데 가난한 소농민일수록 척박한 조각땅을 경작하는 것이 일반적이어서 더더욱 재상을 입기가 쉬운 것이 현실이므로, 『경국대전』에서는 전재상전은 면세하도록 고쳐 규정하였다. 그런데 재상을 인정해주는 급재(給災)의 실무가 여전히 현지의 이서들에게 맡겨져 운용되고 있었으므로, 가난한 소농민일수록 그 규정을 적용받기란 매우 어려웠다. 오히려 세력을 가진 토호 사족 등에게만 그 혜택이 돌아가고 있었다.

> 감사가 수령을 파견하여 답험하게 하면, 수령은 재(災)와 실(實)을 돌보지도 않고 큰길로 다니면서 위관(委官)에게 맡겨버리는데, 위관은 이서(吏胥)

159 『명종실록』 권32, 21년 5월 임인.

160 『명종실록』 권13, 7년 정월 갑신.

> 에게 맡기고, 이서 또한 산 넘고 물 건너 돌아다니며 살피기를 꺼려, 편한 길로 여러 마을을 다니면서 닭 잡고 기장을 삶아 농민의 재물과 가축을 축낸다. 하물며 이서는 또 뇌물을 이롭게 여기니, 그러므로 호강하고 교활한 자의 경우는 혹 실(實)이라도 재(災)로 매기고 가난하고 쇠잔한 자의 경우는 혹 재(災)를 당해도 실(實)로 매긴다.[161]

나아가 공법전세제에서의 연분등제는 어떻게 전개되고 있었는가. 공법은 처음에 정액세법의 원리를 살리기 위해 각 군현이라는 큰 단위로 동일한 연분을 적용키로 규정하였다. 그러나 "우리나라는 산천이 험하게 막히고 일개 군현으로서도 그 4개 면(面)의 전지의 비옥함과 척박함이 한결같지 않다"는 논란이 거듭 잇달아, 드디어 단종 2년(1454) 이후 군현 단위가 아니라 그 하부의 각 면 단위로 연분을 등세하는 법으로 변통하였다.[162]

이후 9등 연분제의 일반적 추세로 말하자면, 15세기까지는 현지에서의 보고보다도 중앙에서 한 등급 올려서 수세하는 일이 많았다. 그러나 16세기로 가서는 전국의 연분이 점차 낮추어지는 경향을 띠었다. 그리고 드디어 전국이 대체로 '하중(下中)' 혹은 '하하(下下)'의 연분으로 고착되어가는 경향을 나타내기에 이르렀다. 그 배경인즉 "민생이 날로 곤궁해지고 요역이 번거로운" 까닭에서라고 하였다.[163] 그것은 곧 지주제(地主制)의 확대에 따른 소농민층의 분해를 염려하여 시행하는 조처였던 것으로 해석된다. 즉 전세 이외에 공납·군역 등의 부담이 더욱 과중해짐에 따라

---

161 『중종실록』 권29, 12년 8월 갑자.

162 『단종실록』 권12, 2년 8월 정미.

163 『인종실록』 권2, 원년 6월 임자;『선조실록』 권5, 4년 11월 정축;같은 책 권17, 16년 2월 무술.

소농민경영이 점점 더 불안정해져 가는 현실을 감안하지 않을 수 없는 데 기인했던 것으로 이해된다. 그런데 전국의 전세가 '하하'의 연분으로 적용될 때, 그것은 오히려 지주층에 유리한 세율로 귀결되기 마련이라는 사실 또한 간과해서는 안 될 것이다.

10. 맺음말

고려 말 조선 초기의 사회는 오랜 휴한농법을 극복하고 대세상 연작농법 단계로 진입한 상태에 있었다. 이 연작농법이라는 생산력 수준이야말로 조선왕조를 성립시킨 경제적 기초를 형성하게 되었던 것으로 해석된다. 전지의 소유 및 경작을 포괄하는 개념으로서의 '소경전'이란 것이 고려 말기에 등장하고, 고려 말의 사전개혁과 과전법의 정립 과정에서 이 개념을 기준으로 전지의 소유 및 경작권이 정착되며, 조선 초기 부세수취 기준과 법제의 확립 과정을 거치고 난 후 이 개념의 역사적 용도가 끝나게 된다는 사실을 주목할 필요가 있다. 그것은 연작농업을 바탕으로 하여 소경전을 자영하는 자영농층이 기본 생산자층으로 폭넓게 정착하는 과정이었다.

그러므로 휴한농법을 기초로 하였던 고려의 인정(人丁) 기준의 수취제도에 비해서, 연작농업을 기초로 하는 조선왕조 초기에는 무엇보다도 부세 수취 기준의 새로운 정립이 필수 불가결한 과제였다. 그래서 이미 태종 대부터 점차 인정보다는 전지에 비중을 두는 쪽으로 수취 기준이 전환되기 시작하였으며, 세종 대를 거치면서 민호에 대해서 공물과 요역을 부과하는 기준은 모두 소경전의 다과에 따르는 것으로 변화하였다. 그 변화를 더욱 가다듬어 나중에 『경국대전』의 법제로 항구화하기에 이르렀다.

한편, 조세는 예로부터 언제나 전지에 대해서 부과하는 것으로 되어있었다. 다만 휴한농법을 기초로 한 고려왕조에서는 국가 각 기관은 물론이려니와, 관인층에 대해서도 수조권을 절급하여 그 관인 신분을 보장토록 하였는데, 이들을 전주라 하여 각기 경작자를 상대로 수조권을 실현하여 자기의 용도에 충당하도록 하였다. 연작농업을 기초로 하는 과전법에서도 그러한 전주·전객 관계는 한동안 존속시켰으나, 경기지역에만 한하여 사전을 설정하고 사전 전주의 권한도 크게 제약을 두었다.

그런데 과전법에 구현된 전지 파악 방식과 수조 방식은 고려 시기 이래의 인습에 따른 많은 폐단을 간직하고 있었다.

우선 과전법에 구현된 양전 방식은, 전국 전지의 거의 절대다수를 하등전으로 파악하고 있음에 따라, 전품의 분등이 구체적 토지생산력에 비례하는 것으로 파악될 수가 없었다. 그뿐 아니라 양전은 전국의 전지를 통일적으로 파악하는 것이 아니라, 각 도 단위로 전품을 분등하고 있으므로, 당시로서는 남·북 각지로 수준을 크게 달리하여 운용되는 토지생산력이 구체적으로 조세 수취에 반영되지 못하는 상태로 운용되고 있었다.

또한 과전법에 규정된 수조제도에는 더욱 큰 폐단이 인습으로 남아있었다. 즉 과전법은, 소경전의 경작자를 상대로 수조권을 행사하는 주체를 사전의 전주로 규정해두고, 1결 최고 30두라는 수조액의 한도 내에서 전주가 자기 수조지의 필지마다 답험하고 점검하여 수조액을 산정하는 수손급손제도를 따르도록 규정하였다. 그러니 사회적 유력자인 전주가 상대적으로 약자인 경작자에 대해서 가외의 수탈을 자행할 것은 불을 보듯 뻔한 일이었다. 이에 경작자층의 거센 저항이 일어나기도 하였다.

그래서 세종 원년(1419)을 기점으로, 사전의 답험권도 소재지 수령의 책임으로 위임하는 공적 답험의 형식으로 전환하고, 현지의 청렴한 품관 사족층을 답험의 위관으로 활용하도록 권장하였다. 그리고 왕명을 직접 받던 경차관을 파견하여 감독하는 제도를 세웠다. 그러나 청렴한 품관 사족층은 결코 그 같은 위관으로 나서지 않았다. 결국은 향리·서원이라는 현지 실무자층의 수중으로 답험의 권한이 귀착되고, 이들의 수중에서 끝없는 중간 농단과 부정이 자행되기에 이르렀다. 그것은 한편으로는 경작자 농민층을 끝없이 수탈하고, 다른 한편으로는 국고에 대해서도 막대한 피해를 입혔다.

세종임금 대에 확립한 공법전세제는 과전법에 구현된 양전·수조 제도에서 고질적인 인습이었던 여러 폐단을 불식하기 위하여 각고의 노력 끝에 이루어진 것이었다. 이는 임금이 시종일관 주도하고 전국적인 여론의 청취와 많은 조신의 지혜를 모아 마련한 것이었다. 또한 공법전세제는 조선 초기에 성취된 과학기술의 진경(進境)에 의하여 보완되고, 더구나 세종임금 대의 안정된 중앙집권적 국가권력에 의하여 적극적으로 추진되었다. 그래서 그것은 정액세법의 원리를 가미한, 당시에 있어서 비교적 객관적인 타당성을 갖춘, 전분 6등·연분 9등의 새로운 전세제도로서의 면모를 갖추게 되었다.

그런데 그 공법전세제 실시의 현장에서는 그러한 객관적 타당성이 실현되지는 못하였다. 공법에 의한 양전에서는 그 전품의 분등이 결코 객관적 토지생산력에 상응하는 것으로 실현되지 못하였다. 양전의 책임을 맡은 관원은 실정에 어둡고 실무에 등한하며, 현지 실무자층의 중간 농단은 끝없이 이어졌다. 가령 전품을 6등으로 분간해야 하므로, 이제 이전의 3등 전품제 때보다도 오히려 중간 농단의 길이 더 커질 수 있었다. 전지의 대장(臺帳)인 양안부터가 "정안이 없다"고 하는 지경에 이르도록 사실과 동떨어지게 파악되었다. 그렇게 객관적 사실과 다른 전지 파악의 기초 위에서 공법에서 규정한 정액세법의 원리는 거의 실현될 여지가 없었다. 연분의 등제는 형식에 불과한 것이 되고 말았다. 공법전세제는 결코 원래 법제의 이념에 따라 시행되지 못하고, 의연 향리·서원 같은 중간 세력층에 의해서 농단되는 매우 모호한 제도로 운용되었다.

그래서 16세기부터는 전국의 전세가 '하중' 혹은 '하하'의 연분으로 고착되기에 이르렀는데, 그것은 결국 사족지주층에 유리한 세율로 작용하기 마련이었다. 조선 전기에는 전세제도의 측면을 두고 볼지라도, 지주지를 보존하거나 확대해갈 수 있는 범주적 계층은 곧 지배층인 사족층에 불과했다. 신분제적 지배체제에 대응하는 신분제적 지주, 곧 양반지주의 형태가 보편적 현상으로 정착되었던 것으로 이해된다.

그래서 공법이 원래 의도하였던 넉넉한 국고의 형태를 실현하기가 어렵게 되어갔음은 물론이요, 자영농 보호라고 하는 왕정의 이상도 결코 실현하기 어려운 일이 되고 말았다.

그러나 그것이 세종임금이 제정한 부세 제도의 잘못 때문이라고 해석하는 것은 결코 온당한 평가라고 할 수 없다. 공법전세제는 이미 극한에 다다른 구래의 양전제도·수조제도의 인습적 폐단을 지양하고, 왕정을 실현하고자 하는 이상적 제도의 정비를 목표로 착수하고 정립한 것이었다. 그런데 그것은 개선된 만큼이나 각고의 정성과 노력을 기울여야만 성과를 거둘 수 있는 제도였다.

그런데 세종임금 이후로는 곧이어 정치정세가 급변하기 시작하였다.

패권정치가 성립하고 훈척정권이 행세하며, 이윽고 그것이 항구화하게 되었다. 그에 따라 훈척을 중심으로 하는 사회경제 관계의 재편성이 급속도로 진행되었다. 법제의 원칙적 실현과 왕정의 추구라는 측면보다는, 편법과 임시변통이 난무하게 되었다. 일정한 객관적 타당성을 지닌 전세제도라 할지라도, 그와 같은 사회정치적 정세에서는 결코 성과를 제대로 달성하기가 어려운 일이 아니었는가 추측된다.

(『**세종문화사대계 3 정치·경제·군사·외교·역사**』,
세종대왕기념사업회, 2001)

김태영 논문선집 1

조선 전기 과전법 연구

초판1쇄 인쇄 2023년 5월 3일
초판1쇄 발행 2023년 5월 10일

지은이 김태영
펴낸이 한균태
책임편집 최정미

펴낸곳 경희대학교 출판문화원
주소 서울시 동대문구 경희대로 26
전화 02-961-0106~8
팩스 02-961-0291
설립 1960년 9월 16일 제5-8호
등록 1977년 11월 8일 제6-5호
홈페이지 www.khupress.com
전자우편 press@khu.ac.kr

ISBN 978-89-8222-745-5 94910
ISBN 978-89-8222-744-8 94910 (세트)